高等院校经济管理核心课程精品教材
普通高等教育“十三五”应用型本科规划教材

宏观经济学

第二版

MACROECONOMICS

姜会明 主编

上海财经大学出版社
SHANGHAI UNIVERSITY OF FINANCE & ECONOMICS PRESS

图书在版编目(CIP)数据

宏观经济学/姜会明主编.—2版.—上海：上海财经大学出版社，2018.2

高等院校经济管理核心课程精品教材

普通高等教育"十三五"应用型本科规划教材

ISBN 978-7-5642-2898-9/F.2898

Ⅰ.①宏… Ⅱ.①姜… Ⅲ.①宏观经济学—高等学校—教材 Ⅳ.①F015

中国版本图书馆CIP数据核字(2017)第303145号

□ 责任编辑 李嘉毅
□ 封面设计 杨雪婷

HONGGUAN JINGJIXUE

宏 观 经 济 学

（第二版）

主编 姜会明

上海财经大学出版社出版发行
（上海市中山北一路369号 邮编200083）
网 址：http://www.sufep.com
电子邮箱：webmaster @ sufep.com
全国新华书店经销
上海华业装璜印刷厂印刷装订
2018年2月第2版 2018年2月第1次印刷

787 mm×1092 mm 1/16 21印张 498千字
印数：0 001—4 000 定价：48.00元

编写人员

主　编

姜会明

副主编

王　立　王振华　费红梅

参　编

顾莉丽　刘　帅　王　磊

徐春秋　姜天龙　吴　迪

陈忠明　李尚越　王　奥

前　言

本教材第一版于2015年由中国人民大学出版社出版，伴随着“供给侧”改革与地方本科高校转型发展，以提高学习者实践能力为核心，以培养服务地方行业结构的应用型、职业化人才为宗旨，以促进就业为导向，注重从学生现有水平和实际需要出发，本书在第一版的基础上进行了内容和资料的更新，并在结构上进行了修订：

增加了身边发生的经典案例，引导学生了解和思考生活在其中的经济社会，使之符合我国宏观经济学教学的需要，从而指导学生更好地理解所选择的专业，更自信地投身将要从事的经济工作中去。

精简了宏观经济学的基本概念和理论体系。在重视理论知识的基础性和知识结构的系统性的前提下，简化了一般过程，对全书进行了精炼，删减了部分章节中的内容。

进一步简化表达，力求用通俗易懂的语言概括高深莫测的理论，用生动具体的事例说明枯燥抽象的关系，以增强对学生的吸引力，提高了文字的可读性和趣味性。

本书编写过程中参考了国内外相关的教材和资料，在此一并向作者致以谢意。由于编者能力有限，书中难免有不尽如人意之处，敬请读者批评指正。

编　者

2017年12月于长春

目　录

第一章

宏观经济学简述

【名言名句】

我们相信，学习宏观经济学可以明白世界上的许多事，并知道许多结论，如果运用恰当，它可以使世界更美好。

——格里高利·曼昆(N. Gregory Mankiw)

【引导案例】

用经济学的眼光看世界

今天的危机似乎很奇怪，没有蝗虫侵袭和山洪海啸，我们的工厂还和过去一样，机器仍然完好无损地躺在那里，可工人们却失去了工作，这一切究竟是怎么了？宏观经济学的"殿堂"究竟是什么样的？这里聚集的是严肃的思想家，还是江湖骗子，为什么他们时而被奉若神明，时而又被另一些人狠狠地踩在脚下……1929 年的那一场危机席卷了全球，也正是从那次危机中诞生了现代宏观经济学。现在让我们顺着历史的足迹去探求这座现代宏观经济学的"殿堂"。

【学习目标】

通过本章的学习，对宏观经济学有一个初步的认识，了解宏观经济学的发展脉络，对它的研究对象、基本内容和研究方法建立一个总体的框架，并认识到学习宏观经济学的好处，为本课程的学习打下基础。

【要点提示】

1. 明确宏观经济学的研究对象和研究方法。
2. 掌握微观经济学与宏观经济学的区别和联系。
3. 理解宏观经济学的基本内容。
4. 了解学习宏观经济学的意义。

学习宏观经济学，分析宏观经济运行，应该了解宏观经济学的产生和发展历程，明确宏观经济学的研究对象和方法，了解微观经济学与宏观经济学的区别和联系。本章对上述问题做了阐述，并以此作为全书逐步进入宏观经济学神秘“殿堂”的导引。

第一节　宏观经济学是一门什么样的学问

宏观经济学是以整个国民经济活动作为研究对象，考察社会的总供给、总需求、总价格、总就业量以及它们之间关系的经济学说。它不同于考察以个人和厂商为对象的微观经济学，具体地讲，即以国内生产总值和国民收入的变动及其与就业、经济周期波动、通货膨胀、经济增长、财政和货币政策之间的关系作为研究对象。

一、宏观经济学的发展脉络

经济学(Economics)主要是研究如何利用稀缺资源以满足人们的需要，围绕这一主题，可以从两个角度进行研究：一个是从微观角度进行研究的微观经济学(Microeconomics)，另一个是从宏观角度进行研究的宏观经济学(Macroeconomics)。“宏观经济学”一词最早是由挪威经济学家拉格纳·弗里希(Ragnar Frisch，1895—1973)于1933年在《动态经济学中的传播问题与推动问题》一文中提出的。八十多年来，宏观经济学得到了极其迅速的发展，这反映了国家干预经济的形成与发展，也反映了经济学本身的进步。

(一) 宏观经济学创立前的经济学理论

在古典经济学家的著作中已开始包含宏观经济学说，提出了研究宏观经济运行的思想观点和政策建议，有的还提出了很有见地的具体理论。威廉·配第(William Petty，1623—1687)是宏观经济问题的最早研究者，其在《赋税论》(1662年)中提出保持财政平衡，通过节约劳动、提高劳动生产率来增加国民财富。魁奈(Francois Quesnay，1694—1774)的《经济表》(1758年)开创了宏观总量分析的先河，其核心思想是研究一个农业国家在简单再生产条件下总供给与总需求的均衡问题，采取不变价格方法对一定时期内社会商品流通总量和货币流通总量、社会总产品和总收入以及社会生产两大部门(农业与工业)之间的交换关系做了宏观静态分析。亚当·斯密(Adam Smith，1723—1790)的《国富论》(1776年)提出了与现代经济学“国民生产总值”十分相近的“国民财富”的概念。

马歇尔(Alfred Marshall，1842—1924)的《经济学原理》(1890年)系统阐述了均衡价格理论,在宏观方面的一个基本信条就是:资本主义经济是一台可以自行调节的机器,它通过市场供求和价格机制的作用总会实现充分就业和经济的稳定发展。因此,人们似乎没有必要为克服失业和经济危机而操心,经济研究的重心应当完全放在如何通过市场价格机制的调节作用来使充分就业的资源实现最优配置的问题上,由此便形成了新古典学派崇尚微观分析而轻视宏观分析的重要特点,使得西方经济学在整个新古典经济学的繁盛时期虽然在微观经济分析方面获得了很大发展,但在宏观经济分析方面却只是一味地重复传统的老调而无任何新的进展,就其总体而言,主要是 1776 年亚当·斯密关于一只"看不见的手"(价格)自发调节经济的思想占主导地位,深信"萨伊定律"——供给创造它自身的需求。在此前提下,产品市场、货币市场、劳动市场都是完全竞争的,价格、工资会因适应市场而上下波动,且任何生产同时创造出等量的需求,所以,一个社会的生产必将扩展到充分就业为止,这也是古典经济学家和新古典经济学家无法创立宏观经济学体系的局限性所在。

【知识链接】

古典经济学与新古典经济学

古典经济学理论产生和发展的重心主要在英国和法国。在英国,从威廉·配第开始到大卫·李嘉图(David Ricardo,1772—1823)结束;在法国,从布阿吉尔贝尔(Boisguil-lebert,P.,1646—1714)开始到西斯蒙第(Jean Charles Leonard Simonde de,1773—1842)结束。其中,最具有代表性的人物是英国的亚当·斯密和法国重农学派的创始人魁奈。一般来说,该学派相信经济规律(特别如个人利益、竞争)决定着价格和要素报酬,并且相信价格体系是最好的资源配置手段。

新古典经济学是 19 世纪 70 年代由"边际革命"开始而形成的一种经济学流派。它在继承古典经济学经济自由主义的同时,以边际效用价值论代替了古典经济学的劳动价值论,以需求为核心的分析代替了古典经济学以供给为核心的分析。新古典经济学形成后,代替了古典经济学成为当时经济理论的主流。新古典经济学派主要包括奥地利学派、洛桑学派和剑桥学派,认为边际效用递减规律是理解经济现象的一个根本基础,利用这一规律可以解释买主面对一批不同价格的商品时所采取的购买行为、市场参与者对价格的反应、各种资源在不同用途之间的最佳配置等各种经济问题。新古典经济学派的代表人物是英国经济学家马歇尔。

(二) 20 世纪 30~60 年代现代宏观经济学的建立

在 20 世纪 30 年代前后经济危机的袭击下,随着凯恩斯(John Maynard Keynes,1883—1946) 1936 年《就业、利息和货币通论》(简称《通论》)一书的出版,宏观经济分析在凯恩斯的收入和就业理论的基础上逐渐发展成为当代经济学中的一个独立的理论体系。

宏观经济学的产生主要源于如下三个方面的重大发展:一是自第一次世界大战起,国民经济核算的实践及理论研究开始受到重视。在美国的私立研究机构——国家经济研究所,由西蒙·库兹涅茨(Simon Smith Kuznets,1901—1985)主持开创了国民收入的核算。后来经由理查德·斯通(Richard Stone,1913—1991)等人的研究,国民收入账户终于系统化。这就使得社会财富存量和流量的核算成为可能,从而为宏观经济问题的研究提供了起点。二是基于国民收入核算的理论及实践。自20世纪20年代起,国家经济研究所的学者韦斯利·克莱尔·米切尔(Wesley Clair Mitchell,1874—1948)等人发现了美国经济的周期性波动规律,由此启动了关于经济周期理论的系统性研究。三是始自1929年的大萧条颠覆了古典和新古典经济理论的信条。古典和新古典经济学认为,宏观经济不可能存在持续性的不平衡,即不可能存在持续的、大规模的失业,市场经济有能力自行走向充分就业的均衡,政府没必要干预。因此,古典和新古典的经济理论无法解释这场始于1929年、横扫发达国家、持续长达整整十年的大萧条,自然也就提不出有效的应对策略。

《通论》论证了自由竞争市场经济条件下的有效需求不足及实行国家干预的必要性。其所揭示的"一只看得见的手"表明国家需要掌控社会经济生活。《通论》的出版标志着凯恩斯背离了古典和新古典经济理论,创立了自己独特的新经济理论体系,被认为是现代宏观经济学诞生的标志,其中的重要思想和观点被称为"凯恩斯革命"。《通论》的意义不仅表现在理论上引发了一场"革命",而且表现在分析方法上开创了宏观总量分析,还在政策主张方面摒弃了自由放任主义,开创了国家干预经济的新阶段。20世纪40～50年代,凯恩斯的理论和政策主张为追随者所补充和发展,主要体现在希克斯(John Richard Hicks,1904—1989)和汉森(Alvin Hansen,1887—1975)同时创建的"IS－LM模型"、莫迪利安尼(Franco Modigliani,1918—2003)提出的"生命周期假说"、托宾(James Tobin,1918—2002)对投资理论的发展、索罗(Robert Merton Solow,1924—　)等人对经济增长理论的发展以及克莱因(Lawrence Klein,1920—　)等人对宏观经济计量模型的发展,形成凯恩斯主义,并取代了传统的新古典经济学而居正统地位。萨缪尔森(Paul A.Samuelson,1915—2009)于1948年出版的《经济学》将以马歇尔为代表的新古典经济学与凯恩斯主义经济理论综合,并首创"新古典综合"一词来概括这种理论体系上的结合,形成新古典综合派,其理论基础是在继承凯恩斯主义传统的同时,吸收了新古典经济理论的精华。

(三) 20世纪60年代以后宏观经济学进一步发展和演变

20世纪60年代末到70年代初,发达国家出现严重的"滞胀"局面,即经济增长停滞、存在大量失业与通货膨胀并存,由于凯恩斯主义给不出令人满意的理论说明和有效对策,出现了各种反对国家干预的新自由主义学派,其中,以货币主义和理性预期学派的影响最大。以卢卡斯为代表的理性预期学派认为,在理性预期下,市场能够自动出清,政府对经济的干预是没有必要的,这又回到了古典经济学派的主张,因此理性预期学派也被称为"新古典宏观经济学派"。由于以弗里德曼为代表的货币主义的理论主张与新古典经济学派基本一致,货币主义往往也被看作新古典宏观经济学派的一个组成部分。此外,凯恩斯理论也在不断发展,在引入原凯恩斯主义经济学所忽视的厂商利润最大化和家庭效用最大化假设、吸取理性预期的某些研究成果后,出现了"新凯恩斯主义学派"。目前,宏观经济学的争论主要在新古典宏观经济学派与新凯恩斯主义学派之间展开,其争论的主要内容集中在市场机制的有效性和政府干预经济的必要性两个方面,而且这种争论还将继续。

宏观经济学宛如一个战场,不同旗帜下聚集着一群群经济学家。除了原创的凯恩斯主义经济学外,著名的还有货币主义、新古典宏观经济学、供给学派经济学和新凯恩斯主义经济学等。各个学派的经济思想和政策主张将在第十章中阐述。诸学派一方面相互辩论,另一方面又相互吸收,共同促成了宏观经济学的发展。

今天的宏观经济学,无论是在内容广度还是在深刻性上都是凯恩斯时代的宏观经济学所无法相比的。尽管"十个经济学家通常会有十一种观点",但凯恩斯主义经济学仍是我们理解宏观经济现象的基本视角。

【延伸阅读】

引发"凯恩斯革命"的经济理论著作——《就业、利息和货币通论》

《就业、利息和货币通论》共分6篇24章。第一篇引论是全书的概述和就业理论的基本内容;第二篇定义与观念为插入部分,是对若干概念的解释;第三、四篇消费倾向和投资引诱是全书的核心,集中探讨了新的就业理论;第五篇是工资和物价理论;第六篇是危机理论。

凯恩斯认为,导致1929～1933年经济危机的根源在于有效需求不足,而一国的就业水平是由有效需求决定的。有效需求是指商品总供给价格与总需求价格达到均衡时的总需求。由于总供给在短期内不会有大的变动,因此,就业水平实际上取决于总需求或有效需求。

凯恩斯认为,之所以出现有效需求不足,是因为"消费倾向""对资本未来收益的预期"以及对货币的"灵活偏好"这三个基本心理因素的作用。他指出,总需求是消费需求与投资需求的总和,总需求或有效需求不足是消费需求和投资需求不足的结果。心理上的"消费倾向"使得消费的增长赶不上收入的增长,从而引起消费需求不足。心理上的"灵活偏好"及"对资本未来收益的预期"使预期的利润率有偏低的趋势,从而与利息率不相适应,导致投资需求不足。凯恩斯还认为,心理上"对资本未来收益的预期"即资本边际效率的作用在三个基本心理因素中尤为重要,危机的主要原因就在于资本的边际效率突然崩溃。

凯恩斯认为,资本主义不存在自动达到充分就业的均衡机制,因而主张政府干预经济,通过政府的政策特别是财政政策来刺激消费和增加投资,以实现充分就业。消费倾向在短期内是相对稳定的,因而要实现充分就业就必须从增加投资需求着手。凯恩斯指出,投资的变动会使收入和产出的变动产生一种乘数效应,因而他更主张政府投资,以促使国民收入成倍地增长。

二、宏观经济学的研究对象

对于宏观经济学的定义,美国经济学家夏皮罗(E.Shapiro,1955—)指出:"宏观经济学考察的是国民经济作为一个整体的功能,包括国民经济中物品与劳务的总产量和资源的总利用量是如何决定的,以及引起这些总量波动的原因是什么。"①

宏观经济学以整个国民经济为研究对象,以国民收入的决定为核心,通过研究经济中各有关总量的决定及其变化,说明资源如何才能得到充分利用,包括以下三个方面的问题:第一,为什么经济资源不能得到充分利用,也就是说,为什么社会生产商品组合不能达到生产可能性边界?这也就是"资源的充分利用"问题。第二,在经济资源既定的情况下,为什么产

① E.夏皮罗.宏观经济分析[M].北京:中国社会科学出版社,1985.

量有时高，有时低？这就是“经济波动”问题，与此相关的问题是，如何在既定的经济资源条件下得到更多产出？这就是“经济增长”问题。第三，现代社会是货币的社会，货币购买力的变化对经济资源配置各个问题的影响十分大，货币购买力的变动问题实质上就是“通货膨胀”问题。这些都是宏观经济学所要研究的对象(如图 1－1 所示)。

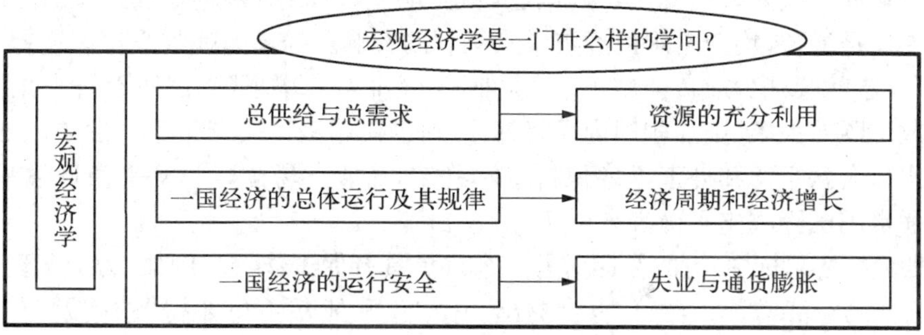

图 1－1 宏观经济学的研究对象

从宏观经济学的研究对象上看，宏观经济学家在解释整体经济如何运行的时候，主要是围绕四大目标，即充分就业、物价稳定、经济增长和国际收支平衡展开的。

(一) 充分就业

充分就业是指在现有工薪或激励条件下，所有愿意工作的劳动者都参加工作时达到的就业总量。充分就业并不是人人都有工作，因为任何一个经济中自然失业都是无法避免的。自然失业是指自愿失业和各种摩擦性失业。当失业率下降到自然失业率时，就达到了充分就业。实现充分就业，一方面可以充分利用现有的劳动力资源，另一方面可以增加消费需求，实现投资的乘数效应。实现充分就业，就是在政府的宏观调控下，把失业率保持在或接近自然失业率的水平，让自然失业以外的所有愿意工作的人都能找到工作。

(二) 物价稳定

物价稳定是指价格总水平的稳定。价格总水平稳定不是指物价总水平固定不变，而是指价格总水平的波动幅度或升降幅度不要太大，同时不排除个别商品或服务的价格出现较大幅度的涨跌。物价稳定不是通货膨胀率为零，因为这种通货膨胀率为零要付出较大的失业代价，是不现实的。物价稳定是维持一个低而稳定的通货膨胀率，这种通货膨胀率能为社会所接受，对经济不会产生不利的影响。一般而言，当经济中存在温和通货膨胀时，也就实现了物价稳定。

(三) 经济增长

经济增长是指一个国家在一定时期内创造的国内生产总值或人均收入量的增加。衡量经济增长的方法一般是计算实际国内生产总值的年均增长率。宏观经济政策目标就是使经济增长达到一个适度的增长率，这种增长率既能满足社会发展的需要，又是人口增长和技术进步所能达到的。要根据资源和技术进步来确定适度增长率，并考虑环境保护和减少污染问题,实现可持续增长。

(四)国际收支平衡

国际收支平衡是指一国在一定时期内,对外贸易和非贸易收入总额与支出总额大体相等。两者对比如果收入大于支出,国际收支就是顺差,反之则为逆差。如果国际收支失衡,不论是顺差还是逆差,均会给国民经济带来不利的影响。如果国际收支出现逆差,说明出口减少,外汇储备就会减少或负债增加、资本外流,经济增长率下降,国民经济产生收缩效应。如果国际收支顺差太多,则加剧国内通货膨胀,对国民经济也会产生不利后果。国际收支平衡要求进出口大致平衡和外汇汇率保持基本稳定,为非贸易国际收支平衡打下基础。国际收支状况通常用国际收支平衡表来反映。

上述四大核心目标中,有的目标对另一个目标具有促进作用。例如,为了实现充分就业,就要维持必要的经济增长。当然,也会提出一个"鱼和熊掌不可兼得"的问题(如表1-1所示)。萨缪尔森在他的《经济学》(第十七版)中就提到:"在诸多宏观经济的两难困境中,最令人头疼的就是失业率与通货膨胀率之间此消彼长的关系。高失业率和高通货膨胀率都会导致经济不景气和政治不稳定。但是当产出过快增长而失业率迅速下降时,价格和工资势必快速上升。在经济增长过快或失业率过低时,政策制定者往往不得不采用宏观政策来抑制经济增长以防止出现通货膨胀。"①

表1-1 宏观经济政策目标之间的关系

目标	稳定物价	充分就业	经济增长	国际收支平衡
稳定物价	0	—	*	+
充分就业	—	0	+	—
经济增长	*	+	0	—
国际收支平衡	+	—	—	0

注:"+"表示目标关系一致;"—"表示目标关系矛盾;"*"表示目标关系既有一致的一面,又有矛盾的一面;"0"表示目标相同。

宏观经济政策目标之间的矛盾要求政策制定者运用的各种政策手段必须互相配合、协调一致。如果财政当局和货币当局的政策手段与目标发生冲突,就达不到理想的经济效果,甚至可能偏离政策目标。政府在制定目标时,不能追求单一目标,而应该综合考虑,否则会带来经济上和政治上的副作用。此外,还要考虑政策本身的协调性和时机把握问题。这些因素都会影响政策的有效性,即关系到政府经济目标实现的可能性和实现程度。

三、宏观经济学的地位

从微观经济学的角度看,经济学研究的是资源配置问题。从宏观经济学的角度看,经济

① 保罗·萨缪尔森,威廉·诺德豪斯.经济学[M].17版.北京:人民邮电出版社,2004:332.

学研究的是资源利用问题。因此，如何合理配置和有效利用有限的资源就成为人类社会永恒的问题，这也正是经济学所要研究的问题。这就使得微观经济学与宏观经济学紧密联系又有区别(如表1－2所示)。

表1－2　微观经济学与宏观经济学的关系

内　容	微观经济学	宏观经济学
创始人	斯密，1776	凯恩斯，1936
研究对象	个体经济单位	整个国民经济
研究前提	完全信息，完全理性，市场出清	资源未充分利用
主要理论依据	新古典经济学	凯恩斯主义经济学
理论框架	价格理论、消费理论、生产理论、分配理论、一般均衡理论、市场理论、产权理论、福利经济学、信息经济学理论	国民收入理论、失业与通货膨胀理论、经济周期与经济增长理论、开放经济理论
分析方法	个量分析法(微观分析法)	总量分析法(宏观分析法)
主要目标	个体利益最大	社会利益最大

(一) 宏观经济学与微观经济学的差异

微观经济学主要是从单个经济主体的经济行为出发，研究单个家庭、单个厂商和单个市场的经济行为及其后果；而宏观经济学是从总体上研究国民经济的水平、运行、波动、增长以及调控的一门经济学科。

1. 基本假设不同

微观经济学的基本假设是市场出清、完全理性、充分信息，认为“看不见的手”能自由调节，实现资源配置最优化。宏观经济学假定市场机制是不完善的，政府有能力调节经济，通过“看得见的手”纠正市场机制的缺陷。

2. 基本内容不同

微观经济学的基本内容主要包括均衡价格理论、消费者行为理论、生产者行为理论、分配理论、一般均衡理论与福利经济学、市场失灵与微观经济政策等，现代微观经济学还包括产权经济学、成本-收益分析、时间经济学、家庭经济学、人力资本理论等。宏观经济学的基本内容主要包括国民收入决定理论、失业与通货膨胀理论、经济周期与经济增长理论、开放经济理论、宏观经济政策等。

3. 研究对象不同

微观经济学的研究对象是单个经济单位的经济行为。单个经济单位是指组成经济的最基本的单位——居民户(消费者)与厂商(生产者)。微观经济学就是要研究居民户如何把有限的收入分配于各种商品的消费以实现效用最大化，以及厂商如何把有限的资源用于各种商品的生产以实现利润最大化。例如，美国经济学家亨德逊(J. Henderson)强调：“居民与厂商这种单个单位的最优化行为奠定了微观经济学的基础。”宏观经济学不研究经济中的个体单位,而研究由个体单位构成的整体。宏观经济学主要研究整个经济的运行方式与规律,从总体上分析经济问题。正如诺贝尔经济学奖获得者萨缪尔森所说,宏观经济学是“根据产量、收入、价格水平和失业来分析整个经济行为”。美国经济学家夏皮罗则强调:“宏观经济学考察国民经济作为一个整体的功能。”

4. 解决的问题不同

微观经济学要解决的是资源配置的问题,即生产什么、如何生产和为谁生产的问题,以实现个体效益的最优化。宏观经济学则是把资源配置作为既定的前提,研究社会范围内的资源利用问题,以实现社会福利的最大化。

5. 核心理论不同

微观经济学的核心理论是价格理论。在市场经济中,引导和支配居民户与厂商行为的是价格,生产什么、如何生产和为谁生产都由价格决定。价格像“一只看不见的手”调节着整个社会的经济活动。价格理论是微观经济学的核心,其他内容是围绕这一核心问题展开的,所以,微观经济学也被称为价格理论。宏观经济学的核心理论是国民收入决定理论。宏观经济学把国民收入作为最基本的总量,以国民收入决定为中心来研究资源利用问题,分析整个国民经济的运行。国民收入决定理论被称为宏观经济学的核心,其他理论是围绕这一核心而展开的。

6. 研究方法不同

微观经济学的研究方法是个量分析。个量研究是在假定其他条件不变的前提下研究个体的经济行为和经济活动,个量分析就是考察个量的决定、变动及其相互关系。例如,对某种商品的产量、价格的决定的分析就属于个量分析。宏观经济学的研究方法是总量分析。总量是指能反映整个经济运行情况的经济变量。总量分析就是分析社会经济活动中的总量的决定、变动及其相互关系,并通过这种分析说明经济的运行状况,决定经济政策。例如,国民收入是构成整个经济的各个单位的收入总和,总消费是指参与经济活动的各单位消费的总和等。

(二)宏观经济学与微观经济学的联系

1. 研究目的相同

经济学的研究目的是通过对人们的经济活动提供正确的指导来实现资源优化配置,从而实现整个社会经济福利的最大化。

2. 研究内容相互补充

微观经济学是在假定资源已实现充分利用的前提下,分析怎样才能达到资源的最优配置的问题;而宏观经济学是在假定资源已达到最优配置的前提下,分析怎样才能使资源实现充分利用的问题。它们从不同的角度分析社会经济问题,因此,微观经济学与宏观经济学就其内容来说,是互相联系、相互补充的。只有把它们紧密地结合起来,才能构成经济学完整的理论体系。

3. 研究方法主要是实证分析法

微观经济学与宏观经济学都假定社会经济制度是既定的,它们不探讨和考察社会经济制度变化的原因和后果,只分析在经济制度不变的条件下资源的配置与利用问题。这种不涉及制度和价值判断，只分析具体问题、只对经济运行过程进行实证描述的方法就是实证分析法。从这种意义上看，微观经济学与宏观经济学都属于实证经济学的范畴。

4. 微观经济学是宏观经济学的基础

整体经济是单个经济单位的总和，微观经济学应该成为宏观经济学的基础。然而，这两个领域曾一度界限分明，对如何把微观经济学作为宏观经济学的基础，不同的经济学家有不同的观点。不过，近来这两个学科已逐渐融合，因为经济学家们已经运用微观经济学的工具来分析诸如失业和通货膨胀这类属于宏观经济学领域的问题。例如，凯恩斯主义学派用微观经济学中的均衡概念来解释宏观经济问题，新古典综合派也接受了这一基本观点，并把微观经济学与宏观经济学综合在一个经济学框架内。

总之，微观经济学与宏观经济学虽然先后形成，但两者要解决的本质问题是相同的：面对资源的稀缺性和人类欲望的无限性之间的矛盾所进行的选择——资源配置和资源利用。尽管在基本假设、基本内容、研究对象、解决的问题、核心理论和研究方法方面，微观经济学与宏观经济学存在着区别，但只是研究对象有所分工，两者的立场、观点和分析方法并无根本分歧，两者互相补充，相互之间具有不可分割的联系。

四、学习宏观经济学的好处

经济学是一门使人生幸福的艺术，这是英国大文豪萧伯纳讲的。经济学作为一门古老而年轻的科学，一旦掌握并遵循了其所提供的那些规律和法则，不仅在经济活动中能使人受益，而且在现实生活中，甚至在对人生很多问题的看法上，能给我们许多不同寻常的启迪。

第一，宏观经济学作为高等院校经济管理类专业学生的专业基础课，能够为学习其他经济学专业课程打好基础，能够提高经济理论素养，也能够在进行经济研究或分析宏观经济形势时提供理论帮助。宏观经济学研究的是一个国家或地区全面的或者总体的经济运行情况，关系到每个人，因为它影响到收入、工作前景和物价，在人们的生活中无处不在、无时不在。懂点宏观，多点机遇，少点风险。学习宏观经济学的同时结合我国的实际，能够了解我国的宏观经济运行基本情况，解释很多与我们生活息息相关的经济现象，同时进行经济分析，做出有利于自身的经济决策。

第二，宏观经济学是以整个国民经济活动作为研究对象，因此，宏观经济分析能够为宏观经济政策的制定提供一种技术性的参考。在实际宏观经济运行发生变动、经济决策者要做出决策的时候，都要听取宏观经济分析师的意见。例如，世界银行和国际货币基金组织就拥有一支庞大的宏观经济分析师队伍，分析全世界及各国经济中的宏观经济事件和形势，从而为贷款政策提供参考性意见。

第三，宏观经济研究和分析对私人部门也具有极为重要的意义，因为能够从当前经济事件的研究和分析中得出对私人企业的经济决策有帮助的结论。所以，目前世界上有很多私人银行和大公司雇用专职的宏观经济分析师，还有相当一部分提供宏观经济咨询服务的公司。

宏观经济学可以运用到生活的方方面面，无论从事何种工作，宏观经济学与每个人都息息相关。通过学习了解一些现代宏观经济学的基础知识，能增强从容应对日常生活中大量经济问题的能力,使自己不至于在炒股票和买基金时盲从,不至于在有机会通过政策性买房和商品房的买卖快速增加自己的财产性收入时失之交臂,不至于由于CPI高于银行存款利息导致自己的财产天天缩水而痛苦。无论以后阅读报纸、管理企业或坐在政府的办公室中,你都将会为学习过宏观经济学而感到欣慰(如图1-2所示)。我们不可能都成为经济学家,但了解一点宏观经济学还是十分必要的,宏观经济学的知识会使人变得睿智和理性。

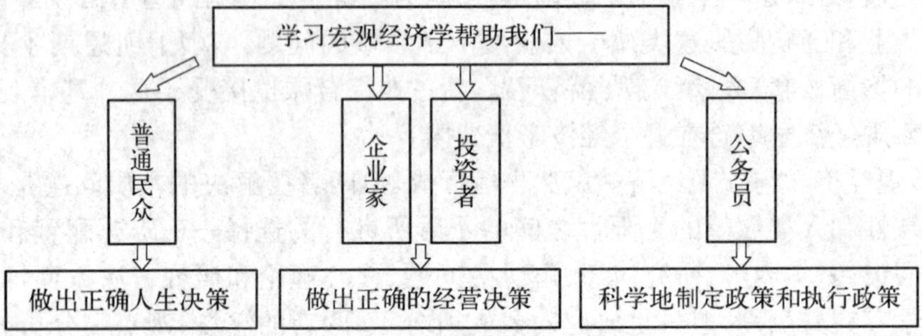

图1-2 学习宏观经济学的作用

经济学理论并没有提供一套立即可用的完整结论,它不是一种教条,而是一种方法、一种思维方式,帮助拥有它的人得出正确的结论。

第二节 宏观经济学的基本内容

宏观经济学以整个国民经济为研究对象,通过研究经济中各有关总量的决定及其变化来说明资源如何才能得到充分利用,包含的内容相当广泛。从图1-3可以看出,国民收入核算是宏观经济理论的出发点,国民收入决定是宏观经济学的核心内容,减缓经济周期波动、保持经济增长是宏观经济学的目标,宏观经济政策是根本手段。

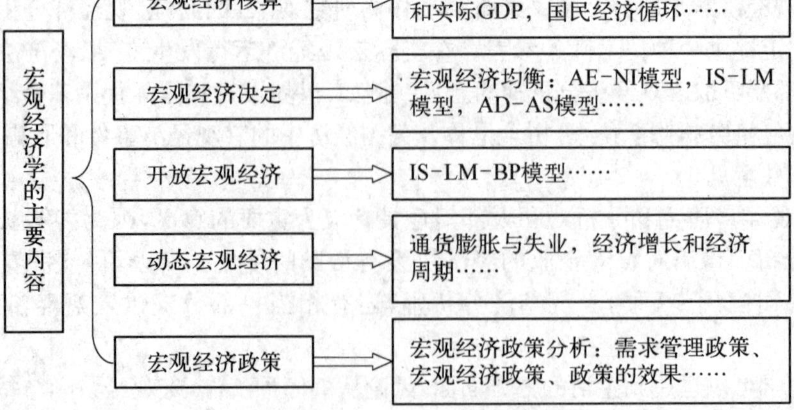

图1-3 宏观经济学的主要内容

一、宏观经济核算

要想了解宏观经济就需要知道哪些指标是可以衡量宏观经济的。国民收入不仅是反映一个国家国民经济发展水平的综合指标，而且是衡量一国经济资源利用情况和整个国民经济状况的基本指标，包括国民收入流量的循环模型、国内生产总值的含义和核算方法、国民收入中五个总量指标之间的相互关系、国民收入核算中的供求关系等。其研究目的在于科学地解释宏观经济运行的内在机制和规律，阐明实现宏观经济均衡发展的条件和国民收入的合理核算方法。

二、国民收入的决定

国民收入决定理论作为宏观经济学的中心，主要是从总需求和总供给的角度出发，分析国民收入决定及其变动规律。对国民收入决定的分析一般采用总需求分析和总需求-总供给分析。总需求分析是在假定总供给和价格水平不变的情况下，分析总需求如何决定国民收入水平，分为简单的国民收入决定模型和扩展的国民收入决定模型。总需求-总供给分析是把总需求与总供给结合在一起分析国民收入和价格水平的决定，也称为完全的国民收入决定模型。

（一）AE－NI 模型

这一模型是要在严格假设的抽象条件下说明总需求决定的基本原理。它假设总供给、价格水平、投资与利率都不变，说明在两部门、三部门与四部门经济中，总需求如何决定国民收入的变动方向、调整过程以及数量大小。这一模型高度抽象，却说明了总需求决定的一些重要问题，是整个国民收入决定理论的出发点。

（二）IS－LM 模型

这一模型是对简单的国民收入决定模型的扩大。它说明消费、投资、利率对国民收入决定的影响，从更广泛、更现实的角度说明了总需求是如何决定国民收入的。这一模型不仅分析了在国民收入决定理论中，消费、投资、货币需求与货币供给、利率这些因素之间的关系，而且可用于分析财政政策与货币政策的效应。因此，这一模型被称为宏观经济学的核心。

（三）AD－AS 模型

这一模型是用总需求与总供给的相互作用来说明国民收入与价格水平的决定。它分析不同情况下总供给的特点，决定总供给的各种因素，以及总供给的变动；然后把总需求与总供给结合在一起，构成总需求-总供给模型。

三、开放的宏观经济模型

各国之间存在着日益密切的经济联系，每个国家的经济运行状况都会受世界经济的影响,因此,有必要分析开放经济条件下的宏观经济运行和调节。开放经济理论就是在世界经济的框架内研究国民收入的决定、通货膨胀与失业、经济增长与经济周期等,进而说明一个国家的经济政策如何对国民收入进行调整。基于这些考虑,这一部分内容研究国际收支平衡与汇率和汇率制度问题,揭示汇率变动对国际收支的影响;研究引入对外贸易后的开放经济条件下宏观经济均衡和均衡国民收入的决定问题;研究国际资本流动与国际收支平衡问题;研究宏观经济的内外部均衡和失衡问题(包括经济的内外部失衡及政府的宏观经济政策干预);等等。其目的在于通过具体对如何实现国际化收支平衡、资本流动与国际收支平衡、宏观经济内外部均衡和失衡等的深入分析研究,使我们理解封闭经济与开放经济在西方宏观经济理论中的联系,以及国际经济部门在整个宏观经济理论体系中的位置,阐明在对外开放贸易条件下宏观经济运行均衡发展的规律性问题。

四、动态的宏观经济模型

(一)失业与通货膨胀

失业与通货膨胀伴随着一个国家的经济发展,一些宏观经济理论的建立与发展与通货膨胀和失业有关。宏观经济把失业、通货膨胀与国民收入联系起来分析其原因及其相互关系,以便找出解决这两个问题的途径,包括以下三个部分:

1. 失业理论

按照引起失业的原因的不同将失业分为周期性失业、摩擦性失业和结构性失业三种。周期性失业主要是指经济周期中的衰退或萧条时,因需求下降而造成的失业。摩擦性失业主要是指在生产过程中由于难以避免的摩擦而造成的短期和局部性失业。结构性失业是指劳动力的供给和需求不匹配所造成的失业。失业理论主要是分析造成失业的原因,对失业原因的不同解释构成的失业理论形成对付失业的不同政策的依据。

2. 通货膨胀理论

通货膨胀也许是宏观经济学中分歧比较大的问题,对于通货膨胀的定义以及引发通货膨胀的原因没有达成一致的意见。各种通货膨胀理论从不同的角度分析通货膨胀产生的原因,这些不同的理论实际上不应该看作互相对立与排斥的,而应该看作互相补充的。这些理论都是围绕总需求、总供给,或者影响这两者的因素展开的。

3. 失业与通货膨胀的关系

凯恩斯的理论认为,当存在失业时,不会有通货膨胀,只有在实现了充分就业后,过度总需求的存在才会引起通货膨胀。但这种理论与现实并不相符,这样就有了著名的菲利普斯曲线。该曲线认为,失业与通货膨胀之间存在此长彼消的交替关系。然而,20世纪70年代初失业与通货膨胀并存的事实又对这一新理论提出了挑战。于是,为了解释滞涨现象,货币主义和理性预期学派等提出短期菲利普斯曲线和长期菲利普斯曲线的新理论。

(二)经济周期和经济增长

一个国家的经济会出现正增长、零增长甚至负增长。经济增长理论就是要研究经济增长的影响因素或源泉、经济增长过程与结果以及经济增长的长期趋势，是国民收入决定理论的长期化与动态化。人们除了关注经济增长外，经济中繁荣与萧条的交替也是引人注目的宏观经济现象。经济周期理论就是通过对有关经济波动统计资料的分析，探寻经济周期的特点、形成原因、影响后果，探讨政府反经济周期的应对措施，重点是从总需求的角度分析经济短期波动的原因与规律，以实现经济的长期、稳定、均衡增长。

经济增长与经济周期理论是紧密相关的。经济周期理论着重研究短期经济波动，而经济增长理论着重研究长期发展趋势。经济周期理论主要分析总需求问题，说明总需求变动如何引起短期周期性波动；而经济增长理论主要分析总供给问题，说明如何增加总供给以使经济稳定增长。经济增长与经济周期实际上是一个问题的两个方面。

五、宏观经济政策

20 世纪 30 年代的世界经济大危机迫使世界各国政府走上了国家干预经济的道路。由此应运而生的宏观经济学就是要说明国家为什么必须干预经济，以及如何干预经济。经济理论是经济政策的基础和依据，经济政策是经济理论的运用和实践。在国民收入决定理论、失业与通货膨胀理论等宏观经济学主要理论的基础上，宏观经济政策研究的是政府宏观经济政策目标、经济政策工具、经济政策机制（即经济政策工具如何达到既定的目标）、经济政策效应与运用等内容。其研究目的旨在阐明在市场自发调节产生不足或滞后，或导致失业，或引发通货膨胀时，政府如何运用财政政策和货币政策的具体调控手段干预宏观经济的运行，通过影响总需求的经济调整来实现整个宏观经济运行的均衡发展。正如经济学家曼昆（N. Gregory Mankiw，1958—　）所言："宏观经济学家力图解释经济事件，又设计改善经济状况的政策。"①

对以上所述的宏观经济理论，各个经济学派有着不同的观点；对具体宏观经济问题的分析，各个经济学派所运用的方法不尽相同；对解释国民经济运行中出现的问题，各个经济学派的政策主张也是不同甚至是对立的。宏观经济理论并没有形成一个内容上完整、逻辑上一致、方法上统一的体系，而是多种宏观经济理论并存；同时，随着市场经济的进一步发展，宏观经济理论相应地也会不断发展。正如曼昆所言："宏观经济学是一门年轻而不完善的科学。"

第三节　宏观经济学的研究方法

宏观经济学是一门内容庞杂的学科：一方面，由于该学科的发展性，到目前为止的很多理论观点还处于不断发展中，没有达成共识；另一方面，由于新的分析方法和新的研究角度被不断引入，形成了不同的流派和表达方式。所以，在学习宏观经济学之前，了解该学科研

① N.格里高利·曼昆.宏观经济学[M].北京：中国人民大学出版社，2011.

究方法上的特点是十分必要的。

一、经济模型

经济学家是使用模型来理解世界的。曼昆指出:“经济学家在分析经济事件或公共政策时,总是记着各种模型。”经济模型(Economic Model)是指用来描述与研究的对象有关的经济变量及其之间的依存关系的理论结构。因此,一个经济模型既可以用文字说明(叙述法),也可以用数学方程式表达(代数法),还可以用几何图形阐述(几何法、画图法)。宏观经济模型的特点有:一是简化市场参与者,二是强调市场之间的相互作用。这些模型可用于分析经济发展规律、理论验证、经济预测、政策制定,以及政策效应检验。

宏观经济学模型是对真实经济活动的高度简化和抽象,建立模型要运用抽象法,凸显最主要的因素(变量),如总收入、总支出、消费、储蓄、投资、利率、价格、供给等作为模型的自变量,舍弃一些影响较小的因素或变量,以建立起与所研究的现象有关的主要变量之间相互依存关系的主要理论结构,这样保证了宏观经济模型既能揭示宏观经济运行的一般趋势,又便于政府在宏观调控中的实际操作。

经济模型中的变量有外生变量和内生变量两种。外生变量(Exogenous Variables)是由经济模型外的力量所决定的一类变量,其值被认为是已知的,是一个模型给出的既定的变量。内生变量(Endogenous Variables)则是由经济模型自身的力量所决定的一类变量,一个模型的自变量、因变量都是内生变量,是一个模型所要解释的变量。变量与常数组合在一起(如 $5P$)时,其常数称为该变量的系数,它可以是符号而不是具体的数值。故在模型中可用符号 α、β、γ 来表示已知常数。这些符号本应表示已知常数,但因没有具体指定它的数值,实际上可以任意取值。简言之,它是一个可变的常数,称为参数常数,简称参数。

建立模型的目的是说明外生变量如何影响内生变量。外生变量来自模型外,并作为模型的投入;而内生变量是在模型内决定并作为模型的产出。外生变量的变动会影响内生变量,并通过内生变量的变动而起作用。一个变量在模型中是内生变量还是外生变量决定于问题的性质和研究的目的。例如,积累率在宏观经济预测模型中常常作为外生变量,而它在经济系统的优化模型中又常常作为内生变量。

我们在学习过程中会遇到许多经济模型。多恩布什(R. Dornbusch)等在其所著的《宏观经济学》一书中认为,宏观经济学可以概括为三个模型,即超长期(10 年以上)的经济增长模型、产出水平仅由总供给决定的长期模型和产出水平由总需求决定的短期模型。布兰查德(O. Blanchard)认为宏观经济学的核心部分是三个模型,即短期的 IS - LM 模型、中期的 AS - AD 模型以及长期增长模型。每一个模型有助于解释经济的一个特定方面,它们处理的问题各不相同,所做的假设也有差异。在运用一个模型处理问题时,必须记住模型的基础假设或前提条件,从而解决我们所要研究的问题。

二、总量分析方法

宏观经济学研究的对象是经济总量,因而采取的是总量分析方法,即对能够反映整个经济运行情况的经济变量的决定、变动及其相互关系进行分析。这些总量包括两类：一类是个量之和，如国民收入、总消费、总投资、总储蓄、总供给、总需求、财政盈余和赤字等。当然，这类总量中有的并非个量的简单相加，而是根据需要、运用数学或统计学中的各种方法所得出的总量。另一类是平均量，如价格总水平、失业率、利率、经济增长率等。因此，宏观经济学又被称为“总量经济学”。

宏观经济学的总量分析虽然要以个量分析为基础，而且与个量分析一样，也要与均衡分析、静态和比较静态及动态分析等方法结合起来，但两者的区别是显而易见的。总量并不是个量的简单相加，在运用时有几点值得注意：一是有些总量的变化可以从微观分析的个量中直接加总得到，如消费、厂商投资。微观是构成宏观的基础，每个人的消费加总才构成宏观的总体消费，微观消费支出与收入的比例关系构成宏观消费支出与总收入的关系。厂商投资的加总就得到全社会的总投资，厂商投资与利率的负相关关系能得到总投资与利率的相反变化关系。二是有些总量变化的加总达不到研究整个社会经济行为的目的：对于单个经济单位是合理的情况，对于整个国民经济则不一定合理。例如，所有厂商降低最低工资，对厂商来说降低了生产成本，利润增大，增加产出，但是工人收入减少，社会总需求下降，从而会导致社会的生产和就业下降。三是有些微观经济个体的行为根本就不能直接加总。例如，当经济景气发生变化时，有的企业认为经济形势会好转，所以增加投资，而另外一些厂商可能悲观地认为经济形势会恶化，所以减少投资，对投资总量就无法直接加总。

总量分析方法在把制度因素及其变动原因和后果与个量都看成是不变或已知的前提下，以经济发展的总体或总量为研究主体，研究宏观经济总量及其相互关系。例如，在研究消费时，只着眼于社会总消费与总收入、总投资、总储蓄的相互关系，对个体的消费行为及其变动则不予关注。这种研究方法由于抓住经济运动的总体状况及总体结构，因而其研究结果对把握国民经济全局具有重要作用。但这种研究方法也有局限性：往往忽视个量对总量的影响。

宏观经济学在进行总量分析时，还把相关的经济变量区分为流量和存量。存量是指在一定时点上存在的变量的数值，其大小没有时间维度，如“国民财富”是一个存量，表示某个时点一国国民财富的总值。流量是指一定时期内发生的变量变动的数值，是在一定时期内测度的，其大小有时间维度，如国内生产总值、国民收入均为流量。当你听到某个人说“美国的 GDP 是 14 万亿美元”时，你应该理解成“每年 14 万亿美元”。

有些流量兼有其直接对应的存量，如储蓄和储蓄额、投资和投资额、失业人数与就业人数等。有些流量，如进口、工资、税收等，虽然没有对应存量，但可直接影响其他存量的大小。例如，进口流量可影响国内的资本存量，进而影响购买住宅建筑的存量等。

宏观经济学的分析可以从存量入手。存量分析是指对一定时点上已有的经济总量的数值及其对其他有关经济变量的影响进行分析。宏观经济学也可以从流量分析入手。流量分析是指对一定时期内经济总量的投入、生产（或收入、支出）的变动对其他有关经济总量的影响进行分析。存量与流量密切相关，流量来自存量，又归于存量。国民收入来自一定的国民财富，而新创造的国民收入又计入国民财富。存量只能通过流量发生变化，而流量的大小又会受存量变动的影响。资本存量因投资流量增加而增加，投资流量也依赖于资本存量的大小。存量分析和流量分析是宏观经济学广泛使用的分析方法。

尽管流量会受存量变动的影响,但在短期内可将资本存量假设为近似不变,存量对流量不具有影响。宏观经济理论主要是研究短期各个流量之间的关系,即其中每一流量在任一时期内的大小都只由其他流量的大小决定。例如消费函数中,消费支出流量是由收入流量决定的,而收入流量又等于消费支出流量加投资支出流量。

三、事前变量分析与事后变量分析

对事后变量进行分析称为统计分析,对事前变量进行分析称为经济分析。对一个经济变量可以从事后变量和事前变量两个角度把握。事后变量是指经济变量的实际取值,又称实际量、统计量。事前变量是指经济变量在决策时的取值,又称计划量、意愿量。例如,对储蓄和投资就可以从事前、事后两个角度进行观察。从事后变量的意义上看,储蓄和投资永远相等。这种恒等只不过反映了对一国总产出的统计,只要遵循统计规则,则无论从总支出的角度统计,还是从总收入的角度统计,所得到的结果(即总产出量)总是一致的。但是,从事前变量的意义上看,储蓄和投资可能相等,也可能不相等。两者不相等,表示经济处于非均衡状态,在这种情况下,总产出水平倾向于变动;两者相等,表示经济处于均衡状态,在这种情况下,总产出倾向于维持原有水平。

在第二章中出现的概念都是事后的统计概念。从第三章开始,对书中出现的经济变量都应该主要从事前的意义上去把握,如消费函数、投资函数、货币需求函数等,都反映了总体行为者的最优决策,因此,都是事前经济变量。宏观经济学的主要功能之一是对宏观经济形势的认识和预测,所以,宏观经济学主要通过对事前经济变量的分析揭示宏观经济现象之间错综复杂的因果关系。

◇关◇键◇术◇语◇

宏观经济学　变量　流量　存量　存量分析　流量分析　事前变量分析　事后变量分析　外生变量　内生变量　总量分析　个量分析　经济模型

◇主◇要◇观◇点◇

本章是全书的导论部分,目的是告诉读者宏观经济学的研究对象、研究的基本内容、研究方法以及这门学科存在的意义,力图给出宏观经济学这门学科的一个大概轮廓,从而为以后各章内容的展开提供最为一般的方法论和概念基础。

宏观经济学是相对于微观经济学而言的。微观经济学研究的是个体经济活动参与者的行为及其后果,而宏观经济学研究的是社会总体的经济行为及其后果,即对经济运行的整体,包括整个社会的产量、收入、价格水平和就业水平等进行分析。宏观经济学以整个国民经济活动作为研究对象,采取总量分析方法,所以又被称为"总量经济学"。1936 年,英国经济学家约翰·梅纳德·凯恩斯出版了《就业、利息与货币通论》,成为现代宏观经济学的"大宪章"(托宾语),也开创了经济学中的凯恩斯主义,奠定了现代宏观经济学理论体系的基础。

宏观经济学是一门以一个国家的宏观经济运行作为主要研究对象的学科,它需要揭示的最主要问题是宏观经济在短期内为何会发生不同程度的波动，在长期内又是什么力量决定一国经济的增长。经济运行中最常见的宏观问题是失业与通货膨胀，因此，宏观经济学必将用相当的篇幅来讨论这两个问题。

◇问◇题◇讨◇论◇

1. 什么是宏观经济学？宏观经济学与微观经济学有什么区别和联系？你认为哪一个更重要？

2. 宏观经济学研究哪些问题？什么不属于宏观经济学的研究范围？举例说明。

3. 通过阅读和收看最近的报纸或新闻，找出三个中国的宏观经济问题，并加以说明。这些宏观经济问题与我们自身有什么样的联系？

◇基◇本◇训◇练◇

一、判断题

1. 经济学根据研究方法的不同，可以划分为微观经济学与宏观经济学。（　　）
2. 微观经济学的中心理论是价格理论，宏观经济学的中心理论是国民收入决定理论。（　　）
3. 宏观经济学是在微观经济学基础上发展起来的，是作为微观经济学的补充的经济学理论。（　　）
4. 在1936年凯恩斯发表《通论》之前，经济学中并不存在宏观经济理论。（　　）
5. 经济增长理论是宏观经济学的中心理论。（　　）
6. 宏观经济学考察国民经济作为整体的功能。（　　）
7. “看不见的手”指的是市场机制，“看得见的手”指的是政府对经济的宏观调控。（　　）
8. 宏观经济学采取总量分析的方法。（　　）
9. “萨伊定律”认为，需求会自动创造供给。（　　）
10. “凯恩斯革命”推翻了“萨伊定律”的经济学理念。（　　）

二、单选题

1. 宏观经济学的中心理论是（　　）。

　A. 价格决定理论　　B. 工资决定理论
　C. 国民收入决定理论　　D. 汇率决定理论

2. 凯恩斯主义信奉的经济思想倾向是（　　）。

　A. 让经济放任自由　　B. 政府干预经济
　C. 从供给的角度管理经济　　D. 以上都是错误的

3. 下列各项中，属于流量的是（　　）。

　A. 国内生产总值　　B. 国民债务　　C. 现有住房数量　　D. 失业人数

4. 存量是（　　）。

　A. 在某个时点上测量的　　B. 在某个时点上的流动价值
　C. 流量的固体等价物　　D. 在某个时期内测量的

5. 下列各项中，属于存量的是（　　）。

　A. 国内生产总值　　B. 投资　　C. 国民债务　　D. 国民债务利息

6. 宏观经济学的创始人是（　　）。

　A. 亚当·斯密　　B. 马歇尔　　C. 马克思　　D. 凯恩斯

7. 在凯恩斯看来，造成资本主义经济萧条的根源是（　　）。

　A. 有效需求不足　　B. 资源短缺　　C. 技术落后　　D. 微观效率低下

8. 下列各项中,宏观经济学不使用的分析方法是(　　)。

A. 总量分析　　B. 均衡分析　　C. 动态分析　　D. 个量分析

9. 研究居民户和厂商决策的经济学称为(　　)。

A. 宏观经济学　　B. 微观经济学　　C. 实证经济学　　D. 规范经济学

10. 下列问题中,属于宏观经济学研究范畴的是(　　)。

A. 橘子汁价格下降的原因　　B. 物价水平下降的原因

C. 家庭关于把多少收入用于消费的决策　　D. 民航公司关于是否降低飞机票价格的决策

三、简答题

1. 什么是宏观经济学?宏观经济学与微观经济学有什么区别?
2. 简述宏观经济模型及其特征。
3. 简述宏观经济学的产生与发展。
4. 为什么经济学家要建立经济模型?

四、案例分析题

从亚当·斯密时期到20世纪30年代,许多经济学家在致力于我们称之为微观经济学领域的理论研究。经济学家们的研究范围涉及贸易和交换、理性且信息灵通的消费者与追求利润最大化的企业、垄断和新科技等问题。他们集中研究不同的市场是如何运作的。但是从20世纪30年代开始,情况有所改变——全球性的经济危机使世界各国的经济陷于瘫痪。1929~1933年,美国的经济萎缩了30%,1933年失业率高达25%;1939年,即第二次世界大战前夕,失业率高达17%。从此以后,经济学家们转而研究是什么因素决定了像失业率和GDP这样的总和变量。

如今,即使并非从事经济学研究的人都知道"微观经济学"与"宏观经济学"的大致区分。然而,直到20世纪30年代,经济学家们才开始考虑如何进行这样的划分。1933年,著名的挪威经济学家拉格纳·弗里希首次清楚地提出了这两个名词在现代意义上的概念。他认为:"微观分析方法是指对于大的经济体系中的某个经济单位在一般条件下的行为进行研究分析的方法,而宏观分析方法是指对整个经济系统的总体分析。"约翰·梅纳德·凯恩斯也曾于1936年提出了类似的观点:"我认为,经济学理论应划分为两个部分,一个部分是研究单个产业或企业在给定条件下的产出和利润的理论,另一个部分是研究整个经济的产出和就业的理论。"

但是,这两位杰出的经济学家都未使用"微观经济学"和"宏观经济学"这样的字眼。首次使用这两个名词的是一位在荷兰的统计研究所工作的经济学家彼得·沃尔夫。1941年,沃尔夫在其文章中提出:"微观经济学描述的是关于个人或家庭的经济关系,而宏观经济学是研究一个大的群体(如国家或整个社会阶层)相互之间的关系。"20世纪60~70年代,许多经济学家已认识到宏观经济学的研究方法与微观经济学的研究方法相去甚远。然而,十分有意义的是,最近20年来的一些重要的经济学文献开始寻求一些方法来打破宏观经济学与微观经济学之间的"鸿沟"。他们在研究理性且信息灵通的消费者和追求利润最大化的企业如何一起对失业、通货膨胀和经济增长的波动产生影响。

要求:结合案例,分析西方经济学两个部分之间的联系与区别。

第二章

宏观经济的核算

【名言名句】

当你能衡量你所谈论的东西并能用数字加以表达时，你才真的对它有几分了解；而当你还不能衡量，不能用数字来表达它时，你的了解就是肤浅的和不能令人满意的。尽管这种了解也许是认知的开始，但是在思想上则很难说你已经步入了科学的阶段。

——凯尔文勋爵(Lord Keivin)

【引导案例】

GDP被誉为20世纪最伟大的发现之一

美国著名的经济学家保罗·萨缪尔森认为，“GDP是20世纪最伟大的发现之一”。没有GDP这个发现，我们就无法进行国与国之间经济实力的比较；没有GDP这个总量指标，我们就无法了解我国的经济增长速度是快还是慢，是需要刺激还是需要控制。因此，GDP就像一把尺子、一面镜子，是衡量一国经济发展和生活富裕程度的重要指标。

如果你要判断一个人在经济上是否成功，首先要看他的收入。高收入的人享有较高的生活水平。同样的逻辑也适用于一国的整体经济。当判断经济是富裕还是贫穷时，要看人们口袋里有多少钱。这正是GDP的作用。

既然GDP如此重要，那么到底什么是GDP呢？我们应该如何正确理解GDP，应该如何核算它呢？

【学习目标】

通过本章的学习，了解宏观经济核算的基本原理，理解并掌握GDP的含义以及用增加值法、支出法和收入法进行GDP核算的方法；了解宏观经济循环流程，掌握国民收入核算中的恒等式；掌握宏观经济核算总量指标体系中相关指标的含义及其相互之间的关系。

【要点提示】

1. 了解宏观经济核算体系，掌握GDP的含义及三种核算方法。
2. 掌握宏观经济循环流程。
3. 理解名义GDP与实际GDP的差别。
4. 掌握宏观经济核算中总量指标之间的相互关系。

宏观经济是把国家作为一个整体，从经济总体的角度研究经济运行的规律，一个国家经济的运行状况是通过宏观经济指标来表示的。宏观经济学的研究从这些指标开始，使学生正确理解现实经济生活中各项经济指标的含义，能够对现实经济生活中的经济变量进行分析，研究这些经济指标所反映的宏观经济现象和经济发展趋势，提高分析现实宏观经济问题的能力。

第一节 宏观经济活动的尺度——国内生产总值

宏观经济学把社会总体的经济活动作为研究对象，所研究的是经济中的总量。衡量一个社会经济活动的基本尺度是国内生产总值，因此，阐明国内生产总值及有关总量衡量的规定与技术的国民经济核算理论是宏观经济学的前提。正如J. 托宾所说："如果没有国民收入核算和近40年来其他方面统计的革新和改进，当前的经验宏观经济学便是不可想象的。"

一、国民经济核算体系的产生与发展

宏观经济学是研究整个社会的经济活动。要分析一个国家或地区的宏观经济运行状况，就要有一套定义和计量总产出或总收入的方法，国民经济核算就是研究这套方法。所以，宏观经济分析的起点通常是国民经济核算。国民收入是宏观经济核算体系的中心，国民经济核算体系因此又被称为国民收入账户体系。

国民经济核算体系即对社会总量的核算框架，是指一国（或一个地区）在国民经济核算中形成的，由各总量及其组成成分之间的联系和指标概念、定义、分类、计算方法、表现形式、记录手续和相关关系所构成的一套国民经济核算的标准和制度。世界上出现过两种国民经济核算体系：一种是联合国于1968年公布的《国民经济核算体系》(System of National Accounts，SNA)（1993年联合国又推出了一套最新的SNA国际标准），它是西方市场经济国家普遍采用的；另一种是联合国于1971年发表的《国民经济平衡表体系》，又称物质产品平衡表体系(System of Material Product Balance，MPS)，它是苏联在总结自1925年以来计算国民收入经验的基础上逐步形成的一套核算方法和体系，过去主要为中央计划经济国家所采用。

MPS和SNA两大核算体系都是以国民收入生产、分配和使用的核算为主要内容，都力图从实物运动和价值运动上反映社会总产品的运行全貌，但由于两个体系赖以建立的理论基础和社会经济制度方面的差异，两者在核算内容、核算方法、指标概念、指标体系及部门分类等方面均存在一系列根本区别。

(一)核算观点不同

MPS采用限制性生产观,对生产的定义只限于物质产品生产和生产性劳务,相应地,社会产品只是从事物质产品生产的部门和提供生产性劳务部门的生产成果。所以,MPS把工业、农业、建筑业、货物运输业和商业统称为五大物质生产部门,并将这五大物质生产部门的生产活动成果作为MPS的社会产品价值核算的内容。至于其他部门,如文化教育、医疗卫生、公用事业、生活服务等,由于不生产物质产品,因此被称为非物质生产部门。这些部门所提供的服务活动,无论是为生产服务的,还是为其他部门或居民服务的,都不算产值,也不算使用,只作为对物质生产部门所创价值的再分配处理。SNA采用综合性生产观,将所有创造效用并取得收入的活动,不管是生产物质产品还是提供各类服务,一律看作生产活动。所以,SNA将服务部门与物质生产部门等同看待,归入生产部门。也就是说,SNA的生产范围除了农业、工业、建筑业、货物运输业、商业等物质生产部门外,还包括除个人自我服务以外的各个社会服务领域。因此,SNA的社会产品——商品——就是有形的物质产品与无形的劳务产品的合称。这样,SNA的核算范围就不仅包括物质产品,而且包括劳务。

(二)核算内容不同

MPS实质上是一种实物核算体系,主要描述社会再生产实物运动,对资金运动缺乏完整而系统的反映。SNA增加了资金流量和存量方面的核算内容,并与其他核算相联结,全面反映了国民经济的运行过程。

(三)核算方法不同

MPS采用单式平衡表方法,设置一系列平衡表,通过左右两栏数据的平衡综合说明作为统一整体的社会再生产过程。这种方法比较简便和直观,但平衡表之间缺乏有机联系,整体结构不够严密。SNA采用复式记账法,运用国民经济收支活动有收必有支、收支必相等的原理,以账户和矩阵形式对国民经济活动进行核算,把经济流量与经济存量联系起来,组成结构严谨、逻辑严密的体系。这种方法能够更好地反映国民经济纵横交错的庞杂经济活动关系。

随着各国向市场经济制度方向的改革和开放,目前,世界上已很少有国家再按MPS核算国民经济,大多采用SNA。

国民经济核算的基本内容就是SNA,这套核算体系以西方宏观经济理论为依据,将国内生产总值作为核算国民经济活动的核心指标。这有其合理性,因为国内生产总值确实代表了一国(或地区)所有常住单位和个人在一定时期内全部生产活动(包括产品和劳务)的最终成果,可以对一国的总体经济运行表现做出概括性衡量,反映一国(或地区)的经济实力,便于各国间和地区间的比较,为制定国家和地区经济发展战略、分析经济运行状况以及政府调控和管理经济提供重要依据和参考。

【延伸阅读】

我国国民经济核算体系的发展

我国原来的国民经济核算体系是在20世纪50年代学习苏联的物质产品平衡表体系的基础上建立起来的,基本上属于MPS模式,主要采用两个总量指标:一个是社会总产值,即一国在一定时期内由物质生产领域各部门所生产的全部物质产品价值的总和。在我国，社会总产值为农业、工业、建筑业、运输邮电业、商业（含饮食业和物资供销业）五大物质生产部门的总产值之和。总产值 $=C+V+M$。另一个是国民收入，即一国在一定时期内从事物质资料生产的劳动者新创造的价值。在我国，国民收入为农业、工业、建筑业、运输邮电业、商业（含饮食业和物资供销业）五大物质生产部门的净产值之和。净产值 $=V+M$。

在计划经济条件下，物质产品平衡表体系曾经发挥过重要作用。随着我国经济体制改革的不断深化和对外开放的日益扩大，物质产品平衡表体系已适应不了新形势下宏观经济管理的要求。为了改变这种状况，我国从 1984 年开始酝酿对原国民经济核算体系进行改革，其间经历了从 1985 年的理论研究准备到 1986～1987 年的方案设计，1988 年在 18 个省、区、市试点试算，到 1992 年 1 月，经国务院组织有关方面专家论证，认为在多次修订基础上所形成的《中国国民经济核算体系（试行方案）》是科学的、可以付诸实施的方案（简称中国 1992 年国民经济核算体系）等几个发展阶段。自 1993 年起，国家统计局不再并列提供 MPS 核算资料，而是彻底转向 SNA 体系。国民经济主要总量指标的核算由 MPS 转向 SNA 的过渡期至此结束。目前，我国实行的国民经济核算体系基本上与联合国、世界银行、国际货币基金组织、经济合作和发展组织以及欧洲联盟共同体委员会五大国际组织编制的 SNA 相一致，简称中国国民经济新核算体系。

二、国内生产总值概述

（一）国内生产总值

国内生产总值（Gross Domestic Product，GDP）是最基本、最重要的总量指标，是指一个国家或地区的所有常住单位在一定时期内生产活动的最终成果（包括产品和劳务）的市场价值总和，反映一个国家或地区的经济总体规模和经济结构；对于一个地区来说，称为地区生产总值或地区 GDP。

理解 GDP 这一概念要注意以下几个问题：

第一，GDP 是以国境为界，即本国境内的所有生产活动所创造的产品与劳务的价值都计入该国的 GDP，意味着 GDP 是一个地域概念，当一个中国公民暂时在美国工作时，他的产出是美国 GDP 的一部分。

第二，GDP 是计算一定时期内生产的产品和劳务，因而是流量而不是存量。以前生产、现期仍在使用的产品是不应该计入 GDP 的，如古画、旧房子的交易额不计入 GDP，因为它们在生产出来的当年已经被计入当年的 GDP。

第三，GDP 只计算最终产品的价值，而不计算中间产品的产值，以免发生重复计算。

中间产品（Intermediate Goods）是指作为生产要素继续投入生产过程的产品和劳务；最终产品（Final Product）是指在一定时期内生产的并由其最后使用者购买的产品和劳务。判断一个产品是中间产品还是最终产品的依据是这个产品的价值是否继续转移，而不能根据产品的物理属性来划分。

【即问即答】

2012 年生产一台机器，价值为 100 万元，使用期限为 10 年，按直线法计提折旧，年折旧费为10万元。那么,这台机器是中间产品还是最终产品?

答:这台机器的价值还需转移到其他产品中去,因此不宜看作最终产品,而应当看作中间产品。这台机器的价值是在本年度生产的,应当计入本年度的GDP,而不宜随折旧计入以后年度的GDP,故应看作最终产品,不宜看作中间产品。为了解决这一矛盾,产品价值是否转移以年度为界。在本年度价值不转移,在本年度即为最终产品,在以后年度价值转移,在以后年度即为中间产品。所以,这台机器在本年度看作最终产品,在以后年度看作中间产品。

由于在实际计算中要区分最终产品与中间产品非常困难,因此,统计人员在计算最终产品的产值时一般采用增值(Value Added)法,即只计算在生产各阶段所增加的价值。

例如,一个造纸厂生产学生使用的作业本,假如作业本的生产需要经过以下几个生产阶段:首先需要木材,假定木材的市场价值为3元,这3元是当年新生产的价值,不包含为培植树木所花费的成本;然后把木材加工成纸浆的售价为6元,这个过程增值3元;接着用纸浆加工成纸张的售价为8元,这个过程增值2元;最后用纸张装订成作业本的售价为12元,增值4元。现在这个作业本不再出售,由消费者也就是顾客使用,那么,作业本就是最终产品,而木材、纸浆、纸张都是中间产品,在整个生产过程中,在每个阶段产品所创造的价值应是各自价值增值的部分,即12元(如表2-1所示)。

表2-1　作业本价值增值的计算

生产阶段	产品价值	中间产品成本	增值
木材	3	—	3
纸浆	6	3	3
纸张	8	6	2
作业本	12	8	4
合计	29	17	12

上例中,只有作业本是最终产品,其他均为中间产品。在计算GDP时,只计算作业本的价值12元,或计算在各生产阶段的增值,同样也是12元(3+3+2+4)。如果按全部产品的产值计算则会有29元(3+6+8+12)的总价值,其中重复计算了17元的产品价值,而这些都是各个阶段中间产品的价值,为了避免重复计算,应予以扣除。

【延伸阅读】

钢材出售的GDP计算问题

上海宝钢把价值10万元的钢材出售给浙江吉利汽车制造商时,这10万元要不要算入上海市的GDP中?答案是肯定的。问题是,在这里,钢材显然是一种中间产品,按照定义,这10万元只能算在浙江省的GDP中,而不能算入上海市的GDP中,否则会出现重复计算。

这就引申出两个问题:

严格来说,不存在某个省的GDP,但为了进行比较,只能把省、市想象成一个个独立的"经济体"。但从全国的角度看,当把每个省的GDP加总后得到的GDP一定会大于直接根据全国口径统计的GDP,这在统计年鉴中可以得到验证。

一旦涉及国与国之间的贸易，只要是出口的商品，即使其从形态上看是中间产品，在统计时也要作为最终产品计算，因为其再也不可能进入国内的最终产品，所以，不会出现重复计算的问题。

第四，“市场价值”是指各种最终产品的价值都是用货币加以衡量的。它规定了GDP衡量不同类型生产活动成果的尺度。产品的市场价值可以用这些最终产品的单位价格乘以产量获得，同时说明计入GDP的是市场活动导致的价值，家庭劳动等非市场活动导致的价值不计入GDP。

第五，“所生产的”说明GDP只计算现期生产的最终产品。过去生产但在现期销售的产品不计入现期的GDP，现期生产但没有在现期销售的产品计入现期的GDP。例如，某一工厂生产产品价值100万元，当年销售80万元，计入GDP 100万元，20万元视为厂商自己买下，构成厂商非意愿存货（Involuntary Inventor）20万元。如果一个厂商生产产品价值100万元，销售120万元，则GDP为100万元，非意愿存货为－20万元。

“所生产的”还表明把与生产无关的，既不提供物品也不提供劳务的市场交换所带来的价值排除在GDP的计算之外。出售股票、债券的收益是金融所有权的转让，本质上是收入转移，不计入GDP。

【即问即答】

在某一年转手的以前建成的房屋的交易中，房屋的价值不计入该年的GDP，那么，在这一交易中所提供的佣金是否应计入该年的GDP？

答：佣金是该年的劳务，应计算在该年的GDP中。

（二）人均GDP

一般来说，GDP等总量概念反映了一个国家或一个地区的整体经济实力和市场规模，但并不体现国民的实际生活水平和福利状况，“国强”并不意味着“民富”，正因如此，在衡量一个国家和一个地区的经济发展水平时，主要不是看总值，而是要看人均量。

将一个国家（或地区）在核算期内（通常为1年）实现的GDP与该国（或地区）的常住人口相比，就得出人均GDP。其计算公式为：

$$\text{人均}\,GDP=\frac{GDP}{\text{平均常住人口}}$$

常住人口是指实际经常居住在某地区一定时间（半年以上，含半年）的人口。2010年第六次全国人口普查使用的常住人口＝户口在本辖区也在本辖区居住的人口＋户口在本辖区外但在户口登记地居住半年以上的人口＋户口待定（无户口和“口袋”户口）的人口＋户口在木辖区但离开本辖区半年以下的人口。

人均GDP可以反映一国（或地区）在核算期内的生产力水平，能够反映人们的基本生活状况和国情、国力。在进行各国间比较时，需要把按人民币计算的人均GDP换算为按美元计算的人均GDP。

【延伸阅读】

2013 年我国 GDP 水平

2013 年我国 GDP 为 568 845 亿元,按 2013 年人民币对美元年平均汇率 6.193 2 计算,2013 年我国 GDP 约合 91 849.93 亿美元(我国 GDP 自 2010 年超越日本后,居世界第二位,仅次于美国);人均 GDP 约为 6 767 美元,在世界排名第八十九位。

三、名义 GDP 和实际 GDP

GDP 是通过运用生产要素所生产的全部最终产品(物品和劳务)的市场价值计算得到的。"市场价值"是指各种最终产品的价值,都是用货币加以衡量的。产品的市场价值可以用这些最终产品的单位价格乘以产量获得。因此,一国 GDP 的变动由两个因素造成:一个是该国或地区所生产的最终产品和劳务数量的变动,另一个是这些最终产品和劳务价格的变动。也就是说,一个国家或地区 GDP 的变动不一定是该国或地区产出规模的变动,也可能是该国或地区价格水平的变动,抑或是两者的同时变动造成的。因此,为了区分 GDP 的变动到底是产量的变化还是价格水平的变化引起的,有必要区分名义 GDP 和实际 GDP。

名义 GDP 是用所生产的物品和劳务的当年价格计算的全部最终产品的市场价值总和。实际 GDP 是按照不变价格(统计时确定的某一给定年份的价格被称为基年价格)计算的全部最终产品的市场价值总和。如图 2-1 所示,在计算实际 GDP 时,要先选定基年,一般是选择从前某一年。

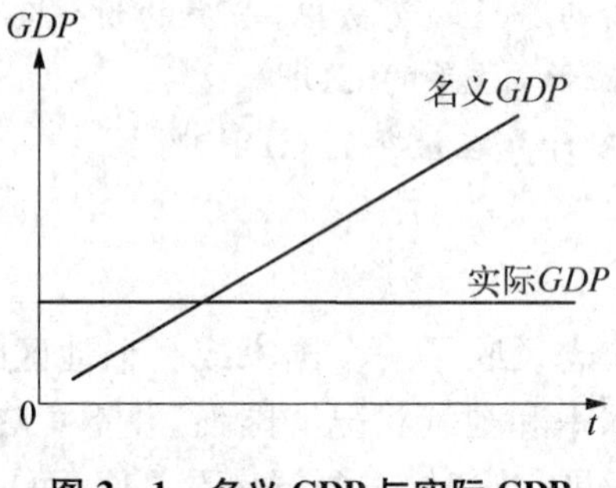

图 2-1 名义 GDP 与实际 GDP

假设一个经济社会的最终产品以面包和上衣为代表,两种商品在 2012 年(现期)和 2006 年(基期)的价格、产量分别如表 2-2 所示。

表 2-2 2006 年和 2012 年的名义 GDP 与实际 GDP 计算

项目	2006 年		2012 年	
	单价(元)	数量(万)	单价(元)	数量(万)
面包	2	200	4	250
上衣	50	10	60	12
名义 GDP	2×200+50×10=900(万元)		4×250+60×12=1 720(万元)	
实际 GDP	2×200+50×10=900(万元)		2×250+50×12=1 100(万元)	

通过面包、上衣的名义 GDP 和实际 GDP 的计算,可以看出,对于基年而言,实际 GDP

总是等于名义 GDP；2012 年的名义 GDP 与实际 GDP 的差别可以反映 2012 年与 2006 年相比价格的变动程度。$\frac{2012\text{ 年名义 GDP}}{2012\text{ 年实际 GDP}}\times 100\%=156.4\%$，说明从 2006 年到 2012 年，该国或地区的价格水平上升了 56.4%。

在进行经济分析时，要注意区分名义 GDP 与实际 GDP。例如，A 国 2012 年生产一个苹果，价值为 100 元，该国的 GDP 计为 100 元。2013 年，A 国又生产了一个苹果，但由于通货膨胀，该苹果卖 200 元，于是，2013 年该国的 GDP 计为 200 元。如果按名义 GDP 计算，该国 GDP 增长 1 倍，而事实上该国实际产量并没有增长，因此，只有实际 GDP 才能准确地反映国民经济的实际增长情况。在后面的宏观经济分析中，如果不做特殊说明，一般是指实际 GDP。

第二节　宏观经济循环流程

宏观经济学研究整体经济活动的运行规律。整体经济是由许多不同的经济单位所组成的。要研究整体经济，就必须分析各种经济单位之间的联系，国民经济循环流程正是要说明经济中各种经济单位之间的这种联系。这一流程模型即宏观经济的框架，又为国民收入的核算提供了基础。

一、两部门经济循环流程

两部门经济（Two Sectors Economy）是一个假定的经济社会，没有政府，只有消费者（家庭）和生产者（厂商），分存在储蓄（S≠0）和不存在储蓄（S=0）两种情况分别说明两部门经济是如何循环的。

（一）不存在储蓄（S=0）的情况

家庭一方面通过生产要素市场向厂商提供生产要素（土地、劳动、资本、企业家才能），同时从厂商得到相应的要素收入（地租、工资、利息、利润）；另一方面用取得的要素收入向厂商购买生活消费品。厂商向家庭提供产品，同时向家庭购买要素。其流转过程如图 2-2 所示。

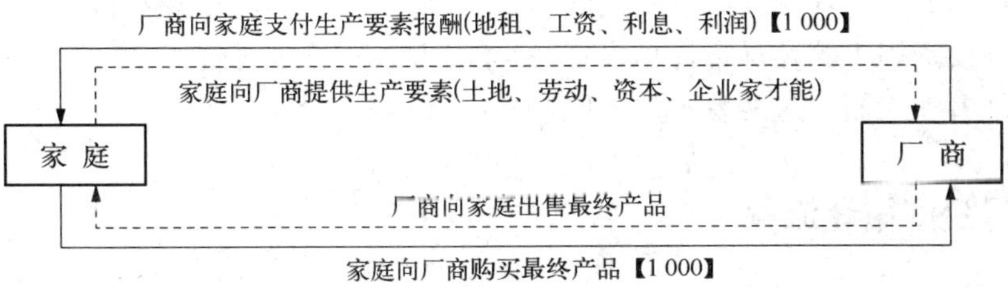

注：实线为价值流，虚线为实物流；上半部分为要素市场的情况，下半部分为产品市场的情况。

图 2-2　两部门国民经济流程(S=0)

图 2-2 表明,在要素市场上,家庭向厂商提供生产要素,厂商向家庭支付要素报酬,其价值为 1 000 单位。在产品市场上,家庭向厂商购买产品,同时向厂商支付产品的消费支出,因为消费者拿到的要素报酬全部用于消费,储蓄为 0,故消费者的消费支出为 1 000 单位。国民经济就是沿着上述路径,通过要素市场和产品市场的交换在原来规模上不断进行。

(二) 存在储蓄(S≠0) 的情况

存在储蓄的情况下,家庭的一部分收入用于消费,另一部分用于储蓄。此储蓄(S)通过资本(货币)市场成为厂商的投资(I)。通常,将家庭的部分收入转变为储蓄称为经济循环的"漏出",而把厂商得到追加的投资称为经济循环的"注入",两部门经济的循环模型如图 2-3 所示。

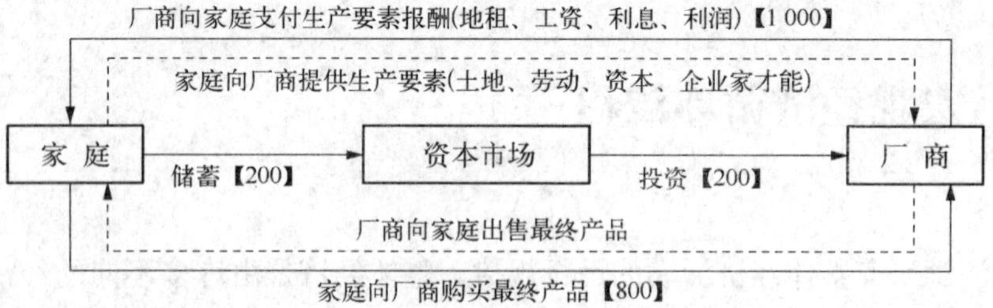

注:实线为价值流,虚线为实物流;上半部分为要素市场的情况,下半部分为产品市场的情况。

图 2-3 两部门国民经济流程(S≠0)

在图 2-3 中,家庭将其拿到的 1 000 单位要素报酬中的 800 单位用来消费,其余 200 单位进行投资,经济可以不断循环下去。

从上面的分析可以看出,实物流量构成了一个国家的国民产出,货币流量构成了一个国家的国民收入。从支出的角度考察,国民产出=总需求(AD)=消费+投资=$C+I$;从收入的角度考察,国民收入一部分用作消费,其余部分则当作储蓄,于是,总供给(AS)=国民收入=工资+利息+租金+利润=消费+储蓄=$C+S$。

当一个社会的产出等于收入时,经济均衡运行,即:

$$\boldsymbol{C+I \equiv Y \equiv C+S}$$

消除等式两边的消费 C,可得:

$$\boldsymbol{I \equiv S}$$

这就是储蓄-投资恒等式。

储蓄-投资恒等式是就整个经济而言,而不是针对某个人或某个企业而言。储蓄-投资恒等式是事后的、实际发生的国民收入均衡,是按照当年市场价格计算的。而以后分析宏观经济均衡时,投资等于储蓄是指计划投资(事前投资)等于计划储蓄(事前储蓄)形成的经济均衡状态,是事前均衡。这两者不是一回事。

二、三部门经济循环流程

三部门经济(Three Sectors Economy)就是在两部门经济中引入政府,有家庭、厂商和政府三个部门。在三部门经济中,政府的经济活动主要表现在政府收入和政府支出两个方面。

政府收入主要是政府向企业和居民征税,政府支出包括政府对商品和劳务的购买以及政府给居民的转移支付。

下面分政府收支平衡和收支失衡(赤字或盈余)两种情况分别说明三部门经济是如何循环的。

(一) 政府收支平衡的情况

政府收支平衡即政府的收入和支出是相等的,政府收取税收后全部用于政府的购买和转移支付。在此种情况下,三部门经济的循环模型如图 2-4 所示。

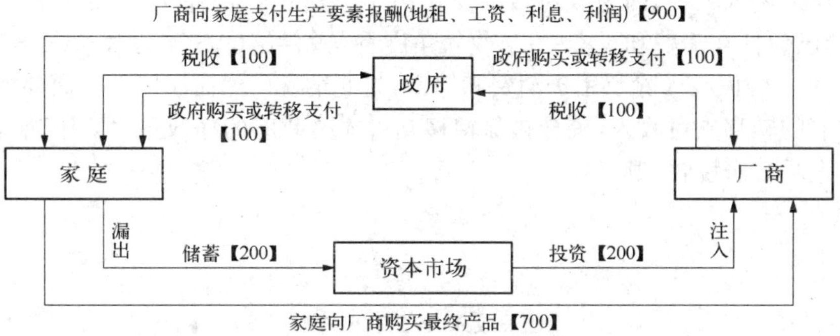

图 2-4　三部门国民经济流程(政府收支平衡)

与两部门经济相比,在三部门经济中,家庭的收入多了一个来源,即政府购买或转移支付,同时,家庭需要向政府纳税。厂商的情况亦然。因而政府与家庭、政府与厂商之间的货币流动是双向的。在图 2-4 中,家庭将其拿到的 900 单位要素报酬和 100 单位政府购买或转移支付共 1 000 单位,首先向政府缴纳 100 单位税金,剩余的 900 单位中 700 单位用于消费支出,其余的 200 单位进行储蓄。厂商从家庭的消费中得到 700 单位,从资本市场得到 200 单位,从政府购买或转移支付中得到 100 单位。这样,国民经济处于均衡的循环状态。

(二) 政府收支失衡的情况

政府收支失衡包括政府预算赤字(政府支出大于收入的差额)和政府预算盈余(政府收入超过支出的余额)。此处,以政府预算盈余为例说明三部门经济的循环过程(如图2-5所示)。

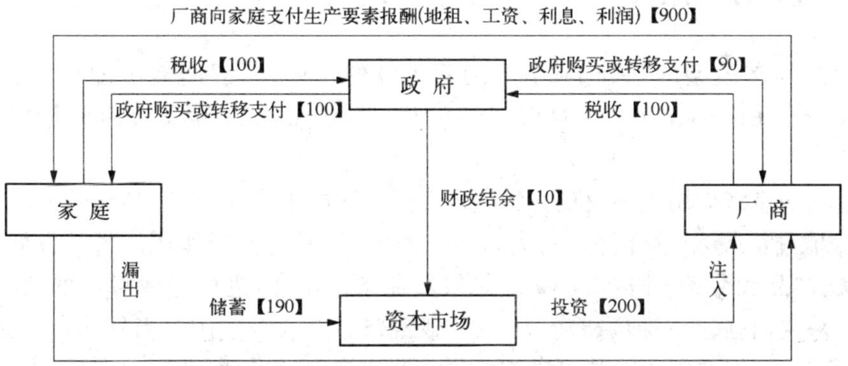

图 2-5　三部门国民经济流程(政府预算盈余)

在图 2－5 中,家庭将其拿到的 900 单位要素报酬和 100 单位政府购买或转移支付共 1 000单位,首先向政府缴纳 100 单位税金,剩余的 900 单位中 710 单位用于消费支出,其余的 190 单位进行储蓄。政府从家庭获得的收入超过其向厂商支出的 10 单位即政府预算盈余,作为政府的储蓄。厂商从家庭的消费中得到 710 单位,从资本市场得到 200 单位(其中,家庭储蓄 190 单位、政府储蓄 10 单位),从政府购买或转移支付中得到 90 单位。这样,国民经济仍然处于均衡的循环状态。

经过上面的分析,从支出角度看,总需求(AD)＝国民产出＝$C+I+G$,需要注意的是,政府转移支付未列入其中,因为政府转移支付给予家庭和厂商后,还是用于消费和投资,因此,这一部分已包括在消费和投资中;从收入角度看,总供给(AS)＝国民收入＝工资＋利息＋租金＋利润。国民收入除了用于消费和储蓄,先要纳税。然而居民一方面要纳税,另一方面又得到政府的转移支付收入,税金扣除转移支付才是政府的净收入 T,用 T_r 表示政府转移支付,T_o 表示政府税收,则:

$$T = T_o - T_r$$

这样,

$$\text{国民收入} = C + S + T$$

当社会的产出等于收入时,经济均衡运行,即:

$$C + I + G = C + S + T$$

消除等式两边的消费 C,可得到:

$$I + G = S + T$$

或

$$I = S + (T - G)$$

在这里,$T-G$ 可看作政府储蓄 S_g,这样,$I=S+(T-G)$ 也就表示储蓄(私人储蓄和政府储蓄的总和)和投资的恒等。

三、四部门经济循环流程

在三部门经济模型的基础上,引入国际市场的作用,三部门经济即扩充为四部门经济(Four Sectors Economy)。在四部门经济中,存在家庭、厂商、政府和国际市场四个部门。

国际市场的经济作用主要表现在:一方面把本国的生产要素、产品和劳务输出国外,即出口(X),赚取外汇收入,属于注入行为,它对宏观经济具有扩张作用。另一方面,从国外进口生产要素、产品和劳务,即进口(M)。如果其他条件不变,进口导致货币的流出。对于国民经济循环来说,它属于一种漏出行为,对宏观经济具有收缩作用。当外国向本国提供生产要素、产品和劳务时,要向本国政府缴纳关税。假定进出口平衡,即不存在贸易顺差或逆差,则四部门经济的循环模型如图 2－6 所示。

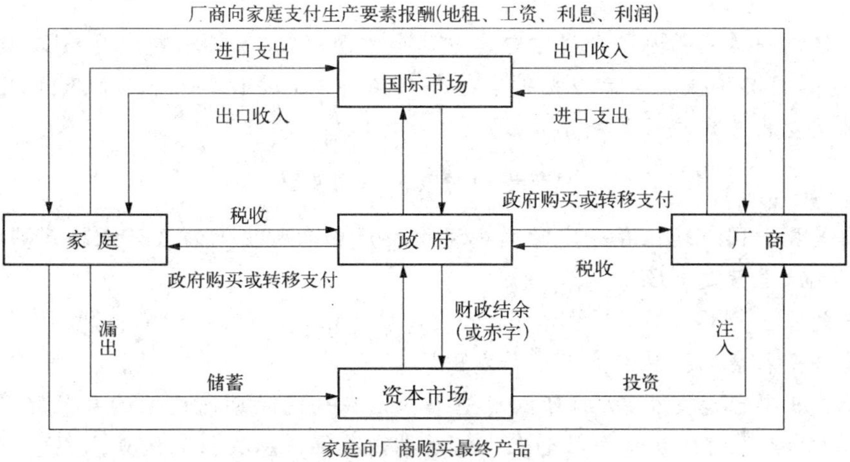

图 2-6　四部门国民经济流程

图 2-6 是建立在图 2-5 的基础上的，除了国际市场外，其余流程均与图 2-5 相同。从支出角度看，国民产出$=C+I+G+(X-M)$；从收入角度看，国民收入$=C+S+T+K_r$。这里，$C+S+T$ 的意义和三部门经济中的意义一样；K_r 表示本国居民对外国人的转移支付，如对外国遭受灾难时的救济性捐款，这种转移支付也来自生产要素的收入。

当经济均衡运行时，满足下列条件：

$$C+I+G+(X-M)=C+S+T+K_r$$

消除等式两边的消费 C，可得到：

$$I=S+(T-G)+(M-X+K_r)$$

这里，S 表示居民私人储蓄；$T-G$ 表示政府储蓄；$M-X+K_r$ 表示外国对本国的储蓄，因为从本国的立场看，M(进口)表示其他国家从本国获得的收入，X(出口)表示本国向其他国家出售的商品和劳务，从而其他国家需要支出，K_r 也表示其他国家从本国得到的收入。

可见，当 $M+K_r>X$ 时，外国对本国的收入大于支出，于是就有了储蓄；反之，则有负储蓄。这样，$I=S+(T-G)+(M-X+K_r)$ 也就表示四部门经济中总储蓄(私人、政府和国外)与投资的恒等关系。

在宏观经济分析中，厂商的总产出对应总需求，有多少需求就得支出多少货币去购买，因此，总产出＝总支出＝总需求；居民的总收入则与总供给相对应，即总收入＝总供给，因为厂商要生产(提供)多少产品，就必须有相应的要素投入，厂商对要素的投入就是要素所有者——居民——的收入。所以，上面四部门经济均衡运行的条件也表示：总供给等于总需求(供求相等)、总收入等于总支出(收支相等)。

第三节　GDP 的核算方法

【专栏解析】

作为最终产品的产出，其来源就是生产要素的投入；产出是有去向的，其去向就是市场消费支出。任何一笔交易都包含买方与卖方两个方面,总收入与总支出是GDP这一事物的两个方面,全部产品价值的来源应当等于全部产品价值的去向,一国的总产出、生产者总收入与消费者总支出三者应该是相等的,即:

总产出 ≡ 总收入 ≡ 总支出

总产出是指一国或地区在一定时间内运用生产要素所生产的全部最终产品(物品和劳务)的市场价值,也就是GDP。

总收入是指生产GDP的要素所有者的全部收入(工资、利息、租金、正常利润)。

总支出即全社会购买最终产品的总支出。

因为总产出等于总支出,所以可以用整个社会在一定时期内用来购买最终产品的支出总和来计算GDP,也可以用整个社会在一定时期内获得的总收入来核算GDP。又因为最终产品等于在整个生产过程中价值增加的总和,所以还可以用各行业在一定时期内生产的价值增值来核算GDP。据此,GDP核算就有了增加值法(最终产品和劳务的总价值)、收入法(生产者总收入)、支出法(消费者总支出)三种方法(如图2-7所示)。

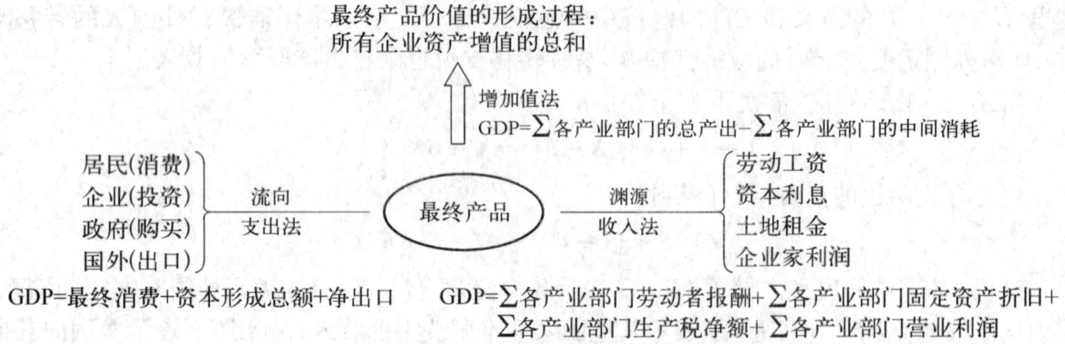

图2-7 GDP核算的三种方法

一、增加值法核算GDP

增加值法又称部门法(Sector Approach)或生产法(Production Approach),是指根据生产过程中各个阶段产品的增加值计算GDP的方法。它是从生产的角度出发,把所有一国常住单位投入的生产要素新创造出来的产品和劳务在市场上的销售价值按产业部门分类汇总而成。按照这种方法进行计算时,要把各生产部门使用的中间产品的产值扣除,也就是通过核算各行各业在一定时期生产的价值增值求得。商业、服务等部门也按增值法计算;卫生、教育等无法计算增值的部门则按该部门职工的工资收入计算,以工资代表他们所提供的劳务的价值。

一国常住单位不是杂乱无章的,而是按产业分为提供物质产品的第一产业和第二产业,以及提供劳务产品的第三产业,具体还可以分为不同的产业部门。这种分类方法不仅便于加总,而且可用于分析国民经济中各部门的比重及其变动。从这个角度看,GDP不仅能反映一个国家的生产规模,而且能反映一个国家的产业结构,也就是农业、工业、建筑业、交通运输和通信业、批发和零售贸易业等各种产业在整个国民经济中所占的份额,这对于了解一个国家的产业结构现状及其发展变化规律、制定正确的产业发展政策、引导产业结构健康发展具有重要的意义。

采用增加值法计算国内生产总值的公式如下：

$$GDP = \sum \text{国内各部门增加值}$$
$$= \sum \text{各产业部门的总产值} - \sum \text{各产业部门的中间消耗}$$

【延伸阅读】

我国三类产业的划分与增值法计算的国内生产总值

根据我国国民经济行业分类方法，三类产业的划分标准如下：

第一产业是指农业（包括种植业、林业、畜牧业、渔业）。

第二产业是指工业（包括采掘业、制造业和电力、煤气及水的生产和供应业等）和建筑业。

第三产业是指除上述第一、二产业外的其他行业，具体又分为两大部门：一是流通部门，包括交通运输、仓储及邮电通信业，批发和零售贸易业，餐饮业；二是服务部门，包括金融、保险业，房地产业，社会服务业，卫生、体育和社会福利业，教育、文化艺术及广播电影电视业，科学研究和综合技术服务业，国家机关、政党机关和社会团体以及其他行业。

表 2-3 反映的就是 2012 年用增加值法计算的我国 GDP，从中可以看到，三大产业中第二产业对 GDP 的贡献最大，所占比重为 45.27%；其次是第三产业，所占比重为 44.65%；剩下 10.08%的比重为第一产业所做的贡献。

表 2-3　　2012 年(当年价格)按增加值法计算的我国 GDP

行　业	增加值(亿元)	增加值构成(%)
GDP	519 470.10	100.00
第一产业	52 373.63	10.08
第二产业	235 161.99	45.27
工业	199 670.66	38.44
建筑业	35 491.34	6.83
第三产业	231 934.48	44.65
交通运输、仓储和邮政业	24 660.00	4.75
批发和零售业	49 394.40	9.51
住宿和餐饮业	10 464.21	2.01
金融业	28 722.68	5.53
房地产业	29 359.73	5.65
其他行业	89 333.45	17.20

资料来源：《中国统计年鉴(2013)》。

二、支出法核算 GDP

支出法是采用产品最终消费者的消费支出加总后得到的总价值量来衡量宏观经济总体状况的。一国或地区经济在购买最终产品上的支出总额称为总支出,按照不同的主体可以将总支出分为四类——消费支出、投资支出、政府购买和净出口。

(一)消费支出

居民消费支出(C)是指常住住户在一定时期内对于货物和服务的全部最终消费支出。居民消费支出除了直接以货币形式购买的货物和服务的消费支出外,还包括以其他方式获得的货物和服务的消费支出,即所谓的虚拟消费支出。居民虚拟消费支出包括如下几种类型:单位以实物报酬及实物转移的形式提供给劳动者的货物和服务;住户生产并由本住户消费了的货物和服务,其中的服务仅指住户的自有住房服务和付酬的家庭雇员提供的家庭和个人服务;金融机构提供的金融媒介服务。

(二)投资支出

投资支出(I)是指常住单位在一定时期内获得减去处置的固定资产和存货的净额,包括固定资本形成总额和存货变动两个部分。

固定资本形成总额是指常住单位在一定时期内获得的固定资产减处置的固定资产的价值总额。固定资产是通过生产活动生产出来的,且使用年限在 1 年以上、单位价值在规定标准以上的资产,不包括自然资产,可分为有形固定资本形成总额和无形固定资本形成总额。有形固定资本形成总额包括一定时期内完成的建筑工程、安装工程和设备工器具购置(减处置)价值,以及土地改良,新增役、种、奶、毛、娱乐用牲畜和新增经济林木价值。无形固定资本形成总额包括矿藏的勘探、计算机软件等获得减处置。

存货变动是指常住单位在一定时期内存货实物量变动的市场价值,即期末价值减期初价值的差额再扣除当期由于价格变动而产生的持有收益。存货变动可以是正值,也可以是负值。正值表示存货增加,负值表示存货减少。存货包括生产单位购进的原材料、燃料和储备物资等存货,以及生产单位生产的产成品、在制品和半成品等存货。

此外,用支出法计算 GDP 时的投资是指包括重置投资与净投资的总投资。重置投资也就是折旧,是指资本物品由于损耗而造成的价值减少。净投资就是总投资减去折旧后的剩余部分。

(三)政府购买

政府购买(G)是指政府部门为全社会提供公共服务的消费支出和免费或以较低价格向居民住户提供货物和服务的净支出。前者等于政府服务的产出价值减去政府单位所获得的经营收入的价值,后者等于政府部门免费或以较低价格向居民住户提供的货物和服务的市场价值减去向住户收取的价值。这里计入国内生产总值的政府支出不包括转移支付。转移支付是政府单方面的价值让渡,不是等价交换,如失业保险金、抚恤金和公债利息等。这是因为，这里的政府支出是一手付出钱、一手收回物品和劳务的等价交换行为，而转移支付是一种无偿资助行为，没有相应的物品或劳务的交换发生，体现的是再分配职能，不能直接导致产出的增加。

（四）净出口

货物和服务净出口（NX）是指货物和服务出口减货物和服务进口的差额。出口包括常住单位向非常住单位出售或无偿转让的各种货物和服务的价值，进口包括常住单位从非常住单位购买或无偿得到的各种货物和服务的价值。服务活动的提供与使用同时发生，一般把常住单位从非常住单位得到的服务作为进口，把非常住单位从常住单位得到的服务作为出口。货物的出口和进口都按离岸价格计算。用 X 表示出口，用 M 表示进口，则 $X-M$ 就是净出口。进口应从本国总购买中减去，因为进口表示收入流到国外，不是用于购买本国产品的支出；出口则应加进本国总购买量中，因为出口表示收入从外国流入，是用于购买本国产品的支出。因此，只有净出口才应计入总支出，它可能是正值，也可能是负值。

把上述四个项目加总，用支出法计算 GDP 的公式可写成：

$$GDP = 消费(C) + 投资(I) + 政府购买(G) + 净出口(X-M)$$

从支出法核算 GDP 的角度看，GDP 不仅能够反映一个国家的需求规模，而且能够反映这个国家的需求结构，也就是最终消费、资本形成和净出口及其具体构成项目在总需求中所占的比重，这对于了解一个国家的需求结构现状及其发展变化规律，制定正确的消费、投资和进出口政策，引导需求结构健康地发展具有重要的意义。

【知识链接】

利用支出法计算 GDP 应注意的问题

第一，有些支出项目不应计入 GDP。这些项目包括：对过去时期生产的产品的支出（如购买旧设备）；非产品和劳务支出，如购买股票、债券的支出，以及对进口产品和劳务的收入；此外，政府支出中的转移支付也不应计入。

第二，避免重复计算，这主要是因为最终产品与中间产品往往无明显的区分，所以容易造成重复计算。

【延伸阅读】

用支出法核算的我国 2006～2012 年的 GDP 及其结构

依据我国现行的统计体系，用支出法统计时，GDP 分为最终消费支出、资本形成总额、货物和服务净出口三项。表 2-4 是我国 2006～2012 年用支出法核算的国内生产总值及其构成情况。其中，最终消费支出由居民消费支出和政府消费支出两部分构成，消费是 GDP 中最大的一项，最终消费率即消费占 GDP 的比重都在 48%以上。资本形成总额由固定资本形成总额和存货增加两部分构成。资本形成率即资本形成总额占 GDP 的比重通常在1/3以上。此外，净出口总量从 2006 年的 16 654.6 亿元逐渐降到 2012 年的 14 632.38 亿元，净出口占GDP的比重逐年下降,显示出我国外贸顺差有所下降。

表2-4　　按支出法计算的我国GDP

指　标	2012年	2011年	2010年	2009年	2008年	2007年	2006年
GDP(亿元)	529 238.43	472 619.17	402 816.47	348 775.07	315 974.57	266 599.17	222 712.53
最终消费(亿元)	261 832.82	232 111.55	194 114.96	169 274.80	153 422.49	132 232.87	113 103.85
居民消费(亿元)	190 423.77	168 956.63	140 758.65	123 584.62	111 670.40	96 332.50	82 575.45
农村居民消费(亿元)	42 310.38	38 969.59	31 974.60	29 005.33	27 677.26	24 205.56	21 785.96
城镇居民消费(亿元)	148 113.39	129 987.04	108 784.05	94 579.29	83 993.15	72 126.93	60 789.49
政府消费(亿元)	71 409.05	63 154.92	53 356.31	45 690.18	41 752.09	35 900.37	30 528.40
资本形成总额(亿元)	252 773.24	228 344.28	193 603.91	164 463.22	138 325.30	110 943.25	92 954.08
固定资本形成总额(亿元)	241 756.84	215 682.00	183 615.16	156 679.79	128 084.42	103 948.61	87 954.06
存货增加(亿元)	11 016.40	12 662.28	9 988.75	7 783.43	10 240.88	6 994.64	5 000.02
货物和服务净出口(亿元)	14 632.38	12 163.34	15 097.60	15 037.04	24 226.77	23 423.06	16 654.60
最终消费率(%)	49.50	49.10	48.20	48.50	48.60	49.60	50.80
资本形成率(%)	47.80	48.30	48.10	47.20	43.80	41.60	41.70

资料来源:《中国统计年鉴(2013)》。

三、收入法核算GDP

用收入法核算GDP,是指用要素收入即企业生产成本核算GDP,也就是将生产要素所有者在生产中所得到的各种收入相加,包括劳动者得到的工资收入、土地所有者得到的租金、资本所有者得到的利息、企业利润以及政府税收等。这些收入同时构成了企业的生产成本,因此,这种方法也称为要素成本法。严格来说,最终产品市场价值中除了生产要素收入构成的成本,还有间接税、折旧、公司未分配利润等,因此,用收入法核算的国内生产总值应包括以下项目：

（一）工资、利息和租金等生产要素的报酬

工资包括所有对工作的酬金、津贴和福利费，也包括工资收入者必须缴纳的所得税（这是直接税）及社会保险税，在我国，主要包括工资、奖金和津贴，既包括货币形式的，也包括实物形式的，还包括劳动者所享受的公费医疗和医药卫生费、单位支付的社会保险费和住房公积金等。利息在这里是指人们提供给企业的货币资金所得的利息收入，如银行存款利息、企业债券利息等，但政府公债利息及消费信贷利息不包括在内。利息可以看成企业从个人借入资金用在了生产上，表示资本这种生产要素在一国的产出中做出了贡献。租金包括出租土地、房屋等的租赁收入及专利、版权等收入。

（二）非公司企业主收入

非公司企业主收入是指那些不受人雇用的独立生产者，如医生、律师、农民和个体老板等的收入。他们使用自己的资金，自我雇用，其工资、利息、利润、租金常混在一起作为非公司企业主收入。

（三）公司税前利润

公司税前利润包括公司所得税、社会保险税、股东红利及公司未分配利润等。

（四）企业转移支付及企业间接税

企业转移支付及企业间接税虽然不是生产要素创造的收入，但要通过产品价格转嫁给购买者，故也应视为成本。企业转移支付包括对非营利组织的社会慈善捐款和消费者呆账，企业间接税包括货物税或销售税、周转税。

（五）资本折旧

资本折旧虽不是要素收入，但包括在应回收的投资成本中，故也应计入 GDP。

这样，按收入法计算的 GDP 的公式如下：

$$GDP = \text{工资} + \text{利息} + \text{租金} + \text{税前利润} + \text{折旧} + \text{间接税} + \text{企业转移支付} + \text{统计误差}$$

收入法和支出法计算的国内生产总值从理论上说是相等的，但在实际核算中常有误差，因而还要加上一个“统计误差”。

【延伸阅读】

用收入法计算的我国 GDP 及其结构

依据我国现行核算体系，用收入法计算的 GDP 是在投入产出表框架下进行的。表2－5显示了 1997 年、2000 年、2002 年、2005 年、2007 年和 2010 年用收入法核算的我国 GDP 数据。

$$GDP = \text{劳动者报酬} + \text{生产税净额} + \text{固定资产折旧} + \text{营业盈余}$$

表 2-5 按收入法计算的我国 GDP 单位:亿元

指　标	2010 年	2007 年	2005 年	2002 年	2000 年	1997 年
GDP	403 648.98	266 043.81	186 256.06	121 858.90	92 346.88	75 704.07
固定资产折旧	55 291.86	37 255.53	28 010.29	18 740.57	14 605.51	10 312.22
劳动者报酬	191 008.93	110 047.30	77 731.60	58 950.50	49 919.59	41 540.35
生产税净额	59 910.85	38 518.72	25 337.64	17 462.21	13 412.43	10 244.91
营业盈余	97 437.34	80 222.26	55 176.53	26 705.63	14 409.35	13 606.59

资料来源:《中国统计年鉴(2013)》。

我国对外公布按照生产法、收入法和支出法计算的 GDP 以按照生产法和收入法混合计算的 GDP 为标准。GDP 核算分为季度核算和年度核算,按照现价和不变价分别核算。现价核算采用的是当期的价格,不变价核算采用的是固定基期的价格。全国 GDP 数据由国家统计局统一对外发布,分为初步核算数、初步核实数和最终核实数。

第四节　宏观经济核算中的其他总量

一、国民生产总值

国民生产总值(Gross National Product,GNP)是指某国国民所拥有的全部生产要素在一定时期内所生产的最终产品的市场价值;以国民为界,是指凡是本国公民(指常住居民)所创造的收入,不管是否在国内,都计入 GNP。

这里的常住居民包括居住在本国领土内的本国公民、暂住外国的本国公民,以及在本国取得居留权但未取得国籍的公民。

由于 GNP 的名称与其反映的内容不是很相符,所以联合国在 1993 版《国民核算体系》中将其改为国民总收入(Gross National Income,GNI),是指一个国家或地区所有常住单位在一定时期内收入初次分配的最终结果,等于所有常住单位的初次分配收入之和。考虑到使用习惯,本书暂用 GNP 的概念。

GDP 与 GNP 之间的联系体现在 GNP 是以 GDP 为基础,做适当调整计算出来的,GNP 等于 GDP 加上来自国外的要素收入净额,用公式表示为:

$$\begin{aligned} GNP &= GDP + \text{来自国外的要素收入净额} \\ &= GDP + (\text{来自国外的要素收入} - \text{支付国外的要素收入}) \end{aligned}$$

其中,来自国外的要素收入是本国常住居民从国外获得的资本和劳务收入。具体来说,它是本国资本对外投资或参与国外生产活动而获得的利息收入、红利、投资收益以及本国居民在国外工作(1 年以下)所获得的劳务收入。支付国外的要素收入是本国对国外支付的资本和劳务收入。具体来说，它是外国资本对本国(我国)投资或参与本国生产活动而从本国获得的利息收入、红利、投资收益以及本国支付给外籍员工(1年以下)的劳务收入。因此，从数量关系看，GNP的主要部分源于GDP。

GDP与GNP的区别主要体现在两者核算的内涵有所不同。GDP是个生产概念，它从生产角度衡量一个国家或地区的经济总量，只要是本国领土范围内生产活动创造的增加值，无论是由内资企业还是外商投资企业创造的，均应计入本国的GDP。GNP是个收入概念，它从收入分配的角度衡量一个国家或地区的经济总量，或者说是总收入。这个总收入的基础是GDP，GDP既是总生产成果，又是总收入的起点。由于本国常住居民在国外进行投资或创办企业获得了一部分生产要素收入(资本和劳务收入)，如果资本收益再投资，或利润和劳务收入直接汇回国内，就要加到本国的GDP中，形成GNP；否则，就不能加到本国的GDP中，不算作GNP。反之，如果外商投资企业和个人从本国(我国)获得了资本和劳务收入，且将收益再投资或将利润和劳务收入汇回去，则在计算GNP时要从本国的GDP中扣除，否则就不需要扣除。这是国际通行的计算方法。

可见，GDP与GNP有些差别，但差别并不大。由GDP转化为GNP是一个国家的初次分配总收入。由于跨国公司的发展、经济成分的多种组合，统计常住居民的指标比较麻烦，统计所在地的指标比较简便，因此，现在国际通用GDP指标。GDP与GNP之间的关系如图2-8所示。

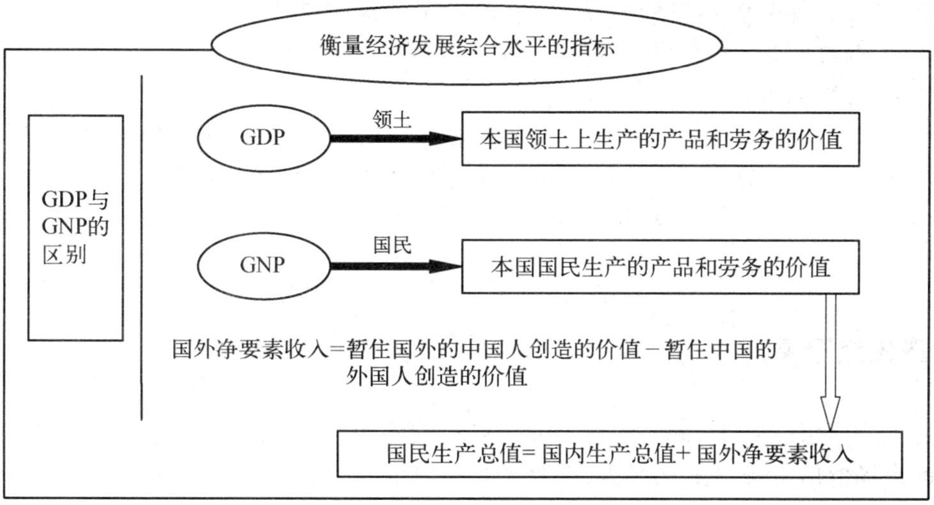

图2-8　GDP与GNP之间的关系

【课堂训练】

例1：美国一公民为从事一项国内投资，向日本一家银行贷款。该项目每年为这位美国公民带来200万美元收入，每年向日本支付利息10万美元。

在此例中：

美国GDP：增加200万美元　　　　GNP：增加190万美元

日本GDP：增加0　　　　GNP：增加10万美元

例 2：韩国一公民在中国执教足球甲 A 联赛一年，获收入 30 万美元。

在此例中：

中国 GDP：增加 30 万美元　　GNP：增加 0

韩国 GDP：增加 0　　GNP：增加 30 万美元

【延伸阅读】

GDP 和 GNP 哪个更好?

GNP 反映的是一国常住居民留在本国的总收入，它与国籍没有直接关系，不是本国公民的总收入，如果一个外商投资企业在本国生产，只要它赚取的利润没有汇回去，也没有进行再投资，这部分收入仍计入本国的 GNP，只有当它把利润汇回国，或者在本国进行再投资，这部分利润才从本国的 GDP 中扣减，形成 GNP。同样，我们也要把本国在国外投资获取的利润且汇回本国的部分加在本国的 GDP 中，形成 GNP。很明显，GNP 虽然是一个收入概念，但并不是只反映了本国公民的总收入，而是本国常住居民的总收入。

根据分析目的的不同，通常国际社会对 GDP 和 GNP 这两个指标的关注程度不同。在分析各国的经济增长时，一般更关注 GDP；在分析各国的贫富差异程度时，一般更关注 GNP 或者人均 GNP。例如，国际货币基金组织通常根据黄金与外汇储备、进口额、出口额占 GDP 的比例等因素决定一个国家在国际货币基金组织的份额，进而决定一个国家在国际货币基金组织中的投票权、特别提款权及借款份额。而联合国则根据一个国家连续 6 年的 GNP 和人均 GNP 来决定该国的联合国会费，从而决定该国承担的国际义务和享受的优惠待遇等。

所以，对于 GDP 和 GNP 两个指标，不能简单地认为哪一个指标更好或哪一个指标更差，两者有各自的用途，在分析常住居民的生产成果时使用 GDP，在分析常住居民的总收入时使用 GNP。国际上大部分国家同时计算和公布本国的 GDP 数据和 GNP 数据。

二、国内生产净值

国内生产净值(Net Domestic Product，NDP)是指一个国家在 1 年内净生产的最终产品和劳务的市场价值总额，是一个国家或地区的国内生产总值减去生产过程中消耗的资本折旧所得出的净值，即从 GDP 中扣除资本折旧就会得到 NDP。其计算公式为：

$$NDP = GDP - \text{折旧}$$

相对于 GDP 来讲，NDP 更能反映国民收入和社会财富变动的情况，因为扣除折旧部分可以反映一定时期内生产活动形成的最终成果总量，原因在于折旧不是新创造的价值，而是以前生产出来的价值在生产过程中发生的价值转移。但在现实经济生活中，与 NDP 相比，GDP 更容易确定统计标准，而且折旧费的计算方法也不一致，再加上政府的折旧政策不稳定，因此，各国还是常用 GDP 这个概念。

“总”和“净”对于投资也具有类似意义。总投资是一定时期内的全部投资，即建设的全部厂房设备和住宅等，而净投资是总投资中扣除了资本消耗或者说重置投资的部分。例如，某企业某年购置 10 台机器，其中 2 台用来更换报废的旧机器，则总投资为 10 台机器，净投资为 8 台机器。

与 GNP 相对应的是国民生产净值(Net National Product，NNP)，用公式表示为：

$$NNP = GNP - \text{折旧}$$

三、国民收入

国民收入(National Income，NI)有广义和狭义两个范畴。广义的国民收入是指理论分析中的国民收入，包括国内生产总值、国内生产净值、国民生产总值、国民生产净值、国民收入(狭义的)、个人收入和个人可支配收入。狭义的国民收入是国民收入核算指标(国民收入账户)中的国民收入，仅指一个国家或地区在一定时期内(通常为 1 年)各种生产要素(土地、劳动力、资本和企业家才能)所获得的以市场价值计算的收入，包括雇员薪酬、企业业主收入(包括劳动收入和资本收入)、个人租金收入、企业利润、净利息和政府补贴，是按要素费用计算的国民收入，简称国民要素收入。

雇员薪酬除了自己创业的人获得的薪酬(纳入企业业主收入统计部分)外，还包括雇员薪资、福利(包括企业为雇员缴纳的养老金)，以及企业为雇员缴纳的社会保险金。

企业业主收入是不包括企业雇员的业主的收入，包括劳动收入和资本收入。企业业主使用自己的资金，自我雇用，不但提供劳动，而且拥有和提供一定的资本。

个人租金收入是指拥有土地或建筑物并出租给他人使用而获得的收入。个人租金收入还包括各种出版物的作者、艺术家等所获得的各种版权收入。

企业利润是指企业在支付员工工资、利息、租金和其他成本支出后所剩余的部分。企业利润被用于支付企业所得税和股东利息，剩下的部分被称为企业未分配盈余，由企业留存。

净利息收入是指个人从企业和国外获得利息，再减去个人支付的各种利息后的剩余部分。

政府补贴是指政府给企业的补助金，虽然这部分不列入产品价格，但成为要素收入，因此也应包含在内。

从国内生产净值中扣除间接税和企业转移支付加政府补助金，就得到一国生产要素在一定时期内提供生产性服务所得报酬，即工资、利息、租金和利润的总和意义上狭义的国民收入。间接税和企业转移支付虽构成产品价格，但不成为要素收入；相反，政府给企业的补助金虽不列入产品价格，但成为要素收入。故前者应扣除，后者应加入。

$$NI = \text{工资} + \text{利息} + \text{利润} + \text{租金}$$

$$\text{或} = NDP - (\text{间接税} + \text{企业转移支付}) + \text{政府补助金}$$

四、个人收入

个人收入(Personal Income，PI)是指一个国家 1 年内个人所得到的全部收入。生产要素报酬意义上的国民收入并不会全部成为个人收入。例如,一方面,利润收入中的一部分要缴纳企业所得税,一部分企业留存,只有一部分会以红利和股息形式分给个人;职工收入中也有一部分要以社会保险费的形式上缴有关机构。另一方面,人们会以各种形式从政府那里得到转移支付,如退伍军人津贴、工人失业救济金、职工养老金、职工困难补助等。因此,从国民收入中减去企业未分配利润、企业所得税及社会保险税(费),加上政府给个人的转移支付,大体上就得出个人收入。

$$PI = NI - (\text{企业未分配利润} + \text{企业所得税} + \text{社会保险税}) + \text{转移支付}$$

五、个人可支配收入

个人可支配收入(Disposable Personal Income,PDI)是指一个国家1年内个人可以支配的全部收入。个人收入不能全归个人支配,还要扣除个人所得税和非税收性支付,非税收性支付包括罚金和馈赠等,之后的个人收入才是个人可支配收入,即个人可用来消费或储蓄的收入。

$$\begin{aligned} DPI &= PI - \text{个人所得税} - \text{非税支付} \\ &= \text{个人消费} + \text{个人储蓄} \end{aligned}$$

【延伸阅读】

人均可支配收入

人均可支配收入(或人均生活费收入)即用家庭可支配收入(或生活费收入)除以家庭人口所得。

一般来说,人均可支配收入与生活水平成正比,即人均可支配收入越高,生活水平越高。这个指标增长得越快,表明人们的生活水平提高得越快,消费能力越强。正因如此,这个指标是国家决策的重要依据。

由于一定时期内物价上涨的因素使得相同货币所能购买到的生活消费品和社会服务的数量与基期相比相应减少,造成货币购买力下降、货币贬值,因此,计算人均可支配收入的实际增长时,必须扣除价格因素的影响。目前,国家统计部门所编制的各种价格指数中,最能反映物价对人们生活影响程度的是居民消费价格指数。在计算人均可支配收入的实际增长时,要扣除居民消费价格指数。

$$\text{人均可支配收入实际增长率} = \frac{\text{报告期人均可支配收入} / \text{基期人均可支配收入}}{\text{居民消费价格指数}} - 100\%$$

【知识链接】

宏观经济核算体系中相关概念之间的关系

在宏观经济核算体系中,除了要弄清楚上述国内生产总值、国民生产总值、国内生产净值、国民收入、个人收入和个人可支配收入的概念外,还要弄清楚这些概念之间的相互关系。大体来说,这些概念之间的相互关系如图2-9所示。

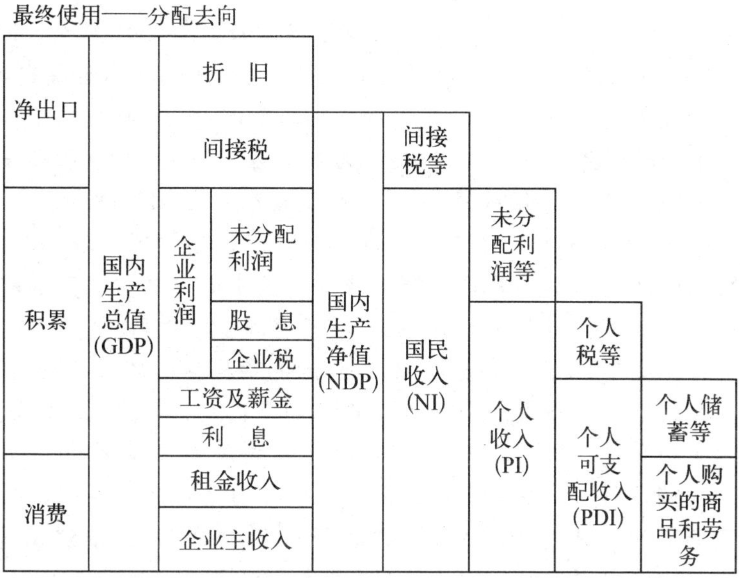

图 2－9　GDP、NDP、NI、PI 和 DPI 之间的关系

国内生产总值（以市场价格计算）＝∑国内各部门增加值＝消费＋投资＋政府购买＋净出口

＝工资＋利息＋租金＋税前利润＋折旧＋间接税＋企业转移支付＋统计误差

国民总收入（国民生产总值）＝国内生产总值＋得自国外的要素收入－付给国外的要素收入

国民生产净值＝国民生产总值－固定资本损耗的补偿

国民收入＝国民生产净值－间接税与非税支付＋津贴－当前政府企业盈余

个人收入＝国民收入－法人企业利润与估价调整＋个人利息收入

个人可支配收入＝个人收入－个人所得税－非税支付

第五节　GDP 与社会福利

GDP 并不是一个完美的指标，还有无效的 GDP 和消失的 GDP，我们计算 GDP 时应建立有效 GDP 和累计 GDP 的概念。从 GDP 的含义到它的计算方法不难看出，GDP 是而且只是用来衡量那些易于度量的经济活动的营业额，不能全面反映经济增长的质量。

【引导案例】

GDP 的缺陷

罗伯特·肯尼迪（美国前总统约翰·肯尼迪之弟）说：“GDP 衡量一切，但并不包括使我们的生活有意义的东西。"这句话就是他在竞选总统的演说中对GDP这个经济指标的批评。越来越多的人包括非常著名的学者对GDP衡量经济增长的重要性产生了怀疑。斯蒂格利茨曾经指出,如果一对夫妇留在家中打扫卫生和做饭,这些活动将不会被列入GDP的统计之内,假如这对夫妇外出工作,另外雇人做清洁和烹调工作,那么,这对夫妇和佣人的经济活动都会被计入GDP。说得更明白一些,如果一名男士雇用一名女保姆,女保姆的工资将计入GDP;但如果这位男士与女保姆结婚,不给保姆发工资了,GDP就会减少。

德国学者厄恩斯特·冯·魏茨察克和两位美国学者艾墨里·B.洛文斯、L.亨特·洛文斯在他们合著的《四倍跃进》中对GDP在衡量经济增长中的作用提出了诘难。他们生动地写道:"乡间小路上,两辆汽车静静驶过,一切平安无事,它们对GDP的贡献几乎为零。但是,其中一个司机由于疏忽,突然将车开向路的另一侧,连同到达的第三辆汽车,造成了一起恶性交通事故。'好极了',GDP说,因为,随之而来的是:救护车、医生、护士、意外事故服务中心、汽车修理或买新车、法律诉讼、亲属探视伤者、损失赔偿、保险代理、新闻报道等,所有这些都被看作正式的职业行为,都是有偿服务。即使任何参与方都没有因此而提高生活水平,甚至有些还蒙受了巨大损失,但我们的'财富'——所谓的GDP依然在增加。"基于以上分析,三位学者深刻地指出:"平心而论,GDP并没有定义成度量财富或福利的指标,而只是用来衡量那些易于度量的经济活动的营业额。"

需要进一步指出的是,GDP所包括的外资企业虽然在统计学的意义上给我们创造了GDP,但利润却是汇回他们自己的国家的。一句话,他们把GDP留给了我们,把利润转回了自己的国家。GDP只是一个"营业额",不能反映环境污染的程度,不能反映资源浪费的程度,看不出支撑GDP的"物质"内容。从上述分析不难看出,目前在评价经济状况、经济增长趋势及社会财富的表现时,使用最为广泛的国民经济核算所提供的GDP指标不能完全反映自然与环境之间的平衡,不能完全反映经济增长的质量。这些缺陷使传统的国民经济核算体系不仅无法衡量环境污染和生态破坏导致的经济损失,反而助长了一些部门和地区为追求高的GDP增长而破坏环境、耗竭式使用自然资源的行为。可以肯定的是,目前GDP数据中有相当一部分是靠牺牲后代的资源获得的。有些GDP的增量用科学的发展观去衡量和评价,不但不是业绩,反而是一种破坏。

一、无效的GDP

有这么一则令人捧腹的经典故事:

有两个非常聪明的青年经济学家,他们经常为一些高深的经济学理论争辩不休。一天饭后去散步,为了某个数学模型的证明,两个年轻人又争了起来,正在难分高下的时候,突然发现前面的草地上有一堆狗屎。甲就对乙说,如果你能把它吃下去,我愿意出5 000万元。5 000万元的诱惑可真不小,吃还是不吃呢?乙掏出纸笔进行了精确的数学计算,很快得出了经济学上的最优解:吃!于是,甲损失了5 000万元,当然,乙的这顿加餐吃得也不轻松。

两个人继续散步,突然又发现一堆狗屎,这时候乙开始剧烈反胃,而甲也有点心疼刚才花掉的5 000万元。于是乙说,你把它吃下去,我也给你5 000万元。不同的计算方法,相同的计算结果——吃！甲心满意足地收回了 5 000 万元，而乙似乎也找到了一点心理平衡。可突然，两位天才同时号啕大哭：闹了半天我们什么也没有得到，却白白地吃了两堆狗屎！他们怎么也想不通，只好去请教他们的导师——一位著名的经济学“泰斗”。听了两位高足的故事，没想到“泰斗”也号啕大哭起来。好不容易等情绪稳定了一点，只见“泰斗”颤巍巍地竖起一根手指头，无比激动地说：“1 个亿啊！1 个亿啊！我亲爱的学生，我代表祖国和人民感谢你们，你们仅仅吃了两堆狗屎，就为国家的 GDP 贡献了 1 个亿的产值！”

两个人吃狗屎虽然创造了 1 个亿的 GDP，但国民财富并没有增加，这就是无效的 GDP。

二、消失的 GDP

某地遭受百年未遇的特大洪水，大量房屋被冲毁，大片庄稼被淹没。第二年灾后重建，建筑、运输等行业一片繁荣，这一年的 GDP 是往年的 120%，但老百姓反倒感觉自己的生活质量比原来差了一大截，原因很简单，洪水把多年来的劳动成果毁于一旦，而劳动成果就是往年 GDP 的累积，这些 GDP 因为洪水而瞬间消失。

三、有效累积 GDP

如果一边是 GDP 增加，一边是 GDP 消失；或者 GDP 在不断地增加，但增加的却是一些无效的 GDP，那么，再高的 GDP 发展速度也不能证明社会财富在增加和经济在发展。只有累积下来并为人们所需要的有效 GDP 才是人类真正的财富。所以，我们对 GDP 的认识有待提高和完善。如果起用了“GDP 有效累积”这个概念，我们对一地的经济发展状况以及财富拥有程度就能够做出更加准确的判断。一地 GDP 有效累积数值越大，表明这个地方越富有；当年 GDP 有效累积越多，说明当年此地的经济发展速度越快。

四、GDP 和社会福利：GDP 增加，福利不一定提高

（一）GDP 仅仅是一个数据指标

在现代社会中，个人、企业和政府都要根据整体经济状况做出决策。这就需要一个具体的指标来反映整体经济运行状况，而且，这种指标必须具体、准确，让人一看就懂。于是，经济学家建立了国民收入核算体系，创造了 GDP 这个指标。

自 20 世纪 30 年代美国经济学家库兹涅茨建立这个体系以来，GDP 这个指标一直在使用和改进中。应该说，GDP 是能基本反映一国整体经济运行状况与历史趋势的。到现在为止，还没有一个人能提出广为公众接受的另一种指标体系来替代 GDP，也没有一个国家不使用 GDP 这个指标，或者放弃 GDP 统计的计划。无论从历史还是现实来看，或者从世界各国来看，GDP 增长与人民福利的增长基本是同方向变动的。

（二）GDP 并不是衡量福利的完美指标

GDP 表示一个国家的经济总量，代表一国的经济实力和财富，是人民福利增加的基础。

没有GDP的增长,绝不可能有福利的增加。虽然追求GDP是各国政府的共同目标,但GDP并不是衡量一国经济和人民福利的完美指标(如图2-10所示)。

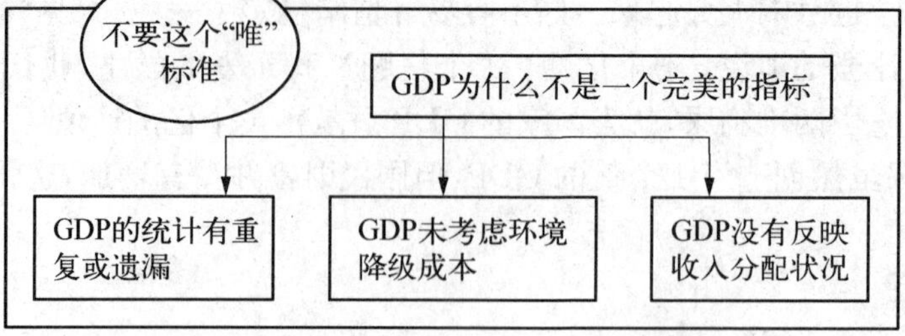

图2-10 GDP为什么不是一个完美的指标

1. GDP的统计不够准确

GDP的统计并不是准确的,有重复或遗漏。例如,下述活动都应当算作GDP活动,但由于种种原因无法计入GDP总量中:(1) 每一个国家都存在大量非市场经济活动,如农民的自给性生产活动、家庭妇女的劳务活动、自我服务等;(2) 每一个国家都存在大量以逃避税收为目的的地下经济活动,如地下加工厂、地下商品流通、地下餐饮和服务(家教、钟点工等)等;(3) 每一个国家都存在大量非法经济活动,如走私、贩毒、"三陪"服务等。这三种活动都难以统计到GDP中。法制越不完善,市场化程度越低,GDP中的遗漏就越多。据经济学家估计,就全世界而言,这一部分占GDP的2%~7%。

2. 未考虑环境降级成本

经济活动往往造成环境污染,引起环境质量下降,又称环境降级成本。GDP核算一方面没有扣减环境降级成本,即环境污染的代价;另一方面将环境保护支出作为生产活动来反映。结果是:污染物排放得越多,GDP越大;环境保护支出得越多,GDP也越大。正是基于这个原因,经济学家区分了反映生产水平的GDP和反映人民福利的经济净福利指数。

【知识链接】

经济净福利

经济净福利(Net Economic Welfare,NEW)就是经济发展所带来的全部经济福利减去补偿伴随经济发展而产生的负面效应所消耗或应该消耗掉的那部分经济福利,由美国经济学家萨缪尔森(P. A. Samuelson)在20世纪70年代为替代国民生产总值而提出。该计算方法与经济福利量相同。萨缪尔森在诺德豪斯和托宾的研究基础上,把美国的经济净福利估计延伸到1976年,证明按人均计算的经济净福利要比国民生产总值增长缓慢得多。日本的筱原三代平等经济学家按1970年价格计算的日本经济净福利表明,日本在1955年和1970年由于环境污染造成的经济损失估计分别为550亿日元和64 700亿日元,占经济净福利为0.2%和13.8%,环境污染的代价相当沉重。

3. 未考虑自然资源消耗成本

经济活动要开发利用自然资源,GDP只核算了经济活动对自然资源的开发成本,却没有计算自然资源本身的价值，即自然资源耗减成本，造成自然资源无价或低价，其结果是高估了当期经济生产活动新创造的价值。

4. 没有反映收入分配状况

GDP是一个总量指数，没有反映收入分配状况。在经济发展的某一阶段，随着GDP的增长会出现收入分配差距扩大的现象。这时，GDP增加反而会引起人们福利水平的下降。GDP也好，人均GDP也好，都无法反映收入分配状况，从而出现"富裕中的贫困"这种不正常现象。

5. 无法进行国际社会的比较

由于各国市场化程度不同、汇率不同，因此，很难仅仅用GDP来比较各国的经济与福利水平。

GDP核算的是经济活动，但不是人类社会的全部活动。由于这些原因，我们不能把GDP作为衡量一国经济状况的唯一标准。在衡量经济与福利状况时，还有物价指数、失业率、贸易总量、人均收入、环境污染指数和基金系数等指标。

【延伸阅读】

绿色GDP

绿色GDP也称可持续收入，是指一个国家或地区在考虑了自然资源（主要包括土地、森林、矿产、水和海洋）与环境因素（包括生态环境、自然环境、人文环境等）影响之后经济活动的最终成果，即将经济活动中所付出的资源耗减成本和环境降级成本从GDP中扣除。

绿色GDP是在GDP的基础上，考虑了环境成本和资源成本，代表了国民经济增长的净正效应。也就是说，绿色GDP占GDP的比重越高，表明国民经济增长的正面效应越强，负面效应越弱；反之则反是。

绿色GDP（可持续收入）的基本思想是由希克斯在其1946年的著作中提出的。从20世纪70年代开始，围绕着构建以"绿色GDP"为核心的国民经济核算体系，联合国、世界各国政府、国际研究机构一直在进行着艰辛的理论探索。20世纪80年代初，世界银行提出"绿色核算"（Green Accounting）、"绿色GDP/可持续收入"的概念。20世纪90年代初，只有挪威要求在财会年报中披露企业对环境的影响及其采用的计量方法。然而不到10年，许多国家已经非常重视绿色GDP的实施，即从GDP中挤出"水分"——环境污染负债、生态赤字和资源损耗等，如建设一个工厂需砍掉一片森林，那就必须在另一处种活一片森林才允许开工。

我国一直在积极推进绿色GDP的实施。2004年，国家统计局、国家环保总局正式联合开展了中国环境与经济核算绿色GDP研究工作。2005年2月，绿色GDP核算试点工作在10个省、市启动。然而在核算试点中遇到了一些预期的技术困难，试点省、市的进度参差不齐，这说明微观制度的实施还需要一个过程。2010年3月初，全国390位县委书记进入中央党校集训"绿色GDP"。有专家表示，县一级在党的组织结构和国家政权结构中处于承上启下的重要位置，此举体现了中央高层对转变经济发展方式的高度重视，意义非同一般。这些举措都表明，在不远的将来，我国一定能以"绿色GDP"实现与世界经济的接轨。

五、要纠正唯 GDP 论

我国 GDP 的增长率相当高，但由于底子薄、人口多，GDP 总量和人均 GDP 都不高，保持较高的 GDP 增长率仍然是重要的。

GDP 不是万能的，但没有 GDP 是万万不能的。近年来，一些地方政府片面追求 GDP 增长而不考虑环境的代价。我们要纠正的是唯 GDP 论。这就是说，我们在追求 GDP 的同时，要注意保护环境、节约资源，并逐步缩小收入分化差距，提高社会保障水平。

许多经济学家认识到 GDP 这个指标存在的各种问题，也在全力地完善国民收入核算体系和 GDP 指标。近半个世纪前，美国经济学家萨缪尔森就提出了经济净福利这个指标，但至今仍没有一套可以操作的计算方法，至今未被各国和联合国统计当局采用。至于绿色 GDP 与经济净福利指标也并没有根本差别。在没有更好的、可替代 GDP 的指标出现前，我们不得不继续使用 GDP。

出于以上原因，在把 GDP 指标作为衡量经济增长的全面尺度时，必须予以正确理解、看待和使用。特别是对于各级政府来说，不能把 GDP 增长速度作为衡量经济运行好坏的唯一标准，而应坚持速度与结构、质量、数量相统一，发展与资源环境相协调，把工作质量放在提高效益和可持续发展基础上，不能片面追求经济的高速增长。

◇关◇键◇术◇语◇

国民生产总值　国内生产总值　国民生产净值　国民收入　个人收入　个人可支配收入　名义 GDP　实际 GDP　最终产品　中间产品

◇主◇要◇观◇点◇

本章主要介绍了有关宏观经济核算的理论与方法。宏观经济核算体系是一套用来定义和计量总产出或总收入的方法。在这套方法中，最主要、最核心的指标是 GDP。GDP 是指经济社会(即一国或一个地区)在一定时期内运用生产要素所生产的全部最终产品(物品和劳务)的市场价值。

GDP 的核算方法有三种，即增加值法、支出法和收入法。

增加值法是从生产的角度出发并按照产业部门分类，把所有企业投入的生产要素创造出来的产品和劳务在市场上的总价值汇总得到。支出法通过核算在一定时期内整个社会购买最终产品的总支出，即最终产品的总卖价来计量 GDP。收入法通过计算一定时期内整个社会所有生产要素获得的收入来核算国内生产总值。

在整个国民收入核算体系中，还有国民生产总值、国内生产总值、国民收入(狭义)、个人收入和个人可支配收入等国民经济总量指标，应了解它们的概念以及相互之间的关系。

◇问◇题◇讨◇论◇

1. 为什么多数国家原来用 GNP 作为国民产出的主要测量值，而现在大多改用 GDP?
2. 相关资料显示，我国制造业的工业增加值仅为美国的 22.14%、日本的 35.43%，制造业的劳动生产率仅为美国的4.38%、日本的4.07%、德国的5.56%。据此，你认为要提高我国的GDP，应从哪些方面入手？

3. 在参议员罗伯特·肯尼迪于1968年竞选总统时的一篇演讲中，关于GDP，他讲了以下一段话：(GDP)并没有考虑我们孩子的健康、他们的教育质量或者他们游戏的快乐。它没有包括我们的诗歌之美或者婚姻的稳定，没有包括我们关于公共问题争论的智慧或者我们公务员的廉洁。它既没有衡量出我们的勇气、我们的智慧，也没有衡量出我们对祖国的热爱。简言之，它衡量一切，但并不包括使我们的生活有意义的东西，它可以告诉我们有关美国人的一切，但没有告诉我们，为什么我们以作为美国人而骄傲。罗伯特·肯尼迪的话对吗？我们为什么要关注GDP？

◇基◇本◇训◇练◇

一、判断题

1. 国内生产总值等于各种最终产品与中间产品的价值总和。 （ ）
2. 在国内生产总值的计算中，所谓商品，只包括有形的物质产品。 （ ）
3. 不论是商品数量还是商品价格的变化，都会引起实际国内生产总值的变化。 （ ）
4. 政府的转移支付是国内生产总值构成中的一部分。 （ ）
5. 一个国家的总产值与总收入是相等的。 （ ）
6. 从企业债券得到的利息收入应当算入国内生产总值。 （ ）
7. 个人收入等于消费与储蓄之和。 （ ）
8. 居民挣得的收入不是他们都能拿到的。 （ ）
9. 居民拿到的收入不一定都是他们挣得的。 （ ）
10. 股票和债券的交易额构成国内生产总值的一部分。 （ ）

二、单选题

1. 下列各项中，不列入国内生产总值核算的是（ ）。
   A. 出口到国外的一批货物　　B. 政府给贫困家庭发放的一笔救济金
   C. 经纪人为一座旧房买卖收取的一笔佣金　　D. 保险公司收到的一笔家庭财产保险费
2. 一国的国内生产总值小于国民生产总值，说明该国公民从外国取得的收入（ ）外国公民从该国取得的收入。
   A. 大于　　B. 小于
   C. 等于　　D. 可能大于也可能小于
3. “面粉是中间产品”这一命题（ ）。
   A. 一定是对的　　B. 一定是不对的
   C. 可能是对的，也可能是不对的　　D. 以上三种说法全对
4. 在一个由家庭、企业、政府和国外构成的四部门经济中，GDP是（ ）的总和。
   A. 消费、总投资、政府购买和净出口　　B. 消费、净投资、政府购买和净出口
   C. 消费、总投资、政府购买和总出口　　D. 工资、地租、利息、利润和折旧
5. 下列项目中，不属于要素收入的是（ ）。
   A. 总统薪水　　B. 股息
   C. 企业对灾区的捐献　　D. 银行存款者取得的利息
6. 在统计中，社会保险税增加对（ ）有影响。
   A. 国内生产总值　　B. 国内生产净值
   C. 国民收入　　D. 个人收入

7. 已知某国 2005 年和 2010 年的货币国民生产总值分别是 3 630 亿美元和 910 亿美元，如果以 2005 年的价格指数为 100，2010 年的价格指数等于 48。这样，2010 年的实际国民生产总值是(　　)亿美元。
A. 910　　B. 1 900
C. 4 368　　D. 4 540
8. 如果个人收入为 570 美元，而个人所得税为 90 美元，消费为 430 美元，利息支付总额为 10 美元，个人储蓄为 40 美元，则个人可支配收入为(　　)美元。
A. 500　　B. 480　　C. 470　　D. 400
9. 已知某种商品的价格在 2015 年是 20 美元，在 2017 年是 24 美元，如果以 2015 年为 100，2017 年这种商品的价格指数是(　　)。
A. 20%　　B. 120%　　C. 104%　　D. 100%
10. 实际 GDP 等于(　　)。
A. 价格水平除以名义 GDP　　B. 名义 GDP 除以价格水平
C. 名义 GDP 乘以价格水平　　D. 价格水平乘以潜在 GDP

三、简答题

1. 怎样理解产出等于收入等于支出？
2. 简述国内生产总值的三种核算方法。
3. 国内生产总值的含义是什么？
4. 简述实际 GDP 与名义 GDP 的区别。

四、计算题

1. 假定有 A、B、C 三个厂商，A 厂商年生产甲产品 5 000 单位，卖给 B 厂商、C 厂商和消费者，其中，B 厂商购买 200 单位，C 厂商购买 2 000 单位，其余 2 800 单位卖给消费者。B 厂商年生产乙产品 500 单位，直接卖给消费者。C 厂商年生产丙产品 6 000 单位，其中 3 000 单位由 A 厂商购买，其余由消费者购买。
要求：
(1) 假定投入在生产中用尽，计算价值增加额。
(2) GDP 为多少？
(3) 如果只有 C 厂商有 500 单位折旧，计算价值增加额。
2. 假定一国的国民收入统计资料如表 2-6 所示。

表 2-6　国民收入统计资料　　单位：亿美元

项　目	金　额
国内生产总值	4 800
总投资	800
净投资	300
消费	3 000
政府购买	960
政府预算盈余	30

要求：计算国内生产净值、净出口、政府税收减去政府转移支付后的收入、个人可支配收入和个人储蓄。
3. 已知某一经济社会的数据如下(单位：亿元)：工资 100、利息 10、租金 30、消费支出 90、利润 30、投资支

出 60、政府购买支出 30、政府转移支付 5、所得税 30、出口额 60、进口额 70。

要求：

(1) 按收入法计算 GDP。

(2) 按支出法计算 GDP。

(3) 计算政府预算赤字。

(4) 计算储蓄额。

(5) 计算净出口。

4. 假定某国某年发生了以下活动：(1) 一银矿公司支付 7.5 万美元工资给矿工，开采了 50 千克银卖给一银器制造商，售价为 10 万美元；(2) 该银器制造商支付 5 万美元工资给工人，加工了一批项链卖给消费者，售价为 40 万美元。

要求：

(1) 用最终产品生产法计算 GDP。

(2) 每个生产阶段生产多少价值？用增值法计算 GDP。

(3) 在生产活动中赚得的工资和利润各为多少？用收入法计算 GDP。

第三章

简单宏观经济（AE－NI）模型

【名言名句】

米考伯(Micawber)的公式：每年收入20英镑，支出19英镑19先令6便士，结果等于幸福；每年收入20英镑，支出20英镑6便士，结果等于痛苦。

——查尔斯·狄更斯(Charles Dickens)

【引导案例】

破窗经济

一个小流氓打破了花店的一块玻璃，逃跑了。店主无奈，只好花1 000元买一块玻璃换上。玻璃店老板得到这1 000元收入，假设他支出其中的80%，即800元用于买衣服，衣服店老板得到800元收入。假设衣服店老板用这笔收入的80%，即640元用于买食物，食品店老板得到640元收入。假设食品店老板又把这640元中的80%用于支出……如此下去，你会发现，最初是花店老板支出1 000元，但经历不同行业老板的收入与支出行为后，总收入增加了5 000元。其原因何在呢？乘数原理回答了这一问题。

经济中为什么会有乘数效应呢？我们知道，国民经济中各部门之间是相互关联的，一个部门的支出就是另一个部门的收入。当一个部门(如花店)支出时，另一个部门(如衣服店)收入增加、支出增加。这个部门(衣服店)的支出又变成第三个部门(食品店)的收入。第三个部门的收入增加又引起支出增加。如此循环，一个部门支出的增加会引起国民经济各部门收入与支出的增加，最终使收入的增加是最初支出增加的倍数。

【学习目标】

通过本章的学习，了解宏观经济均衡的含义和实现方式，掌握消费、储蓄与收入的关系，掌握凯恩斯的消费理论和其他消费理论，掌握不同部门经济中国民收入的决定，使读者以产品市场为对象，理解国民收入由哪些因素决定、如何决定；掌握投资乘数等乘数的概念及乘数的计算方法，并能够运用基本原理分析有关经济现象。

【要点提示】

1. 均衡产出的概念、宏观经济均衡的条件。
2. 消费函数、储蓄函数和投资函数。
3. 两部门、三部门、四部门经济的国民收入决定。
4. 各种乘数的概念及计算。

上一章讨论的宏观经济核算说明的是国民产出的计量问题，自这一章起讨论国民收入如何决定，即经济社会的生产或收入水平是怎样决定的。本书中的国民收入决定理论要说明的只是均衡的国民收入由何决定以及均衡的国民收入水平如何变动。凯恩斯主义的全部理论涉及四个市场——产品市场、货币市场、劳动市场和国际市场。遵循由简到繁、由浅入深的原则，本章首先假定货币工资和物价水平等给定不变，仅讨论产品市场的简单国民收入决定理论。

第一节　均衡产出的引出——AE－NI决定的预备知识

要回答国民收入如何决定这个问题，就需要研究宏观经济均衡，因为一国的产出和收入是在宏观经济均衡中实现的，宏观经济学对于国民收入决定的分析也就是从对均衡的国民收入分析开始的。本节将介绍各种宏观经济变量怎样相互作用、宏观经济均衡如何实现，以及在均衡条件下国民收入如何决定等问题。

一、两类宏观经济变量

研究宏观经济均衡需要考察的变量有总供给、总需求、总产出、总支出和总收入等。为了进行深入分析，有必要进一步明确这些变量的概念以及它们之间的关系。

总供给和总需求属于理论概念，总产出、总支出和总收入属于统计概念。其中，总产出和总收入是总供给的度量指标，总支出是总需求的度量指标。

总需求（Aggregate Demand，AD）是指一个国家或地区在一定时期内（通常为1年）由社会可用于投资和消费的支出所实际形成的对产品和劳务的购买力总量。家庭和政府需要购买产品和劳务，家庭和企业需要进行投资，这些都构成经济体内部的需求，加上来自国外的需求，即构成经济体中的总需求。

$$总需求 = 消费需求(C) + 投资需求(I) + 政府需求(G) + 出口(X) - 进口(M)$$

在商品经济条件下，总需求是指有支付能力的需求即有效需求，可以用总支出这个统计指标来度量。

总支出（Aggregate Expenditure，AE）对应于用支出法核算的GDP，包括家庭部门的消费（C）、家庭和企业部门的投资（I）、政府购买（G）和净出口（NX）。

$$总支出 = 消费支出 + 投资支出 + 政府购买 + 净出口$$

需要注意的是：与支出法下 GDP 的计算式相比，在上述总需求的计算式中，投资需求不包括企业库存的非计划增加。总需求是对最终产品和劳务的事前核算，而支出法下 GDP 的计算则是对最终产品和劳务的事后核算。总需求不一定等于当期的 GDP，两者的差距集中体现在 GDP 计算式中的投资需求包含了库存的非计划性增加。

总供给(Aggregate Supply，AS)是指一个国家或地区在一定时期内(通常为 1 年)由社会生产活动实际可以提供给市场的可供最终使用的产品和劳务总量。总供给的价值量即 GDP 的价值量。总供给这个理论概念可以用总产出这一统计指标来度量。总产出是指一个经济体在某段时期内生产出来的所有产品和劳务的数量，是可供该社会支配的总量——可以用来消费、投资或者出口。总产出的市场价值之和就是 GDP，显然，总产出与总供给是同一的。我们习惯上用 Y 表示总产出，用 AS 表示总供给。

GDP 也可以通过收入法得到。总产出是由各种要素生产出来的，产出的价值必然以工资、利息、地租、利润等形式支付给各种生产要素所有者，形成他们的收入，把所有人的收入加总就是经济中的总收入。总收入必然与总产出相等，是从另一个角度度量总供给的统计指标。当我们说总收入或者总产出时，就需要明白，它们代表的是总供给的意思。由此，我们得到一个恒等式：

$$\boldsymbol{Y \equiv Y_d + T}$$

“≡”表示恒等关系。这个恒等式表示总产出(Y)恒等于总收入。总收入等于可支配收入($\mathrm{Y_d}$)与政府税收(T)之和。

为了与总需求的构成项目相匹配，我们对总供给的构成进行分解。具体地，我们将居民的收入进一步区分为“准备用于消费的收入(C)”与“不准备用于消费的收入(S)”两大部分，并且把不准备用于消费的那部分收入称为“储蓄”；用 T 表示政府的收入。这样，总供给(即 GDP)就等于：

$$\boldsymbol{Y = C + S + T}$$

需要指出的是，这里的储蓄包括企业的库存增量和存货的非计划性增加。

存货的持有者主要为生产部门和销售部门。在生产部门中，存货主要包括制成品、在制品、半成品以及原材料等。在销售部门中，存货主要是指尚未销售的商品。

可见，尽管总需求的数额不一定等于当期 GDP 的数额，但总供给的数额一定等于当期 GDP 的数额。另外，总供给中所谓“准备用于消费的收入”与总需求中的“消费需求”之所以都用符号 C 表示，是由于这两件事是同一个人的决策，因此天然相等。

这样，当总供求相等时，就有：

$$\boldsymbol{C + S + T = C + I + G + X - M}$$

将等号两边的 C 消掉，进而有：

$$\boldsymbol{(S - I) + (T - G) + (M - X) = 0}$$

可见，货币政策、财政政策和外贸政策是平衡总供求，从而促使国民经济稳定增长的三大工具。不难理解，假若不存在政府与对外贸易，则 $S = I$ 就成为实现总供求平衡的唯一关键因素。$S - I$ 是存货投资的非计划增减。若 $S = I$，则说明不存在非计划的存货变动，这时的总供求相等；若 $S > I$，则说明存货投资非计划地增加了，即库存过多，这时的总供给必定大于总需求；若 $S < I$，则说明存货投资非计划地减少了，即库存过少，这时的总供给必定小于总需求。

【即问即答】

两类宏观经济变量之间是什么关系？

答：总供给和总需求属于理论概念，总产出、总支出和总收入属于统计概念；总产出和总收入是总供给的度量指标，总支出是总需求的度量指标。在这两类宏观经济变量中，总需求、总支出是处于主导地位的，总需求决定总供给，总支出决定总产出、总收入；总供给必须等于总需求，总产出、总收入必须等于总支出。

二、总需求决定总供给

（一）两种对应的观点

当总供给等于总需求，或者说总产出、总收入等于总支出时，经济就处于均衡状态。

那么，这两类宏观经济变量是怎样相互作用的呢？哪些变量在相互作用中处于主导地位，能够引致其他变量发生改变并与之相适应呢？就这一问题在经济学发展过程中出现了两种对立的观点：

1. 萨伊定律

古典学派的代表人物萨伊(Say Jean Baptiste，1767—1832)认为，总需求是自变量，总供给是因变量。供给创造其自身的需求(Supply Create Its Own Demand)，这被称为萨伊定律(Say's Law)。萨伊认为，总供给是经济中占主导地位的变量，价格水平能够灵活调整，使得总需求达到与总供给相等的水平。萨伊不否认个别商品可能出现供不应求或生产过剩。但供不应求将导致商品价格上升，生产过剩将导致商品价格下跌，而商品价格的变化又会影响供给和需求，从而在新的价格水平上达到均衡。货币仅仅是流通的媒介，商品的买与卖不会脱节。

萨伊定律产生于19世纪初法国拿破仑战争时期，当时工业革命正在欧美大陆进行，社会的产出仍处于较低水平，短缺现象乃至生活必需品的短缺仍广泛存在，因而代表产出的供给就处于主导地位，也就易于理解萨伊定律将总供求的相互关系界定为总供给创造(决定)总需求。

2. 凯恩斯定律

凯恩斯对萨伊定律予以否认，提出总需求才是主导性的经济变量，总需求决定总供给——总供给是自变量，总需求是因变量。凯恩斯认为，生产和就业的水平决定于总需求的水平。假定不论需求量为多少，经济制度均能以不变的价格提供相应的供给量，即社会总需求变动时只会引起产量的变动使供求相等，而不会引起价格变动，这被称为凯恩斯定律。

凯恩斯理论产生的背景是经济萧条，1929～1933年资本主义世界大危机是资本主义有史以来最严重的一次危机，持续时间长达5年，失业人数多，工业生产倒退严重。这场危机同时也是一场金融危机。它的开端是纽约股票市场于1929年10月爆发的行情暴跌，之后不少国家的股票交易宣告失败,许多银行倒闭,更为严重的是,在以往的危机中常采用的旨在摆脱危机的金融货币政策完全失灵。

这次经济大萧条实质上是供给过剩的经济危机,总需求严重不足,总供给并没有创造其自身的需求。通过对英国经济的仔细观察与分析,凯恩斯推翻了萨伊定律,否认"供给创造其自身的需求",认为价格不能灵活调整而具有黏性,如此带来的总需求不足导致了这场危机。在他看来,总需求决定总供给,从而决定国民收入水平。

(二) 宏观经济的分时期认识

在现代宏观分析中,上述两种对立的观点被视为对不同时期经济运行状况的描述而被统一起来。一般认为,宏观经济可以从以下三个时期来认识:

1. 短期

在短期,价格是黏性且难以调整的,因此,不能通过价格的自发调节来保持总供给与总需求的平衡。由于这种价格黏性,资本和劳动力有时候得不到充分利用,因此,总需求水平决定了社会的产出,此时,宏观经济均衡就体现为在既定的价格水平下,总产出水平恰好等于总支出水平。一般来说,短期适用于对宏观经济的月度以及年度之间运行情况的分析。

2. 长期

在长期,工资和价格具有伸缩性,使得总供给与总需求保持平衡,资本与劳动得到充分利用。此时,资本与劳动的数量,以及把资本与劳动变为产出的技术水平都是不变的,因此,总供给水平也是不变的。长期内的经济均衡就体现为在总供给与总需求平衡时,价格水平也处于均衡状态。一般来说,"长期"适用于对宏观经济在几年内运行状况的分析。

3. 超长期

此时,资本与劳动的数量、技术水平都会发生变动,这样,总供给也在不断变化中,这适用于对几十年甚至更长时期内宏观经济运行情况的分析。

三、宏观经济均衡的实现

在微观经济学中,如果某种商品的供给与需求相等,则供求关系就达到了均衡,此时,该商品的价格和产量称为均衡价格和均衡产量。与此类似,宏观经济均衡是在总供给与总需求、总支出与总产出的相互作用中实现的,当经济中的总供给等于总需求、总产出等于总支出时,宏观经济就实现了均衡,此时的总体价格水平和总体产出水平称为均衡价格水平和均衡产出水平。

需要明确的是,从事后的统计数据来看,经济中的总产出一定是等于总支出的,但在宏观经济实现均衡的过程中,实际发生的产出和支出可能是不相等的。例如,企业部门预测失误,生产了100万元的产品而实际需求只有80万元的产品,在这种情况下,我们把这多出来的20万元产品视为企业部门存货的非意愿增加,企业会因此而减少生产,直到非意愿增加的存货为0;如果实际产出为60万元,则存货非意愿地减少了20万元,企业将增加生产,使存货恢复到意愿的水平；只有当实际产出为 80 万元，与总支出相等时，存货才不会发生变化，宏观经济达到均衡。

只有当总供给等于总需求时，宏观经济才能达到均衡的思想将贯穿于我们分析的整个过程，我们可以把这种关系表示在图 3－1 中。

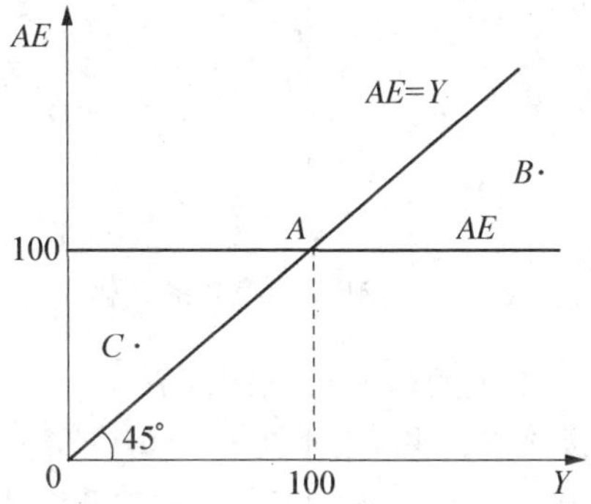

图 3－1　总供给恒等于总需求

如图 3－1 所示，用横轴表示经济中的总供给，用纵轴表示经济中的总需求，则可以用一条过原点的 45°线表示经济中总供给等于总需求。

总供给等于总需求是理论上的概念，这种关系体现在总支出(AE)等于总产出或总收入(Y)上，因此，我们在图 3－1 中把横轴标为 Y、把纵轴标为 AE。显然，45°线上的每一点都表示经济中的均衡，经济中的均衡点必然都在这条线上，线外的任何一点，如 B 点和 C 点都表示非均衡的状态。

我们在对不同部门经济的均衡分析中还会发现，宏观经济均衡条件也可以表示为经济中的储蓄等于投资，储蓄与投资的这种关系其实是总供给等于总需求的一种体现。

【延伸阅读】

宏观经济均衡的实现过程

我们可以用一个等式来理解宏观经济均衡的实现过程：

$$\boldsymbol{IU = Y_r - AE_r}$$

式中，IU 表示非意愿的存货增加，Y_r 和 AE_r 表示经济中实际发生的产出和支出。当 $Y_r > AE_r$ 时，$IU > 0$；当 $Y_r < AE_r$ 时，$IU < 0$；只有当 $Y_r = AE_r$ 时，$IU = 0$，宏观经济才实现均衡。另外，我们可以借助 45°线来进一步分析宏观经济均衡的实现过程。如图 3－2 所示，对于一定的总支出 80 万元，如果产出达到了 100 万元，则会使 $IU > 0$，存货非意愿地增加，企业部门减少生产；如果产出只有 60 万元，则 $IU < 0$，存货非意愿地减少，企业部门增加生产；只有当产出水平为 80 万元，与支出相等时，$IU - 0$，非意愿存货不变，宏观经济才达到均衡。

(1) 当 $Y_D > Y_S$ 时，企业只能用存货去填补需求缺口，从而使意愿存货减少。为了保持意愿存货水平，企业将扩大生产规模，直至达到均衡产出。

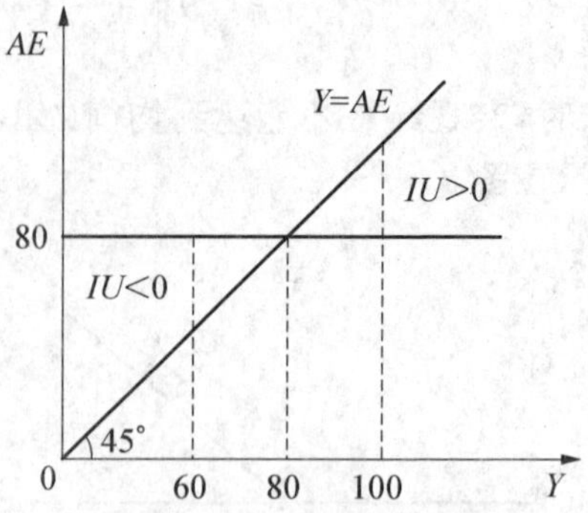

图 3-2 非意愿存货的变化

(2) 当 $Y_D < Y_S$ 时，超过总需求的供给形成企业存货，使企业非意愿存货增加。为了恢复到意愿存货水平，企业将缩减生产规模，直至达到均衡产出。

(3) 当 $Y_D = Y_S$ 时，企业存货恰好为愿意存货，生产规模维持不变，达到了均衡状态。

结论：均衡产出的形成是通过企业进行存货调整来实现的。

【即问即答】

总供给与总需求恒等，均衡产出是否是一种恒定状态？

答：不是。$AS=AD$ 是一种事后恒等式。在事前，计划(意愿)投资和计划(意愿)储蓄由不同经济主体、不同因素决定，不存在两者相等的逻辑必然性。例如，产量为 100，计划消费为 80，计划储蓄为 20，计划投资为 15。那么，意愿的 AS 为 100，意愿的 AD 为 95，有 5 单位产品销售不能实现，成为非意愿投资。实际投资=意愿投资+非意愿投资。AS 与 AD 事前不恒等，事后恒等。反过来，如果计划投资为 25，将有 5 单位计划消费无法实现，成为非意愿储蓄。实际储蓄=意愿储蓄+非意愿储蓄。均衡产出是指意愿 AS 与意愿 AD 相等的产出，而不是指实际 AS 与实际 AD 相等的产出。

第二节 消费、储蓄与投资

前面引入了均衡产出的概念，得出均衡产出条件下的国民收入决定于总需求，即 $Y=C+I$。但 C 与 I 又是如何决定的呢？假定消费者的所有可支配收入只用于消费(Consumption)和储蓄(Saving)。消费是消费者在购买物品和服务上的支出，而储蓄则是没有用于消费的那部分收入。

一、消费函数

实证检验表明，在 GDP 的四项构成中，消费在国民总支出中所占的份额最大，这是因为国民生产的主要目的就是满足人们的消费需求。消费(C)是消费者对消费品和劳务的支出，是一切活动的最终目的。

消费函数(Consumption Function)反映消费支出与决定消费的诸因素之间的依存关系。影响消费的因素很多,如收入水平、商品价格水平、利率水平、收入分配状况、消费者偏好、家庭财富状况、消费信贷状况以及制度、风俗习惯等。但收入是最主要的因素,一般来说,在其他条件不变的情况下,消费随收入的变动而呈同方向的变动,即收入增加、消费增加,收入减少、消费减少。但消费与收入并不一定按同一比例变动。如果用 C 代表消费,Y 代表收入,则消费函数是:

$$C = f(Y) \quad \left(\text{满足条件}\frac{dC}{dY} > 0;\ \frac{dC^2}{d^2Y} < 0\right)$$

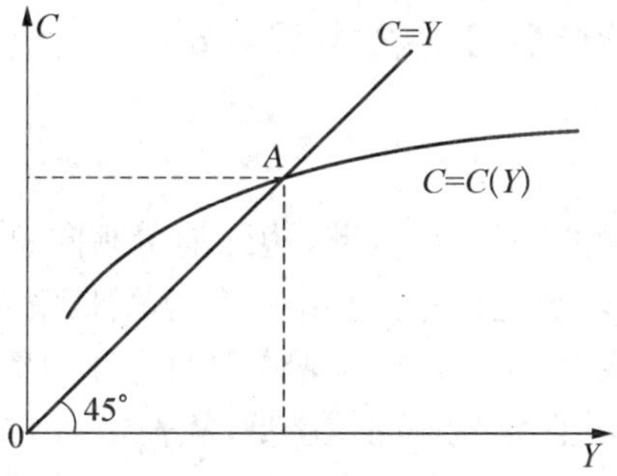

图 3－3　普通消费函数

消费与收入的关系即消费函数,既可能是非线性的,也可能是线性的。在实际分析过程中,为简化分析,通常以线性的消费与收入之间的关系来考虑问题。如果消费与收入之间存在线性关系,这时,线性消费函数可用下列方程表示:

$$C = \alpha + \beta Y \quad (1 > \beta > 0)$$

上式表示,消费(C)是由两个部分组成:常数 α 和常数 β 与 Y 的乘积。这里的常数 α 被称为自主性消费,即不随收入变化而变化的那一部分消费。对于每个消费者来说,这一部分消费通常是指为了生存而必需的消费。如果人们本期的收入尚不能满足这一必需的消费,则需要动用过去的储蓄,或向他人借贷,或依赖于社会的援助。当然,不同消费水平的国家或地区的人们对 α 的理解也是不同的。例如,大多数发展中国家的基本消费可能仅仅是指那些为维持生存所必需的谷物、饮用水和御寒的衣物;但对于一些发达国家来说,基本消费可能是牛奶、肉类、水果、医疗等。两者相比,显然后者的 α 要比前者大得多。人们对基本消费的理解会随着经济水平的提高而发生变化。随着经济的发展,过去的奢侈品会逐步被人们认为是生活必需品。因此,消费函数中的 α 实际上是随着经济的增长而变化的。消费函数中的 βY 被称为收入引致性消费,它随收入的增加而增加。

消费函数可以用消费倾向来反映。消费倾向是消费与收入的比率,分为平均消费倾向和边际消费倾向。

平均消费倾向(Average Propensity to Consume,APC)是指任一收入水平上消费支出在收入中所占的比率,如果用 C 表示消费、用 Y 表示收入,平均消费倾向的公式为:

$$APC=\frac{C}{Y}$$

$$APC\text{ 的取值范围}\begin{cases}APC<1\text{，消费总量}<\text{收入总量（产生储蓄）}\\APC=1\text{，把全部收入都用于消费（储蓄为零）}\\APC>1\text{，消费总量}>\text{收入总量（负债消费，即产生负储蓄）}\end{cases}$$

从几何图形看，连接原点到消费函数上任一点的直线的斜率就为该点的平均消费倾向。

边际消费倾向(Marginal Propensity to Consume，MPC)是指增加的消费与增加的收入的比率，也就是增加1单位收入中用于增加消费部分的比率。边际消费倾向的公式为：

$$MPC=\frac{\Delta C}{\Delta Y}$$

若收入增量和消费增量均极小，上述公式可写成：

$$MPC=\frac{dC}{dY}$$

由于消费增量是收入增量的一部分，因此，边际消费倾向总是大于零而小于1。

从几何图形上看，过消费函数上任一点切线的斜率就是该点的边际消费倾向。

由于受历史与文化等因素的影响，不同经济体中的边际消费倾向有着较大的差异。从一般规律来说，收入水平越高，其边际消费倾向就越低，从表3-1的经验数据中可以得到验证。

表3-1　　我国居民边际消费倾向变化

年　份	2000	2002	2004	2006	2008	2009	2010	2011
农村 MPC_i	0.873 6	1.004 4	1.013 4	0.974 6	0.916 2	0.877 7	0.823 0	0.854 1
城镇 MPC_i	0.693 2	0.741 5	0.720 5	0.652 2	0.634 7	0.643 4	0.652 5	0.646 5

边际消费倾向随着收入的增加而呈递减趋势，这被称为边际消费倾向递减规律(消费函数为非线性状态)。

【知识链接】

边际消费倾向递减规律简介

边际消费倾向递减规律是由英国经济学家凯恩斯在1936年出版的《通论》中提出的："无论从先验的人性看，或从经验中之具体事实看，有一个基本心理法则，我们可以确信不疑。一般而论，当所得增加时，人们将增加其消费，但消费之增加不若其所得增加之甚。"由于这一规律的作用，出现了消费不足。

按照凯恩斯的理论，实际消费支出与实际收入之间有稳定的函数关系，边际消费倾向是正数，但小于1。随着收入的增加，消费并不按相同的比例增加，其差额就是储蓄。收入越增加，消费在收入中的比重越小，储蓄就越多。例如，当收入从100元增加到200元时，收入增加100元，而消费只增加80元，边际消费倾向为0.8；当收入从200元增加到300元时，收入增加100元，而消费只增加60元，虽然绝对量扩大了，但边际消费倾向下降为0.6。这样就出现了消费增量占收入增量的比例随收入增加而下降的现象。

凯恩斯认为,边际消费倾向递减是由人类具有谨慎、远虑、贪婪、改善、独立、自豪等特性所决定的。在发达的工业国家,国民收入较高,消费倾向反而较低,由此就引起了有效消费需求不足,并导致就业不足。在经济的高涨时期,居民收入大幅度增加,消费倾向随之下降,有效消费需求不足日趋严重,由此就引起周期性的经济波动。

关于消费函数,总是存在 $APC > MPC$,因为消费函数上任一点与原点相连所形成射线的斜率都大于消费曲线的斜率,而从公式看:

$$APC = \frac{C}{Y} = \frac{\alpha + \beta Y}{Y} = \frac{\alpha}{Y} + \beta$$

在这里,β 是 MPC,由于 α 和 Y 都是正数,因此,$\frac{\alpha}{Y} > 0$。所以,$APC > MPC$。随着收入的增加,β 的值越来越小,说明 APC 逐渐趋近于 MPC。

随着收入的增加,消费占收入的绝对比例呈递减状态,APC 也有递减趋势。在线性中,若 $\alpha = 0$、$C = \beta Y$、$APC = MPC$,则 APC 不再随收入的增加而递减。

二、储蓄函数

家庭收入不可能都用于消费,没有用于消费的部分就是经济学意义上的储蓄。储蓄是指一个国家或地区一定时期内居民收入中未用于消费的部分,或个人可支配收入中扣除最终消费后的余额。

需要注意的是,宏观经济学中的储蓄与金融学中的储蓄及日常生活中的储蓄是不同的。宏观经济学中的储蓄是广义的,无论是银行存款、现金、股票、债券,还是购买机器设备,只要未用于消费,都是储蓄(更广义的还包括公司未分配利润);金融学中的储蓄仅仅是指各类金融机构从社会中吸收的各类存款;日常生活中的储蓄仅指银行存款。

储蓄可以增加未来的消费。收入水平不同的家庭,其消费水平不同,储蓄水平也会不同。一般来说,在其他条件不变的情况下,无论在绝对数量上还是在相对数量上,高收入家庭的储蓄要多于低收入家庭。对于一些收入很低的家庭,如果本期的消费大于收入,就必须靠借债或动用过去的储蓄来弥补这一差额,这时的储蓄为负值。由此可见,家庭的储蓄水平是由它的消费与收入之间的关系决定的。消费在收入中的比重越大,储蓄在收入中的比重就越小。

储蓄函数(Saving Function)反映储蓄与决定储蓄大小的各种因素之间的依存关系。储蓄函数不是单独存在的,而是依赖于消费函数。储蓄可定义为 $Y - C$,即收入中未被消费的部分。设 S 代表储蓄,Y 代表收入,则储蓄函数的公式为:

$$S = S(Y) \qquad \left(\text{满足条件}\frac{dS}{dY} > 0;\ \frac{dC^2}{d^2Y} > 0\right)$$

线性消费函数为 $C = \alpha + \beta Y$,则储蓄函数的公式为:

$$\begin{aligned} S &= Y - C \\ &= -\alpha + (1-\beta)Y \qquad (1 > \beta > 0) \end{aligned}$$

储蓄函数如图 3-4 所示。

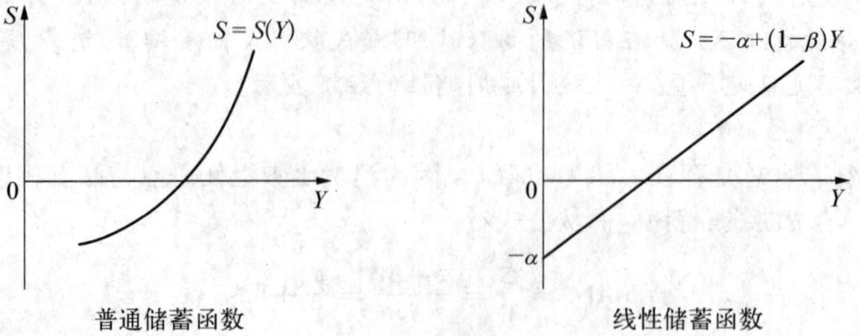

图 3-4　储蓄函数

储蓄函数可以用储蓄倾向来反映。储蓄倾向是储蓄与收入的比率,分为平均储蓄倾向和边际储蓄倾向。

平均储蓄倾向(Average Propensity to Save,APS)是指任一收入水平上储蓄在收入中所占的比率,定义为当年居民可支配收入减去当年消费性支出占当年可支配收入的百分比,是储蓄曲线上任意一点与原点相连而形成的射线的斜率,用公式表示为:

$$ASP = \frac{S}{Y}$$

式中,S 表示储蓄,Y 表示收入。

平均储蓄倾向可正可负。一般来说,在收入偏低时,平均储蓄倾向为负值;随着收入的增加,平均储蓄倾向递增,其数值转变为正值,但总是小于 1。

边际储蓄倾向(Marginal Propensity to Save,MPS)是用来测度收入增加引起储蓄增加的程度的一个概念,即居民边际储蓄倾向是指居民收入每变动一单位时,居民储蓄的变动额。以 ΔS 表示储蓄增量,以 ΔY 表示收入增量,则:

$$MPS = \frac{\Delta S}{\Delta Y}$$

当 ΔS 与 ΔY 趋于无穷小时:

$$MPS = \frac{dS}{dY}$$

因为收入不是用来消费,就是用来储蓄,所以,$APC + APS = 1$。增加的收入不是用于增加消费,就是用于增加储蓄,因此,$MPC + MPS = 1$。边际储蓄倾向一般为正数值,但小于 1,即 $0 < MPS < 1$,储蓄函数为线性时,$MPS = 1 - \beta$,为常数,这一公式中的 β 仍是边际消费倾向,非线性时,MPS 有随收入递增的趋势。

MPS 和 APS 都递增,但 $MPS > APS$。

可以看出,消费函数和储蓄函数是一个问题的两个方面,两者之和等于收入,两者之间的关系可以用图 3-5 表示。当收入为零时,消费为自发消费 α,这时,储蓄为自发储蓄 $-\alpha$。当收入为 Y_0 时,消费等于 Y_0,储蓄为零。

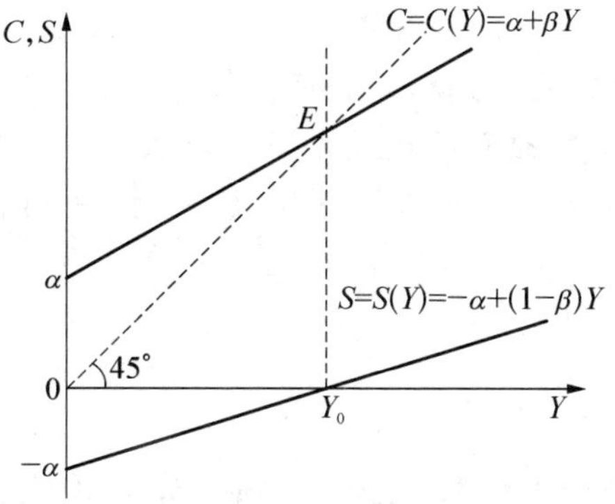

图 3－5 消费曲线与储蓄曲线的关系

如图 3－5 所示，在 E 点左方，消费曲线 C 位于 45°线之上，表明消费大于收入，因此，储蓄曲线 S 位于横轴下方；在 E 点右方，消费曲线 C 位于45°线之下，表明消费小于收入，因此，储蓄曲线 S 位于横轴上方。

根据以上性质，消费函数和储蓄函数中只要有一个确立，另一个就随之确立。当消费函数已知时，就可求得储蓄函数；当储蓄函数已知时，就可求得消费函数。

【专栏解析】

中国的储蓄率世界第一

从纵向看，自改革开放三十多年来，我国储蓄率总体呈上升趋势——从 20 世纪 80 年代初期的 34％ 最高升至 2008 年的 53％，目前仍保持在 50％ 左右的水平。从横向看，2011 年美国储蓄率为 15.8％，日本为 21.7％，欧盟 27 国为 20.3％，印度为 32％，巴西为 17.2％，新加坡为 51.5％，中国为 50.3％。

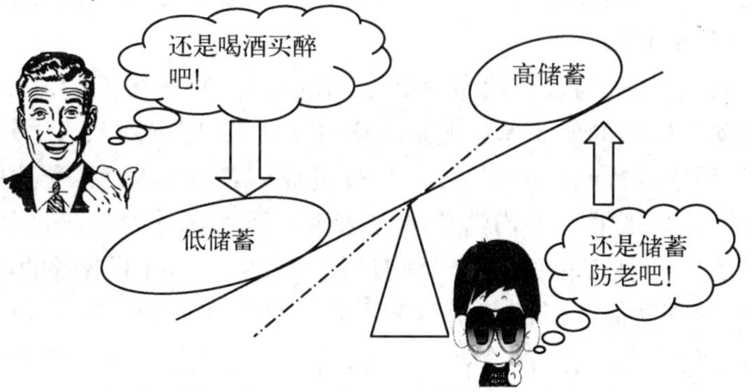

图 3－6 中国居民与国外居民的储蓄文化差异

除了新加坡等少数国家和地区外，可以说，当前中国的储蓄率在全世界是最高的。中国之所以能保持如此高的储蓄率，可能主要基于 4 个方面的原因：(1) 中国国内居民收入差距大，消费倾向总体偏低；(2) 社保体系不健全，需为子女教育、住房、养老、医疗进行大量储蓄；(3) 经常项目长期顺差推高储蓄率；(4) 政府和国有部门的可支配收入占比高，且两级政府大量参与投资活动。

高储蓄率曾支撑了中国独特的经济增长模式——高投资、高进出口规模,为中国经济发展做出了应有贡献。但在加大消费比重、调整投资和出口为导向的经济结构的今天,高储蓄率的弊端越来越明显。高储蓄率致使经济结构失衡。总储蓄大于总投资,多的部分只能靠出口消化,形成了出口导向型的经济模式;同时,高储蓄抑制了消费,不利于扩大内需。

三、消费理论

由于消费是构成总需求的主要部分,在收入既定的情况下,储蓄又是消费的函数,因此,经济学家对人们的消费行为进行了大量研究,重点放在消费与收入的关系上,试图揭示人们的消费规律,以寻找到经济增长的路径。从目前的研究成果看,论述消费与收入之间关系的理论大致有以下几种:

(一) 绝对收入假说

绝对收入假说(Absolute Income Hypothesis)的基本观点是,消费者的消费支出取决于其收入的绝对水平。最初提出这一理论的是凯恩斯,他在《通论》中提出一条适用于社会消费基本心理的法则认为,当人们的收入增加时,其消费不会以同一绝对量增加,因而储蓄的绝对量将增大。也就是说,如果其他条件不变,随着家庭收入水平的提高,家庭平均消费倾向将趋于下降,而平均储蓄倾向则趋于上升。

在其他理论提出之前,这一理论曾被西方经济学家普遍接受。因为它似乎较好地解释了人们在日常生活中观察到的现象:低收入家庭会把其收入的绝大部分用于消费,而高收入家庭的消费则可能仅占其收入的较小部分。

但西蒙·库兹涅茨的实证表明,平均消费倾向在长期不变,在短期递减,长期边际消费倾向大于短期边际消费倾向。

为了说明短期消费函数与长期消费函数之间的差异,阿瑟·斯密塞斯(A. Smithies)认为,消费对收入变动所做出的反应总体上是非比例变化的,即绝对收入假说是适用的。但在收入的长期增长过程中,会产生众多除收入以外的影响消费的因素,受这些因素的影响,消费函数会向上移动,从而抵消了平均消费倾向随收入而下降的趋势。这些影响因素主要包括:(1) 农村人口大量向城市转移。由于消费习惯的差异,城市消费者的消费倾向要比农民高得多,因此,人口的移动促进了消费函数的上移。(2) 人口的年龄分布出现老龄化现象,由于老年人只是消费者而不是生产者,因此,随着老年人口在人口中比重的不断上升,消费总量在总收入中的比例将不断提高。(3) 随着生产技术的提高,新的消费品不断出现,这些新产品越来越多地成为一般居民的生活必需品。

【知识链接】

消费函数之谜

消费函数之谜是指消费统计资料研究的结论与原有消费函数理论之间的矛盾。

凯恩斯绝对收入假说得出的线性消费函数($C=\alpha+\beta Y_d$)在短期内得到了现实的验证。

但是，在1942年美国经济学家西蒙·库兹涅茨针对凯恩斯提出消费倾向递减理论，对1869～1938年的资料进行回归分析时发现，消费函数表达式应为 $C=\beta Y_d$，即在长期内，自发性消费为零；在任何收入水平上，边际消费倾向与平均消费倾向相等；并指出，凯恩斯理论与统计数据相矛盾——在美国，尽管个人收入有很大增长，但国民收入中的储蓄份额并无长期上升现象。这种短期消费函数与长期消费函数表现出来的差异被称为“消费函数之谜”或“凯恩斯-库兹涅茨悖论”，具体表现为：平均消费倾向在长期不变，在短期递减；长期边际消费倾向大于短期消费倾向(如表3－2所示)。

表3－2　**1869～1938年美国平均消费倾向变化**

时　期	国民收入(10亿美元)	个人消费支出(10亿美元)	平均消费倾向(%)
1869～1878年	9.3	8.1	0.86
1874～1883年	13.6	11.6	0.86
1879～1888年	17.9	15.3	0.85
1884～1893年	21.0	17.7	0.84
1889～1898年	24.2	20.2	0.84
1894～1903年	29.8	25.4	0.85
1899～1908年	37.3	32.3	0.86
1904～1913年	45.0	39.1	0.87
1909～1918年	50.6	44.0	0.87
1914～1923年	57.3	50.7	0.89
1919～1928年	69.0	62.0	0.89
1924～1933年	73.3	68.1	0.94
1929～1938年	72.0	71.0	0.99

资料来源：爱德华·夏皮罗.宏观经济分析[M].北京：中国社会科学出版社，1985：191.

(二) 相对收入假说

相对收入假说(Relative Income Hypothesis)是美国经济学家詹姆斯·杜森贝里(James Stemble Duesenberry，1918—　)提出的。这种假说的基本观点体现在两个相对收入的假设之中。

第一个假设认为，一个家庭在决定其消费时，主要参考的是其他具有同等收入水平家庭的消费，即家庭的消费在收入中所占的比重取决于它在收入分配中的相对地位。如果一个家庭收入的增长率与在同一收入水平上其他家庭收入的增长率保持同速，那么，这个家庭与其他家庭之间在收入方面的相对地位没有改变，因而其在收入中消费与储蓄的比例也会保持不变。如果一个家庭的收入增长慢于其他家庭的收入增长，那么，这个家庭相对于原来是同一收入水平的家庭,其收入的地位下降了,但是由于消费的惯性,这一家庭仍然会维持其原来的消费标准,从而导致其消费在收入中的比重上升。如果一个家庭的收入增长快于其他家庭的收入增长,那么,这个家庭相对于原来相同收入水平的家庭,其收入地位上升了,这时,这一家庭的消费会效仿新收入水平家庭的消费模式,从而导致其消费在收入中所占的比重保持不变,甚至上升。这种模仿或攀比的消费行为,杜森贝里认为是“示范作用”的结果。由于这一示范作用,当人们收入提高时,平均消费倾向并不一定会下降。

第二个假设认为,家庭在本期的消费不仅受本期收入的绝对水平和相对地位的影响,而且受它在以前时期已经达到的消费水平的影响。杜森贝里认为,对于一个家庭来说,降低它曾达到的消费水平要比缩小储蓄在收入中所占的比重更为困难。因此,当收入发生变动时,家庭宁可改变储蓄以维持消费的稳定。

在不考虑消费者偏好相互影响的情况下,消费者的效用函数为:

$$U_i = U_i(C_i)$$

若考虑消费者支出之间的相互影响,则消费者的效用函数为:

$$U_i = U_i\left(\frac{C_i}{\sum a_{ij}C_j}\right)$$

式中,U_i 为第 i 个消费者所获得的总效用,C_i 为其消费支出;C_j 为第 j 个消费者的消费支出,a_{ij} 为第 i 个消费者对于第 j 个消费者消费支出的加权数,$\sum a_{ij}C_j$ 为其他人消费支出的加权平均数。这就是说,消费者所获得的总效用不仅取决于自己的消费支出,而且取决于其他消费者的消费支出。

杜森贝里的相对收入假说实际上是不同意斯密塞斯对消费函数变动的解释。他认为,人口的移动与年龄结构的变化都不足以引起消费函数向上移动,这种移动必然是由人们消费行为的内在性所决定的。为了论证这一假说,杜森贝里从短期消费行为和长期消费行为两个方面对消费在收入中所占比例的变化进行了考察。从短期看,消费在收入中所占的比例与收入呈反方向变化,即收入减少时,平均消费倾向上升;收入增加时,平均消费倾向下降。这种短期消费行为可用短期消费曲线描述。从长期看,消费在收入中所占的比例会基本保持不变。这种长期消费行为可用长期消费曲线描述。

这种理论用现期收入对过去高峰收入(Previous Peak Income)的相对关系说明消费倾向的变化。如果实际收入按固定增长率沿着长期趋势线增长,消费和收入则会沿着长期消费曲线移动。在这种情况下,上一年的收入即过去的高峰收入。如果现期收入低于过去的高峰收入,消费和收入则沿着短期消费曲线移动。家庭的这种短期消费行为与长期消费行为的结合产生了所谓的“棘轮作用”,即经济中消费的变动要比收入的变动稳定得多。该理论可以用图 3-7 来说明。

在图 3-7 中,横轴为收入,纵轴为消费。当收入逐步增加时,消费在收入中的比例较为固定,长期消费函数表示为 $C_L = \beta Y$,C_L 是长期消费曲线。当经济发生周期性波动时,短期消费函数与长期消费函数具有不同的变化状况。例如,当收入为 Y_1 时,消费为 C_1。当经济因衰退或萧条而使收入由 Y_1 减少到 Y_{-1} 时,消费不会沿着 C_L 曲线减少,而是循着 C_{S1} 的路径减少,即

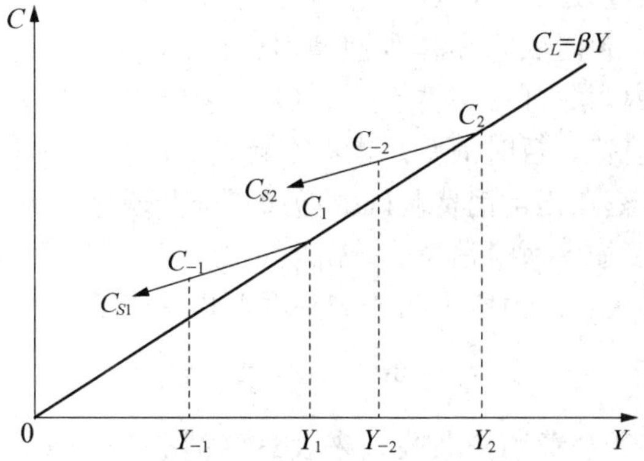

图 3－7　相对收入消费理论

消费不是沿 C_L 曲线向左下方移动，而是沿 C_{S1} 曲线向左下方移动——移动到 C_{-1} 的水平。显然，C_{S1} 曲线表现出的平均消费倾向大于 C_L 曲线表现出的平均消费倾向，即 $\frac{C_{-1}}{Y_{-1}}>\frac{C_1}{Y_1}$，这说明，相对于收入的减少，消费减少得不是太多。如果经济逐步复苏，收入由 Y_{-1} 恢复至原来的 Y_1 水平，消费就由 C_{-1} 沿 C_{S1} 路径向右上方移至 C_1 的水平。经济由 Y_1 再继续增长时，消费就沿着 C_L 曲线增加。如果经济在收入为 Y_2 的水平上又发生衰退或萧条，收入由 Y_2 减少时（如减少到 Y_{-2}），消费沿 C_{S2} 路径向左下方移动（如移动到 C_{-2}），消费仍然表现出减少得不是太多 $\left(\frac{C_{-2}}{Y_{-2}}>\frac{C_2}{Y_2}\right)$。如此反复的结果实际上表现出两种不同的长期消费函数与短期消费函数。长期消费函数就是 $C_L=\beta Y$，短期消费函数为 $C=\alpha+\beta Y$。

短期消费函数正截距的产生是因为消费者决定当期消费特别是决定经济衰退或萧条时期的消费时，在相当大的程度上受经济景气时期消费习惯（或者是消费支出水平）以及当期收入的影响。

从上述可以看到，相对收入消费理论的核心在于消费者的消费容易随收入的增加而增加，但不易随收入的减少而减少，这就是所谓的消费量"上去容易，下来难"的"棘轮效应"。

（三）持久收入假说

美国著名的货币主义创始人、芝加哥大学教授米尔顿·弗里德曼（Milton Friedman，1912—2006）在其 1957 年出版的《消费函数理论》一书中提出了持久收入假设（Permanent Income Hypothesis）。这一理论研究的重点放在一个家庭未来若干年内的持久收入上，而不是只顾眼前的现期收入。弗里德曼认为，家庭的消费主要取决于它的持久收入，而不是它的现期收入，多数家庭希望在长期内保持消费水平的相对稳定。

持久收入假说是建立在以下三个基本命题之上的：

第一，将任何时期家庭的收入分为持久收入（Y_p）和暂时收入（Y_t）；同时，把家庭的消费分为持久消费（C_p）和暂时消费（C_t）。持久收入定义为长期的平均预期收入。弗里德曼认为，持久收入表现为长时期内的平均收入，包含家庭对未来收入的预期。弗里德曼在构造他的理论时,用本期收入和过去几年收入的平均数表示持久收入,并指出这种平均收入有助于家庭预测其未来的收入。暂时收入是指那些暂时性的、偶然变动的收入,它可能是正值,也可能是负值。任何时期内,家庭收入都等于持久收入加上暂时收入。持久消费是指家庭在长期计划中确定的正常消费。暂时消费是指不在计划中的暂时性消费,它可能是正值,也可能是负值,主要取决于家庭在正常消费基础上增加了消费还是减少了消费。任何时期内,家庭的消费都等于持久消费加上暂时消费。

第二,持久消费在持久收入中所占的比例基本上是固定不变的常数,即:

$$C_p = \beta Y_p \quad (0 < \beta < 1)$$

弗里德曼假定,用持久消费和持久收入来表达的消费对收入的比率,即 β 的数值,在所有不同收入水平的家庭中都很接近。这就意味着,富裕家庭和贫穷家庭在他们的持久收入中都以相同的比例储蓄。这个看似违背日常观察到的事实是基于这样一种推断,即储蓄基本上是为了供应将来的消费,每个家庭储蓄的意愿是在一个大大长于 1 年但又不是有生之年那样长的时期内拉平其消费。所以,在决定人们的持久收入的长时期内,持久收入绝对水平差异较大的家庭会以相同的比率进行储蓄。这一命题所含的思想是,家庭之间消费倾向的差异实际上是由暂时收入决定的。

第三,持久收入假说暗含着如下假设:一是持久收入与暂时收入之间不存在相关关系,暂时收入是使家庭收入围绕持久收入随机波动的一个变量。二是持久消费与暂时消费之间不存在相关性,暂时消费是使家庭消费围绕持久消费随机波动的一个变量。三是暂时收入与暂时消费之间不存在固定关系。这意味着家庭暂时收入的边际消费倾向为零,也就是说,暂时收入不会导致消费的即时增加;反过来,这一假设还暗含着另一假设,即如果家庭蒙受意外损失,不会削减即期的家庭消费开支,而是减少其储蓄。四是持久收入与持久消费之间存在固定的比例关系,这种比例关系并不随收入的变动而变动。持久收入假说所强调的正是持久收入与持久消费之间的这种固定比例关系,并以此来说明经济中的总收入与消费和储蓄之间的比例关系。弗里德曼根据美国 1905～1951 年逐年的资料进行实证研究,除去战争年代,美国持久收入与持久消费之间的函数关系大致为 0.88。

(四) 生命周期假说

生命周期假说是由美国经济学家 F.莫迪利安尼(Franco Modigliani,1918—2003)提出的。与持久收入假说一样,生命周期假说把研究的重点放在人们的长期收入上。

莫迪利安尼把人的一生按照收入与消费之间的关系分为三个阶段——少年时期、壮年时期和老年时期。在一个人一生的收入流量中,少年和老年时期的收入要相对低一点,壮年时期的收入较高。他认为,一个人一生中期望维持一个较为稳定或略趋上升的消费水平,因此,在少年时期,消费大于收入,要靠借贷以维持其理想的消费水平;在壮年时期,收入大于消费,其剩余部分用于偿还少年时期的债务或储蓄起来留作养老;在老年时期,消费大于收入,其差额将运用壮年时期的储蓄来弥补。

假定一个人 20 岁开始工作,60 岁退休,预期寿命为 80 岁。这样,这个人的工作时期

$T_W=60-20=40$(年)，生活年数 $N_L=80-20=60$(年)，这个人工作前20年受父母抚养的时期不算入生活年数中。如果每年工作收入 $Y_W=24\ 000$ 元，则终生收入 $Y_H=24\ 000\times 40=960\ 000$(元)。一生安稳生活的追求使得这个人在60年的生活中有计划地、均匀地消费终生收入960 000元，则每年的消费额：

$$C=\frac{960\ 000}{60}=16\ 000$$
$$=\frac{T_W}{N_L}\times Y_W$$
$$=\frac{40}{60}\times 24\ 000=16\ 000(\text{元})$$

以上例子表明，该人在60年的生活中每年消费年工作收入(24 000元)的 $\frac{2}{3}$，$\frac{2}{3}$ 正好也是其工作时期 T_W(40年)占生活年数 N_L(60年)的比例；另外，$\frac{1}{3}$ 的年工作收入用于储蓄，年储蓄额等于8 000元 $\left(\frac{1}{3}Y_W=\frac{1}{3}\times 24\ 000\right)$，40年的工作时期累计的储蓄额达到320 000元(8 000×40)，320 000元储蓄用于退休后20年的消费，按照工作时期年消费16 000元计，可以使用20年，在预期生命结束时正好花完。

生命周期假说在分析时不但考虑了从工作中获得的现期收入对消费的影响，而且明确地考虑了财产总额对消费的影响。这一理论认为，在一定财产总额的条件下，收入的变动表示收入的持久性变动，收入变动的边际消费倾向接近1；而在一定收入水平的条件下，财产总额变动的边际消费倾向接近于利率。莫迪利安尼利用美国的数据对这一假说进行了实证研究，结果表明，收入的边际消费倾向为0.7，财产的边际消费倾向为0.06，基本上证实了生命周期假说的结论。

生命周期假说认为，在短期内，消费在收入中所占的比例与收入的增减呈反方向变化，这可以解释周期性的消费行为；但从长期看，消费在收入中所占的比例将保持不变。

消费者是如何确定其一生的消费水平的呢？生命周期假说认为，一个人一生中总消费的现值不会超过其总收入的现值。因此，消费水平在一定程度上取决于这个人想留给子女的财产数量。由于这一理论把现期消费与整个未来收入流量的现值联系起来，因此，它假设现期收入的暂时变动对现期消费所产生的影响不大。

【延伸阅读】

不同消费理论的比较

绝对收入假说侧重于对消费者短期行为的研究，认为消费在收入中所占的比例不是固定的，这一比例会随着收入的增加而下降。统计数据中所表现的长期平均消费倾向不变的趋势并不反映收入与消费之间的关系，而是由影响消费支出的其他因素导致的。相对收入假说、持久收入假说和生命周期假说都在不同程度上侧重于对消费者长期消费行为的研究。相对收入假说认为，人们的消费行为有着极为强烈的模仿性和追求高消费水平的动力,因此,随着收入的提高,其消费水平也必然会相应提高,从长期看,消费者的平均消费倾向是固定不变的。持久收入假说研究的范围并不包含与长期相对应的短期消费函数,因为这一理论涉及的是持久收入与持久消费之间存在着的固定不变的比例关系。这一理论认为,经验数据中所观察到的收入与消费之间比例的变动主要是暂时收入与暂时消费之间关系的变动所引致的。由于暂时收入与暂时消费都是随机变量,因此,研究人们收入与消费之间关系的重点应放在持久收入与持久消费的关系上。生命周期假说则是从人的生理变化角度研究人们对收入与消费之间关系处理的变化趋势,因为在人的一生中,消费行为除了受现期收入的影响外,还会受财产多少的影响。

从这些理论的研究内容与研究角度考察,尽管基本观点有所不同,但并不存在实质性的差别。这些理论都是以消费行为为理论基础从不同的角度解释收入与消费之间的关系,从一定意义上说,这些理论之间是可以互补的。

四、投资函数

(一)投资函数概述

1. 投资的含义

宏观经济学中的投资是指资本的形成,即社会实际资本的增加,包括厂房、设备和存货的增加,新住宅的建筑等。

每年新增的资本应该是净投资,即投资减去磨损后的余额。从会计学的角度看,对磨损的补偿就是折旧,也称重置投资。因此,有:

净投资＝投资－折旧(重置投资)或净投资
＝期末资本存量－期初资本存量

但对于宏观经济学来说,严格区分投资和净投资的意义不大。因为不论是净投资还是折旧(重置投资),都是当年的投资支出,都构成对当年资本品市场的社会需求。因此,宏观经济学在分析总供给和总需求时,为了使问题简单化,往往假定折旧为零。如果折旧为零,那么,投资和净投资就是同一个量。在以后的论述中,凡是提到投资的地方,除非做出特别说明,否则总是假定折旧为零,即把投资和净投资看作同一个概念。

应当注意的是,这里的投资是从社会角度理解的,与从个人角度理解的投资是不一样的,如购买证券、购买土地、购买房子等都是投资,但从社会角度看不是投资,而只是资产的转移。还要注意的是,本章的投资与上一章的投资在模型中的意义不同,上一章的投资是外生变量,而本章的投资是内生变量。

2. 投资函数的含义

投资函数是指厂商的投资支出与决定投资的变量之间的关系。

影响厂商投资的因素有很多,如货币供求状况、利率水平、投资品的价格水平、厂商的资金状况、厂商对投资回报的预期,甚至一个国家或地区的投资环境等,其中最重要的无疑是利率水平的高低。

我们来看表3-3的例子。假设有8个投资项目,这些项目需要不同的投资额。假定所有项目的使用年限都较长,不需要考虑设备的重置问题,并且这些项目每年都产生固定的净收入流量；同时，假定这一时期内价格不变。投资的来源全部为贷款。表 3－3 的第四栏和第五栏分别列出了在年利率为 10%和 5%时每 1 000 元投资的成本。在年利率为 10%时，每 1 000 元投资的年成本是 100 元；在年利率为 5%时，每 1 000 元投资的年成本是 50 元。表 3－3 的第六栏和第七栏分别是每个投资项目在年利率为 10%和 5%时，每 1 000 元投资的年净利润或亏损。

表 3－3　　**投资与利率的关系**

项目序列	项目投资总额（万元）	每千元投资的年收入（元）	每千元投资成本（元）		每千元投资净利润（元）	
			年利率为10%	年利率为5%	年利率为10%	年利率为5%
1	100	1 500	100	50	1 500	1 450
2	400	220	100	50	120	170
3	1 000	160	100	50	60	110
4	1 000	130	100	50	30	80
5	500	110	100	50	10	60
6	1 500	90	100	50	－10	40
7	1 000	60	100	50	－40	10
8	2 000	40	100	50	－60	－10

从表 3－3 可以看出，不同投资项目的年收入差别很大。投资项目 1 的收益最高，平均每 1 000 元投资年收入达 1 500 元。而投资项目 8 虽然投资规模很大，但年收益却非常低，平均每 2 000 元投资的年收入仅为 40 元。根据表 3－3 最后两栏的数据可以决定应该投资哪些项目。当市场利率为 5%时，投资项目 1～7 都是盈利的，因此，以获取利润最大化为目标的企业会在这 7 个项目中投资。当市场利率为 10%时，投资项目 1～5 是盈利的，企业会在这 5 个项目中投资。由于投资项目 1～7 的投资总额为 5 500 万元，而投资项目1～5的投资总额为 3 000 万元，因此可以看到，当利率从 5%上升至 10%时，投资额会减少2 500 万元。

这一现象表明，投资需求与利率之间存在负相关关系，利率的提高会导致投资需求的减少，而利率的降低会促使投资需求的增加。这是因为利率实际上决定着投资的成本。利率上升使投资成本提高，处在边际上的投资项目就会由盈利变为亏损。即使投资的资金是企业的自有资金，投资需求同样会受利率变动的影响。因为企业在投资决策过程中必须考虑资金不同用途的机会成本。当投资的收益率低于利率时，企业将选择把剩余资金外贷（如购买国债）而不是投资。在影响投资需求的众多变量中，最重要的是利率。因此，人们把投资看作利率的函数，用投资函数表示为：

$$I = i(r) \qquad \left(\frac{\mathrm{d}i}{\mathrm{d}r} < 0\right)$$

其图形如图 3－8 所示。

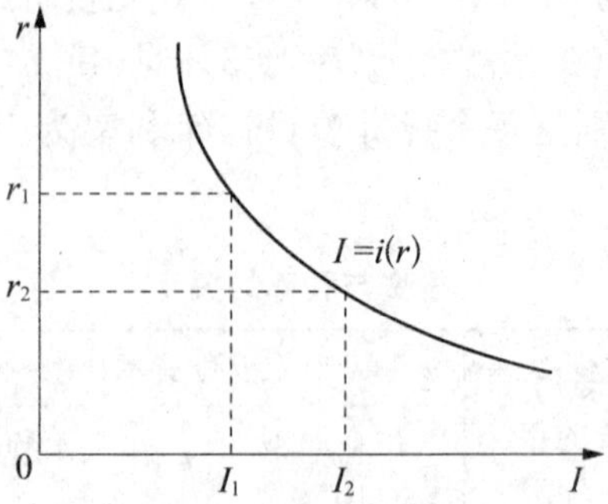

图 3－8　投资函数

如果把上式视作一个简单的线性函数，则其表达式为：

$$i = e - dr \qquad (d > 0)$$

式中，e 为自主投资，是即使利率 r 为 0 时也会有的投资量；d 为系数，表示利率每上升或下降一个百分点，投资会减少或增加的数量，可称为利率对投资需求的影响系数。

(二) 资本边际效率递减

在讨论资本边际效率(Marginal Efficiency of Capital，MEC)的定义前，首先要理解资产现值与资本未来收益贴现率之间的关系。假设某人拥有一张面额为 100 元的债券(或 100 元银行定期存款)，债券的年利息率为 10%(以 r 表示)，即 100 元债券每年可获得利息 10 元。这样，当债券到期时，该人可得到的资本总额＝本金＋利息＝本金×$(1+r)$＝110(元)。

上例表明，如果已知一张债券 1 年后本金加利息为 110 元，又知该债券的现值为 100 元，就可以求出其贴现率(Discount Rate)为 10%。也就是说，1 年后值 110 元的资产若贴现率为 10%，则该资产的现值为 $\frac{110}{1+0.1}=100$(元)；如果贴现率为 5%，那么该资产的现值为 $\frac{110}{1+0.05}=104.76$(元)。这样，我们在知道了资产的未来价值和贴现率后，就可以求出资产的现值，其公式为：

$$\text{现值}=\frac{\text{本金}+\text{利息}}{1+r}$$

据此，一张 2 年期的面额为 100 元的债券，年债息率为 10%，则 2 年后到期时的资产总额为 $100\times(1+0.1)^2=121$(元)。由此可知，2 年后值 121 元的债券，如果现值为 100 元，则其贴现率为 10%；若已知贴现率为 10%，则可求出其现值为 $\frac{121}{(1+0.1)^2}=100$(元)，即 2 年后本息 121 元的债券按 10%贴现率折算成现值为 100 元。

在理解了上述关系后，就可以讨论有关资本边际效率的定义问题。所谓资本边际效率，实际上就是一种贴现率，用这一贴现率将资本资产的未来收益折为现值，则这一现值应当正好等于该资本的供给价格。这里所说的资本供给价格不是实际在市场上购置该资产的市场价格，而是能满足厂商增加该资产的边际价格，因此，资本的供给价格也称资本的重置成本(Replacement Cost)。

假设某厂商计划一项投资，该投资的资本供给价格为V(这里的V即资本重置成本，是指该资产使用若干年报废后，重新添置同样的资产所需的成本)。该厂商预计这项投资投产1年后的收益为R_1，2年后的收益为R_2，3年后的收益为R_3……n年后的收益为R_n，第n年该资产报废时作为废品出售的残值为S，则按上述讨论的未来收益与资产现值求解贴现率的公式可得：

$$V=\sum_{a=1}^{n}\frac{R_a}{(1+i)^a}+\frac{S}{(1+i)^n}$$

假如这一投资项目的寿命为5年，预期收益每年为100万元，又知购置该资产的重置成本为432.94万元，即可计算出该资产的贴现率$i=5\%$，这是因为：

$$432.94=\frac{100}{1+0.05}+\frac{100}{(1+0.05)^2}+\frac{100}{(1+0.05)^3}+\frac{100}{(1+0.05)^4}+\frac{100}{(1+0.05)^5}$$

由此可见，所谓资本边际效率，实际上是厂商计划投资时预期可获得的按复利方法计算的利润率。资本边际效率的值取决于两个因素，预期的未来收益R和购置资产的成本。

显然，作为预期收益率的资本边际效率如果大于市场利率，就值得投资；反之，如果资本边际效率小于市场利率，就不值得投资。在资本边际效率既定的条件下，市场利率越低，投资就越多；市场利率越高，投资就越少。与资本边际效率相等的市场利率是企业投资的最低参考界限，所以，可将资本边际效率与投资的反方向变动关系表现为市场利率与投资的反方向变动关系(如图3－9所示)。

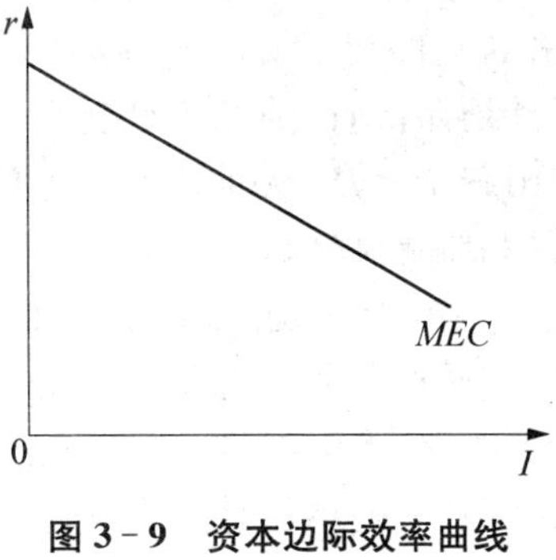

图3－9　资本边际效率曲线

在图3－9中，横轴表示投资，纵轴表示资本边际效率或利率，MEC为资本边际效率曲线。资本边际效率曲线向右下方倾斜，表示投资与利率之间存在反方向变动关系，即利率越高，投资越小；利率越低，投资越大。

资本边际效率会随着投资量的增加而递减，资本边际效率是一条自左上方向右下方倾斜的曲线。这是因为,一方面在短期内大量投资会导致资本品的成本上升,另一方面在长期内由于资本存量的大量积累,会使产品供给增加,引起价格下降,导致预期收益减少。

在现代经济中,实际上存在着多种不同类型的利率,如长期证券利率、短期证券利率、风险证券利率、无风险证券利率等。在宏观经济分析中,用一个平均利率代表所有不同类型的利率,而且,这里所讲的利率一般是指实际利率,即扣除了通货膨胀率后的利率,而不是名义利率,这样就可以排除通货膨胀对投资需求的影响。

(三) 投资动机与储蓄动机

从国民经济核算的角度看,实际投资必然恒等于实际储蓄。但这并不是说计划投资也必然等于计划储蓄。在现代经济中,计划投资与计划储蓄之间通常很难自动达到平衡。这是因为进行投资的人和进行储蓄的人往往不是同一个人,他们进行投资和储蓄的动机不相同,而且通过市场机制将计划储蓄向计划投资传导的过程也是比较缓慢的。

在现代经济中,资本的形成或投资大部分是由企业完成的(政府投资所占的比重一般较小)。企业进行投资的目的是扩大生产规模,以获取更多利润。当企业有好的投资机会时,便会用其留存的利润或自有资金的大部分进行投资。所以,从一定程度上说,企业储蓄的直接动机就是投资。但是,当企业投资大幅度增加,并超过其留存的自有资金时,就必须从外部筹集资金,如发行股票、发行债券或从银行贷款。企业从外部筹集的资金主要来自家庭部门的储蓄。

家庭部门的储蓄动机各不相同,如为老年生活做准备、用于购买耐用消费品、用于购置住宅、用于未来的度假、为给子孙后代留下遗产、被银行或债券的高利率所吸引,或由于已经养成的节俭习惯等。无论家庭部门的储蓄动机如何,都与企业的投资动机无关。

虽然投资动机与储蓄动机的差异是导致计划投资与计划储蓄不一致的重要原因,但更重要的是市场机制不能迅速而有效地将企业计划投资的变动与消费者计划储蓄的变化进行沟通,尤其是在现代经济中,价格的黏性与工资的刚性会导致投资与储蓄之间的通道堵塞。在现实经济中,当计划投资小于计划储蓄时,国民产出会趋于下降,从而导致经济衰退;当计划投资大于计划储蓄时,国民产出趋于上升,从而导致通货膨胀。

那么,是否存在一种自动的机制能够保证投资与储蓄在充分就业的水平上达到均衡?市场机制是否可以自动引导宏观经济达到其最佳的投资、储蓄和就业水平?答案是否定的。所有实施市场经济的国家几乎都逃脱不了经济的周期性波动。这种周期性经济波动表现为有些年份社会总需求严重不足,失业、通货紧缩、企业破产、生产能力严重过剩的现象长期得不到解决;而另一些年份总需求又过旺,导致持续的通货膨胀。出现这种经济波动的原因就是计划投资与计划储蓄不能自动达到平衡,必须求助于政府的宏观经济政策。

(四) 影响投资的其他因素

决定投资的因素主要有实际利率、预期收益率和投资风险等。预期通货膨胀率和折旧等也在一定程度上影响投资。

1. 预期收益对投资的影响

(1) 对投资项目产出的需求预期。投资者在对某投资项目进行决策时,一般会考虑该投资项目产品的未来市场需求。预期市场需求增加,投资会增加。产出增加与投资之间的关系称为加速数,说明产出变动与投资之间关系的理论称为加速原理。

(2) 产品成本。投资的预期收益在很大程度上取决于投资项目产品的生产成本,尤其是劳动者的工资成本。在其他条件不变的情况下,工资成本的上升意味着利润的下降,因此,工资成本上升将减少投资。但也存在如下情况:工资上升意味着多用设备比多用劳动更有利可图,则投资者会用资本替代劳动,意味着投资增加。因此,产品成本上升对投资的影响要因具体项目具体分析,不能一概而论。

(3) 投资税抵免。在一些国家,政府为鼓励投资,经常制定投资税抵免政策,即政府规定,投资的厂商可以从它们的所得税中扣除其投资总值的一定百分比。例如,某企业投资1亿元,若规定投资抵免率为10%,则它可少纳1 000万元企业所得税;如果政策是长期的,某企业一年的所得税不足1 000万元,如只有500万元,则第二年及以后还可以继续抵免500万元;如果政策是临时的,则只能一年抵免。

2. 风险对投资的影响

投资与风险密切相关。投资是现在的事,收益是未来的事,而未来总是不确定的,因此,投资总是有风险的。风险主要包括未来的市场走势、产品价格的变化、实际利率的变化、政府宏观政策的变化等。投资需求随人们承担风险的意愿和能力而变动。

3. 托宾的"q"说——股票市值对投资的影响

美国经济学家詹姆斯·托宾(James Tobin,1918—2002)提出股票价格会影响投资。他认为,企业的市场价值与其重置投资成本之比可作为衡量要不要进行新投资的标准。他把此比率称为"q":

$$q = \frac{\text{企业股票的市场价值总额}}{\text{新建造企业的成本}}$$

如果 $q > 1$,说明新建企业比买企业便宜,则会有新投资;相反,如果 $q < 1$,则买企业比新建企业便宜,从而不会有新投资。

【知识链接】

对"资本边际效率"的解读

资本边际效率是一种考虑了时间价值的预期收益率,应注意资本边际效率与资本边际生产率、资本边际收益率的差异。资本边际生产率是指在企业生产中,在技术水平和其他生产条件不变的情况下,每增加一单位资本的投入能够引起的产量的增加量,是产量对资本的一阶导数,是从产量角度考察资本的生产效率。资本边际收益率是指增加一单位资本存量引起的企业收益的增加值,是企业总收益对资本这一要素的一阶导数,是从价值角度考察资本在生产中的产出效率。而资本边际效率从本质上讲是站在企业投资的角度考察项目预期收益的折现率,哪个项目的资本边际效率高,就投资哪个项目。

第三节　简单国民收入决定(AE－NI)模型

一、两部门经济中的 AE－NI 模型

(一) 基本假定

第一,存在家庭部门和厂商部门,而不存在政府部门和国外部门,消费行为和储蓄行为都发生在家庭部门,生产行为和投资行为都发生在厂商部门。

第二,利率、工资和价格水平保持不变。

第三,各种资源没有得到充分利用,因此,总供给可以适应总需求的增加而增加,也就是说,不考虑总供给对国民收入决定的影响。

第四,厂商投资是自发的,即投资为外生变量,$I=I_0$,在总需求中只考虑消费对国民收入的影响。

第五,假定折旧和企业未分配利润为零,则 GDP、NDP、NI、PI、DPI 相等。

(二) 两部门国民收入均衡的条件

均衡产出条件是整个宏观经济学的核心。理解宏观经济学的均衡产出条件,可以抓住均衡产出条件的源泉。

AE 是指计划总支出,也可以称为计划总需求;Y 是指实际产出水平。用 AE－Y 法可以得出均衡产出的任何条件。

$$\begin{cases} AE = C_{计} + I_{计} \\ Y = C_{实} + I_{实} \end{cases}$$

计划总需求用支出法核算,实际产出也用支出法核算,并且计划总需求的消费与实际产出的消费相等,即 $C_{计}=C_{实}$。但是,计划总需求中的投资不一定等于实际产出中的投资,即有可能 $I_{计}=I_{实}$、$I_{计}>I_{实}$、$I_{计}<I_{实}$。为了表达更加方便,将实际产出的实际投资写成 $I_{实}=I_{计}+\Delta iu$。所以,当 $AE=Y$ 时,$\Delta iu=0$,这是均衡产出的第一个条件。

如果计划总需求仍然用支出法核算(不用收入法核算是因为这样不会得出有意义的结论),但实际产出用收入法核算,则会得出不同的另一个有意义的均衡产出条件。

$$\begin{cases} AE = C_{计} + I_{计} \\ Y = C_{实} + S_{实} \end{cases}$$

这里,AE 的含义与前文相同,但是 Y 的含义需要分析。如果仅凭这个方程组,令 $AE=Y$,那么,得不出任何有意义的结论。所以,需要对 Y 进行变形。由于 Y 是用收入法核算的,当居民获得这些收入后会如何处置呢?

根据图 3－10,可以将 Y 写成如下形式:

$$Y = C_{计} + S_{计}$$

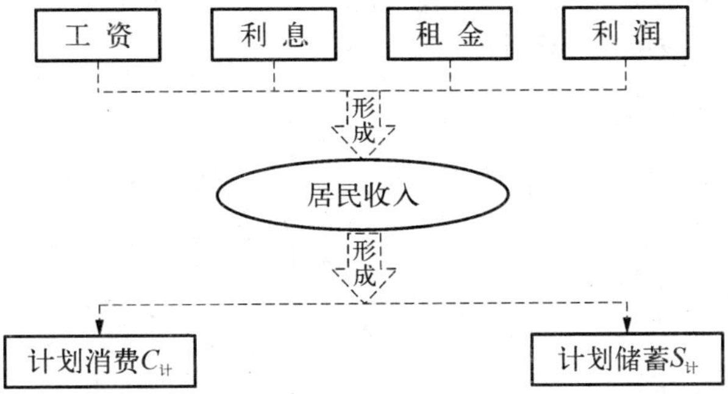

图 3-10　两部门经济实际收入的构成

此时，令 $AE=Y$，可以推出计划投资等于计划储蓄的均衡产出条件，即 $I_{计}=S_{计}$。现在，已经通过 AE-Y 法推出了两个非常有意义的产出均衡条件：一是非意愿存货投资等于零，二是计划投资与计划储蓄相等。同时可以看出，“事前 GDP 核算”的 $I=S$ 与这里的 $I_{计}=S_{计}$ 不同。所以，可以得出结论：AE-Y 法是理解均衡产出条件的根本，一切产出均衡条件都是通过 AE-Y 法推出的。AE 是“计划”，Y 是“实际”，可以说均衡产出的本质是“计划=实际”。由此也可以将整个经济学的均衡本质做一个总结，即经济学中的所有均衡条件都是“计划=实际”。例如，微观经济学的市场出清条件(即均衡)是 $D=S$，这里 D(需求)就是计划，S(供给)就是实际。

(三) 使用消费函数决定均衡收入

由于收入恒等式为 $Y=C+I$，消费方程为 $C=\alpha+\beta Y$，将消费方程代入收入恒等式，就得到均衡收入：

$$\boldsymbol{Y=\frac{\alpha+I}{1-\beta}}$$

根据上式，如果已知消费函数与投资，便可求出均衡的国民收入。例如，已知消费函数 $C=200+0.8Y$，投资 $I=100$，单位为亿美元则：

$Y=AE=C+I$

$Y=200+0.8Y+100$

$Y=1\,500$

在收入小于 1 500 亿美元时，C 与 I 之和大于相应的总供给，这意味着企业的产量小于市场需求。于是，企业增加雇用工人的数量，增加生产，使均衡收入增加；相反，在收入大于 1 500亿美元时，C 与 I 之和小于相应的总供给，这意味着企业的产量比市场需求多，产生了存货投资，这会迫使企业解雇一部分工人，减少生产，使均衡收入减少。两种不同情况变化的结果都是产量正好等于需求量，即总供求相等，收入达到均衡水平。

均衡收入的决定还可用图 3-11 表示，横轴表示收入，纵轴表示消费、投资。消费曲线加上投资曲线就得到总支出曲线。因投资为自发投资，自发投资总等于 200 亿美元，故总支出曲线与消费曲线是平行的，两条曲线在任何收入水平上的垂直距离都等于自发投资 200 亿美元。总支出曲线与 45°线相交于 E 点，E 点为均衡点，E 点决定的收入是均衡收入4 000

亿美元。如果经济处于总支出曲线 E 点以外的其他点上,就会出现总供求不相等的情况,这会引起生产的扩大与收缩,直至回到均衡点。

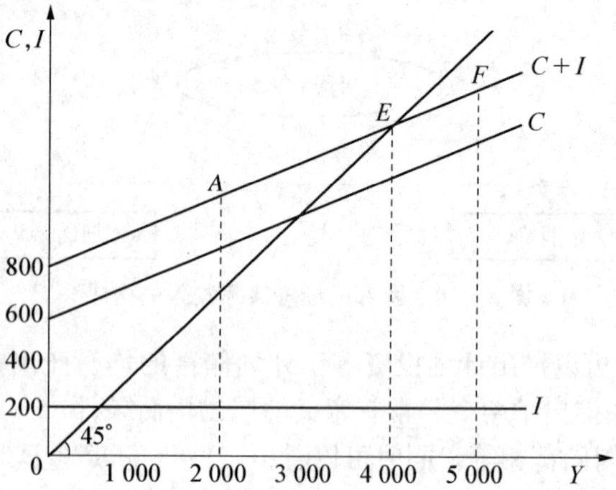

图 3-11 消费曲线加投资曲线和 45°线相交决定国民收入

(四)使用储蓄函数决定均衡收入

由于 $Y=C+I$, $Y=C+S$,得 $I=Y-C=S$,而 $S=-\alpha+(1-\beta)Y$。将以上两个方程联立并求解,就得到均衡收入:

$$\boldsymbol{Y=\frac{\alpha+I}{1-\beta}}$$

上例中, $C=600+0.8Y$, $S=-600+(1-0.8)Y=-600+0.2Y$, $I=200$,令 $I=S$,即 $200=-600+0.2Y$,得 $Y=4\ 000$ 亿美元。即当 $Y=4\ 000$ 亿美元时,投资 I 与储蓄 S 正好相等,从而实现均衡。可以看到,这一结果与使用消费决定均衡收入的方法得到的结果是一样的。

储蓄与均衡国民收入的决定可以用图 3-12 表示。

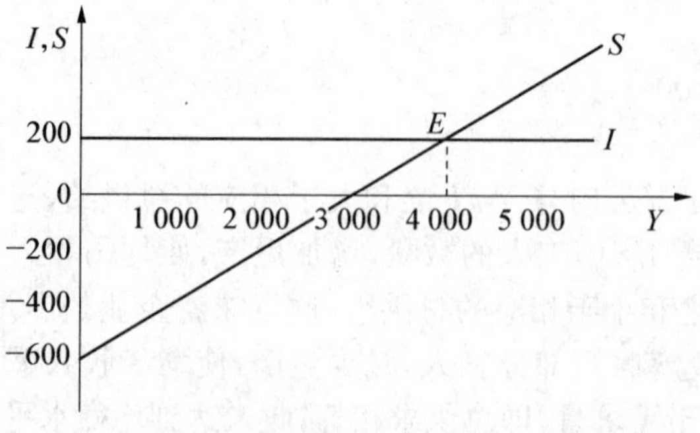

图 3-12 储蓄曲线与投资曲线相交决定国民收入

图 3-12 中的横轴表示收入,纵轴表示投资、储蓄。S 为储蓄曲线,由于储蓄随收入的增多而增多,因此,储蓄曲线向右上方倾斜。I 为投资曲线,由于投资为自发投资,自发投资不随收入的变化而变化,其值总等于 200 亿美元,因此,投资曲线是一条平行线。储蓄曲线

与投资曲线相交于 E 点，E 点为 $I=S$ 的均衡点，由 E 点决定的收入是均衡收入，即 4 000 亿美元。

（五）结论

如果实际产量小于均衡收入水平，如实际产量为 2 000 亿美元，此时，投资大于储蓄，社会总需求大于总供给，产品供不应求，存货投资为负，企业就会扩大生产，社会收入水平就会增加，直至均衡水平；反之，实际产量大于均衡收入，如实际产量为 5 000 亿美元，此时，投资小于储蓄，社会总需求小于总供给，产品过剩，产生了非计划存货投资，企业就会缩小生产，社会收入水平因此而减少，直至均衡水平。只要投资与储蓄不相等，社会收入就处于非均衡状态，经过调整，最终达到均衡收入水平。

由于消费函数与储蓄函数的互补关系，因此，无论使用哪种函数决定收入的方法，最后得到的均衡收入的结果都是相同的。

二、三部门经济中的 AE－NI 模型

（一）基本假定

第一，经济中存在家庭、厂商和政府三个部门。

第二，无折旧(只讨论国内生产净值的决定，所以投资是指净投资)。

第三，无间接税(政府的收入都是个人所得税)。

三部门经济中，从总支出即总需求的角度看，国民收入由消费、投资和政府购买支出构成；从总收入即总供给的角度看，国民收入由消费、储蓄和税收组成。因此，三部门经济的国民收入均衡条件是消费、投资、政府购买支出之和等于消费、储蓄、税收之和，即：

$$C+I+G=C+S+T$$

经简化，得：

$$I+G=S+T$$

（二）定量税条件下三部门经济中的均衡国民收入决定

在 $I+G=S+T$ 中，由于 T 有定量税与比例税两种形式，因此，三部门经济中均衡的国民收入决定又应分为定量税与比例税两种情况。定量税是指税收量不随收入的变动而变动，如资源税。比例税即不论课税对象数额的多少，均按相同比例课征的税，如增值税。这里只讨论定量税条件下三部门经济中的均衡国民收入决定。

假设消费函数为 $C=\alpha+\beta Y_D$，Y_D 表示居民可支配收入，定量税为 T，投资为 I，政府购买为 G，试求均衡的国民收入水平。

因为 $Y_D=Y-T$，根据均衡方程式，有：

$$\begin{aligned}Y&=C+I+G\\&=\alpha+\beta Y_D+I+G\\&=\alpha+\beta(Y-T)+I+G\end{aligned}$$

整理后得：

$$Y=\frac{\alpha+I+G-\beta T}{1-\beta}$$

例如，消费函数 $C=1\,000+0.8Y_D$，Y_D 为可支配收入，定量税 $T=50$，投资 $I=100$，政府购买性支出 $G=150$，单位为亿美元。

根据以上条件可得：$Y_D=Y-T=Y-50$。

又由于 $S=-\alpha+(1-\beta)Y_D=-1\,000+(1-0.8)(Y-50)=0.2Y-1\,010$。

将已知和已求出的变量代入经济均衡公式 $I+G=S+T$ 中，即：

$100+150=(0.2\,Y-1\,010)+50$

求解得出均衡收入：

$Y=6\,050$(亿美元)

如果其他条件不变，税收形式由定量税改为比例税，税率为 0.25，则税收 $T=0.25Y$，可支配收入 $Y_D=Y-T=Y-0.25\,Y=0.75Y$。

相应地：

$S=-\alpha+(1-\beta)Y_D=-1\,000+(1-0.8)\times 0.75Y=0.15Y-1\,000$

此时，将已知和已求出的变量代入经济均衡公式 $I+G=S+T$ 中，即：

$100+150=0.15Y-1\,000+0.25Y$

求解得出均衡收入：

$Y=3\,125$(亿美元)

从上例中可以得出结论：定量税下的均衡收入大于比例税下的均衡收入。

三、四部门经济中的 AE - NI 模型

四部门经济是开放经济，国家之间通过对外贸易等形式建立了经济联系。所以，一个国家的均衡国民收入不仅取决于国内消费、投资和政府购买支出，而且取决于其净出口，即：

$$Y=C+G+(X-M)$$

把上式中的各个组成部分进行分解：

$$C=\alpha+\beta Y_D$$
$$Y_D=Y-T+T_R$$

式中，T 为总税收，T_R 为政府转移支付；$I=\bar{I}$，假定投资既定；$G=\bar{G}$，假定政府购买既定；$T_R=\bar{T}_R$，假定政府转移支付既定；$X=\bar{X}$，假定出口既定；$M=M_0+\gamma Y$，其中，M_0 为自发进口，即不受国民收入变化影响的进口，γ 为边际进口倾向，$\gamma=\frac{\Delta M}{\Delta Y}$，$\gamma Y$ 为引致进口。

经整理，得到四部门经济的均衡国民收入为：

$$Y=\frac{1}{1-\beta+\gamma}(\alpha+\bar{I}+\bar{G}-\beta\bar{T}+\beta\bar{T}_R+\bar{X}-M_0)$$

【延伸阅读】

潜在国民收入与GDP缺口

充分就业下的国民收入是指利用社会上一切可利用的经济资源(劳动力、资本、土地等)所能够生产的产品和劳务的最大值,也就是一国的经济潜力充分利用或发挥时所能达到的最大产出值,又称潜在国民收入。

实际国民收入是与总支出水平相一致的均衡收入,它由这个社会的消费支出、投资支出、政府购买和净出口加总而构成的总需求水平决定。

潜在国民收入与实际均衡收入之间的差距称为国内生产总值缺口。

当计划总支出低于充分就业总支出时,形成通货紧缩缺口;当计划总支出高于充分就业总支出时,形成通货膨胀缺口(如图 3 - 13 所示)。

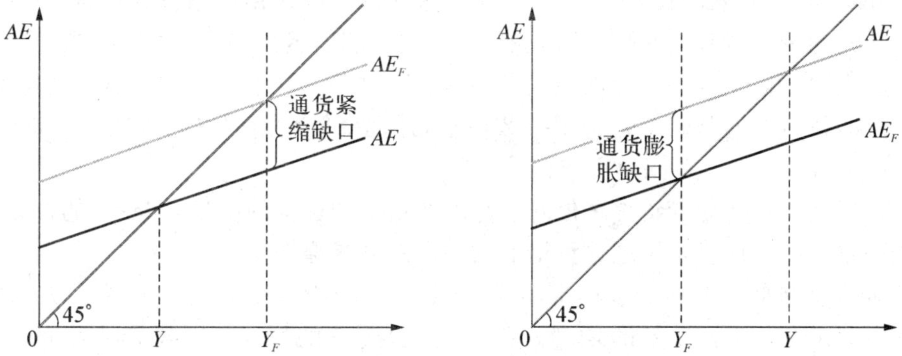

图 3 - 13　通货紧缩与通货膨胀缺口

第四节　乘数理论

【引导案例】

蝴蝶效应

“一只蝴蝶在巴西轻拍翅膀,可以导致一个月后德克萨斯州的一场龙卷风。”其原因在于:蝴蝶翅膀的运动导致其身边的空气系统发生变化,并引起微弱气流的产生,而微弱气流的产生又会引起它四周空气或其他系统产生相应的变化,由此引起连锁反应,最终导致其他系统的极大变化。蝴蝶效应说明,事物发展的结果对初始条件具有极为敏感的依赖性,初始条件的极小偏差将会引起结果的极大差异。

我们可以用在西方流传的一首民谣对此做形象的说明:

丢失一个钉子,坏了一只蹄铁;

坏了一只蹄铁,折了一匹战马;

折了一匹战马,伤了一位骑士;

伤了一位骑士,输了一场战斗;

输了一场战斗,亡了一个帝国!

乘数理论是凯恩斯经济学的两大支柱之一。不论从总需求看还是从总供给看,组成国民收入的任何一个因素(如投资、政府购买、税收等)在数量上的变动都会对国民收入数量的变动产生影响。乘数理论就是要说明国民收入变动量与引起这种变动量的某一因素变动量在数量上的对比关系。

一、投资乘数

(一) 投资乘数的概念与公式表达

卡恩在1931年发表的《国内投资与失业的关系》中首先提出乘数:总需求(Aggregate Demand)任何的变动,如消费的变动、政府支出的变动、税收的变动、净出口的变动等,都会引起国民收入(National Income)的更大变动,即$AD\uparrow \rightarrow NI\uparrow$。卡恩将这一现象称为乘数现象。凯恩斯在卡恩的基础上完善了乘数理论,并把乘数作为国民收入决定理论的一个重要部分。

乘数是指某一自变量变动一单位时引起因变量变动过程的度量,即变量的百分比,在这里是指国民收入的增加量与引起这种增加的自发总需求增加量的比率。

投资乘数就是收入的变化量与带来收入变化量的投资变化量的比率。如果用k_I表示投资乘数,用ΔY表示收入的增量,用ΔI表示投资的增量,则投资乘数的公式可表达为:

$$k_I = \frac{\Delta Y}{\Delta I}$$

由于收入与投资是同方向变动关系,因此,$k_I > 0$,即投资乘数为正数。

为什么投资增加会带来收入的成倍增加呢?假如消费函数是$C = 1\,000 + 0.8Y$。这实际上是假定居民在任何时期的消费支出都是本期国民收入的函数。在这种情况下,如果投资$I = 600$亿元,就可求出均衡的国民收入$Y = 8\,000$亿元。但现在我们知道,实际的情况是:

$$Y_T = \alpha + \beta Y_{T-1} + I_T$$

于是,任何一期的国民收入便是:

$$Y_T = 0.8Y_{T-1} + 1\,000 + 700$$

当自发投资量从600亿元增加到700亿元时,均衡的国民收入就从8 000亿元增加到8 500亿元。这里,投资增加100亿元,国民收入增加500亿元,增加的国民收入是增加的投资的5倍。由此可见,总投资量增加时,国民收入的增量将是投资增量的数倍。如果以k代表这个倍数,k就是投资乘数。所以,投资乘数是指收入的变化与带来这种变化的投资支出的变化的比率,在上述例子中,投资乘数为5。

投资乘数产生的根源在于社会经济各部门之间的相互关联性。当某一个部门投资增加时，不仅会使本部门收入增加，而且会使其他部门发生连锁反应，从而导致这些部门的投资与收入也增加，最终使国民收入的增加量是最初自发投资增加量的数倍。同理，当投资减少时，国民收入也成倍减少。

例如：

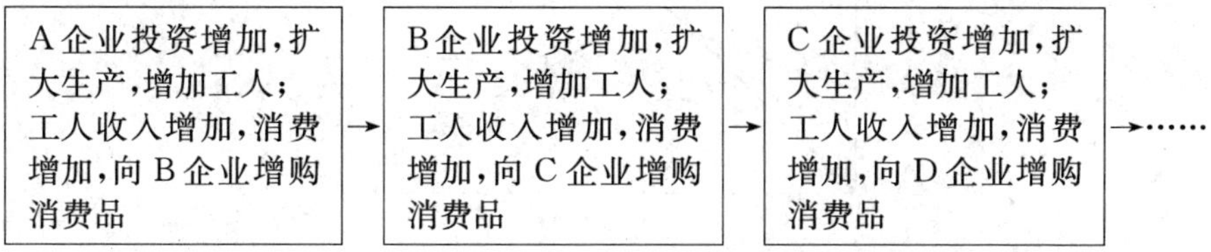

假设A企业投资增加100万元，社会的边际消费倾向为50%，则：

A企业投资增加量 100万元	A企业工人收入增加量 100万元	A企业工人消费增加量 50万元
B企业投资增加量 50万元	B企业工人收入增加量 50万元	B企业工人消费增加量 25万元
C企业投资增加量 25万元	C企业工人收入增加量 25万元	C企业工人消费增加量 12.5万元
……	……	……

这种连锁反应直至最后企业的收入、投资、消费趋于0，此时：

$$\Delta Y = 100 + 100 \times 50\% + 100 \times 50\%^2 + 100 \times 50\%^3 + \cdots + 100 \times 50\%^n$$
$$= \frac{100}{1-50\%} = 200(\text{万元})$$

同理，当投资减少100万元时，国民收入减少200万元。这就是乘数效应的反作用。因此，投资乘数是从两个方面发生作用的：一方面，当投资增加时，它所引起的收入增加要大于所增加的投资；另一方面，当投资减少时，它所引起的收入减少要大于所减少的投资。

根据以上例子，投资乘数公式又可写为：

$$\boldsymbol{k_I = \frac{1}{1-\beta}}$$

又由于$1-\beta = MPS$，因此，投资乘数又可表达为：

$$\boldsymbol{k_I = \frac{1}{MPS}}$$

可见，投资乘数与边际消费倾向成正比、与边际储蓄倾向成反比，且$k_I > 0$，即收入的变化量与投资的变化量呈同方向变动关系(如图3－14所示)。

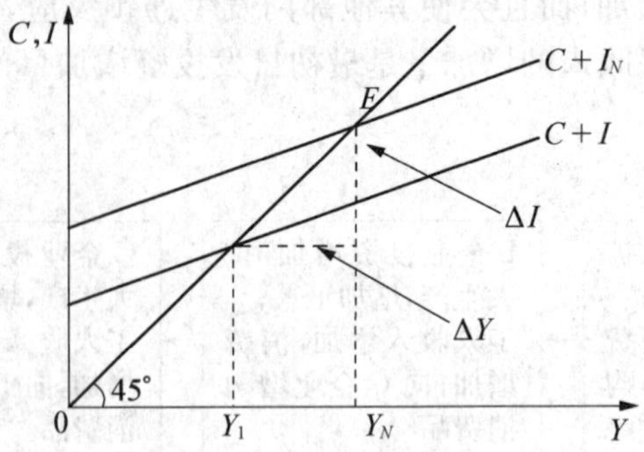

图 3-14 乘数效应

在图 3-14 中,横轴表示收入,纵轴表示消费与投资,$C+I$ 表示原有的总支出曲线,相应的均衡收入为 Y_1;$C+I_N$ 表示新的总支出曲线,$I_N=I+\Delta I$,相应的均衡收入为 Y_N,$Y_N-Y_1=\Delta Y=k_I\cdot\Delta I$。当投资增加 100 亿美元即 $\Delta I=100$ 时,收入增加 500 亿美元,即 $\Delta Y=5\times100=500$(亿美元)。

从图 3-14 可以看出:总需求增加(减少)会引起总产出增加(减少),两个增量之比为 5,也就是说,无论是增加投资还是减少投资,都具有乘数作用,都会对收入产生或增加或减少的作用,因而,投资乘数是一把"双刃剑"。

【即问即答】

乘数是否越大越好?

答:不是。乘数是一把"双刃剑"。初始需求增加会使国民收入成倍增加,初始需求减少会使国民收入成倍减少。乘数过大会造成社会经济大幅度波动。

(二)影响投资乘数作用发挥的因素

在现实生活中,投资增加对国民收入增加的影响即投资乘数作用与社会的经济状况有密切关系,以下四个因素影响着投资乘数作用的发挥:

1. 经济中为零或较小的过剩生产能力

如果经济中没有过剩的生产能力或者过剩的生产能力较小,增加投资只会引起总需求的增长,却不会或难以使生产增加,最终结果只能是物价水平上升。只有在社会过剩的生产能力大、社会的闲置资源如生产设备、劳动力等数量多的情况下,增加投资才会较充分地利用闲置资源,从而更多地增加国民收入。有时,经济中的大部分资源并没有得到充分利用,但由于某一种或几种重要资源处于"瓶颈"状态,乘数作用也会受到限制。

2. 投资与储蓄的关联性

如果投资与储蓄的联系非常密切,投资增加会产生对货币需求的增长,从而提高利率水平,进而引起储蓄增加,消费相应减少,最终部分地抵消投资增加对国民收入增加的影响;反之,只有投资与储蓄相对独立时,投资增加才不会使利率上升,也就不会增加储蓄和减少消费,收入自然就能增多。

3. 货币供给量的非适应性

如果货币供给量不能随投资的增加而增加,即投资增加得不到货币的相应支持,投资增加只会增加货币需求，促使利率上升，从而抑制总需求水平的提高，国民收入的增长就会遇到阻碍。

4. 投资的外购性

如果增加的投资用于购买进口的生产要素，则不会对国内的总需求产生影响，也就不会增加国民收入。

【即问即答】

MPC越大是否意味着乘数作用越大？

答：不是。乘数只有在资源闲置的条件下才能起作用。消费越多，储蓄越少，投资也就越少，资本存量增加缓慢，需求有可能失去拉动经济增长的物质条件（国民收入只能靠生产要素创造，而不能靠消费创造）。

（三）节约的悖论

生活中经常可以听到这样的劝诫："要节约，不能浪费。"但如果每个人都不"浪费"，那么，工厂生产的许多产品将无法销售出去，那些高级酒店也将无人问津，大街上不再热闹，经济不再繁荣、不再发展甚至出现倒退，因为经济的发展需要消费的带动；如果人们都"节约"，就不再有竞争，更不会有奋斗的目标，这个社会将死气沉沉。所以，"节约"不一定是好事，有时候看似"浪费"，实际却是对经济的推动。

1720年，曼德维尔出版了《蜜蜂的寓言，或私人的恶行，公共的利益》，把人类社会比喻为一个蜂巢："这些昆虫生活于斯，宛如人类，微缩地表演人类的一切行为。"在"这个蜜蜂的国度"里，每只蜜蜂都在近乎疯狂地追求自己的利益，虚荣、伪善、欺诈、享乐、嫉妒、好色等恶习在每只蜜蜂身上表露无遗。令人惊异的是，当每只蜜蜂在疯狂追逐自己的利益时，整个蜂巢呈现一派繁荣的景象。后来，邪恶的蜜蜂突然觉悟了，向天神要求让它们变得善良、正直、诚实起来。"主神终于愤怒地发出誓言：使那个抱怨的蜂巢全无欺诈。神实现了誓言……"接着，在整个蜜蜂的王国，一镑贬值为一文，昔日繁忙的酒店渺无人迹，不再有人订货，全国一片萧条景象。

曼德维尔认为："人生来就是一种自私、难以驾驭的动物。"人类的行为不论是出自生命自保的冲动，抑或是为荣誉而产生的善举，其动机都发端于利己心，没有任何力量能够消灭人类的这种自利本性。

消费的变动会引起国民收入同方向变动，储蓄的变动会引起国民收入反方向变动。但根据储蓄变动引起国民收入反方向变动的理论，增加储蓄会减少国民收入，使经济衰退；而减少储蓄会增加国民收入，使经济繁荣。这种矛盾被称为"节约的悖论"。

节约的悖论是根据凯恩斯主义的国民收入决定理论推导出来的结论，它在资源没有得到充分利用的情况下是存在的、是短期的。长期内或当资源得到充分利用时，节约的悖论是不存在的。这点可用图3－15中的储蓄-投资国民收入决定模型来描述。

在图3－15中，交点E_1表示计划的投资等于储蓄，这点决定了均衡收入水平Y_1。假设消费函数为$C=\alpha+\beta Y$，储蓄函数为$S=-\alpha+(1-\beta)Y$，则增加储蓄也就是减少消费，即减少消费函数中的α、β值。α变小，意味着图3－15中储蓄线上移；β变小，意味着图3－15中储蓄

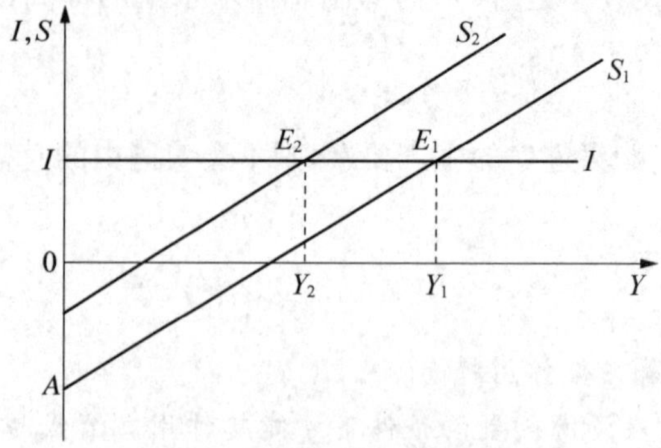

图 3-15 储蓄增加及“节俭的悖论”

线以 A 点为圆心逆时针转动。这两者均会导致均衡点 E_1 向左移动，也就是使均衡收入下降。

在图 3-15 中，增加储蓄会导致均衡收入下降，这是凯恩斯主义的观点。增加消费或减少储蓄会增加总需求从而引起国民收入增加，经济繁荣；反之，减少消费或增加储蓄会通过减少总需求引起国民收入减少，经济萧条。由此得出一个看似自相矛盾的推论：节制消费、增加储蓄会增加个人财富，对个人是件好事，但由于会减少国民收入、引起萧条，对整个经济来说却是件坏事；增加消费、减少储蓄会减少个人财富，对个人是件坏事，但由于会增加国民收入使经济繁荣，对整个经济来说却是件好事。这就是“节俭的悖论”。

二、政府购买支出乘数、税收乘数和政府转移支付乘数

如果税收为定量税，三部门经济的总支出或总需求为：

$$Y = C + I + G = \alpha + \beta(Y - T) + I + G$$

经整理可得定量税下均衡国民收入的公式为：

$$Y = \frac{\alpha + I + G - \beta T}{1 - \beta}$$

下面通过这一公式，分别分析政府购买支出乘数、税收乘数和政府转移支付乘数。

（一）政府购买支出乘数

政府购买支出乘数是指收入变动与引起收入变动的政府购买支出变动的比率。用 k_G 表示政府购买支出乘数，ΔY 表示收入变动，ΔG 表示政府购买支出变动，则：

$$k_G = \frac{\Delta Y}{\Delta G}$$

假设除 G 外，组成收入的其他因素保持不变，当政府购买支出从 G_0 变为 G_1 时，收入分别为：

$$Y_0 = \frac{\alpha + I + G_0 - \beta T_0}{1-\beta}$$

$$Y_1 = \frac{\alpha + I + G_1 - \beta T_1}{1-\beta}$$

$$Y_1 - Y_0 = \Delta Y = \frac{G_1 - G_0}{1-\beta} = \frac{\Delta G}{1-\beta}$$

经整理得：

$$\frac{\Delta Y}{\Delta G} = k_G = \frac{1}{1-\beta}$$

可见，政府购买支出乘数等于1减去边际消费倾向β的倒数，与边际消费倾向β成正比。由于$1-\beta>0$，故$k_G>0$，即收入变动与政府购买支出变动呈同方向变动关系。

（二）税收乘数

税收乘数是指收入变动与引起收入变动的税收变动的比率。因为税收变动有比率变动和定量变动两种情况，所以，税收乘数也有两种情况——比例税情况下的税收乘数与定量税情况下的税收乘数。这里只讨论定量税情况下的税收乘数。

假设在$Y=\frac{\alpha+I+G-\beta T}{1-\beta}$中只有税收变动，则税收$T_0$和$T_1$的收入分别为：

$$Y_0 = \frac{\alpha + I + G - \beta T_0}{1-\beta}$$

$$Y_1 = \frac{\alpha + I + G - \beta T_1}{1-\beta}$$

$$Y_1 - Y_0 = \Delta Y = \frac{-\beta T_1 + \beta T_0}{1-\beta} = \frac{-\beta \Delta t}{1-\beta}$$

经整理得：

$$\frac{\Delta Y}{\Delta T} = k_T = \frac{-\beta}{1-\beta}$$

用k_T表示税收乘数，ΔY表示收入变动，ΔT表示税收变动，税收乘数为负值，表示收入随税收增加而减少，随税收减少而增加。

（三）政府转移支付乘数

政府转移支付的增加会增加居民的可支配收入，社会消费因此而增加，从而国民收入增加，所以，政府转移支付也具有乘数作用。

政府转移支付乘数是指收入变动与引起收入变动的政府转移支付变动的比率。用k_{TR}表示政府转移支付乘数，ΔY表示收入变动，ΔTR表示政府转移支付变动，则：

$$k_{TR} = \frac{\beta}{1-\beta}$$

这是因为,有了政府转移支付后,$Y_D=Y-T+T_R$,因此:

$$\begin{aligned}\boldsymbol{Y}&=\boldsymbol{C}+\boldsymbol{I}+\boldsymbol{G}\\&=\alpha+\beta Y_D+I+G\\&=\alpha+\beta(Y-T-T_R)+I+G\\&=\frac{\alpha+I+G+\beta T_R-\beta T}{1-\beta}\end{aligned}$$

在其他条件不变、只有 T_R 变动、转移支付为 T_{R0} 和 T_{R1} 时,国民收入分别为:

$$Y_0=\frac{\alpha+I+G-\beta T_{R0}-\beta T_0}{1-\beta}$$

$$Y_1=\frac{\alpha+I+G+\beta T_{R1}-\beta T}{1-\beta}$$

$$Y_1-Y_0=\Delta Y=\frac{\beta T_{R1}-\beta T_{R0}}{1-\beta}=\frac{\beta\Delta T_R}{1-\beta}$$

经整理得:

$$\frac{\Delta Y}{\Delta T_R}=k_{TR}=\frac{\beta}{1-\beta}$$

乘数等于边际消费倾向 β 与 1 减去边际消费倾向 β 的倒数,政府转移支付乘数与边际消费倾向 β 成正比,且政府转移支付乘数为正值,表明收入变动与政府转移支付变动成正比。可以看出,政府转移支付乘数与税收乘数方向相反、大小相同。

【知识链接】

政府购买支出乘数、投资乘数、税收乘数与政府转移支付乘数之间的异同

政府支出乘数与投资乘数的计算方法完全一样,计算结果也完全相同,其原因是政府支出、投资支出和消费支出都是构成总需求的因素,即总需求$=C+I+G+(X-M)$,因此,无论是其中哪一种支出变化,都会使总需求发生同样的变化,因而对均衡国民收入所产生的作用也完全相同。当其他条件不变时,$k_G=k_C=k_I=\dfrac{1}{1-MPC}$。

政府转移支付乘数和税收乘数与上述两种乘数不同。因为当政府转移支付或税收变化时,对总需求产生的作用要受边际消费倾向的影响。当政府转移支付变化一定量时,会对消费产生影响,从而对国民收入产生影响,政府转移支付的量能使国民收入变动的倍数称为转移支付乘数。以 ΔTR 代表政府转移支付的增量,k_{TR} 代表政府转移支付系数,在其他条件不变的情况下,$k_{TR}=\dfrac{\Delta Y}{\Delta TR}=\dfrac{MPC}{1-MPC}$。

税收对消费支出的作用与政府转移支付对消费支出的作用一样,也受边际消费倾向的影响;但是,与政府转移支付的不同之处在于,税收对消费支出的影响是负方向的。以 k_T 表示税收乘数,则在其他条件不变时,$k_T=\dfrac{\Delta Y}{\Delta T}=\dfrac{-MPC}{1-MPC}$,刚好与政府转移支付系数的符号相反。

政府购买支出乘数大于税收乘数和政府转移支付乘数。当政府增加支出时，属扩张性的政策，而当增加税收时，却是紧缩性的政策。因而这两类乘数发挥的作用是不同的，或者说是相反的。

三、平衡预算乘数

平衡预算乘数是指政府支出和政府收入同时以相等的数量增加或减少时，国民收入变动与政府收支变动的比率。

用 k_B 表示平衡预算乘数，ΔY 表示政府支出和政府收入同时以相等的数量变动时国民收入的变动量，则：

$$\Delta Y = k_G \Delta G + k_T \Delta T = \frac{1}{1-\beta}\Delta G + \frac{-\beta}{1-\beta}\Delta T$$

由于政府支出和政府收入相等，即 $\Delta G = \Delta T$，因此：

$$\Delta Y = \frac{1}{1-\beta}\Delta G + \frac{-\beta}{1-\beta}\Delta G = \frac{1-\beta}{1-\beta}\Delta G = \Delta G$$

同样：

$$\Delta Y = \frac{1}{1-\beta}\Delta T + \frac{-\beta}{1-\beta}\Delta T = \frac{1-\beta}{1-\beta}\Delta T = \Delta T$$

因此：

$$\frac{\Delta Y}{\Delta G} = \frac{\Delta Y}{\Delta T} = \frac{1-\beta}{1-\beta} = 1 = k_B$$

上式是定量税条件下的平衡预算乘数，可见，定量税条件下的平衡预算乘数等于 1。

【延伸阅读】

政府支出乘数大于税收乘数和政府转移支付乘数

因为政府支出(这里专指政府购买)增加 1 元时，一开始就会使总支出(即总需求)增加 1 元，但是，减税 1 元却只能使居民的可支配收入增加 1 元，这 1 元中又只有一部分用于增加消费，另一部分增加了储蓄。所以，减税 1 元只使总需求增加了小于 1 元的量，由于总产出(或者说总收入)由总支出(即总需求)决定，因此，减税 1 元对国民收入变化的影响没有增加政府购买支出 1 元对国民收入变化的影响大。

由于政府购买支出乘数大于税收乘数和政府转移支付乘数，因此，西方学者认为，改变政府购买水平对宏观经济活动的效果要大于改变税收和政府转移支付的效果。改变政府购买水平是财政政策中最有效的手段。同时，由于政府购买乘数大于税收乘数，因此，当政府购买和税收各自增加相同的数量时，也会使国民收入增加，不过，其增加的幅度要小得多。这就是所谓平衡预算乘数的作用。

四、对外贸易乘数

由上一节推导出的四部门均衡收入决定公式：

$$Y=\frac{1}{1-\beta+\gamma}(\alpha+I+G-\beta T+\beta T_R+X-M_0)$$

可以得到对外贸易乘数为：

$$\frac{dY}{dX}=\frac{1}{1-\beta+\gamma}$$

对外贸易乘数表明，在β与T既定的条件下，对外贸易乘数取决于γ，两者呈反方向变动关系。由于$\gamma=\frac{\Delta M}{\Delta Y}$，即增加的收入中有一部分用于进口而未用于国内需求，对外贸易乘数就小于政府购买支出乘数$\frac{1}{1-\beta}$。其原因是增加的收入中的一部分要用于购买进口商品。

◇关◇键◇术◇语◇

消费函数　自发消费　引致消费　消费曲线　边际消费倾向递减规律　平均消费倾向　边际消费倾向　储蓄函数　储蓄曲线　平均储蓄倾向　边际储蓄倾向　乘数　投资乘数　政府购买乘数　税收乘数　平衡预算乘数　节俭悖论　资本边际效率　计划支出　实际支出　均衡产出

◇主◇要◇观◇点◇

宏观经济学从诞生起就体现出以总需求研究为重点这一特征。这是因为在市场经济条件下，经济的周期性波动绝大多数是由于有效需求不足而引发的，因此，研究总需求的构成以及需求行为必然成为宏观经济学研究的一个重要部分。本章从构成总需求的两个重要组成部分——消费和投资入手，研究经济中的消费和投资行为与规律。

边际消费倾向、资本边际效率和流动偏好三大定律是理解凯恩斯经济学的基础。本章就其中的边际消费倾向和资本边际效率进行了详细阐述。

消费是利率的函数还是收入的函数是古典经济学与凯恩斯经济学的分歧之一。凯恩斯认为消费是收入的函数，并将消费函数公式列为$C=\alpha+\beta Y$。其中，β为边际消费倾向，这是理解消费行为的关键。由消费函数可以推导出储蓄函数，并由此证明储蓄也是收入的函数。

对于人们的消费行为，许多经济学家进行了大量深入的研究，较为典型的理论包括绝对收入理论、相对收入理论、持久收入理论和生命周期理论。

对于人们的投资行为，资本边际效率给出了很好的说明。资本边际效率实际上是一种将资本资产的未来收益折为现值的贴现率。人们正是根据这一贴现率与利率之间的差异来决定自己的投资行为。由于人们的投资动机与储蓄动机始终存在着差异，因此，投资与储蓄不等是一种常见的经济现象。正因为如此，有必要通过经济政策将人们的投资行为引导到与储蓄变动相一致的方向上去。

根据对人们的消费行为和投资行为的研究，本章给出了一个简单的需求均衡模型以观察宏观经济达到均衡时的状态。

乘数效应是指总支出的增加(减少)能够引起总产出的数倍增加(减少)。乘数效应是由于总产出与总支出之间的互动关系引起的。总支出决定总产出，总产出增加形成新的收入，这部分新增收入会有一部分用于消费，形成下一轮支出增加，引起总产出进一步扩张。这种相互作用多次循环，导致总产出数倍增加。主要的乘数包括投资乘数、政府支出乘数、税收乘数和平衡预算乘数。

◇问◇题◇讨◇论◇

1.“增加储蓄将减少国民收入，引起经济萧条；增加消费会增加国民收入，引起经济繁荣。因此，节俭对经济不利。”

要求：

(1) 用凯恩斯理论分析以上说法是否正确？为什么？

(2) 从我国经济现实出发，分析以上说法是否正确？为什么？

2. 回忆你最近的一笔支出，运用本章学到的知识解释为什么你的这笔支出会引发乘数效应？

3. 我国现阶段要不要倡导“新三年、旧三年、缝缝补补又三年”的消费方式？为什么？

4. 尽管不同的消费理论对人们的消费行为有着不同的解释，但大多数经济学家承认财富是人们消费需求函数中的一个重要因素。例如，生命周期理论认为，人们的消费支出与其总财富成正比，总财富为其预计劳动力收入的现值和金融资产拥有值之和。持久收入理论认为，人们的消费倾向主要取决于持久收入，而持久收入取决于金融资产拥有值与其预计劳动收入。

金融资产拥有值为资产的市场盈利的期望值。20 世纪 80 年代初期至中期，美国金融资产价值明显上升。从 1982 年年初到 1987 年 8 月，道·琼斯工业指数从 776.42 升至 2 722.42，如以 1982 年美元值计算，这相当于股票价值上升了 250%。经济界普遍认为，20 世纪 80 年代中期美国股票价格上升是这一期间美国消费水平迅速提高的一个重要原因。

1987 年 8 月，美国股价指数到达顶峰并开始下跌。1987 年 10 月 19 日星期一是美国金融历史上值得记住的一天。这天，美国道·琼斯指数下降 508.32 点，下降幅度达 32.2%，美国证券的市场价值跌去5 000 亿美元。根据消费理论，股价的下跌将导致消费需求的下降。事实也确实如此，在这之后，尽管美国前总统乔治·布什在科威特战争中出尽风头，但还是在经济不景气的怨声中下了台。

要求：

(1) 你认为财富对人们的消费行为是不是有影响？其影响有多大？

(2) 在现代社会中，金融资产的持有量是否已成为人们消费水平变化的主导力量？为什么？

(3) 你是如何评价中国股价指数变化对人们消费行为的影响的？

◇基◇本◇训◇练◇

一、判断题

1. 从根本上说，储蓄就是未来的消费。（　）
2. 居民户的当期消费只受当期收入的影响。（　）
3. 当可支配收入为零时，居民的消费支出一定也是零。（　）
4. 边际储蓄倾向越大，政府购买变动对国民生产总值的影响就越大。（　）
5. 决定均衡国民收入的总需求是实际总需求。（　）
6. 三部门经济中国民收入决定的均衡条件是 $Y=C+I+T$。（　）
7. 政府购买支出乘数小于税收乘数。（　）
8. 加进对外贸易后，乘数变小了。（　）
9. 储蓄不可能为负数。（　）
10.“节俭的悖论”是一种节俭导致的相互矛盾的结果。（　）

二、单选题

1. 在两部门经济中，均衡发生于（　）之时。

A. 实际储蓄等于实际投资　　B. 实际消费加实际投资等于产出值
C. 计划储蓄等于计划投资　　D. 总投资等于企业部门的收入

2. 当消费函数为 $C=\alpha+\beta Y$ ($\alpha>0$, $0<\beta<1$) 时,表明平均消费倾向(　　)。
A. 大于边际消费倾向　　B. 小于边际消费倾向
C. 等于边际消费倾向　　D. 以上三种情况都有可能

3. 如果边际储蓄倾向为 0.3,投资支出增加 60 亿元,将导致均衡收入 GDP 增加(　　)亿元。
A. 20　　B. 60　　C. 180　　D. 200

4. 在一个不存在政府和对外经济往来的经济中,若现期 GDP 水平为 5 000 亿元,消费者希望从中支出 3 900亿元用于消费,计划投资支出总额为 1 200 亿元,这些数据说明(　　)。
A. GDP 不处于均衡水平,将下降　　B. GDP 不处于均衡水平,将上升
C. GDP 处于均衡水平　　D. 以上三种情况均有可能

5. 凯恩斯理论中的自发支出乘数可应用于(　　)。
A. 投资增加时
B. 仅在有闲置资源的经济中增加投资时
C. 仅在某些经济变量(如投资)变化从而增加或减少闲置资源时
D. 仅为政府财政变化时

6. 下述四种情况中,投资乘数最大的是(　　)。
A. 边际消费倾向为 0.6　　B. 边际消费倾向为 0.1
C. 边际消费倾向为 0.4　　D. 边际消费倾向为 0.3

7. 政府购买乘数 k_G、政府转移支付乘数 k_R 与税收乘数 k_T 之间的关系是(　　)。
A. $k_G>k_T>k_R$　　B. $k_T>k_R>k_G$　　C. $k_R>k_G>k_T$　　D. $k_G>k_R>k_T$

8. 四部门经济与三部门经济相比,乘数效应(　　)。
A. 变大　　B. 变小　　C. 不变　　D. 都有可能

9. 如果政府支出的增加与政府转移支付的减少相同,则收入水平会(　　)。
A. 不变　　B. 提高　　C. 下降　　D. 不相关

10. 税收乘数与转移支付乘数最显著的区别是(　　)。
A. 税收乘数总比转移支付乘数小 1　　B. 前者为负,而后者为正
C. 两者互为相反数　　D. 后者为负,而前者为正

三、简答题

1. 在均衡产出水平上,计划存货投资和非计划存货投资是否都必然为零?
2. 能否说边际消费倾向和平均消费倾向总是大于零而小于 1?
3. 什么是凯恩斯定律?凯恩斯定律提出的社会经济背景是什么?
4. 根据凯恩斯主义的观点,增加储蓄对均衡国民收入会有什么影响?什么是“节俭的悖论”?
5. 平衡预算乘数作用的机理是什么?
6. 为什么有了对外贸易后,封闭经济中的一些乘数会变小?

四、计算题

1. 假设某经济的消费函数 $C=100+0.8Y_D$,投资 $I=50$,政府购买性支出 $G=200$,政府转移支付 $TR=62.5$,税收 $T=250$(单位均为 10 亿美元)。
要求:
(1) 计算均衡收入。

(2) 计算投资乘数、政府支出乘数、税收乘数、政府转移支付乘数和平衡预算乘数。

2. 在上题中，假定该社会达到充分就业所需要的国民收入为 1 200 亿美元，试问增加政府购买、减少税收、以同一数额增加政府购买和税收(以便预算平衡)以实现充分就业各需多少数额？

3. 假定某经济社会的消费函数 $C=30+0.8Y_D$，净税收即总税收减去政府转移支付后的金额 $T_N=50$，投资 $I=60$，政府购买性支出 $G=50$，净出口即出口减进口后的余额 $N_X=50-0.05Y$(单位均为亿元)。

要求：

(1) 计算均衡收入。

(2) 计算在均衡收入水平上的净出口余额。

(3) 计算投资乘数。

(4) 计算投资从 60 增至 70 时的均衡收入和净出口余额。

(5) 计算当净出口从 $NX=50-0.05Y$ 变为 $NX=40-0.05Y$ 时的均衡收入和净出口余额。

4. 原均衡国民收入水平为 1 800，这时，政府增加税收 60、减少转移支付 30，厂商增加投资 30，若边际储蓄倾向为 0.25，问新的国民收入水平将是多少？(单位均为亿元)

5. 考虑下列式子描述的一种经济情况：$C=400+0.8\times(Y-T)$，$G=300$，$T=250$，$I=200$(单位均为亿元)。

要求：

(1) 计算均衡的产出水平。

(2) 假设每年的产出为 3 000，这个经济是否均衡？

(3) 如果政府要使用财政政策使经济达到均衡，必须增加多少政府购买？政府购买乘数为多少？

(4) 如果政府不想改变财政政策，描述一下经济达到均衡的过程。

第四章

扩展宏观经济（IS－LM）模型

【名人名言】

历史上，货币一直这样困扰着人们：要么很多却不可靠，要么可靠但又稀缺，两者必居其一。

——J. K. 加尔布雷斯(J. K. Galbraith)

【引导案例】

货币的需求动机

骆明和小欣是一对感情不错的情侣，2017 年同时从一所名牌大学毕业。骆明进了某国家机关，每个月可以拿 5 000 元左右，不过，结婚需要购房，有点捉襟见肘。小欣进了一家国际贸易公司，从事对外贸易工作，她的工资和奖金加在一起每个月大概有 6 000 元。前几天，他们为了存钱问题大吵了一架。骆明以为现在他们刚刚毕业，虽然单位都不错，工资也不低，但将来用钱的地方还很多，所以，除了留下平常必需的花费以及预防发生的意外的钱外，剩下的钱要定期存入银行，不能动用，这样可以获得稳定的利息收入，且没有损失的风险。而小欣认为，上学期间一直过着很节俭的日子，现在终于自己挣钱了，不必多考虑未来，更何况银行利率那么低。她说，发下工资后，先要买几件名贵服装，再美美地吃上几顿；她还想留下一部分钱炒股票，等着股市形势一好，立即进入。但骆明却认为中国股市行情不太稳定，运行不规范，所以最好不进入股市，如果一定要做，那也只能投入很少的钱。

(1) 根据上面两个人的争论，说明他们各有哪些货币需求动机。

(2) 你能分析上述动机导致的货币需求的决定因素，并给出货币的总需求函数吗?

【学习目标】

本章所介绍的国民收入决定模型是基于上一章简单国民收入决定模型的扩展，即在单独考察产品市场均衡的基础上，引入货币市场，考察两个市场同时均衡时国民收入的决定问题。通过本章的学习，重点掌握 IS 曲线和 LM 曲线(含义、推导和斜率)，掌握影响 IS 曲线和 LM 曲线移动的因素，掌握凯恩斯的货币需求理论，掌握古典学派和凯恩斯学派关于利率决定观点的不同。

【要点提示】

1. IS 曲线和 LM 曲线的推导。
2. IS－LM 模型的均衡及其变动。
3. IS 曲线与 LM 曲线的斜率。
4. 影响 IS 曲线和 LM 曲线位置移动的因素及其对均衡收入的影响。

上一章的分析中有一条假设是经济系统能以不变的价格提供相应的供给量，即把经济系统中的货币变量抽象掉了。然而，要使产品市场达到均衡，必须依赖于货币市场的均衡。这是因为，货币市场上的均衡利率会影响投资和收入，而产品市场上的均衡收入又会影响货币需求和利率，这就说明产品市场和货币市场是相互影响、相互依存的。产品市场上的国民收入和货币市场上的利率水平正是在这两个市场相互影响的过程中被共同决定的。本章将介绍用于说明产品市场和货币市场一般均衡的IS－LM模型，考察产品市场和货币市场同时均衡时国民收入和利息率的决定，从而描述凯恩斯总需求函数的全貌。

第一节 产品市场均衡——IS曲线

一、IS曲线的概念与推导

（一）IS曲线的产生背景与推导过程

假设投资函数 $I=1\,250-250r$，消费函数 $C=500+0.5Y$，单位为亿美元，则相应的储蓄函数 $S=Y-C=-500+(1-0.5)Y=-500+0.5Y$，由均衡收入 $I=S$ 可得 $1\,250-250r=-500+0.5Y$，$r=7-\frac{1}{500Y}$，或 $Y=3\,500-500r$。

当 $r=1$ 时，$Y=3\,000$

当 $r=2$ 时，$Y=2\,500$

当 $r=3$ 时，$Y=2\,000$

⋮

以横轴代表收入，纵轴代表利率，可以得到一条反映利率与收入之间关系的曲线（如图4－1所示）。这条曲线上的任意一点都代表一定利率和收入的组合。在这样的组合下，投资和储蓄是相等的，也就是说，产品市场是均衡的，这条曲线就是IS曲线。

更进一步，我们在分析两部门经济的消费与均衡国民收入的决定时，曾得到均衡收入公式：$Y=\frac{\alpha+I}{1-\beta}$。当时，我们假设 I 为常量。又因为：$I=e-dr$，将其代入 $Y=\frac{\alpha+I}{1-\beta}$，均衡收入公式就变为：

$$Y=\frac{\alpha+e-dr}{1-\beta}$$

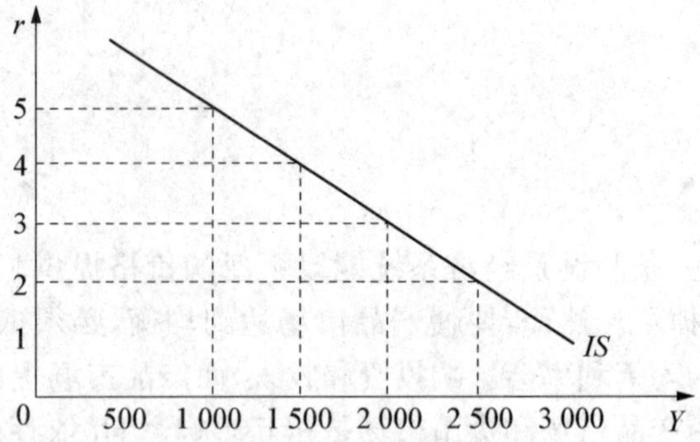

图 4-1 IS 曲线

上式表明:均衡的国民收入与利率之间存在反方向变动关系。

因为我们是在产品市场均衡条件下分析 I 为变量时国民收入的决定(利率 r 与国民收入 Y 之间的关系),而产品市场均衡条件必有 $I=S$,所以,IS 曲线表示在投资与储蓄相等的产品市场均衡条件下利率与收入关系组合点的轨迹。从图 4-1 可以看出,IS 曲线是一条向右下方倾斜的曲线,其经济含义是:在其他条件不变的情况下,利率下降,投资需求增加,总需求增加,均衡国民收入增加;反之,利率上升,投资需求下降,总需求减少,均衡国民收入减少。

(二)通过四个象限来描述 IS 曲线的推导

对于 IS 曲线,可以用含有四个象限的图形来描述整个推导过程。

第一,根据投资是利率的减函数 $I=I(r)=e-dr$,给定一个利率 r,由给定的 r 推出 I 值。

第二,根据 $I=S$ 这一均衡条件,可由 I 值推出 S 值。

第三,根据储蓄是收入的增函数 $S=Y-C(Y)$,可由 S 值推出 Y 值。

第四,将 r 值与 Y 值在象限Ⅳ中描出,就可以得到一个点。将无限个 r 值与 Y 值联系起来,就得到在产品市场达到均衡($I=S$)时,利率 r 与国民收入 Y 之间关系的曲线:$I(r)=Y-C(Y)$,这条曲线即 IS 曲线(如图 4-2 所示)。

在图 4-2(a)中,横轴表示投资,纵轴表示利率,投资曲线表示投资是利率的减函数,该曲线是根据上例中的投资函数 $I=1\,250-250r$ 画出来的。

在图 4-2(b)中,横轴表示投资,纵轴表示储蓄,从原点出发的倾角为 45°的直线上的任意一点都表示投资与储蓄相等。

在图 4-2(c)中,横轴表示收入,纵轴表示储蓄,储蓄曲线表示储蓄是国民收入的增函数。该曲线是根据上例中的储蓄函数 $S=-500+0.5Y$ 画出来的。例如,图 4-2(a)中的 $r=3$ 时,$I=500$;图 4-2(b)中由于 $S=I$,储蓄 S 也就等于 500;在图 4-2(c)中,由储蓄函数 $S=-500+0.5Y$ 可知,与 500 储蓄相对应的收入应当是 2 000。当然,如果利率 r 上升到 4,投资就减少到 250,储蓄也是 250,均衡收入就减少到 1 500。

在图 4-2(d)中,横轴表示收入,纵轴表示利率。当利率为 3 时,收入为 2 000;当利率为 4 时,收入为 1 500;当利率为 5 时,收入为 1 000;等等。每一利率下的收入都是通过投资函

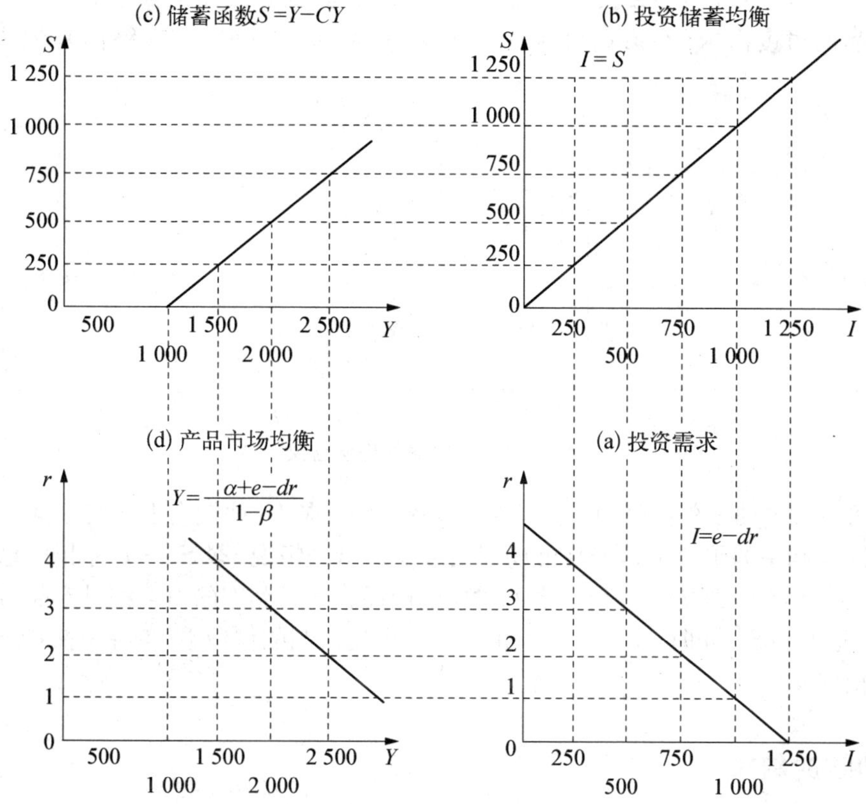

图 4-2　IS 曲线的推导

数、$S=I$、储蓄函数之间的关系得到的。将均衡利率与均衡收入的众多数量组合点连接起来，就得到 IS 曲线。

由于 IS 曲线的代数式 $Y=\dfrac{\alpha+e-dr}{1-\beta}$ 表明收入是利率的减函数，因此，IS 曲线向右下方倾斜。

（三）IS 曲线的经济含义

第一，IS 曲线是一条描述产品市场达到宏观均衡即 $I=S$ 时，总产出与利率之间关系的曲线，这就是说，IS 曲线上任意一点对应的利率和国民收入的组合都表明产品市场实现了均衡。

第二，在产品市场上，总产出与利率之间存在反向变化的关系，即利率提高时，总产出水平趋于减少；利率降低时，总产出水平趋于增加。

第三，偏离 IS 曲线的任何点都表示 $I\neq S$，即产品市场没有实现宏观均衡。如果某一点处于 IS 曲线的右边，如图 4-3 所示的 B 点，利率水平高于 C 点，表示 $I<S$，即现行的利率水平过高，导致投资规模小于储蓄规模，表明产品的需求低于收入水平，存在着产品的过度供给。在市场机制的作用下，产品生产将下降，最终恢复到 IS 曲线上的 A 点。如果某一点位处于 IS 曲线的左边，如 D 点，收入水平 Y_1 与 A 点相同，但利率较低，表示 $I>S$，即现行的利率水平过低,导致投资规模大于储蓄规模,表明产品的需求超过了收入水平,存在着产品的过度需求,在市场机制的作用下,产品生产将增加,最终回复到 IS 曲线的 C 点。

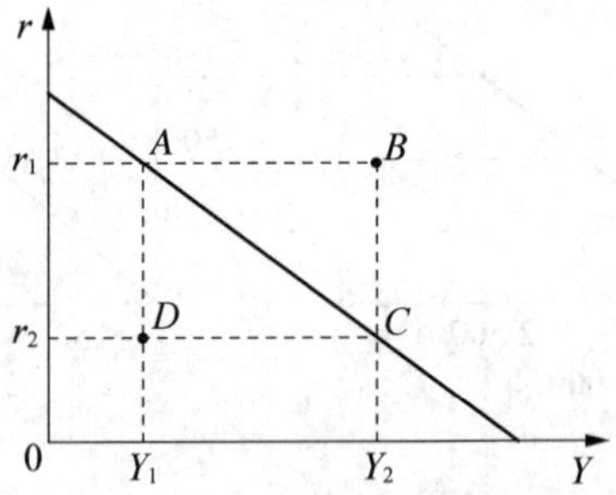

图 4-3 IS 曲线的经济含义

由此可见,IS 曲线外的任何一点均处于失衡状态,在 IS 曲线右上方的任何一点所对应的国民收入与利率的组合都是产品市场存在过度供给的情况,即 $S>I$,同时,总需求<总供给;而在 IS 曲线左下方的任何一点所对应的国民收入与利率的组合都是产品市场过度需求的情况,即 $I>S$,同时,总需求>总供给。在市场机制的作用下,各种失衡状态最终回复到产品均衡状态。

二、IS 曲线的斜率

将 $Y=\frac{\alpha+e}{1-\beta}-\frac{d}{1-\beta}r$ 式改写成:$r=\frac{\alpha+e}{d}-\frac{1-\beta}{d}Y$。式中,$-\frac{1-\beta}{d}$ 是 IS 曲线的斜率。由于收入是利率的减函数,故 IS 曲线的斜率为负。为了更方便地比较 IS 曲线斜率的大小,取斜率 $-\frac{1-\beta}{d}$ 的绝对值 $\left|-\frac{1-\beta}{d}\right|$。显然,$IS$ 曲线的斜率既取决于 β,也取决于 D。

β 是边际消费倾向。如果 β 较大,意味着投资乘数较大,即投资较小的变动会引起收入较大的增加,因而 IS 曲线就较平缓,表明 IS 曲线的斜率较小;反之,β 较小,IS 曲线的斜率较大。所以,IS 曲线的斜率与 β 成反比。

d 是投资对利率变动的反应程度,表示利率变动一定幅度时投资的变动程度。如果 d 较大,表示投资对利率的反应比较敏感,即利率较小的变动会引起投资较大的变动,进而引起收入的更多增加,IS 曲线就较平缓,IS 曲线的斜率就较小;反之,d 较小,IS 曲线的斜率就大。所以,IS 曲线的斜率与 d 成反比。

另外,在三部门经济中,由于存在政府购买性支出与税收,则 IS 曲线的斜率的绝对值为 $\frac{1-\beta(1-T)}{d}$,所以,IS 曲线的斜率取决于 d、β、T 的变化:

在其他条件不变时,d 越大,Y 对 r 的变化越敏感;反之,则不敏感。

在其他条件不变时,β 越大,Y 对 r 的变化越敏感;反之,则不敏感。

在其他条件不变时，T 越小，Y 对 r 的变化越敏感；反之，则不敏感。

西方学者认为，由于在一定时期内消费倾向 β 较为稳定，税率也不会轻易变动，因此，投资的利率弹性 d 是决定 IS 曲线斜率大小的主要因素。

三、IS 曲线的移动

如果投资函数或者储蓄函数变动，IS 曲线就会变动。

先看投资需求变动。如果由于种种原因(如投资效率提高或出现了技术创新，或企业家对经济前景预期乐观等)，在同样的利率水平上投资需求增加了，如从上例中的 $I=1\,250-250r$ 变成了 $I=1\,500-250r$，即投资需求曲线向右上方移动，那么，IS 曲线就会向右上方移动，其向右的移动量等于投资需求曲线的移动量乘以乘数。在上例中，投资需求曲线移动了 250 亿美元(1 500－1 250)，乘数 $k=\dfrac{1}{1-0.5}=2$，因此，IS 曲线右移 500 亿美元；反之，若投资需求下降，则 IS 曲线向左移动。

再看储蓄函数变动。假定人们的储蓄意愿增加了，即更节俭了，从上例中的 $S=-500+0.5Y$ 变成了 $S=-250+0.5Y$，这样，储蓄曲线就要向左移动，如果投资需求不变，则同样的投资水平现在要求的均衡收入水平就要下降。这是因为同样的储蓄量，现在只要求较低的收入就可以提供，所以，IS 曲线就会向左移动，其移动量等于储蓄增量乘以乘数。

上述 IS 曲线的移动只是考虑了两部门经济中产品均衡的情况。在三部门经济中，IS 曲线则是根据国民收入均衡的条件从 $I+G=S+T$ 的等式推导出来的，因此，不仅 I 曲线和 S 曲线移动会使 IS 曲线移动，而且 I、G、S、T 中任何一条曲线移动或几条曲线同时移动，都会引起 IS 曲线移动。如果考虑到开放经济的情况，则引起 IS 曲线移动的因素还包括进出口的变动。总之，一切自发支出量的变动都会使 IS 曲线变动。

例如，增加政府购买性支出，在自发支出量变动的作用中等于增加投资支出，会使 IS 曲线向右平行移动。IS 曲线移动的幅度取决于两个因素：政府支出增量和支出乘数的大小，即均衡收入增加量 $\Delta Y=k_G\Delta G$。假定把上述投资需求从 $I=1\,250-250r$ 变为 $I=1\,500-250r$ 看成原来的投资加一笔政府购买 250 亿美元，即 $I+G=1\,250-250r+250$，则 IS 曲线同样向右移动 500 亿美元，即 $\Delta Y=k_G\Delta G=\dfrac{1}{1-0.5}\times 250=500$(亿美元)；相反，减少政府支出则会使 IS 曲线左移。

再如，若政府增加一笔税收，则会使 IS 曲线向左移动。这是因为，一笔税收的增加如果是增加了企业的负担，则会使投资相应减少，于是这笔增税是减少投资需求，从而使 IS 曲线向左移动；同样，一笔税收的增加如果是增加了居民个人的负担，则会使他们的可支配收入减少，从而使他们的消费支出相应减少，也会使 IS 曲线向左移动，移动幅度为 $\Delta Y=-k_T\Delta T$。相反，如果政府减税，则会使 IS 曲线右移。

关于增加或减少税收及政府支出如何使 IS 曲线移动，也可以从下面公式中得到说明。假定 T 和 G 分别代表税收和政府支出额，则国民收入等于：

$$\begin{aligned} Y &= C+I+G \\ &= \alpha+\beta(Y-T)+e-dr+G \\ &= \alpha+e+G-\beta T+\beta Y-dr \end{aligned}$$

所以,

$$Y=\frac{\alpha+e+G-\beta T}{1-\beta}-\frac{dr}{1-\beta}$$

从上式可见,当政府支出增加或减少 ΔG 时,国民收入的增加或减少量为 $\Delta Y=\frac{1}{1-\beta}\Delta G$,即 IS 曲线右移或左移 $\frac{1}{1-\beta}\Delta G$;而当税收增加或减少 ΔT 时,国民收入的减少或增加量为 $\Delta Y=\frac{1}{1-\beta}\Delta T$,即 IS 曲线左移或右移 $\frac{1}{1-\beta}\Delta T$。

增加政府支出和减税都属于降低总需求的紧缩性财政政策。政府实行扩张性财政政策表现为 IS 曲线向右上方移动,实行紧缩性财政政策表现为 IS 曲线向左下方移动。

第二节 利率决定理论

在上一章中我们知道利率决定投资,进而影响国民收入。但利率本身又是由什么因素决定的呢?对于这个问题,凯恩斯以前的古典学派认为,投资与储蓄都与利率相关,投资是利率的减函数,即利率越高,投资越少,利率越低,投资越多;储蓄是利率的增函数,即利率越高,储蓄越多,利率越低,储蓄越少;投资与储蓄相等时,利率就确定下来了。但是,宏观经济学的奠基人凯恩斯认为,利率不是由投资与储蓄决定的,而是由货币的供给量与货币的需求量决定的。由于货币的实际供给量是由代表国家对金融运行进行管理的中央银行控制的,因此,货币的实际供给量是一个外生变量,在分析利率决定时,只需分析货币的需求量。

【知识链接】

货币的职能

虽然货币可以被称为钱,但日常生活中所称的钱不一定是货币。货币是一种被普遍接受为交换媒介,并且具有价值储藏和计算功能的经济工具(如图 4-4 所示)。

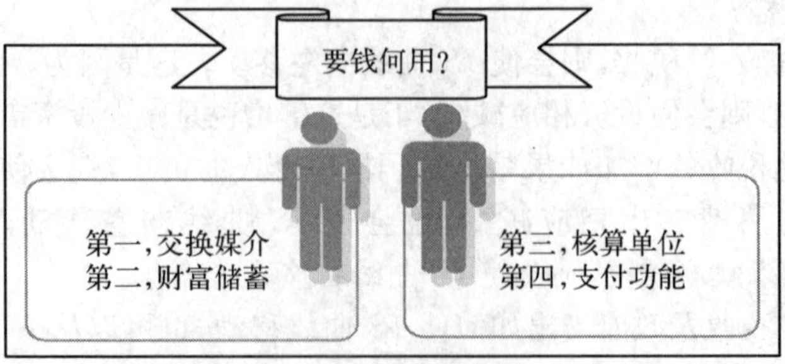

图 4-4 货币的职能

一、货币的需求

(一) 货币的需求动机

货币需求是指人们在不同条件下出于各种考虑对货币的需要，或者说是个人、企业和政府对执行流通手段(或支付手段)和价值贮藏手段的货币的需求。人们接受货币不是因为货币本身，而是因为用货币能够购买到所需求的产品和劳务。货币与其他非货币形态金融资产(如股票、债券、商业票据)的区别在于其具有使用上的灵活性，即可以直接用于购买产品和劳务。非货币形态的金融资产与现金相比，有利的一面是其可以获取收益(如股票可以获得股息，债券可以获得利息等)；不利的一面是其不能直接实现与产品、劳务的交换，而是先要变成现金(即通常所说的金融资产的流动性)，变现时可能会面临时间的拖延和实际购买力的损失。因此，凯恩斯认为，人们对货币有"流动性偏好"，即人们有宁愿牺牲利息、股息等收入而持有一定量不生息货币来保持财富的心理倾向。凯恩斯认为，个人与企业需要货币出于以下三种动机：交易动机、谨慎动机和投机动机。

1. 交易动机

交易动机是指个人与企业为了正常的交易活动而需要货币的动机。由于收入和支出在时间上是不同步的，因此，人们必须持有足够的货币来支付日常需要的开支，出于这种动机所需要的货币就是货币的交易需求(Transaction Demand for Money)。例如，个人购买消费品需要货币，企业购买生产要素也需要货币。收入、商业制度、交易惯例等都影响着交易所需的货币量，而惯例和交易制度在短期内是稳定的，可视为不变，于是，凯恩斯认为货币的交易需求主要取决于收入，收入越多，用于交易的货币量就越多，收入越少，用于交易的货币量就越少，即货币的交易需求与收入成正比。

2. 谨慎动机或预防性动机

谨慎动机或预防性动机是指为预防诸如事故、疾病、失业等意外开支而需要事先持有一部分货币的动机。出于谨慎动机而产生的货币需求称为货币的谨慎需求或预防需求(Precautionary Demand for Money)。交易动机下的货币交易需求主要用于即时支出，预防性动机下的货币需求则用于以后的支出。货币的预防性需求产生于个人今后收入与支出的不确定性，其量的多少尽管取决于个人的预期与判断，但从全社会来看，出于预防性动机的货币需求仍然取决于收入，其量的多少与收入成正比，是收入的增函数。

3. 投机动机

投机动机是指人们为了抓住有利的购买有价证券等的机会而持有货币的动机。人们出于投机动机而需要持有的货币称为货币的投机需求(Speculative Demand for Money)。假定财富的形式有两种——货币和有价证券，人们在货币与有价证券之间进行选择以确定保留财富的形式。对货币和有价证券的选择就是利用利率和有价证券价格的变化进行投机。有价证券的价格与有价证券的收益成正比，与利率成反比，即：

$$\text{有价证券的价格} = \frac{\text{有价证券收益}}{\text{利率}}$$

可见,有价证券的价格会随着利率的变化而变化,人们对有价证券和货币的选择也就随着利率的变化而变化。市场利率越高,意味着有价证券的价格越低,当预计有价证券的价格不会再降低而是将要上升时,人们就会抓住有利的机会,用货币低价买进有价证券,以便证券价格升高后高价卖出,于是,人们手中出于投机动机而持有的货币量就会减少;相反,市场利率越低,意味着有价证券的价格越高,当预计有价证券的价格再也不会上升而将要下降时,人们就会抓住时机将手中的有价证券卖出,于是,人们手中出于投机动机而持有的货币量就会增加。由此可见,对货币的投机需求取决于利率,其需求量与利率成反比。

(二)货币的需求函数

1. 货币的交易与预防性需求函数

由于出于交易动机和预防性动机的货币需求量都取决于收入,因此,可以把出于交易动机与预防性动机的货币需求量统称为货币的交易需求量。用 L_1 表示货币的交易需求量,用 Y 表示实际收入,那么,货币的交易需求量与收入的关系可表示为:

$$L_1 = f(Y)$$

具体表达式为:

$$L_1 = kY$$

式中,k 为货币的交易需求量对实际收入的反应程度,也可称为货币需求的收入弹性,可简单表达为:

$$k = \frac{\Delta L_1}{\Delta Y}$$

$L_1 = kY$ 式反映货币的交易需求量与实际收入呈同方向变动关系。

2. 货币的投机需求函数

货币的投机需求取决于利率。如果用 L_2 表示货币的投机需求,用 r 表示利率,则货币的投机需求与利率的关系可表示为:

$$L_2 = f(r)$$

具体表达式为:

$$L_2 = L_0 - hr$$

式中,h 为货币的投机需求量对实际利率的反应程度,可简单表达为:

$$h = \frac{\Delta L_2}{\Delta r}$$

$L_2 = L_0 - hr$ 式反映货币的投机需求量与实际利率呈反方向变动关系。

3. 货币的需求函数和需求曲线

对货币的总需求就是对货币的交易需求与对货币的投机需求之和,因此,货币的需求函数表示为:

$$L = L_1 + L_2 = kY + L_0 - hr$$

货币的需求函数可用图 4－5 表示。

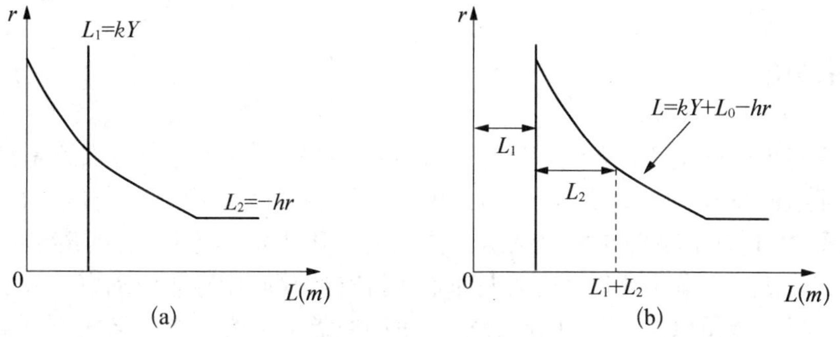

图 4－5 货币需求曲线

图 4－5(a)中的横轴表示货币需求量或货币供给量，纵轴表示利率。L_1 为货币的交易需求曲线，由于 L_1 取决于收入，与利率无关，故其是一条垂线。L_2 为货币的投机需求曲线，它最初向右下方倾斜，表示货币的投机需求量随利率的下降而增加，即货币的投机需求与利率呈反方向变动关系；货币投机需求曲线的右下端为水平状，在这一区段，即使货币供给增加，利率也不会降低。

图 4－5(b)中的曲线 L 为包括货币的交易需求与投机需求在内的货币需求曲线，其上的任何一点都表示货币需求量是相应的货币交易需求量与投机需求量之和。L 曲线向右下方倾斜，表示货币需求量与利率呈反方向变动关系，即利率上升时，货币需求量减少，利率下降时，货币需求量增多。

对货币的需求函数 $L = L_1 + L_2 = kY + L_0 - hr$ 中的货币需求量与收入呈同方向变动关系、货币需求量与利率呈反方向变动关系可用图 4－6 和图 4－7 表示。

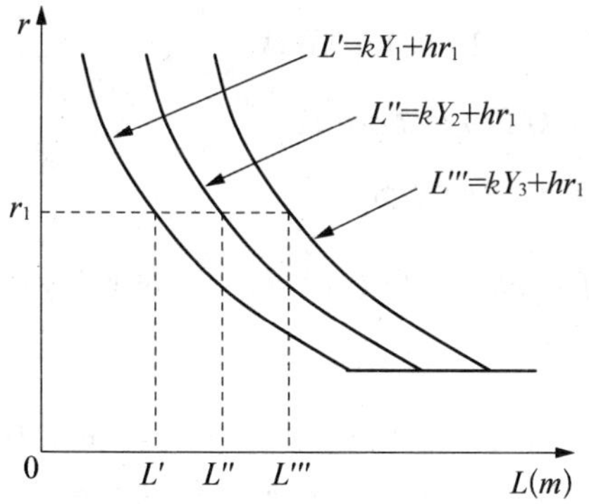

图 4－6 不同收入下的货币需求曲线

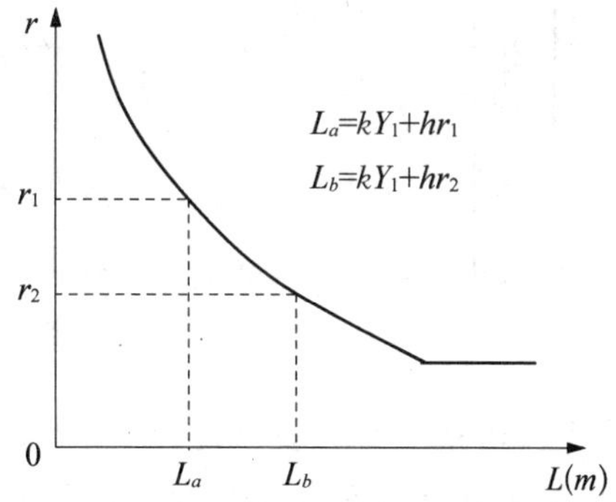

图 4－7 不同利率下的货币需求曲线

图 4－6 中有代表无数条货币需求曲线的三条货币需求曲线 L'、L''、L'''，分别代表收入水平为 Y_1、Y_2、Y_3 时的货币需求量。货币需求量与收入呈同方向变动关系表现为三条货币需求曲线的左移与右移，货币需求量与利率呈反方向变动关系则表现为三条货币需求曲线的向右下方倾斜。利率同为 r_1 时，由于收入水平不同，实际货币需求量分别为 L'、L''、L'''，

即 $Y=Y_1$ 时,$L=L'$;$Y=Y_2$ 时,$L=L''$;$Y=Y_3$ 时,$L=L'''$。

图 4-7 表示收入水平相同,如都为 Y_1 时,由于利率水平不同,实际货币需求量也不同,即 $r=r_1$ 时,$L=L_a$;$r=r_2$ 时,$L=L_b$。

二、货币的供给

货币供给有狭义的货币供给与广义的货币供给之分。狭义的货币供给是指硬币、纸币和银行活期存款的总和,用 M_0 或 M_1 表示。由于银行活期存款可以随时提取,且可当作货币在市场上流通,因此属于狭义的货币供给。狭义的货币供给加上银行定期存款便是广义的货币供给,用 M_2 表示。如果 M_2 加上个人和企业持有的政府债券等流动资产或货币近似物,就是意义更广泛的货币供给 M_3。以后分析中使用的货币供给是指狭义的货币供给即 M_1。

【延伸阅读】

中国现行货币供应量的划分

中国现行货币统计制度将货币供应量划分为三个层次:(1) 流通中的现金(M_0),即在银行体系外流通的现金,M_0=通货发行额-金融机构库存现金;(2) 狭义货币供应量(M_1),即 M_0 加上单位在银行的活期存款;(3) 广义货币供应量(M_2),即 M_1 加上在银行的定期存款和城乡居民个人在银行的各项储蓄存款以及证券客户保证金。M_2 与 M_1 的差额即单位的定期存款和个人的储蓄存款之和,通常称作准货币。M_2 加上个人和企业所持有的政府债券等流动性资产(一般用 M_3 表示)或货币近似物,便是更广义的货币供给(一般用 M_4 表示)(如图 4-7 所示)。

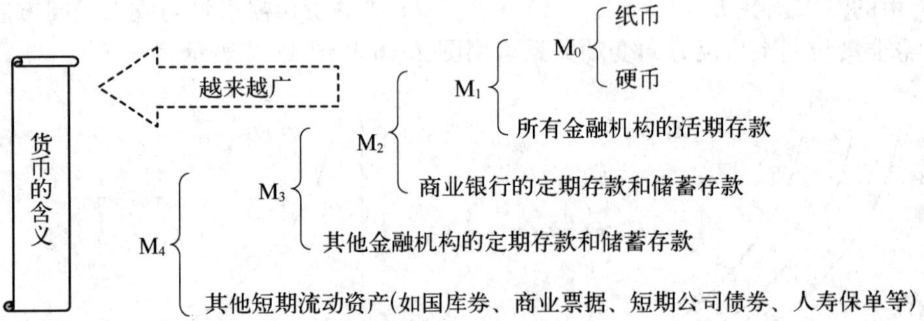

图 4-8 货币的外延

货币供给是一个存量概念,是一个国家在某一时点上所保持的不属于政府和银行所有的硬币、纸币和银行存款的总和。由于货币供给量是由一个国家或中央银行调节的,因此是一个外生变量,其大小与利率无关,所以,货币供给曲线是一条垂直于横轴的直线。另外,分析中所使用的货币供给量是指实际的货币供给量。如果用 M、m、P 分别表示名义的货币供给量、实际的货币供给量和价格指数,则三者的关系为:

$$m=\frac{M}{P}$$

以后所提到的货币供给就是指实际的货币供给量。

三、均衡利率的决定

凯恩斯的流动性偏好利率理论认为，货币是一种最具有流动性的特殊资产，利率是人们放弃流动性取得的报酬，而不是储蓄的报酬。利率决定于货币供求，由交易需求和投机需求决定的流动性偏好，以及由中央银行货币政策决定的货币供给量是利率决定的两大因素；同时，货币供给量表现为满足货币需求的供给量，即货币供给量等于货币需求量是均衡利率的决定条件。在货币需求一定的情况下，利率取决于中央银行的货币政策，并随货币供给量的增加而下降。但当利率下降到一定程度时，中央银行再增加货币供给量，利率也不会下降，人们对货币的需求无限大，形成“流动性陷阱”(如图 4－9 所示)。

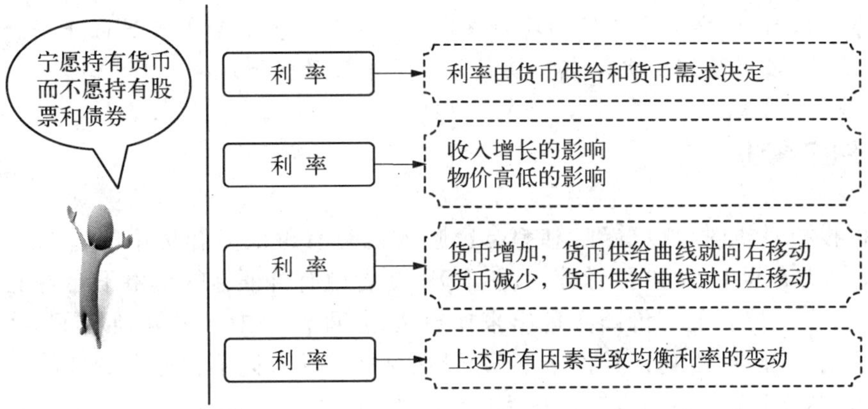

图 4－9　流动性偏好的主要内容

货币的供给与需求决定利率，在图 4－10 中，作为垂线的货币供给曲线 m 与向右下方倾斜的货币需求曲线 L 在 E 点相交，交点 E 决定了利率的均衡水平 r_0，表示只有当货币需求与货币供给相等时，货币市场才达到均衡状态。因此，均衡利率就是货币供给数量与需求数量相等时的利率。

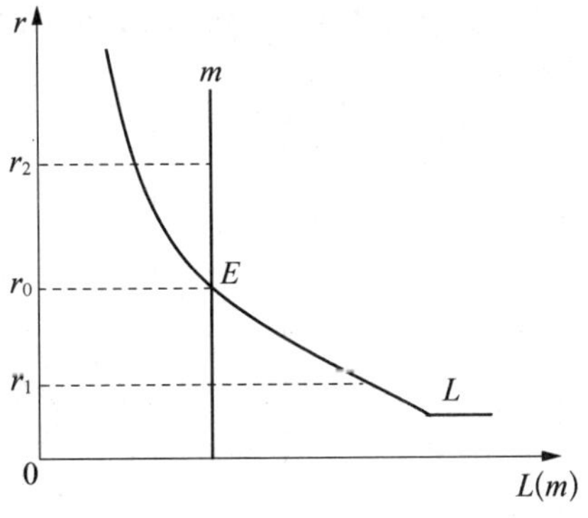

图 4－10　均衡利率的决定与形成

货币市场的调节会使货币供求关系发生变化,从而形成均衡利率。图 4-10 说明了均衡利率的形成。如果市场利率 r_1 低于均衡利率 r_0,说明货币需求大于货币供给,人们感到手持货币量少,此时,人们就会售出手中的有价证券。随着证券供给量的增加,证券价格就会下降,利率就会上升,货币需求也会逐步减少。货币需求的减少、证券价格的下降与利率的上升一直持续到货币供求相等、均衡利率 r_0 的形成为止。反之,如果市场利率 r_2 高于均衡利率 r_0,说明货币需求小于货币供给,人们认为手持货币量太多,此时,人们就会利用手中多余的货币购买有价证券。随着证券需求量的增加,证券价格就会上升,利率就会下降,货币需求就会逐步增加。货币需求的增加、证券价格的上升和利率的下降会持续到货币供求相等、形成均衡利率 r_0 为止。只有当货币供求相等时,利率才会相对静止。

【知识链接】

关于均衡利率的决定,凯恩斯与古典学派的观点区别何在?

古典学派认为,利率由 I 与 S 的均衡决定。市场利率调节着 I 与 S 的平衡。凯恩斯认为,利率由 L 与 M 的均衡决定,r 不一定能调节 I 与 S 的平衡。

四、流动偏好陷阱

在分析投机动机时可以看到,利率会影响人们对有价证券和货币的选择。当利率非常低时,人们认为利率不会再降低而只能上升,或者说有价证券的价格不会再上升而只会跌落,因而会将所持有的有价证券售出来换成货币,即使手中又另外新增了货币,也绝不会再去购买有价证券,以免证券价格下跌而遭受损失,即人们不管有多少货币都会持在手中,这种情况称为"凯恩斯陷阱",也称为"流动偏好陷阱"(Liquidity Trap)。流动偏好是指人们持有货币的偏好,即人们愿意以货币形式保留财富而不愿以有价证券形式保留财富的心理。对货币产生偏好是因为货币的流动性很强,随时可以用于交易、应付不测、投机等,故把人们对货币的偏好称为流动偏好。利率极低时,人们不论有多少货币,都要留在手中而不会去购买有价证券,流动偏好趋于无限大,此时,即使银行增加货币供给也不会使利率下降。

在图 4-11 中,货币供给曲线 m_1 与货币需求曲线 L 相交于 A 点,由此决定的均衡利率为 r_0。由于货币需求曲线 L 上的 A 点之右呈现水平状,因此,当货币供给增加、货币供给曲

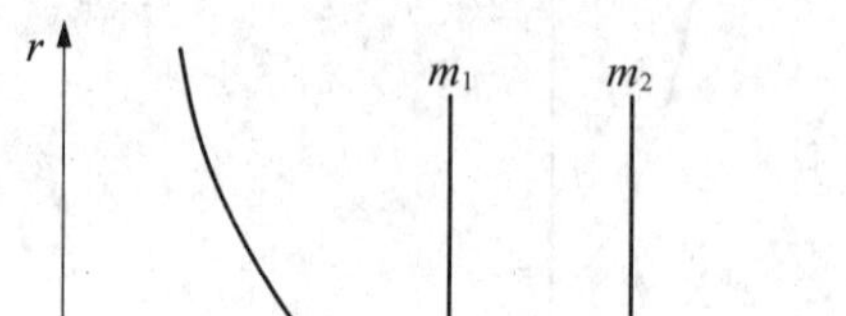

图 4-11　流动偏好陷阱

线由m_1右移至m_2时，利率并没有降低，仍然是r_0。货币需求曲线L上A点之右的水平区段就是“流动偏好陷阱”。

第三节 货币市场的均衡——LM曲线

一、LM曲线的含义与推导

（一）货币市场均衡

所谓货币市场均衡，是指货币市场上货币需求等于货币供给时的状况。

货币市场的均衡条件为：

$$L = M_S$$

货币需求函数为：

$$L = L_1(Y) + L_2(r) = kY - hr$$

货币供给为常数：

$$M_S = \frac{M}{P}$$

得到：

$$kY - hr = \frac{M}{P}$$

在货币供给量既定时，货币市场的均衡就只能通过调节对货币的需求来实现。从上式可知，当M为一定量时，若L_1增加，则L_2必须减少，否则就不能保持货币市场的均衡，即若国民收入增加将使货币交易增加时，利率必须相应提高，从而使货币投机需求减少，才能维持货币市场的均衡。

总之，当M给定时，$kY-hr=\frac{M}{P}$就表示满足货币市场均衡的条件。

在现代货币市场中，货币供求的均衡完全是由政府控制的。政府可以根据自己的目的确定货币供应量的多少，并根据货币供应量来调控市场利率水平。在图4-12中，当货币供给由M_0扩大至M_1时，利率水平由r_0降低至r_1；反之，如果货币供给由M_1减少至M_0，利率水平则由r_1上升至r_0。

需要注意的是，在货币需求曲线的水平阶段，政府货币供给的上述机制将失去作用。如图4-12所示，当政府的货币供给由M_1继续扩大至M_2时，利率水平将维持在r_1的水平不再下降。此时，货币需求处于“流动偏好陷阱”的状态。我们在本章第一节中曾经分析过，由于利率水平过低，使投机性的货币需求处于一种无限扩张的态势，政府增发的货币将被“流动偏好陷阱”全部吸纳，从而阻止了市场利率水平的进一步降低。

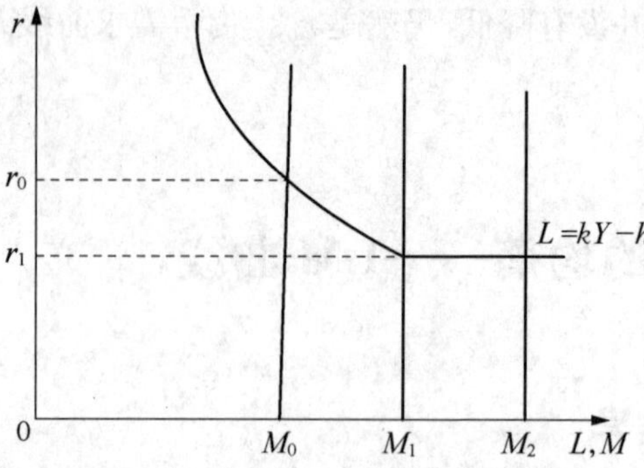

图 4-12　货币供求的均衡

(二) LM 曲线的推导

由货币市场均衡条件可以推导出在货币供给 $\dfrac{M}{P}$ 既定时,用以表达货币市场供求达到平衡的国民收入 Y 与利率 r 之间依存关系的函数式。那么,描述 Y 与 r 之间函数关系的曲线就称为 LM 曲线。由于货币市场均衡时 $\dfrac{M}{P}=kY-hr$,因此,LM 曲线的代数表达式就是:

$$Y=\frac{hr}{k}+\frac{M}{Pk}$$

或

$$r=\frac{kY}{h}-\frac{M}{Ph}$$

从上式可以看出,要使货币市场保持均衡,国民收入与利率之间应存在同方向变化的关系。

例如,假设 $L_1(Y)=0.5Y$, $L_2(r)=1\,000-250r$, $\dfrac{M}{P}=1\,250$,代入市场均衡方程得 $Y=500+500r$ 或 $r=0.002Y-1$,由此:当 $Y=1\,000$ 时,$r=1$;当 $Y=1\,500$ 时,$r=2$;当 $Y=2\,000$ 时,$r=3$。

如果以纵轴代表利率,横轴代表国民收入,就可得到一条反映国民收入与利率之间关系的 LM 曲线(如图 4-13 所示)。

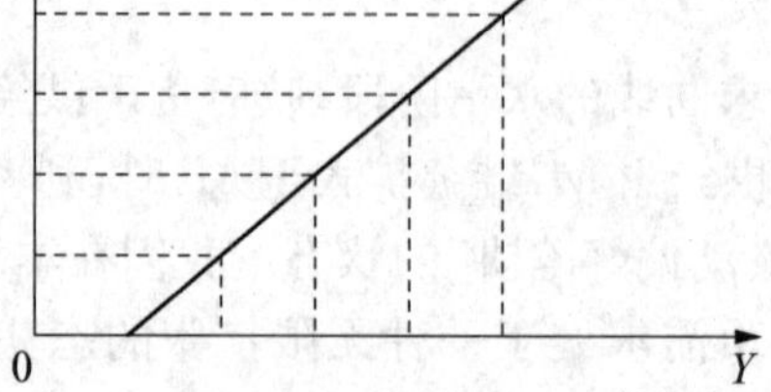

图 4-13　LM 曲线

LM 曲线也可以用四象限方法推导(如图 4－14 所示)。

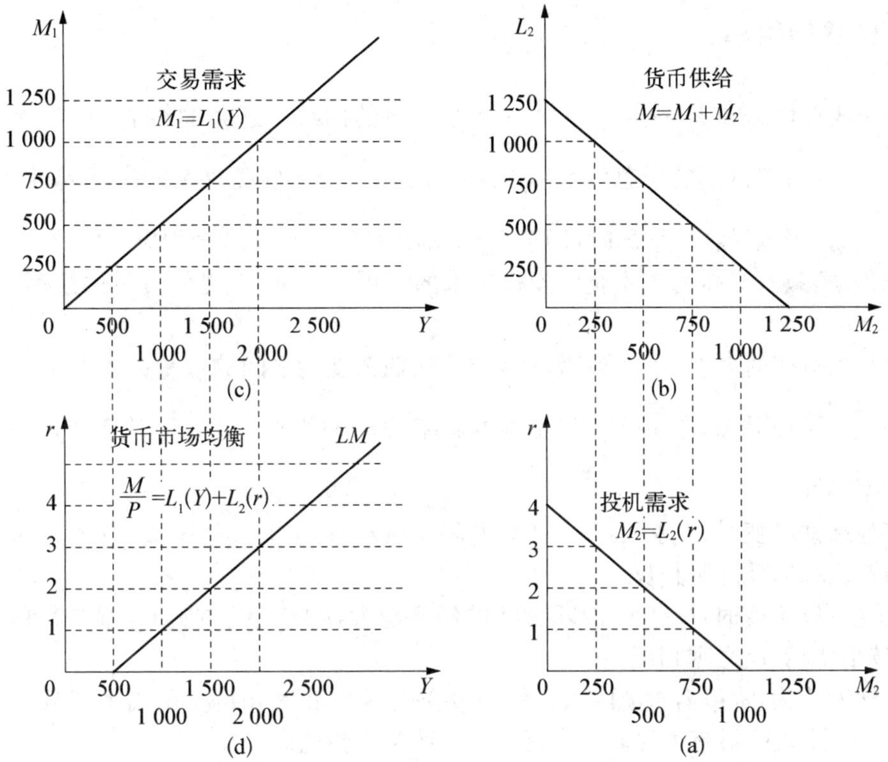

图 4－14　LM 曲线的几何推导

在 LM 曲线上的任意一点都是货币市场均衡时利率与国民收入的组合，也就是说，LM 曲线上任意一点利率与国民收入的组合都表明货币市场实现了均衡，而在 LM 曲线以外任何点利率与国民收入的组合都是货币市场的失衡。

LM 曲线外的每一点都是货币市场失衡的点，如图 4－15 中的 A、B 点。在 A 点，利率为 r_2，收入为 Y_1，国民收入为 Y_1时，利率为 r_1，货币市场才均衡，而此时 $r_2>r_1$，实际需求 $L=kY_1-hr_2$ 小于均衡的需求 $L=kY_1-hr_1$，假定此时的供给与均衡的需求相等，则 A 点有

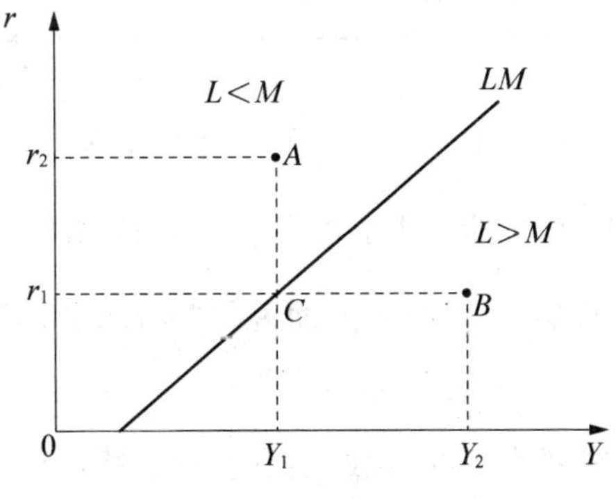

图 4－15　货币市场的失衡

$L < M$。事实上,LM 曲线左上方的点都是 $L < M$;同理,LM 曲线右下方的点都是 $L > M$。

二、LM 曲线的斜率

LM 曲线总体来讲是一条自左向右上方倾斜的曲线。这条曲线表明,在货币总需求($L = L_1 + L_2$)等于既定货币总供给$\left(M_S = \dfrac{M}{P}\right)$的条件下,国民收入越多,利率水平就越高。这主要是因为,当国民收入增加时,用于交易需求的货币量 L_1 就会相应增加,在货币总供给不变的条件下,只有提高利率才能使投机需求的货币量下降,最终使货币供给等于需求,即 $L = M_S$。

LM 曲线斜率的大小反映了利率变动与国民收入变动之间的数量关系。从 LM 曲线的代数表达式中可以看出,$\dfrac{k}{h}$ 就是 LM 曲线的斜率,即 LM 曲线的斜率取决于货币需求的收入弹性和利率弹性。

当其他条件不变时,h 越大,LM 曲线的斜率越小,LM 曲线越平缓,意味着利率较小变动,收入较大变动,反之则相反。

当其他条件不变时,k 越大,LM 曲线的斜率越大,LM 曲线越陡峭,意味着利率较大变动,收入较小变动,反之则相反。

西方学者认为,货币需求的收入弹性一般变化不大,即货币的交易需求函数一般比较稳定,因此,LM 曲线的斜率主要取决于货币需求的利率弹性。

根据斜率的变化,LM 曲线可以分为三个区域,即凯恩斯区域、中间区域和古典区域,如图 4-16 所示。

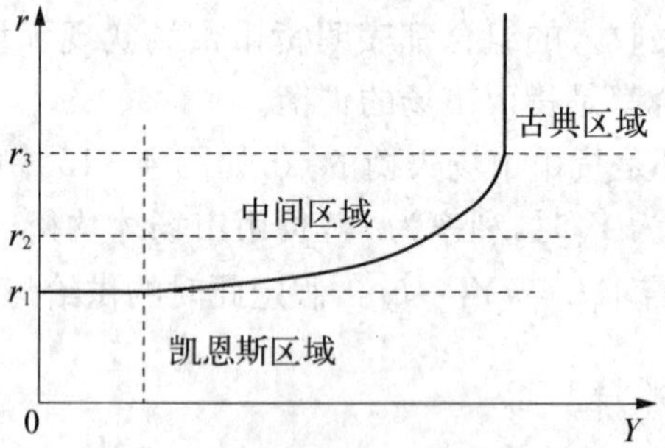

图 4-16 LM 曲线的三个区域

凯恩斯区域(萧条区域):LM 曲线上斜率为 0 或与横轴平行的区域。因为 LM 曲线的一般式为 $\dfrac{k}{h}$,当 $\dfrac{k}{h} = 0$ 时,h 无穷大。对应前面说的"流动偏好陷阱",在此区域,货币政策无效,财政政策有效。

中间区域:LM 曲线上斜率为正的区域。在此区域,货币政策与财政政策都有效。

古典区域:LM 曲线上斜率为无穷大的区域。在此区域,货币的投机需求为 0,即

$h=0$。古典学派认为,人们在此阶段只有货币的交易需求而无投机需求,所以称之为古典区域。在此区域,财政政策无效而货币政策有效。

三、LM 曲线的移动

从 LM 曲线的代数表达式 $Y=\frac{hr}{k}+\frac{M}{Pk}$ 可以推出影响 LM 曲线移动的因素:

(一) 货币供给量的变动

在其他条件不变的情况下,货币供给增加,LM 曲线向右下方移动,货币供给减少,LM 曲线向左上方移动。这是因为,在货币需求不变时(包括交易需求和投机需求),货币供给增加必然使利率下降,利率下降又刺激投资和消费,从而使国民收入水平上升。

值得注意的是,以上所说的货币供给是指实际货币供给,也就是说,是剔除了物价水平影响的货币供给。若是名义货币供给,还应考虑物价水平的升降对 LM 曲线的影响。

在其他条件不变的情况下,物价水平的变化会引起 LM 曲线反方向变动。当名义货币供给固定不变时,如果物价水平下降,则 LM 曲线向右移动。这是因为价格下降,实际货币供应量增加,根据上述推理,收入必须相应增加,这意味着与任一给定的利率水平相应的收入增加,表现为 LM 曲线向右移动。反之,若货币供应量不变,物价水平上升,则意味着实际货币余额减少,表现为 LM 曲线向左移动。

(二) 货币需求的利率弹性变动

投机性货币需求的利率弹性变动不仅会影响 LM 曲线的斜率,而且会导致 LM 曲线的移动。从 LM 曲线方程 $r=\frac{kY}{h}-\frac{M}{Ph}$ 可以看出,在其他条件不变时,h 值增大,LM 曲线的截距就会向上方移动;h 值减小,LM 曲线的截距就会向下方移动。

(三) 货币需求的收入弹性变化

货币需求的收入弹性的变动也会导致 LM 曲线的移动。在其他条件不变时,k 值增大,LM 曲线的截距就会向下方移动;k 值减少,LM 曲线的截距就会向上方移动。

在影响 LM 曲线移动的诸因素中,货币供给量通常是一个较活跃的因素,政府在宏观经济调控中往往会根据经济发展的状况,通过调节货币供给量来调节利率和国民收入,从而实现宏观经济的调控目标。

第四节 IS-LM 模型

前三节分别论述了 IS 曲线和 LM 曲线,在这一节中把 IS 曲线与 LM 曲线结合在一起来分析两个市场的同时均衡。IS-LM模型是凯恩斯宏观经济学的核心,凯恩斯主义的全部理论和政策分析都是围绕这一模型展开的。

【延伸阅读】

IS-LM模型的提出与发展

1936年,凯恩斯在《就业、利息与货币通论》中说明了均衡的国民收入决定于与总供给相等的总有效需求。凯恩斯的理论在逻辑推理中出现了循环推理的矛盾,即利率通过投资影响国民收入,而国民收入又通过货币需求影响利率;反过来,国民收入依赖于利率,而利率又依赖于国民收入。为了解决循环推理的矛盾,凯恩斯的后继者把产品市场和货币市场结合起来,建立了一个产品市场和货币市场的一般均衡模型,即IS-LM模型,通过产品市场均衡与货币市场均衡之间的相互作用,得出两个市场同时达到均衡状态时会有的国民收入和利率水平。

IS-LM模型最初是由英国经济学家J. 希克斯(1904—1989)在1937年发表的《凯恩斯先生与古典学派》一文中提出的。美国经济学家A.汉森(1887—1975)先后于1948年在《货币理论与财政政策》以及1953年在《凯恩斯学说指南》中对这一模型做了解释,因此,这一模型又被称为"希克斯-汉森模型",通称修正凯恩斯模型。此外,对这一模型做出解释、补充与发展的还有F. 莫迪尼安尼在1944年发表的《流动偏好与利息和货币理论》、克莱因在1947年发表的《凯恩斯革命》,以及萨缪尔森在1948年发表的《收入决定的简单数学表述》等。

20世纪60年代以前,IS-LM模型被认为是对凯恩斯理论的标准解释,从而也就作为国民收入决定理论的基本模型而被经济学界所公认,并被作为新古典综合派的理论基础。自20世纪60年代以来,该模型虽受到一些经济学家的批评和责难,但仍被认为是现代宏观经济学的核心。

一、产品市场和货币市场同时均衡的利率与收入决定

IS曲线表明产品市场均衡条件下存在着一系列利率与收入的组合,LM曲线表明货币市场均衡条件下也存在着一系列利率与收入的组合。但是,产品市场均衡时,货币市场不一定处于均衡状态;货币市场均衡时,产品市场不一定处于均衡状态。产品市场和货币市场的同时均衡表现在IS曲线与LM曲线的交点上,在这个交点上,产品市场和货币市场同时实现了均衡,也就是说,表示两个市场同时均衡的利率和收入仅有一对。两个市场同时均衡的利率和收入可以通过联立IS曲线方程与LM曲线方程求解得到。

用图4-17表示两个市场同时均衡。

在图4-17中,IS曲线与LM曲线相交于E点,E点代表的利率3%和收入2 000亿美元是产品市场和货币市场同时实现均衡时的利率与收入。此时,在产品市场上,投资$I=1\,250-250\times3=500$(亿美元),储蓄$S=-500+0.5Y=-500+0.5\times2\,000=500$(亿美元),投资与储蓄相等,产品市场实现了均衡。与此同时,在货币市场上,货币的需求$L=L_1+L_2=0.5Y+1\,000-250r=0.5\times2\,000+1\,000-250\times3=1\,250$(亿美元),货币市场也实现了

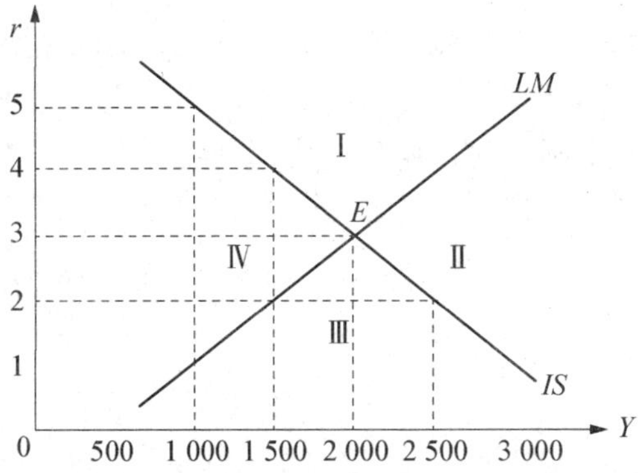

图 4－17　产品市场和货币市场同时均衡(或 IS－LM 模型)

均衡。所以,在 E 点,产品市场和货币市场同时实现了均衡。只要投资、储蓄、货币需求与货币供给的函数关系不变,曲线的交点就不会改变,此时,任何失衡情况的出现都是不稳定的,最终会趋向均衡。

二、IS－LM 模型的失衡利率和国民收入的波动调整

(一) 非均衡的四个区域

在图 4－17 中,E 点以外的任何地方都没有同时实现两个市场的均衡。在 IS 曲线和 LM 曲线上,分别有 $I=S$、$L=M$;在 IS 曲线和 LM 曲线以外的点,I 与 S、L 与 M 都不相等。相交的 IS 曲线与 LM 曲线把坐标平面分成四个区域——Ⅰ区域、Ⅱ区域、Ⅲ区域、Ⅳ区域。每个区域内的产品市场和货币市场都处于非均衡状态。

在Ⅰ区域内的点,产出为 Y 时,实际 r 高于均衡点的 r,于是,投资的积极性受挫,有 $I<S$ 出现;接着就有货币需求不足,有 $L<M$ 出现。对Ⅱ区域、Ⅲ区域、Ⅳ区域可以进行同样的分析,得出的结论如表 4－1 所示。

表 4－1　产品市场与货币市场的非均衡

区　域	产品市场的非均衡	货币市场的非均衡
Ⅰ	$I<S$ 有超额产品供给	$L<M$ 有超额货币供给
Ⅱ	$I<S$ 有超额产品供给	$L>M$ 有超额货币需求
Ⅲ	$I>S$ 有超额产品需求	$L>M$ 有超额货币需求
Ⅳ	$I>S$ 有超额产品需求	$L<M$ 有超额货币供给

(二) 均衡的自发调节过程

上述的四个区域中存在着不同的非均衡状态,市场经济本身的力量将使失衡向均衡调

整。经过调整,非均衡状态会逐步地趋向均衡。IS 不均衡会导致国民收入变动:投资大于储蓄($I > S$)会导致国民收入上升,投资小于储蓄($I < S$)会导致国民收入下降。LM 不均衡会导致利率变动:货币需求大于货币供给($L > M$)会导致利率上升,货币需求小于货币供给($L < M$)会导致利率下降。这种调整最终都会趋向均衡利率和均衡国民收入,即直至 $IS = LM$。因此,$IS = LM$ 是一般宏观均衡理论的均衡条件。

以图 4-18 为例:

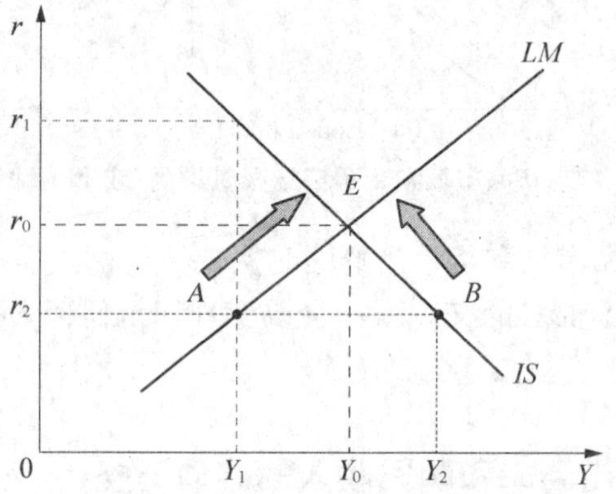

图 4-18 IS-LM 模型一般均衡的稳定性

$A(r_2, Y_1)$:LM 均衡,IS 不均衡,有 $r_2 < r_1$,投资>储蓄→生产和收入增加→交易需求增加→利率上升→A 向 E 移动。

$B(r_2, Y_2)$:IS 均衡,LM 不均衡;$Y_2 > Y_1$,交易需求增加→利率上升→B 向 E 移动。

三、均衡收入与均衡利率的变动

IS 曲线与 LM 曲线的交点表示产品市场和货币市场同时实现了均衡,但这一均衡只是与意愿的需求相一致的均衡,并不一定是充分就业的均衡。这是因为,意愿中的需求常常受外部约束:一是消费者的文化氛围约束。过于节俭的消费文化氛围使消费者的意愿支出大打折扣。二是供求信息传递并被消费者完全接受的时差约束。对商品供求信息的不知晓、不认同使消费者的意愿支出大打折扣。三是以效率优先为导向、按生产要素贡献的分配制度约束。这一制度必然引发基尼系数拉大、边际消费倾向降低,使消费者的意愿支出大打折扣。例如,在图 4-19 中,IS 曲线与 LM 曲线相交于 E 点,均衡利率与均衡收入分别为 r_e、Y_e,但充分就业的收入是 Y_f,均衡收入低于充分就业的收入,即 $Y_e < Y_f$。从与意愿需求相一致的均衡走向充分就业的均衡,需要政府运用财政政策、货币政策来调整与解决。如果政府运用或增支或减税或增支减税双管齐下的扩张性财政政策,IS 曲线会向右移动至 IS' 的位置,与 LM 曲线相交于 E' 点,均衡收入就增至 Y_f,从而实现充分就业的收入水平。政府也可以运用扩张性货币政策,即增加货币供给量,LM 曲线会向右移动至 LM' 的位置,与 IS 曲线相交于 E'' 点,均衡收入也能增至 Y_f,同样可以达到充分就业的收入水平。

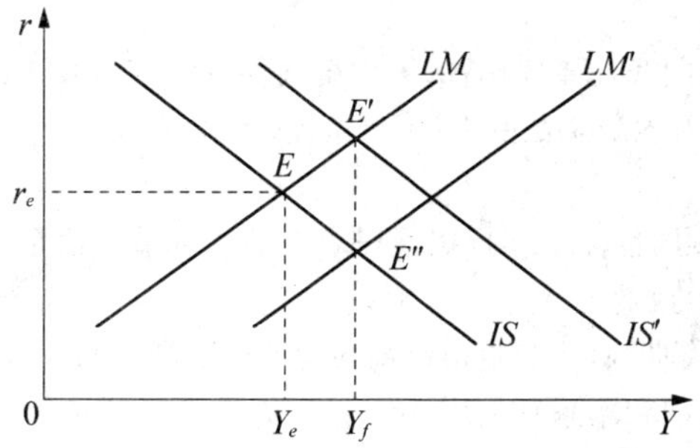

图 4－19　均衡收入与均衡利率的决定

（一）LM 曲线不变，IS 曲线向右移动

从图 4－19 中可以看到，*IS* 曲线和 *LM* 曲线的移动会改变利率和收入水平。例如，在假定 *LM* 曲线不变的情况下，*IS* 曲线向右移动会使利率上升、收入增加。这是因为 *IS* 曲线右移是或消费或投资或政府支出增加的结果，即总支出或总需求增加，这会使得生产与收入增加，从而增加对货币的交易需求。在货币供给不变的情况下，人们只能通过出售有价证券获取货币，以用于交易所需。这样，在有价证券供给增多的情况下，有价证券价格下降，利率上升。用同样的道理也可以说明 *LM* 曲线不变而 *IS* 曲线向左移动时，收入减少、利率下降的状况。

（二）IS 曲线不变，LM 曲线向右移动

在 *IS* 曲线不变时，*LM* 曲线的移动也会引起利率和收入的变化。例如，在假定 *IS* 曲线不变的情况下，*LM* 曲线向右移动，利率会下降、收入会增加。这是因为 *LM* 曲线向右移动，或者是货币需求不变而货币供给增加的结果，或者是货币供给不变而货币需求减少的结果。在 *IS* 曲线不变，即产品市场供求不变的情况下，*LM* 曲线的向右移动意味着货币供给大于货币需求，利率必然下降。利率的下降会刺激消费和投资的增加，从而使收入增加。相反，当 *IS* 曲线不变、*LM* 曲线向左移动时，收入会减少，利率会上升。

（三）IS 曲线和 LM 曲线同时移动

如果 *IS* 曲线和 *LM* 曲线同时移动，收入和利率也会发生变化，其变化结果取决于两条曲线的最终交点。例如，当 *IS* 曲线向右上方移动、*LM* 曲线同时向右下方移动时，均衡国民收入增加，利率的变动则主要取决于 *IS* 曲线和 *LM* 曲线的变动幅度。

◇关◇键◇术◇语◇

货币需求　交易动机需求　预防动机需求　投机动机需求　凯恩斯陷阱　IS 曲线　IS－LM 模型　LM 曲线　货币市场均衡　货币供给　LM 曲线的凯恩斯区域　LM 曲线的古典区域　LM 曲线的中间区域　产品市场和货币市场的一般均衡

◇主◇要◇观◇点◇

IS 曲线又称商品市场均衡曲线,反映商品市场均衡条件下利率与收入的负相关关系。IS 曲线的斜率取决于投资对利率的敏感程度和投资乘数的大小。自发消费、自发投资、政府转移支付、税收和政府支出等变化都会引起 IS 曲线的移动。

货币需求包括交易需求、预防性需求和投机性需求三类。货币供给是存量指标,表明一个国家(或地区)在某一时点上所拥有的货币数量。

LM 曲线又称货币市场均衡曲线,反映货币市场均衡条件下利率与收入呈正相关关系。LM 曲线的斜率取决于货币需求的收入系数和利率系数的大小。实际货币供给和货币需求的变化会引起 LM 曲线的移动。

IS－LM 模型是分析商品市场和货币市场同时均衡的有效工具,通过曲线相交、方程联立可以得到均衡条件下的收入和利率。扩张性的财政政策使收入增加、利率提高,紧缩性的财政政策使收入减少、利率下降;扩张性的货币政策使收入增加、利率下降,紧缩性的货币政策使收入减少、利率上升。

◇问◇题◇讨◇论◇

1. 举例说明如果收入和利率的组合不在 IS 曲线和 LM 曲线的交点上,市场能否走向均衡。
2. 如果产品市场和货币市场没有同时达到均衡,而市场又往往能使其走向同时均衡,为什么还要政府干预经济生活?

◇基◇本◇训◇练◇

一、判断题

1. IS 曲线表示投资与储蓄怎样随着购买收入的变化而变化。 ( )
2. LM 曲线反映货币需求量和货币供给量怎样随着利息率的变化而变化。 ( )
3. 在 IS 曲线右上方和 LM 曲线右下方的各点表示投资大于储蓄,货币需求量大于货币供给量。 ( )
4. 货币供给的收缩会使 LM 曲线向左移动。 ( )
5. 假如投资和货币供给同时增加,则利息率将趋于上升。 ( )
6. 在 IS 曲线和 LM 曲线的交点上,投资支出、储蓄、货币需求量、货币供给量这四个变量相等。 ( )
7. 在 IS 曲线和 LM 曲线相交时所形成的均衡国民收入一定是充分就业的国民收入。 ( )
8. 人们之所以持有投机货币,是因为债券的年收益是经常变化的。 ( )
9. 在 IS 曲线上,每一点都满足产品市场均衡的条件:合意的国民储蓄等于合意的投资。 ( )
10. 在 LM 曲线上,实际利率与国民收入是同方向变动的。 ( )

二、单选题

1. 下列各项中,不影响货币需求的是( )。

   A. 一般物价水平　　B. 银行利率水平

   C. 公众支付习惯　　D. 物品和劳务的相对价格

2. 如果人们的工资增加,则增加的将是( )。

   A. 货币的交易需求　　B. 货币的预防需求

   C. 货币的投机需求　　D. 上述三方面需求中的任何一种

3. 下列各项中,会增加货币的预防需求的是( )。

A. 估计股票价格会上涨　　B. 担心政府下台
C. 职工减少工资　　D. 物价普遍上涨

4. 货币的交易需求不仅与收入有关，而且与货币变为债券或储蓄存款的交易费用、市场利率有关，因此，(　　)。
A. 交易需求随收入和交易费用的增加以及利率的提高而增加
B. 交易需求随收入和交易费用的增加以及利率的下降而增加
C. 交易需求随收入和交易费用的减少以及利率的提高而增加
D. 交易需求随收入和交易费用的减少以及利率的下降而增加

5. 当利率降得很低时，人们购买债券的风险将会(　　)。
A. 变得很小　　B. 变得很大
C. 可能很大，也可能很小　　D. 不发生变化

6. 人们在(　　)的情况下倾向于减少手持货币。
A. 债券价格趋于下降　　B. 债券价格趋于上升
C. 债券收益率不变　　D. 债券价格不变

7. 利率和收入的组合点出现在 IS 曲线右上方、LM 曲线左上方的区域内，表示(　　)。
A. 投资小于储蓄，且货币需求小于货币供给　　B. 投资小于储蓄，且货币供给小于货币需求
C. 投资大于储蓄，且货币需求小于货币供给　　D. 投资大于储蓄，且货币需求大于货币供给

8. 自发投资支出增加 10 亿元会使 IS 曲线(　　)
A. 右移 10 亿元　　B. 左移 10 亿元
C. 右移支出乘数乘以 10 亿元　　D. 左移支出乘数乘以 10 亿元

9. 如果利率和收入都能按供求情况自动得到调整，那么，当利率和收入的组合点出现在 IS 曲线左下方、LM 曲线右下方的区域中时，有可能(　　)。
A. 利率上升，收入下降　　B. 利率上升，收入增加
C. 利率上升，收入不变　　D. 以上三种情况都有可能发生

10. 如果灵活偏好曲线接近水平状，这意味着(　　)。
A. 利率稍有变动，货币需求就会大幅度变动　　B. 利率变动很大时，货币需求不会有很大变动
C. 货币需求丝毫不受利率影响　　D. 以上三种情况都有可能

三、简答题

1. 消费函数中的自发消费和边际消费倾向变动时，IS 曲线会有什么变动？
2. LM 曲线有哪三个区域，其经济含义如何？
3. 哪些经济量的变动会使 IS 曲线移动？
4. IS 曲线和 LM 曲线相交时的均衡收入是否是充分就业的国民收入？为什么？
5. 为什么同样是利率与收入的关系，在商品市场上，它们是负相关的，即随着利率的上升，总产出会下降，而在货币市场上，它们又呈正相关关系呢？
6. 假定 LM 曲线不变，IS 曲线向右上方移动，均衡收入和均衡利率是怎样变动的？

四、计算题

1. 已知 IS 方程 $Y=550-1\,000r$，边际储蓄倾向 $MPS=0.2$，利率 $r=0.05$。
要求：
(1) 如果政府购买性支出增加 5 单位，新、旧均衡收入分别为多少？
(2) IS 曲线如何移动？

2. 假定某经济中收入恒等式 $Y = C + I + G + NX$，消费函数 $C = 100 + 0.9(1 - t)Y$，投资函数 $I = 200 - 500r$，净出口函数 $NX = 100 - 0.12Y - 500r$，货币需求 $L = 0.8Y + 200 - 2\,000r$，政府支出 $G = 200$，税率 $t = 0.2$，名义货币供给 $M = 1\,000$，价格水平不变。

要求：

(1) IS 曲线。

(2) LM 曲线。

(3) 产品市场和货币市场同时均衡时的利率和收入。

(4) 两个市场同时均衡时的消费、投资和净出口值。

3. 假定一个经济社会的四部门为：$C = 100 + 0.9(1 - t)Y$，$I = 200 - 500r$，$NX = 100 - 0.12Y - 500r$，$G = 200$，$t = 0.2$，$L = 0.8Y - 2\,000r$，$M_S = 800$。

要求：

(1) IS 曲线。

(2) LM 曲线。

(3) 双重均衡时的 r 与 Y。

(4) 双重均衡时的 C、I 和 NX。

4. 若货币交易需求 $L_1 = 0.2Y$，货币投机性需求 $L_2 = 2\,000 - 500r$。

要求：

(1) 货币总需求函数。

(2) 当利率 $r = 6$，收入 $Y = 10\,000$ 亿美元时，货币需求量为多少？

(3) 当货币供给 $M_S = 2\,500$ 亿美元，收入 $Y = 6\,000$ 亿美元时，可满足投机性需求的货币是多少？

(4) 当收入 $Y = 10\,000$ 亿美元，货币供给 $M_S = 2\,500$ 亿美元时，货币市场均衡的利率为多少？

第五章

完全宏观经济（AD－AS）模型

【名言名句】

我们赖以生存的经济社会的突出问题是不能提供充分就业和武断而又不公平地分配财富和收入。

——J. M. 凯恩斯(John Maynard Keynes)

【引导案例】

2014 年我国经济基本面较好

总体看,2014 年我国处于工业化、城市化、消费结构升级、收入较快增长阶段,且一些新的增长拉动因素正在形成,经济基本面仍然良好。一方面,内需增长仍有广阔空间。从消费方面看,对文化、教育、医疗、养老和旅游等服务类需求增长迅猛,智能手机、平板电脑、信息家电等已形成新的消费热点,住房、汽车等消费持续增长,网购等新兴业态的发展有力地促进了消费潜能的释放。从投资方面看,我国在城市轨道交通、环境治理、城市排水、保障房(包括棚户区改造)和农村基础设施等方面存在着极为迫切的需求。另一方面,要素供给质量明显提高。从人力资本积累看,2013 年我国普通高校毕业生为 699 万人以上,劳动力整体素质持续提高。从研发投入方面看,我国研发投入增长较快,保持在 20%左右,2012 年研发投入占国内生产总值的比重达到 1.98%,绝对量为世界第二。从资本存量质量方面看,我国建设了一大批具有国际一流水平的重大装备、重要基础设施,为长期发展奠定了坚实的基础。按照要素供给测算,2014 年我国潜在增长率与 2013 年基本持平甚至略高,这为 2014 年的经济增长提供了良好基础。

无论从总需求还是从总供给来看,2014 年我国经济基本面较好。

【学习目标】

通过本章的学习,掌握总需求曲线和总供给曲线的基本形状与基本含义,了解总需求曲线的推导过程,熟悉引起总需求曲线斜率变化和位置移动的因素,并能够在此基础上推导短期总供给曲线和长期总供给曲线;掌握总需求曲线和总供给曲线的均衡模型、总需求曲线和总供给曲线移动产生的效应,能用总需求曲线和总供给曲线模型分析经济波动的凯恩斯主义理论。

【要点提示】

1. 总需求的概念,总需求曲线的定义、推导、斜率和平移。

2. 总需求曲线和总供给曲线的推导过程,总供求的均衡模型和总供求曲线移动产生的效应。

3. 总需求和总供给模型下凯恩斯主义理论的分析。

本章将在IS－LM模型的基础上，假定物价指数可以变动，推导出总需求曲线，从总量生产函数推导出总供给曲线，然后把两者结合起来，考察总供给函数与总需求函数相互作用下的完全宏观经济模型。

第一节　总需求曲线

一、总需求曲线的含义与推导

（一）总需求函数

总需求（Aggregate Demand）是经济社会对产品和劳务的需求总量。在宏观经济学中，总需求是指整个社会的有效需求，它不仅是指整个社会对物品和劳务需求的愿望，而且是指该社会对这些物品和劳务的支付能力。因此，总需求实际上就是经济社会的总支出。由总支出的构成可知，总需求由消费需求、投资需求、政府需求和国外需求构成。其中，国外需求由国际经济环境决定，而政府需求主要是一个政策变量。因此，消费需求和投资需求是决定总需求量的基本因素。

总需求函数（Aggregate Demand Function）是产品市场和货币市场同时达到均衡时的一般价格水平 P 与国民收入 Y 之间的依存关系。它表示在某个特定的价格水平下，经济社会需要多高水平的产量。总需求函数可以表示为：

$$\boldsymbol{Y = AD = f(P)} \tag{5-1}$$

在其他条件不变的情况下，当一般价格水平提高时，均衡国民收入就减少；当一般价格水平下降时，均衡国民收入就增加。两者的变动方向相反。

（二）总需求曲线的含义与推导

总需求曲线（Aggregate Demand Curve）是考察在物价指数可以变化、由此推导出产品市场和货币市场同时达到均衡状态时，价格水平与国民收入之间的函数关系的曲线。

总需求曲线可由下述方法导出：从同时满足产品市场和货币市场均衡的条件出发，寻求国民收入与价格水平的关系。

在IS－LM模型中，假设其他条件不变，唯一变动的是价格水平。价格水平的变动并不影响产品市场的均衡，即不影响 IS 曲线。但是，价格水平的变动却要影响货币市场的均衡，

即要影响 LM 曲线。这是因为,LM 曲线中的货币供给量是实际货币供给量,如果以 M 代表名义货币供给量,则 $m=\frac{M}{P}$ 就是实际货币供给量。当名义货币供给量不变而价格水平变动时,实际货币供给量就会发生变动。实际货币供给量的变动会影响货币市场的均衡,引起利率的变动,而利率的变动会影响总需求的变动,即:

$$P\downarrow \rightarrow \frac{M}{P}\uparrow \rightarrow \frac{M}{P}>L \rightarrow r\downarrow \rightarrow I\uparrow \rightarrow AD\uparrow$$

如果价格水平上升,则会使总需求减少:

$$P\uparrow \rightarrow m\downarrow \rightarrow m<L \rightarrow r\uparrow \rightarrow I\downarrow \rightarrow AD\downarrow$$

例如,同时满足产品市场和货币市场均衡的条件为:

$$\boldsymbol{S(Y)=I(r)} \tag{5-2}$$

$$\boldsymbol{\frac{M}{P}=L_1(Y)+L_2(r)} \tag{5-3}$$

假定 $S(Y)=0.1Y-80$, $I(r)=720-2\ 000r$, $M=500$, $\frac{M}{P}=0.2Y-4\ 000r$,把上述给定数值代入(5-2)式、(5-3)式。

$$\begin{cases}0.1Y-80=720-2\ 000r\\ \frac{500}{P}=0.2Y-4\ 000r\end{cases}$$

联立方程组,求产品市场与货币市场均衡的国民收入如下:

$$Y=4\ 000+\frac{1\ 250}{P} \tag{5-4}$$

(5-4)式即总需求曲线,反映了国民收入与物价水平呈反方向变化的关系,说明需求曲线的斜率为负。

对于两部门经济,一般的总需求曲线方程如下:

IS 曲线的数学表达式为:

$$\boldsymbol{r=\frac{\alpha+e}{d}-\frac{1-\beta}{d}Y} \tag{5-5}$$

LM 曲线的数学表达式为:

$$\boldsymbol{r=-\frac{1}{h}\times\frac{M}{P}+\frac{k}{h}Y} \tag{5-6}$$

把(5-5)式和(5-6)式联立求解,可得 Y 与 P 之间的函数关系,也就是 AD 曲线的数学方程式如下:

$$[(1-\beta)h+dk]Y=(\alpha+e)h+\frac{dM}{P} \tag{5-7}$$

也可以用图 5－1 说明如何从 IS－LM 模型中得出总需求曲线。

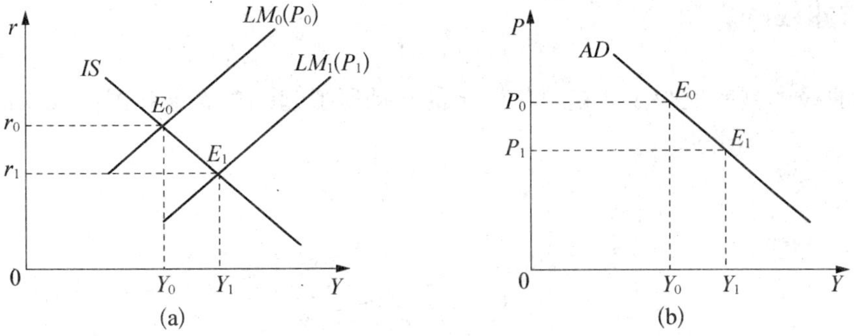

图 5－1　总需求曲线的推导

从以上关于总需求曲线的推导中可以看到，总需求曲线表示社会的需求总量与价格水平呈反方向的变动关系，即总需求曲线是向右下方倾斜的，表明价格水平越高，需求总量越小；价格水平越低，需求总量越大。

总需求曲线向右下方倾斜的原因主要有以下四个：

第一，财富效应（庇古效应）。庇古效应是由英国古典经济学家阿瑟·庇古（Arthur Cecil Pigou，1877—1959）于 1943 年提出的。物价水平的变化将引起既定数量金融资产实际价值的上升或下降。如果物价水平的上升与家庭现有可支配货币收入的上升相对应，则可使其实际收入不变；但是，由于物价水平变动对所拥有的资产存在实际抑制效应，因此，仍可能促使家庭实际消费支出减少。相反，如果物价水平的下降与家庭现有可支配货币收入下降比例相对应，那么，它仍可以由于所拥有资产的实际价值上升而产生刺激效应，从而增加消费支出：$P\downarrow\rightarrow$财富的实际价值$\uparrow\rightarrow$人们不急于增加储蓄$\rightarrow C\uparrow\rightarrow$总需求$\uparrow$。

第二，利率效应（凯恩斯效应）。凯恩斯效应是指价格水平的变动会影响实际货币供给量，在名义货币供给量保持不变时，价格水平上升使实际货币供给量减少，使货币市场出现超额货币需求，从而使利率提高。伴随着利率的提高，投资支出下降，最终导致总需求下降，$P\uparrow\rightarrow\frac{M}{P}\downarrow\rightarrow\frac{M}{P}<L\rightarrow r\uparrow\rightarrow I\downarrow\rightarrow AD\downarrow$。相反，较低的价格水平使货币市场出现超额货币供给，从而使利率下降。伴随着利率的下降，投资支出提高，进而导致总需求提高，$P\downarrow\rightarrow\frac{M}{P}\uparrow\rightarrow\frac{M}{P}>L\rightarrow r\downarrow\rightarrow I\uparrow\rightarrow AD\uparrow$。

第三，税收效应。价格总水平上升时，人们的名义收入水平增加，会使人们进入更高的纳税等级，从而增加人们的税收负担，减少可支配收入，进而减少消费。

第四，蒙代尔-弗莱明汇率效应。分两种情形：在固定汇率制度下，物价水平上升使国内产品与进口产品相比变得更为昂贵，替代作用使进口增加和出口下降，从而使净出口下降和总需求减少;在浮动汇率制度下,因物价水平上升而使利率上升,受套利动机驱使的资本流入增加,对本国货币产生升值压力;货币升值使国内产品与进口产品相比变得更为昂贵,使进口增加和出口下降,导致净出口下降和总需求减少。

二、总需求曲线的斜率

总需求曲线的斜率反映了既定价格水平的变动所引起的总需求和国民收入的不同变动情况,可以用图 5-2 说明。

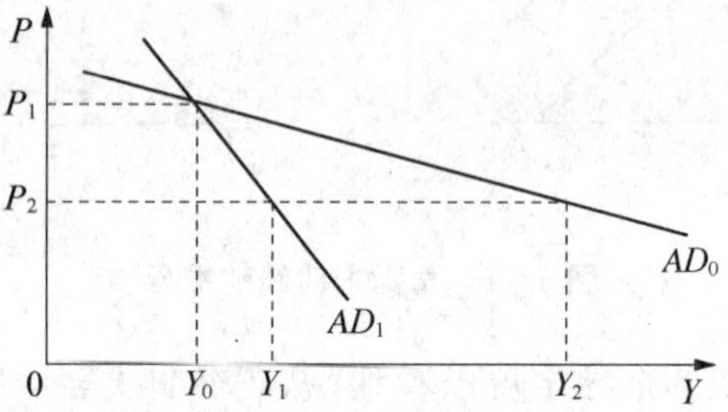

图 5-2 总需求曲线的斜率对国民收入和价格的关系的影响

当总需求曲线斜率小时,既定的价格变动所引起的总需求和国民收入的变动大,也就是当总需求曲线为 AD_0时,总需求和国民收入的变动为 Y_0Y_2;当总需求曲线斜率大时,既定的价格变动所引起的总需求和国民收入的变动小,也就是当总需求曲线为 AD_1时,总需求和国民收入的变动为 Y_0Y_1。因此,总需求曲线的斜率越大,一定价格水平变动所引起的总需求和国民收入的变动越小;总需求曲线的斜率越小,一定价格水平变动所引起的总需求和国民收入的变动越大。

总需求曲线的斜率取决于以下因素:

第一,货币需求的利率弹性。货币需求的利率弹性越小,价格变动所引起的实际货币供给量的变动对利率和总需求的影响越大,从而总需求曲线的斜率就越小(即总需求曲线越平坦);相反,货币需求的利率弹性越大,价格变动所引起的实际货币供给量的变动对利率和总需求的影响越小,从而总需求曲线的斜率就越大(即总需求曲线越陡峭)。

第二,投资需求的利率弹性。投资需求的利率弹性越大,既定的利率变动所引起的投资和总需求的变动越大,从而总需求曲线的斜率就越小;相反,投资需求的利率弹性越小,既定的利率变动所引起的投资和总需求的变动越小,从而总需求曲线的斜率就越大。

第三,货币需求的收入弹性。货币需求的收入弹性越小,既定的实际货币供给量变动所引起的总需求的变动越大,从而总需求曲线的斜率就越小;相反,货币需求的收入弹性越大,既定的实际货币供给量变动所引起的总需求的变动越小,从而总需求曲线的斜率就越大。

第四,乘数。乘数越大,既定实际货币供给量变动所引起的最终总需求(与国民收入)的变动越大，从而总需求曲线的斜率就越小；相反，乘数越小，既定实际货币供给量变动所引起的最终总需求（与国民收入）的变动越小，从而总需求曲线的斜率就越大。

因此，总需求曲线的斜率与货币需求的利率弹性和投资需求的利率弹性呈同方向变动关系，与货币需求的收入弹性和乘数呈反方向变动关系。

根据总需求曲线斜率的决定还可以推导出两种特例：第一种是古典特例。在这种情况下，货币需求的利率弹性为零，LM 曲线是一条垂线，实际货币供给量的变动对总需求有最大的影响，从而总需求曲线是一条水平线（其斜率为零）。第二种是凯恩斯陷阱。在这种情况下，货币需求的利率弹性无限大，即在既定的利率下，公众愿持有任何数量的货币供给量，LM 曲线是一条水平线。因此，价格变动所引起的实际货币供给量变动对总需求没有影响，总需求曲线是一条垂线（其斜率为无限大），即总需求不会对价格变动做出反应。

三、总需求曲线的移动

【引导案例】

战争与经济

"战争一响，黄金万两。"震惊世界的"9·11"事件后，美国、英国两国对阿富汗发动了军事打击，战争对经济产生了一些积极影响：不少人希望美国军火商能得到大量的坦克和飞机订单，通过军事支出的增加推动总需求的增加，就业情况也会因许多人应征上前线而得到缓解，美国股市乃至经济借此一扫晦气。

专家分析认为，此次战争对美国经济的影响与越南战争和海湾战争不同。20 世纪 60 年代末期，联邦政府的巨额开支和非国防开支使本来已很强劲的私营部门总需求进一步增强，并积聚了很大的通货膨胀压力，这种压力在整个 20 世纪 70 年代未能得到充分缓解。一直到 20 世纪 80 年代末期，大部分经济决策的主要任务就是抑制通货膨胀。相反，海湾战争却引发了一次经济衰退，这是"沙漠盾牌行动"初期消费者信心急剧下降所导致的结果。但由于当时军队所需的大部分物资并不是依靠投资在未来实现的，因此并没有产生通货膨胀。但阿富汗战争与以往迥异，不可能像海湾战争那样动用大规模地面部队。更重要的是，这场对抗隐蔽敌人的战争将主要通过非常规手段进行，与此相关的国防资源大多是军备库存中所没有的，需要新的开支计划，这对经济的总需求将产生积极影响。

(1) 一国的总需求主要是由哪几个部分构成？

(2) 军费支出的增加对总需求会产生什么影响？影响总需求变动的因素主要有哪些？

总需求曲线是由 IS-LM 模型决定的，IS 曲线和 LM 曲线的位置决定了总需求曲线的位置，IS 曲线和 LM 曲线的移动会改变总需求曲线的位置。当物价水平不变时，仍有许多影响总需求曲线的因素，总结如表 5-1 所示。

表 5-1　　影响总需求曲线移动的因素

引起总需求增加的因素	引起总需求减少的因素
利率下降	利率上升
预期通货膨胀率上升	预期通货膨胀率下降
汇率下降	汇率上升
预期未来利润增加	预期未来利润减少
货币量增加	货币量减少
总财产增加	总财产减少
政府对物品和劳务的支出增加	政府对物品和劳务的支出减少
税收减少或转移支付增加	税收增加或转移支付减少
国外收入增加	国外收入减少
人口增加	人口减少

以上各种因素对总需求的影响会使总需求曲线的位置发生变动。可以用图 5-3 说明总需求曲线的位置移动。

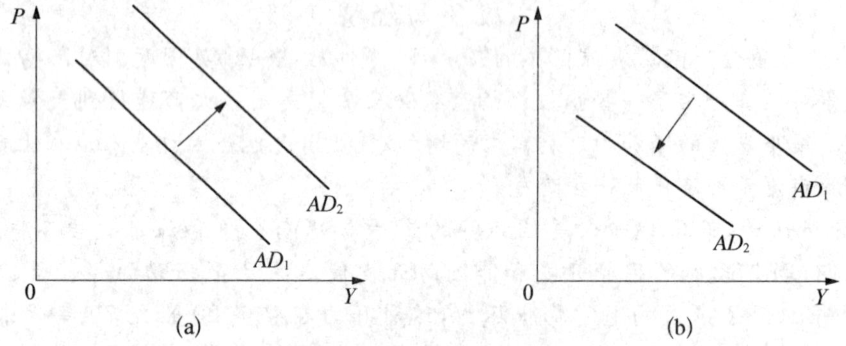

图 5-3　影响需求增加和减少的因素导致的移动

以上只是就一般而言的总需求曲线位置的移动。我们知道,财政政策的变动会改变 *IS* 曲线的位置,货币政策的变动会改变 *LM* 曲线的位置,因此,总需求曲线位置的决定和变动受财政政策与货币政策的影响。

财政政策并不直接影响货币市场的均衡,从而也就不影响 *LM* 曲线的位置。但财政政策影响产品市场的均衡,从而也就影响 *IS* 曲线的位置。这样,财政政策就通过对 *IS* 曲线位置的影响而影响总需求曲线的位置。

财政政策通过使 *IS* 曲线的位置发生移动而使总需求曲线的位置发生移动,可以通过图示加以说明。如图 5-4(a)所示,原来的 IS_0 曲线与 *LM* 曲线相交于 E_0 点,决定了均衡的 r_0 与 Y_0,与此相对应的总需求曲线为 AD_0。现假定其他条件不变,政府实行扩张性的财政政策,结果 IS_0 曲线右移到 IS_1 的位置,IS_1 曲线与 *LM* 曲线相交于 E_1 点,决定了新的均衡收入为 Y_1,与此相对应的总需求曲线为 AD_1。可见,假设其他条件不变,扩张性财政政策会使 *IS* 曲线向右平行移动,在价格水平不变的情况下,总需求曲线也会向右平行移动。同样,紧缩

性财政政策则会使 IS 曲线向左平行移动，进而使总需求曲线向左平行移动。这说明，当采取扩张性财政政策时，在每一价格水平上，总需求都增加了；而当采取紧缩性财政政策时，在每一价格水平上，总需求都减少了。

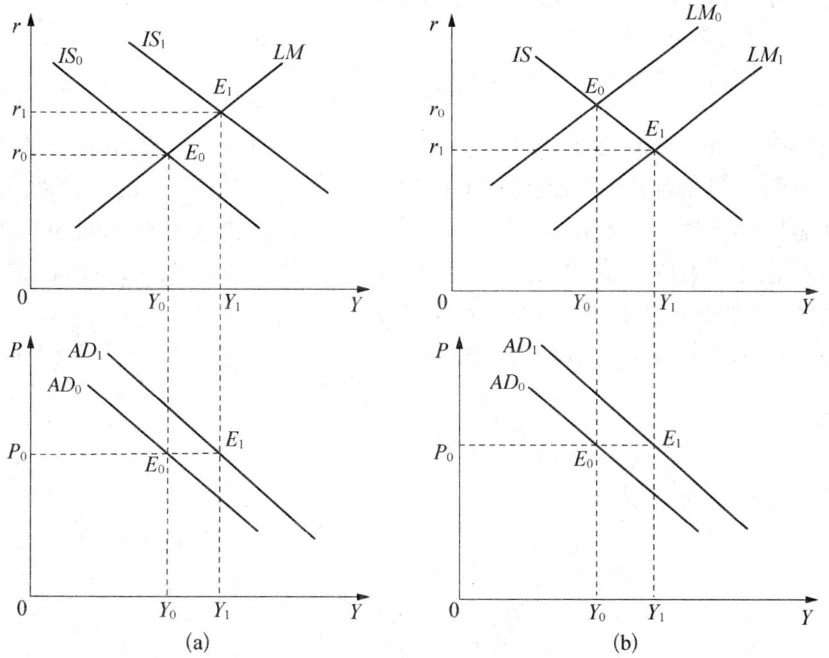

图 5－4　总需求曲线的移动

货币政策并不直接影响产品市场的均衡，从而也就不影响 IS 曲线的位置。但货币政策影响货币市场的均衡，从而影响 LM 曲线的位置。这样，货币政策就通过对 LM 曲线位置的影响而影响总需求曲线的位置，可由图 5－4(b)加以说明。其过程与扩张性财政政策作用下的情形类似。可以看出，当价格水平不变时，扩张性货币政策的结果是使总需求曲线向右平行移动，而紧缩性货币政策会使总需求曲线向左平行移动。

应该指出的是，在价格不变的情况下，名义货币供给量增加所引起的总需求曲线的移动与名义货币供给量的增加是同比例的。由于实际货币供给量取决于名义货币供给量和价格水平，因此，如果价格水平的上升与名义货币供给量和价格的增加是同比例的，那么，名义货币供给量的变动就不会引起实际货币供给量的变动。

第二节　总供给曲线

一、总供给曲线的含义

总供给(Aggregate Supply)是经济社会所提供的总产量(或国民收入)，它描述了经济社会的基本资源用于生产时可能有的产量。一般而言,总供给主要是由生产性投入(最重要的是劳动、自然资源与资本)的数量和这些投入组合的效率(即社会的技术)决定的。

总供给函数(Aggregate Supply Function)是指总供给(或总产出)与价格水平之间的关系。

$$Y = AS = f(P)$$

总供给曲线(Aggregate Supply Curve)在以价格为纵坐标、总产出(或总收入)为横坐标的坐标系中表明了价格与产量的组合,即在某种价格水平,整个社会的厂商所愿意供给的产品总量。所有厂商所愿意供给的产品总量取决于它们在提供这些产品时所得到的价格,以及它们在生产这些产品时所必须支付的劳动和其他生产要素的费用。因此,总供给曲线反映了要素市场(特别是劳动市场)和产品市场的状态。

根据总供给函数的性质和劳动市场的均衡,可以将总供给函数分成三个区间(如图 5 - 5 所示)。

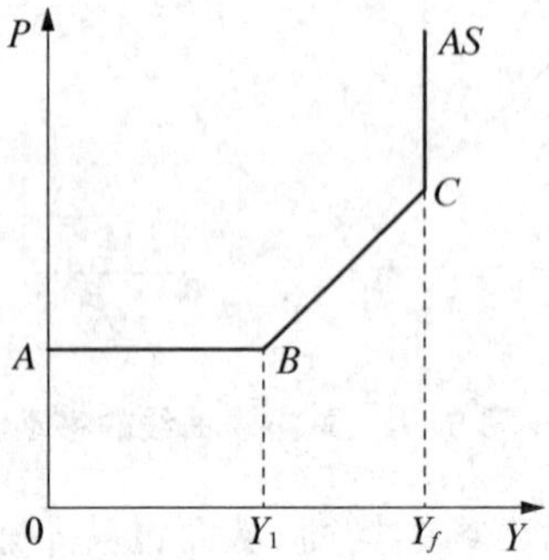

图 5 - 5 总供给曲线

第一区间:$0 < Y < Y_1$。

这一区间为资源未充分利用阶段,即 $A \sim B$ 段。这时,总供给曲线是一条与横轴平行的线,表明在既定的价格水平,厂商愿意供给社会所需求的任何数量的产品,造成这种情况的原因只有一个,即社会上有大量资源闲置,所以可以在不提高价格水平的情况下增加总供给。这种情况是由凯恩斯提出来的,所以这种水平的总供给曲线被称为"凯恩斯总供给曲线"。

凯恩斯认为,在严重的经济萧条状态下,社会中存在着大量闲置不用的劳动力和资本设备。在资源没有得到充分利用、社会上存在大量失业者时,厂商可以在既定工资水平下得到所需要的任何数量的劳动力。如果仅仅考虑劳动力成本的因素,则平均生产成本不会随产量的增加而增长,从而价格总水平也不会随产量的增加而增长,厂商可以在既定价格下供给任何数量的产品,如图 5 - 5 所示,Y_1 是充分就业的国民收入,只要社会产出小于 Y_1,社会就能在原有的价格水平上增加社会产出。所以,当整个社会的生产量或国民收入增长时,价格总水平和货币工资率可以保持大致不变,总供给曲线因而是一段与横轴平行的线。

凯恩斯理论以西方国家1929～1933年的大萧条为背景，基本反映了当时西方社会经济的状况。凯恩斯总供给曲线有两个假设：一是货币工资和价格均具有刚性；二是所分析的是短期的情况，因为在短期，工资和价格没有足够的时间调整。故这一区间又被称为"凯恩斯区间"。

第二区间：$Y_1 < Y < Y_f$。

这一区间为资源接近充分利用阶段，即B～C段。这时，国民产品(收入)与价格总水平正向相关，总供给曲线在图形上表现为一条向右上方倾斜的曲线，这表明价格总水平上升将导致国民产品(收入)增加，价格总水平下降将导致国民产品(收入)减少。因为在资源接近充分利用的情况下，产量增加会引起生产要素价格的上升，从而成本增加，导致总价格水平上升。这种情况是在短期内存在的，所以，这种向右上方倾斜的总供给曲线被称为"短期总供给曲线"。这一区间又被称为"中间区间"，同时也被视为总供给曲线的正常状态。

短期总供给之所以与物价水平呈同方向变动关系，可以用黏性工资理论、黏性价格理论和错觉理论来解释。

黏性工资理论是指短期内由于工人与企业之间固定名义工资的长期合约，名义工资的调整慢于劳动供求关系的变化。因为企业根据预期的物价水平决定工人的工资，如果以后实际的物价水平低于预期的水平，即发生了通货紧缩，那么，工人的名义工资仍然不变，但实际工资水平却上升了。工资的增加使企业实际成本增加，从而减少就业、减少生产，总供给减少；相反，如果以后实际的物价水平高于预期的水平，即发生了通货膨胀，那么，工人的名义工资仍然不变，但实际工资水平却下降了。工资的减少使企业利润增加，从而增加就业、增加生产，总供给增加。因此，总供给与物价水平呈同方向变动关系。

新凯恩斯主义者的黏性价格理论强调，不仅名义工资在某一时期内的调整是缓慢的，而且一些产品和劳务的价格对经济状况的变动也是缓慢的。例如，企业的原材料一般是大宗产品，如钢材、石油等，大宗产品的交易通常是采取合同方式进行，因此在一定的程度上会缺乏伸缩性。这样，由于企业的成本(工资、原材料价格等)在短期内表现出相对的稳定性，当市场价格水平上升时，企业的利润就会增加，企业就会扩大生产，社会总供给也就随之增加。

新古典的价格错觉理论是指物价水平的变动会使企业在短期内对其产品的市场变动产生错觉，从而做出错误决策。物价水平下降实际是各种物品与劳务价格都下降，但企业会更关注自己的产品，没有看到其他产品价格下降而只觉得自己的产品价格下降了。由产品价格下降得出市场供大于求的悲观判断，从而减少生产，引起总供给减少。同样，当物价水平上升时，企业也会没看到其他产品价格上升而误以为只有自己的产品价格上升了，从而得出市场供小于求的乐观判断，进而增加生产，引起总供给增加。当物价水平变动时，企业产生的这些错觉会使物价水平与总供给同方向变动。这些错觉是因为企业家并不是完全理性的，并不总能拥有充分的信息。在长期，他们会纠正这些失误；但在短期，这些失误是难免的。

第三区间：$Y = Y_f$。

这一区间为资源充分利用阶段，即 C 以上部分。由于就业量既定，因此，价格总水平的上升不会增加劳动市场的就业量，也不能增加国民产品(收入)，也就是说，总供给不能超过 Y_f 的水平，总供给曲线变为在 Y_f 的水平上垂直于横轴的直线，这表明无论价格水平如何上升，总供给都不会增加。这是因为从长期来讲，人类所拥有的资源总是有限的，当资源已得到充分利用时，即经济中实现了充分就业(宏观经济学中的充分就业是指包括资本、劳动和自然资源在内的所有生产要素都得到充分利用的状态，而不仅仅是指劳动人口的充分就业状态)，无论如何提高价格，总供给都不会增加。从长期来看，经济总是会实现充分就业的，因此，这种垂直的总供给曲线被称为“长期总供给曲线”。但在短期，经济并不一定总处于充分就业状态，因此，这种古典总供给曲线也是一种特例，这一区间又被称为“古典区间”。

古典经济学假定工资和价格是完全可伸缩的量，通过工资和价格的调整，劳动市场可以在充分就业水平上达到均衡，总产出达到潜在产量。这时即使价格总水平上升，产量也无法增加，因此，这时的总供给曲线是在充分就业条件下垂直于横轴的直线。可以看出，古典总供给曲线是一条位于充分就业产量水平上的垂线，表示价格无论怎么提高，供给总水平仍然等于 Y_f。古典总供给曲线基于下面的假定：货币工资具有完全的伸缩性，它随劳动供求关系的变化而变化。当劳动市场存在超额劳动供给时，货币工资就会下降；反之，当劳动市场存在超额劳动需求时，货币工资就会提高。简单地说，在古典总供给理论的假定下，劳动市场的运行毫无摩擦，总能维护劳动力的充分就业。既然在工资的灵活调整下充分就业的状态总能被维持，那么，无论价格水平如何变化，经济中的产量总是与劳动力充分就业下的产量即潜在产量相对应，也就是说，因为全部劳动力都得到了就业，即使价格水平上升，产量也无法增加，即国民收入已经实现了充分就业，无法再增加了。故而总供给曲线是一条与价格水平无关的垂直线。

将上述三阶段连接起来，便构成了总供给曲线 AS。

对于总供给，西方学者大多同意存在总供给曲线的说法，但是对于总供给曲线的形状却有着不同的看法。水平的总供给曲线和垂直的总供给曲线都被认为是极端的情形。很多经济学家认为，在短期，现实的总供给曲线更多地表现为向右上方倾斜的曲线。

【即问即答】

为什么总供给曲线是垂线，而某种物品和劳务的供给曲线却向右上方倾斜？

答：后者的供给取决于相对价格和资源流动。经济体中的物品和劳务的整体生产受资本、劳动、自然资源、技术的限制，因此，当经济中所有物价同时上升时，物品和劳务的总供给量不变。

二、总供给曲线的斜率

当总需求变动，即总需求曲线移动时，总供给曲线的斜率不同所引起的价格与国民收入的变动情况也就不同。在运用总需求-总供给模型分析问题时，总供给曲线的斜率大小是很重要的。总供给曲线的斜率反映了总供给量对价格变动的反应程度。总供给曲线的斜率大(即总供给曲线较为陡峭),说明总供给量对价格变动的反应小;总供给曲线的斜率小(即总供给曲线较为平坦),说明总供给量对价格变动的反应大(如图 5 - 6 所示)。

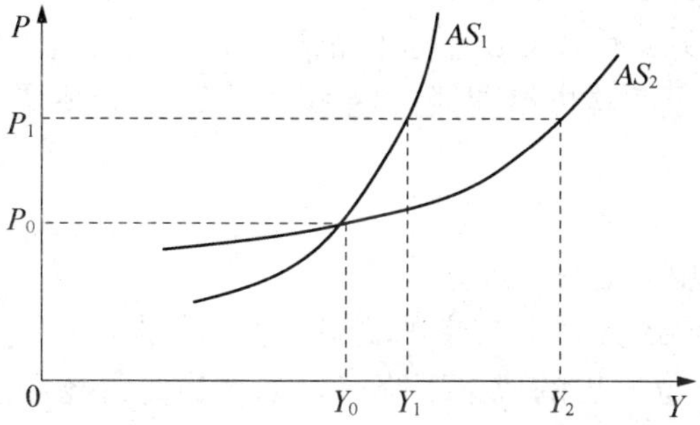

图 5 - 6　总供给曲线的斜率决定总供给量对价格的反应程度

总供给曲线的斜率取决于多种因素,如生产技术、生产要素的供给和价格等。

三、总供给曲线的移动

对于总供给曲线的移动,要分别考虑短期和长期两种情况。在长期,由于一个社会的潜在产出水平是由这个社会的生产技术水平和生产要素的存量决定的,而一个社会的总体生产技术水平和生产要素的存量一般在短期很难发生根本的变化,因此,一般在对宏观经济的短期分析中把长期总供给曲线看作既定不变。在长期,如果一个社会没有受到环境变动的影响,如自然灾害、战争、社会动乱等,则在一般情况下,其资本存量是不断增加的,生产技术水平也是不断提高的,因而可以认为长期总供给曲线是不断向右移动的。美国的经济学家们分析得出,美国潜在产出水平每年的增长率在 3%左右。相对于总需求曲线和短期总供给曲线,长期总供给曲线是最为稳定的一种曲线。

对于短期总供给曲线,影响的因素很多,其中主要有成本的变化、劳动生产率的变化、企业对未来的预期和对风险的承受能力的变化以及环境的变化。如果其中某一种因素发生了变化,就会引起短期总供给曲线的移动(如图 5 - 7 所示)。

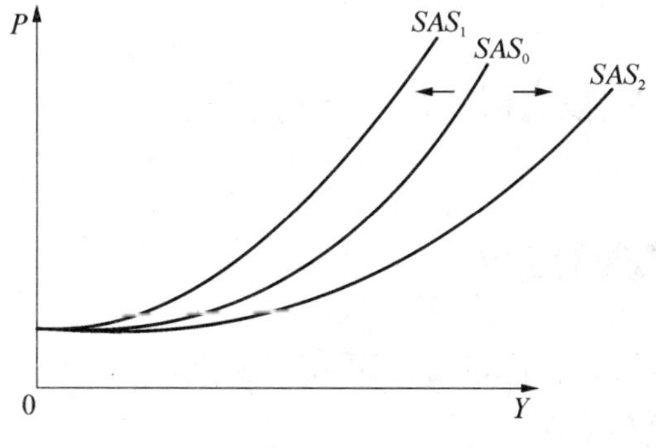

图 5 - 7　短期总供给曲线的移动

(一)成本的变化

企业对生产成本的变化极其敏感。当一个社会的工资水平普遍上升或原材料增加时,就会引起企业生产成本的提高。如果这时产品和劳务的价格不变,企业的利润率就会下降,企业就会减产。如果市场状况允许企业在不降低产量的情况下提高价格,那么,在既定的产出水平上,价格水平将上升。因此,无论是产品价格不变而减少产量,还是产出水平不变而提高产品价格,都会导致短期总供给曲线向左移动。反之,如果生产成本降低,则短期总供给曲线就会向右移动。

(二)生产技术的进步

生产技术的进步会导致劳动生产率的提高,这就意味着单位投入将生产出更多产品和劳务,也意味着生产单位产出的成本下降了。如果当时市场需求较为旺盛,企业就可以大量增产,导致社会总产出水平的提高。即使市场需求不变,企业也可以通过削价的方法来竞争,这时市场上总体的价格水平就会下降。因此,生产技术的进步会引起短期总供给曲线向右移动。与单纯的成本变动不同的是,一个社会的生产技术水平总是不断提高的,因而在正常情况下,生产技术的变化总是引起短期总供给曲线向右移动,只是程度不同而已。

(三)风险承受能力的变化

生产总是伴随着风险,当经济进入衰退期时,风险增加,而企业承担风险的意愿和能力将下降。例如,企业如果继续生产而销售量难以保持,则企业将会出现超额存货,并且必须为所借的债务支付利息。由于这些风险的存在,经济不确定性的上升会使企业更加谨慎。这样,企业将在未来的经营中削减产量和存货,这就使得短期总供给曲线向左移动。

(四)环境的变化

在总供给曲线移动的各种非经济原因中,影响最大的是自然的或人为的灾祸。自然灾害和战争能极大地减少经济中生产要素的存量,这就使得短期总供给曲线向左移动,并且对于这种移动,各种经济措施都无能为力。

第三节 总需求-总供给(AD - AS)模型

一、总需求与总供给均衡的含义

总需求与总供给的均衡是产品市场、货币市场和劳动市场的共同均衡,由此可以说明价格水平和国民收入水平的决定。

前面已经解释了总需求函数和曲线与总供给函数和曲线,把总需求曲线和总供给曲线结合起来，就可以构成总需求与总供给模型，即 AD－AS 模型。在图 5－8 中，AD 曲线是由总需求函数决定的总需求曲线，AS 曲线是由总供给函数决定的总供给曲线，AD 曲线与 AS 曲线的交点 E 为均衡点，Y_e 为均衡国民收入，P_e 为均衡价格总水平。

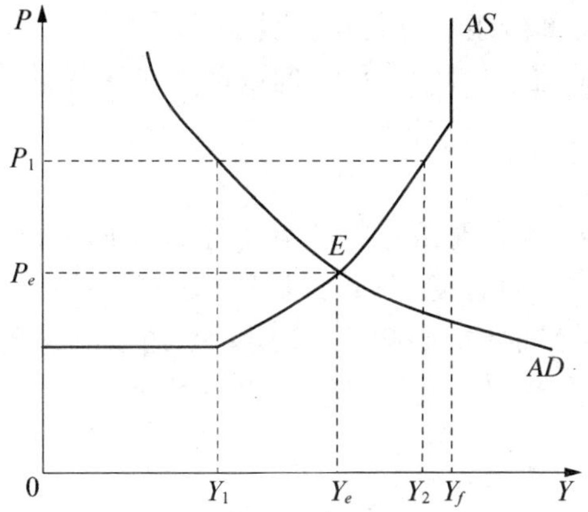

图 5－8　总需求与总供给的均衡

这里应当指出的是，总供求的均衡是通过市场的内在机制自动实现的。当价格水平高于 P_e，如为 P_1 时，总需求会由 Y_e 减少到 Y_1，总供给却由 Y_e 增加到 Y_2，总供给大于总需求会造成价格总水平下降直到 P_e 为止。如果价格水平低于 P_e，总需求会大于总供给，价格总水平会上升，直到均衡时为止。

在图 5－8 中，总需求曲线 AD 与总供给曲线 AS 相交于 E 点，此时，总需求等于总供给，国民经济处于均衡状态，E 点对应的 Y_e 即均衡国民收入，均衡的价格水平为 P_e。

古典经济学认为，在市场机制的作用下，总供求会自动均衡于充分就业的国民收入水平。凯恩斯主义经济学则认为，在市场机制的自发作用下，总供求虽然能自动达成均衡，但却不一定达到充分就业的国民收入水平，当均衡点低于潜在产量 Y_f 的水平时，经济便处在失业状态。在图 5－8 中，均衡国民收入 Y_e 就是一个小于潜在产量 Y_f 的均衡国民收入，这时，经济中有非自愿失业存在。

与 IS－LM 模型不同的是，总需求-总供给模型综合考虑了产品市场、货币市场和劳动市场三者的均衡，同时分析了国外对于本国的需求情况（即净出口部分），因而更加接近现代宏观经济体系的实际运行情况，对于一个对外开放的国家的经济运行状况也更有解释能力。

二、总需求与总供给均衡的变动

总供求的均衡点决定均衡国民收入和均衡价格总水平，均衡点的位置又取决于 AD 曲线和 AS 曲线的位置。AD 曲线和 AS 曲线位置的任何移动都将导致均衡点的变动，而凡是价格总水平以外的其他因素所引起的总供求的变动都会引起 AD 曲线或 AS 曲线的移动，从而导致均衡国民收入的变动。

自发投资支出、自发储蓄、货币供给的变化会使总需求曲线移动，货币工资率、劳动供给的变化以及技术进步的作用会使总供给曲线移动。

上述影响过程可以用 AD-AS 均衡模型进行分析。

(一) 总需求变动对国民收入和价格水平的影响

由于总供给曲线由三个部分组成,因此,利用总需求-总供给模型分析总需求变动对国民收入和价格水平的影响时,必须考虑总供给曲线的三个区间的特性,可以将其分成以下三种情况:

1. 凯恩斯情形

在总供给曲线的凯恩斯区间,经济运行一般处于萧条时期。经济萧条时期是指实际国民收入水平低于潜在国民收入的时期,此时大量资源闲置,总供给曲线是一条水平直线,即前文所说的凯恩斯主义总供给曲线(如图 5-9 所示),由于有多余的资源,因此总需求的增加不会引起价格水平的增加,而只会使国民收入水平增加。

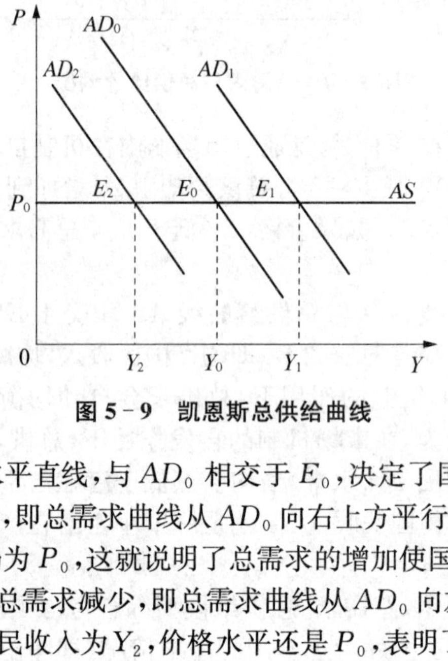

图 5-9 凯恩斯总供给曲线

在图 5-9 中,AS 为水平直线,与 AD_0 相交于 E_0,决定了国民收入为 Y_0、价格水平为 P_0。此时,如果总需求增加,即总需求曲线从 AD_0 向右上方平行移动到 AD_1,决定了新的国民收入为 Y_1,而价格水平仍为 P_0,这就说明了总需求的增加使国民收入由 Y_0 增加到 Y_1,而价格水平不变。相反,如果总需求减少,即总需求曲线从 AD_0 向左下方平移到 AD_2,AD_2 与 AS 相交于 E_2 点,决定了国民收入为 Y_2,价格水平还是 P_0,表明了总需求减少使国民收入从 Y_0 下降到 Y_2。

总之,在有大量资源闲置的情况下,总需求增加会导致国民收入增加,总需求减少会导致国民收入减少,而价格均保持不变。

2. 正常情形

在正常情形下,资源接近充分利用阶段即短期总供给曲线阶段,总供给曲线是向右上方倾斜的曲线,这时,总需求增加会使国民收入增加,价格水平上升;总需求减少会使国民收入减少,价格水平下降。也就是说,总需求的变动引起国民收入和价格水平同方向变动(如图 5-10 所示)。

在图 5-10 中,AS 为短期总供给曲线,AS 与 AD_0 相交于 E_0 点,决定了国民收入为 Y_0、价格水平为 P_0。当总需求增加,AD_0 右移到 AD_1 时,与 AS 相交于 E_1,决定了国民收入为 Y_1、价格

水平为 P_1，表明总需求增加使国民收入由 Y_0 增加到 Y_1，使价格水平由 P_0 上升为 P_1。相反，当总需求减少，AD_0 左移到 AD_2 时，与 AS 相交于 E_2，决定了国民收入为 Y_2、价格水平为 P_2，表明总需求减少使国民收入由 Y_0 减少到 Y_2，使价格水平由 P_0 下降为 P_2。

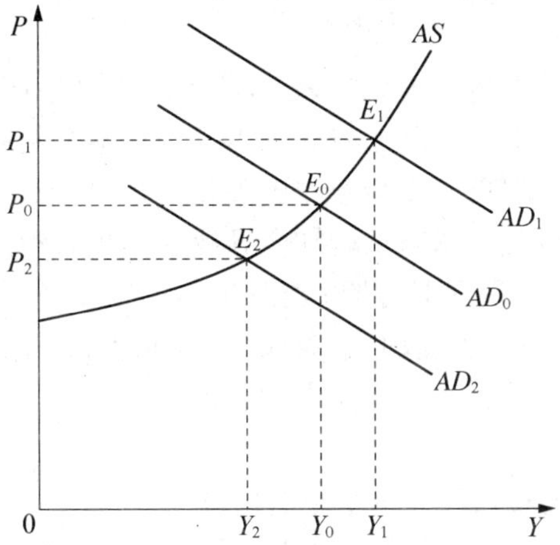

图 5-10 正常情形

3. 古典情形

在古典情形下即长期总供给曲线阶段，由于资源已得到了充分利用，总供给曲线 AS 是在充分就业的国民收入水平上的垂线，因此，总需求的增加只会使价格水平上升，而国民收入不会变动；同样，总需求的减少也只会使价格水平下降，而国民收入不会变动，即总需求的变动会引起价格水平的同方向变动，而不会引起国民收入的变动，表明无论价格水平如何变动，总供给量都为 Y_f，因此，在古典情形下可以得出与凯恩斯情形下完全不同的结论。

自主投资支出增加、储蓄减少、消费增加都会导致 AD 线向右移动(见图 5-11)。最初均衡点为 E_1 点，当总需求曲线从 AD_1 向右移动到 AD_2 时，在 P_1 价格水平上的总需求增加了，但厂商不可能获得新增劳动力来生产更多产量，即产品供给对新增的需求无法做出反应。

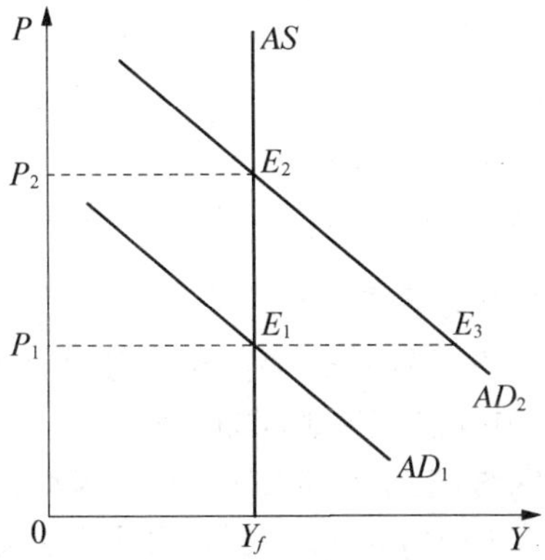

图 5-11 古典情形下的总支出增加

由于厂商试图在供不应求的劳动市场上雇用更多工人,他们抬高了工资和生产成本,从而必须为他们的产品索取更高的价格,因此,对产品需求的增加会导致更高的价格,却不能提高产量。随着价格水平的提高,会使总需求沿着AD_2曲线从E_3点开始减少,直至达到新的均衡点E_2。在E_2点,均衡的价格水平为P_2,均衡的国民收入不变,仍为Y_f。

综合上述三种情况,总需求变动会对国民收入和价格水平产生如下影响:当总供给曲线处于水平阶段时(凯恩斯主义总供给曲线),总需求变动不会引起价格水平的变动,总需求增加会导致国民收入增加,总需求减少会导致国民收入减少;当总供给曲线处于向右上方倾斜阶段时(短期总供给曲线阶段),总需求增加会导致国民收入和价格水平同时上升,总需求下降会导致国民收入和价格水平同时下降;当总供给曲线处于垂直阶段时(长期总供给曲线),总需求变动不会引起国民收入变动,总需求增加,价格水平增加,总需求下降,价格水平下降。

(二)总供给变动对国民收入和价格水平的影响

凯恩斯主义总供给曲线和长期总供给曲线是两种极端情况,现实经济中较常见的是短期总供给曲线,因此,在讨论总供给变动对国民收入和价格水平的影响时,通常只讨论短期总供给变动的情况。

短期总供给是会变动的,这种变动同样会影响国民收入和价格水平。在总需求不变时,总供给的增加即产量的增加会使国民收入增加,价格水平下降;而总供给的减少即产量的减少会使国民收入减少,价格水平上升,可用图 5-12 说明。

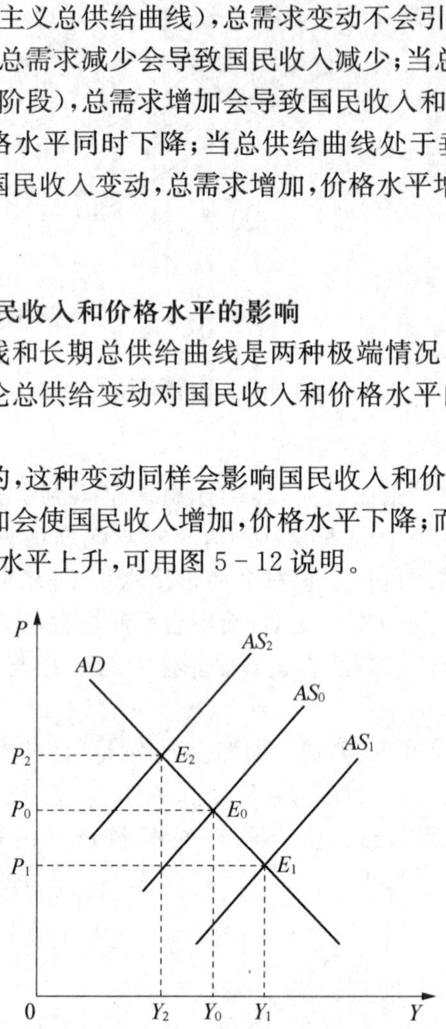

图 5-12 短期总供给变动的影响

在图 5-12 中,AS_0与AD相交于E_0点,决定了国民收入水平为Y_0、价格水平为P_0。当总供给增加时,总供给曲线由AS_0移动到AS_1,AS_1与AD相交于E_1点,决定了国民收入为Y_1、价格水平为P_1。这表明,由于总供给的增加,国民收入由Y_0增加到了Y_1,而价格水平由P_0下降为P_1。当总供给减少时,总供给曲线由AS_0移动到AS_2,AS_2与AD相交于E_2点,决定了国民收入为Y_2、价格水平为P_2。这表明,由于总供给的减少,国民收入由Y_0减少到了Y_2,而价格水平由P_0上升为P_2。

三、总需求-总供给均衡的决定

AD-AS模型是主流经济学派解释宏观经济波动的重要理论工具。作为凯恩斯主义经济学重要代表的主流经济学派把向右上方倾斜的总供给曲线称为短期总供给曲线，把垂直的总供给曲线称为长期总供给曲线。他们对宏观经济波动的解释大致如下：

（一）短期均衡的决定

从短期总供给曲线不变、总需求曲线变动来看，总需求水平决定了一国经济萧条或繁荣状态下的均衡水平。在短期，国民收入和价格总水平的决定有两种情况（如图5-13所示）：

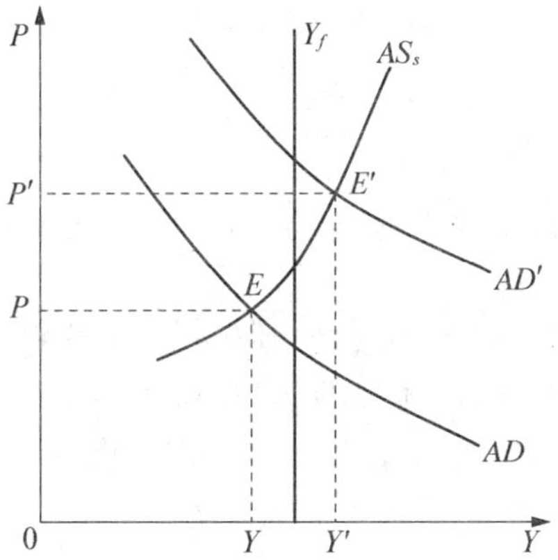

图5-13　萧条状态与高涨状态

第一种情况是E点所表明的情况。在图5-13中，AD是总需求曲线，AS_s是短期总供给曲线，总需求曲线和短期总供给曲线的交点E决定的产量或收入为Y，价格总水平为P，两者都处于很低的水平，这种情况表示经济处于萧条状态。

第二种情况是E'点所表明的情况。在图5-13中，当总需求增加，总需求曲线从AD向右移动到AD'时，短期总供给曲线AS_s和AD'的交点E'决定的产量或收入为Y'，价格总水平为P'，两者都处于很高的水平，这种情况表示经济处于高涨状态。

总之，经济总需求的扩张可以使社会就业水平和总产出水平提高，但经济扩张一旦超过潜在的充分就业的国民收入时，则会产生经济过热和通货膨胀。

如果石油价格上涨或工资水平普遍提高等原因使总供给曲线向左移动，但总需求曲线不变，就会发生经济停滞和通货膨胀（价格总水平上涨）同时出现的情况，即会出现“滞胀”的局面。在图5-14中，AD是总需求曲线，AS_s是短期总供给曲线，两者的交点E决定的产量或收入为Y、价格水平为P。由于出现供给冲击，短期总供给曲线向左移动到AS_s'，总需求曲线和AS_s'的交点E'决定的产量或收入为Y'、价格水平为P'，这个产量低于原来的产量，而价格水平却高于原来的价格水平，这种情况表示经济处于滞胀状态，即经济停滞和通货膨胀结合在一起的状态。

上述萧条状态、高涨状态和滞胀状态都是短期内存在的状态。

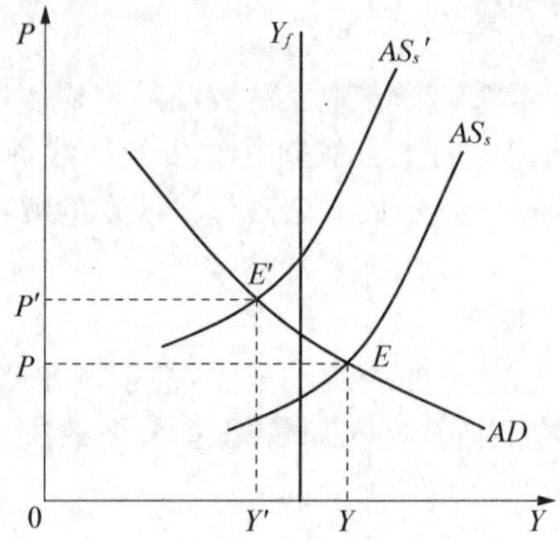

图 5-14 滞胀状态

(二)长期均衡的决定

在长期,一切价格都能够自由地涨落,经济具有达到充分就业的趋势,因而总供给曲线成为垂线。

图 5-15 中的 AS_L 是长期总供给曲线,它和潜在产量线完全重合,总需求曲线 AD 和长期总供给曲线 AS_L 的交点 E 决定的产量为 Y、价格水平为 P_e。当总需求增加使总需求曲线 AD 向右移动到 AD' 的位置时,总需求曲线 AD' 和长期总供给曲线 AS_L 的交点 E' 决定的产量为 Y'、价格水平为 P'。由于 $Y=Y'=Y_f$,因此,在长期,总需求的增加只是提高了价格水平而不会改变产量或收入。

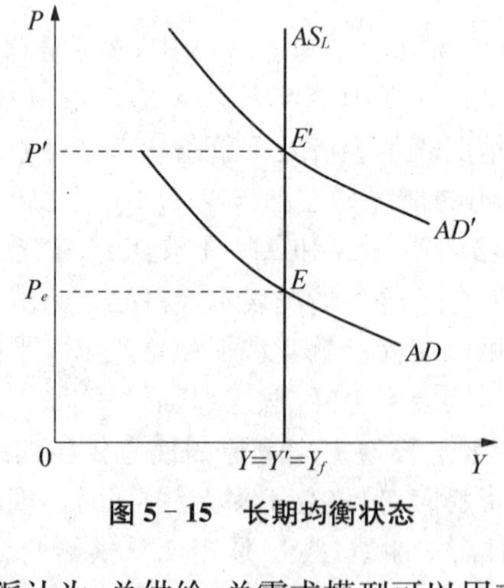

图 5-15 长期均衡状态

综上所述,主流经济学派认为,总供给-总需求模型可以用来解释萧条状态、高涨状态和滞胀状态的短期收入和价格总水平的决定,也可以用来解释充分就业状态的长期收入和价格总水平的决定。在政策主张上,主流经济学派经济学家认为,虽然经济在长期可以处在充分就业的均衡状态,但在短期,萧条和过度繁荣甚至滞胀状态是不可避免的,这些情况仍然可以给社会带来经济损失，因此，有必要推行凯恩斯主义的反周期经济政策，以熨平萧条和过度繁荣所带来的经济波动，使经济处于持续稳定的充分就业状态。

◇关◇键◇术◇语◇

总需求　总需求曲线　总供给曲线　宏观生产函数　总供给　需求冲击　供给冲击　稳定政策

◇主◇要◇观◇点◇

1. 总需求曲线表明在产品市场和货币市场同时实现均衡时国民收入与价格水平的组合，描述了与每一物价总水平相适应的均衡支出或国民收入的关系。总需求函数是指产出(收入)与价格水平之间的关系，表示在某个特定的价格水平下，经济社会需要多高水平的收入。它一般与产品市场和货币市场有关，可以从产品市场和货币市场的同时均衡中得到。总需求函数的几何表示称为总需求曲线。

2. 总需求曲线向右下方倾斜的原因主要有以下四个：财富效应(庇古效应)、利率效应(凯恩斯效应)、税收效应和蒙代尔-弗莱明汇率效应。总需求曲线的斜率取决于这样一些因素：货币需求对利率的敏感性、投资需求对利率的敏感性、货币需求对收入的敏感性和乘数。

3. 总供给曲线表明了价格与产量的组合，即在某种价格水平时整个社会的厂商所愿意供给的产品总量。总供给曲线有三种情况：凯恩斯总供给曲线、短期总供给曲线和长期总供给曲线。

4. 影响总供给曲线移动的因素有：成本变化、生产技术进步、风险承受能力和环境变化。

5. 在有大量资源闲置(凯恩斯陷阱)的情况下，总需求增加会导致国民收入增加，总需求减少会导致国民收入减少，而价格均保持不变。在古典情形下，资源已得到充分利用，总供给曲线为一条垂直于横轴的直线，所以，总需求的增加只会使价格水平上升，而国民收入不会变动。在短期总供给曲线阶段，总需求的增加会使国民收入增加，价格水平上升；总需求的减少会使国民收入减少，价格水平下降。

◇问◇题◇讨◇论◇

1. 国家统计局于 2014 年 1 月 20 日公布 2013 年主要宏观经济数据：全年国内生产总值 568 845 亿元，按可比价格计算，比上年增长 7.7%。分季度看，一季度同比增长 7.7%，二季度同比增长 7.5%，三季度同比增长 7.8%，四季度同比增长 7.7%。分产业看，第一产业增加值 56 957 亿元，增长 4.0%；第二产业增加值 249 684 亿元，增长 7.8%；第三产业增加值 262 204 亿元，增长 8.3%。从环比看，四季度国内生产总值增长 1.8%，全年万元国内生产总值能耗比上年下降 3.7%。

全年固定资产投资(不含农户)436 528 亿元，比上年名义增长 19.6%(扣除价格因素，实际增长 19.2%)。从环比看，12 月份固定资产投资(不含农户)增长 1.41%。全年社会消费品零售总额 234 380亿元，比上年名义增长 13.1%(扣除价格因素，实际增长 11.5%)。12 月份社会消费品零售总额同比名义增长 13.6%(扣除价格因素，实际增长 12.2%)，环比增长 1.24%。全年进出口总额 41 603亿美元，比上年增长7.6%。其中，出口 22 100 亿美元，增长 7.9%；进口 19 503 亿美元，增长 7.3%。进出口相抵，顺差 2 597.5 亿美元。12 月份进出口总额 3 898 亿美元，同比增长 6.2%。其中，出口 2 077 亿美元，增长 4.3%；进口 1 821 亿美元，增长 8.3%。全年居民消费价格比上年上涨2.6%，12 月份同比下降 1.4%，环比持平。全年工业生产者购进价格比上年下降 2.0%，12 月份同比下降 1.4%，环比持平(如表 5 - 2 所示)。

表 5-2　　2013 年各月份其他指标环比数据

月　份	规模以上工业增加值环比增速(%)	固定资产投资(不含农户)环比增速(%)	社会消费品零售总额环比增速(%)
1	0.61	1.69	0.14
2	0.82	1.66	0.96
3	0.70	1.76	1.30
4	0.91	1.53	1.28
5	0.68	1.41	1.19
6	0.72	1.43	1.26
7	0.86	1.48	1.23
8	0.90	1.57	1.12
9	0.69	1.26	1.21
10	0.82	1.41	1.18
11	0.74	1.41	1.31
12	0.71	1.41	1.24

要求：

(1) 从投资对总需求的影响看，2012 年社会总需求(AD)的状况如何？

(2) 2013 年社会总供给(AS)的状况如何？

(3) 画出总需求和总供给曲线的变动图，判断 2012 年经济的总体态势。

2. 在 1939 年，因为美国经济没有完全从大萧条中复苏，所以罗斯福宣布感恩节将比通常提前一周来临，以便在圣诞节前的购物期得以延长。解释罗斯福可能试图得到什么，并用总需求与总供给模型解释这个决策。

◇基◇本◇训◇练◇

一、判断题

1. 总需求-总供给模型是研究产量波动以及决定价格水平与通货膨胀率的基本工具。(　　)
2. 当物价下降时，LM 曲线会向左上方移动。(　　)
3. 总供给曲线越平坦，货币供给增加对 GNP 的影响越小。(　　)
4. 新古典总供给曲线模型关于价格与名义工资的决定以货币数量为出发点。(　　)
5. 紧缩性财政政策的结果是使总需求曲线向右平行移动。(　　)
6. 凯恩斯主义总供给模型是对新古典总供给模型的发展。(　　)
7. 总供给曲线是根据 IS-LM 模型推导出来的。(　　)
8. 在总供给分析中，工资行为的决定具有十分重要的作用。(　　)
9. AD-AS 模型是考察产品市场、货币市场和劳动市场的同时均衡。(　　)
10. AD 曲线陡峭时，意味着总需求对价格的变化反应大。(　　)

二、单选题

1. 总需求曲线向右下方倾斜是由于(　　)。

A. 价格水平上升时，投资会减少　　B. 价格水平上升时，消费会减少

C. 价格水平上升时，净出口会减少　　D. 以上价格因素都是

2. 在其他条件不变的情况下，(　　)引起总需求曲线向右方移动。

A. 物价水平不变时利率上升　　B. 货币供给量增加

C. 税收增加　　D. 物价水平下降

3. 长期总供给曲线(　　)。

A. 向右上方倾斜　　B. 向右下方倾斜

C. 是一条垂线　　D. 是一条水平线

4. 总供给曲线右移可能是因为(　　)。

A. 其他情况不变而厂商对劳动的需求增加　　B. 其他情况不变而所得税增加

C. 其他情况不变而原材料涨价　　D. 其他情况不变而劳动生产率下降

5. 当总供给曲线有正斜率、成本中可变成本所占的份额下降时，总供给曲线移向(　　)。

A. 左方，价格水平下降，实际产出增加　　B. 右方，价格水平下降，实际产出增加

C. 左方，价格水平增加，实际产出减少　　D. 右方，价格水平增加，实际产出减少

6. 当供给曲线为正斜率，单位原材料的实际成本增加时，总供给曲线会移向(　　)。

A. 右方，价格水平下降，实际产出增加　　B. 左方，价格水平下降，实际产出增加

C. 右方，价格水平上升，实际产出减少　　D. 左方，价格水平上升，实际产出减少

7. 假定经济尚未实现充分就业，总供给曲线有正斜率，那么减税会使(　　)。

A. 价格水平上升，实际产出增加　　B. 价格水平上升但不影响实际产出

C. 实际产出增加但不影响价格水平　　D. 实际产出和价格水平都不变

8. 当(　　)时，总需求曲线更平缓。

A. 投资支出对利率变化较敏感　　B. 支出乘数较小

C. 货币需求对利率变化较敏感　　D. 货币供给量较大

9. 假定经济实现充分就业，总供给曲线是垂直线，减税将(　　)。

A. 提高价格水平和实际产出　　B. 提高价格水平但不影响实际产出

C. 提高实际产出但不影响价格水平　　D. 对价格水平和产出均无影响

10. 假定经济实现了充分就业，总供给曲线为正斜率，那么减税会使(　　)。

A. 价格水平上升，实际产出增加　　B. 价格水平上升但不影响实际产出

C. 实际产出增加但不影响价格水平　　D. 名义和实际工资都上升

三、简答题

1. 总需求曲线为什么向右下方倾斜？
2. 物价水平持续上升的原因是什么？
3. 简单国民收入决定模型、IS－LM模型与AD－AS模型之间的区别是什么？
4. 短期总供给曲线与长期总供给曲线有何不同？为什么？

四、计算题

1. 设 IS 曲线的方程 $r=0.415-0.000\,018\,5Y+0.000\,05G$，$LM$ 曲线的方程 $r=0.000\,016\,25Y-0.000\,1\dfrac{M}{P}$。

其中，r 为利率，Y 为收入，G 为政府支出，P 为价格水平，M 为名义货币供给量。

要求：导出总需求曲线，并说明名义货币供给量和政府支出的变动对总需求曲线的影响。

2. 设总量生产函数 $Y=f(K, L)$。其中，Y 代表总产量，K 代表总资本量，L 代表总劳动量。

试说明如果规模收益不变，则按人口(或劳动)平均的产量唯一地取决于按人口(或劳动)平均的资本。

3. 设总供给函数为 $Y_s = 2\,000 + P$,总需求函数为 $Y_d = 2\,400 - P$。

要求:

(1) 供求均衡点。

(2) 如果总需求曲线向左平行移动 10%,求新的均衡点并把该点与(1)的结果相比较。

(3) 如果总需求曲线向右平行移动 10%,求新的均衡点并把该点与(1)的结果相比较。

(4) 如果总供给曲线向左平行移动 10%,求新的均衡点并把该点与(1)的结果相比较。

(5) 本题的总供给曲线具有何种形状?属于何种类型?

4. 假定某经济存在以下关系:

$C = 1\,400 + 0.8Y_D$—— 消费　　$T = 0.25Y$—— 税收

$I = 200 - 50r$—— 投资　　$G = 200$—— 政府购买支出

$M_d = 0.4Y - 100r$—— 货币需求　　$M_s = 900$—— 名义货币供给

要求:

(1) 总需求函数。

(2) 价格水平 $P = 1$ 时的收入和利率。

第六章

动态宏观经济模型

【名言名句】

市场经济变化多端，唯一不变的就是其变化的周期性。经济学家们研究它，政治家们试图熨平它，而企业家们如果不能善于利用它来做大自己的企业，就会被它所吞噬。

——李稻葵

【引导案例】

改革开放至今中国经济持续高速增长

在改革开放的三十多年里，中国经济取得了举世瞩目的成就。2012年，中国 GDP 高达 51.89 万亿元，比 1978 年增长了 141 倍。弗里德曼曾说，谁要是搞清楚了中国经济增长奇迹的秘密，谁就可以得到诺贝尔经济学奖。

自 1978 年实行改革开放至今，中国经济持续高速增长。三十多年来，中国经济的年平均增长率不但远远高于美国和日本等发达国家，而且远远高于发展中国家的平均增长水平和同期世界的平均年增长率，取得了举世瞩目的成就。一些学者将这种成就概括为经济增长奇迹。林毅夫、蔡昉和李周合著的《中国的奇迹：发展战略与经济改革》一书中写道：中国在整个 20 世纪 80 年代的经济平均增长率接近 10%，达到创造“东亚奇迹”的亚洲“四小龙”在快速发展时期的增长速度。特别是在面积和人口分别为亚洲“四小龙”4～5 倍的沿海 5 个省份，连续保持高达 12% 的经济增长速度，超过了亚洲“四小龙”最快速发展时期的增长速度，创造了人类经济增长历史上前所未有的奇迹。

经济增长不仅关系到人们福利水平的提高，而且是各国政府制定相关经济政策的基本出发点。

究竟经济增长的决定因素有哪些？有没有规律性的经济增长模式？国家可以采取什么政策提高经济增长率？发达市场经济国家的经济增长对其他落后国家意味着什么？经济增长会带来哪些影响？

【学习目标】

掌握经济周期的含义和类型；能够用乘数和加速原理分析经济周期的产生；掌握经济增长的基本概念，以及经济增长模型；理解经济增长因素分析的内容；了解经济增长的极限。

【要点提示】

1. 掌握经济周期及其主要经济周期理论。
2. 能够用乘数和加速原理分析经济周期的产生。
3. 掌握经济增长模型的主要内容。
4. 理解经济增长因素分析的内容。

经济增长、经济发展和经济周期理论实际上是国民收入决定理论的延伸，也是现代宏观经济学的重要理论，涉及的主要问题有：什么是经济增长，经济增长的源泉是什么；什么是经济发展，如何使经济发展；经济周期的含义及产生的原因；等等。

第一节　经济周期理论

一、经济周期的含义与特点

（一）经济周期的含义

经济周期(Business Cycle/Trade Cycle)又称经济循环或商业循环，是经济处于生产和再生产过程中周期性出现的经济扩张与经济紧缩交替更迭、循环往复的一种现象。现代经济分析把经济周期分为四个阶段：繁荣(Boom)、衰退(Recession)、萧条(Depression)、复苏(Recovery)。其中，繁荣和萧条是两个主要阶段，衰退和复苏是两个过渡性阶段，图 6－1 说明了这四个阶段的特点。

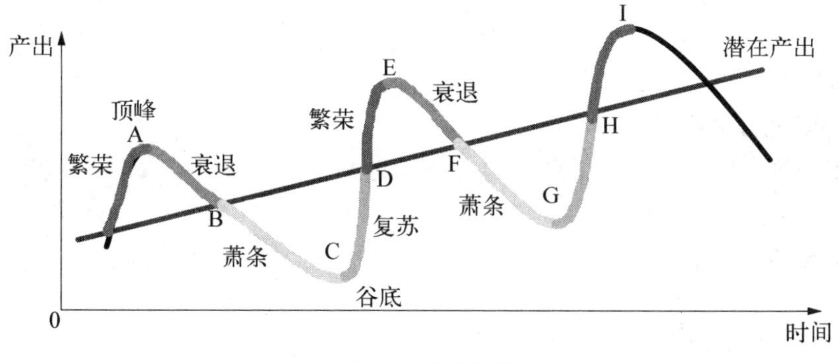

图 6－1　经济周期

图 6－1 中的纵轴代表产出，横轴代表时间(年份)，向右上方倾斜的直线代表正常的经济活动水平。A 为顶峰，A～B 为衰退，B～C 为萧条，C 为谷底，C～D 为复苏，D～E 为繁荣，E 为顶峰。从 A 到 E：A～C 即衰退与萧条，就是收缩阶段；C～E 即复苏与繁荣，就是扩张阶段。收缩阶段总的经济趋势是下降，扩张阶段总的经济趋势是上升。

1. 衰退

衰退是周期波峰过去，经济开始向下滑坡。国内生产总值持续上升到达最高水平后即转入衰退时期。在衰退期间，需求萎缩，从而生产和就业下降。就业下降导致家庭收入减少,又导致需求进一步萎缩,利润也随之下降,企业经营困难。在繁荣时期所进行的投资现在已变得无利可图,投资急剧降至最低水平。衰退情形严重时,大量生产能力闲置,磨损设备暂不需添补重置就可应付生产的需要。

2. 萧条

萧条是经济周期接近低谷的部分。此阶段的特点是劳动力失业率高,公众消费水平下降,企业生产能力大量闲置,存货积压,利润低甚至亏损,企业对前景缺乏信心,不冒险进行新投资。

3. 复苏

当复苏开始时,经济周期已经到了最低点。促使复苏的因素多种多样。例如,大批机器经过多年磨损需要更换,存货减少需要补充,企业订单增加;就业、收入和消费支出均得到增加,使生产销售增加,随之利润增加。经济前景看好,投资的乐观主义代替了萧条时的悲观主义。需求增加,生产的顺利扩大基本上是由萧条时闲置的生产能力和解雇后又返回工厂的工人完成。

4. 繁荣

繁荣体现为经济发展周期的波峰。繁荣时期现有生产设备已经得到充分利用,而劳动力特别是技术熟练劳动力已感缺乏,生产所需要的主要原材料也开始供应不足。由于这些原因,增产的困难越来越大。这时只有增加投资、扩大生产能力,才能扩大产量。而投资建设需要时间,生产的增加满足不了需求的增长,价格不断上涨,生产要素需求的急剧增长促使要素成本上升,但由于商品价格也同时上涨,企业生产仍有较为丰厚的利润可图。由于经济前景看好,投资量可能超过现有销售水平。

(二)经济周期波动的特点

第一,每一个完整的经济周期都包括繁荣、衰退、萧条和复苏四个阶段。

第二,虽然经济周期的四个阶段从逻辑上存在固定的排列顺序,但它们在每次周期中的长度和实际形态会有很大的差异。

第三,在一定时期内存在着生产能力的增长趋势。

二、经济周期理论

(一)经济周期理论概述

经济学家并不满足于对经济周期现象的描述和对经济统计资料的整理。他们力图寻找引起经济周期的原因,建立一套经济周期理论。自19世纪中期以来所提出的经济周期理论有几十种之多,这些理论主要可以分为外部因素理论和内部因素理论。外部因素理论(也称外生经济周期理论)认为,经济周期的根源在于经济体系外的某些因素的变动,如科学发明、技术改良、资源新发现、气候变化、战争与革命、政治事件等。内部因素理论是在经济体系内寻找经济周期自发运动的因素,其中比较著名的有以下7种理论:

1. 纯货币周期理论

这种用货币因素来解释经济周期的理论由英国经济学家霍特里提出,属于内生周期理论。该理论认为，经济周期是一种纯货币现象。经济中周期性的波动完全由银行体系交替地扩大和紧缩信用造成。商人运用的资本主要来自银行信用。当银行体系降低利率、扩大信用时，商人就会向银行增加借款，从而增加向生产者的订货。这样就引起生产的扩张和收入的增加，而收入的增加又引起对商品需求的增加和物价的上升，经济活动继续扩大，经济进入繁荣阶段。但是，银行扩大信用的能力并不是无限的。当银行体系被迫停止信用扩张，转而紧缩信用时，商人得不到贷款就会减少订货，由此出现生产过剩的危机，经济进入萧条阶段。根据这一理论，其他非货币因素也会引起局部的萧条，但只有货币因素才能引起普遍的萧条。

2. 投资过度周期理论

这种理论用生产资料的投资过热来解释经济周期，认为无论是什么原因引起投资的增加，都会引起经济繁荣。这种繁荣首先表现在对投资品（即生产资料）需求的增加以及投资品价格的上升，这更加刺激了对资本品的投资。资本品的生产过度发展引起了消费品生产的减少，从而形成经济结构的失衡。而资本品生产过多必将引起资本品过剩，于是出现生产过剩危机，经济进入萧条。持这种观点的经济学家对最初引起投资增加的原因有不同的解释。奥地利学派经济学家哈耶克和米塞斯等人认为是货币量的增加引起投资增加，他们用货币因素来说明经济结构的失调以及由此引起的经济波动，被称为货币投资过度理论。瑞典经济学家卡塞尔、威克塞尔和德国经济学家斯皮托夫等人认为是新发明、新发现、新市场开辟等因素引起了投资增加。他们用非经济因素（技术、领土、人口等）来说明经济结构的失调以及由此引起的经济波动，被称为非货币投资过度理论。

3. 创新周期理论

这是熊彼特提出的用技术创新来解释经济周期的理论，属于外生经济周期理论。创新是指对生产要素的重新组合，如采用新生产技术、新企业组织形式，开辟新产品、新市场等。该理论用创新来解释繁荣和衰退，认为创新提高了生产效率，为创新者带来了盈利，引起其他企业仿效，形成创新浪潮。创新浪潮使银行信用扩大，对资本品的需求增加，引起经济繁荣。随着创新的普及，盈利机会消失，银行信用紧缩，对资本品的需求减少，引起经济衰退，直至另一次创新出现，经济再次繁荣。

4. 消费不足周期理论

这是一种历史悠久的理论，主要用于解释经济周期危机阶段的出现以及生产过剩的原因，并没有形成解释经济周期整个过程的理论。这种理论的早期代表人物是英国经济学家马尔萨斯和法国经济学家西斯蒙第，近期代表人物是英国经济学家霍布森。该理论认为，经济中出现萧条与危机是因为社会对消费品的需求赶不上消费品的增长，而消费品需求不足又引起对资本品需求的不足，进而使整个经济出现生产过剩性危机。消费不足的根源主要是国民收入分配不平等所造成的穷人购买力不足和富人储蓄过度。这种理论属于内生性经济周期理论。

5. 心理周期理论

这种理论强调心理预期对经济周期各个阶段形成的决定作用，主要代表人物是英国经济学家庇古和凯恩斯。该理论认为，预期对人们的经济行为有决定性的影响。乐观预期与悲观预期的交替引起了经济周期中繁荣与萧条的交替。当任何一种原因刺激了投资活动，引起高涨后,人们对未来预期的乐观程度一般超过在理性思考下应有的程度。这就导致过多投资,形成经济过度繁荣。而当这种过度乐观的情绪所造成的错误被察觉后,又会变成不合理的过分悲观预期。由此过度减少投资,引起经济萧条。凯恩斯认为,萧条的产生是由于资本边际效率的突然崩溃,而正是人们对未来的悲观预期造成了这种崩溃。

6. 太阳黑子周期理论

这种理论用太阳黑子来解释经济周期,由英国经济学家杰文斯父子所提出并认证。该理论认为,太阳黑子的活动对农业生产影响很大,而农业生产的状况又会影响工业及整个经济。太阳黑子的周期性决定了经济的周期性。具体来说,太阳黑子活动频繁使农业生产减产,农业减产影响工业、商业、工资、购买力、投资等方面,从而引起整个经济的萧条。相反,太阳黑子活动减少则使农业丰收,经济繁荣。他们用长期中太阳黑子活动周期与经济周期基本吻合的资料来证明这种理论。这种理论把经济周期产生的根本原因归结为太阳黑子的活动,是典型的外生经济周期理论。现代经济学家认为,太阳黑子对农业的影响是非常有限的,而农业生产对整个经济的影响更加有限,因此,这种理论难以成立。

7. 政治周期理论

政治周期理论认为,政府交替运用紧缩性和扩张性财政政策和货币政策调节经济活动从而带来经济的周期性变化。波兰经济学家卡莱茨基等人认为,政府企图维持经济稳定,实际上却造成了经济不稳定。为了实现充分就业,政府实行扩张性财政政策和货币政策,结果会带来财政赤字和通货膨胀,这样,在政治上受到人们的责问和反对,于是,政府不得不转而实行紧缩性财政政策和货币政策,从而引起经济衰退和停滞,这样又会导致人们的不满,政府又会转而实行扩张性财政政策和货币政策,从而又引起通货膨胀。这就是国家干预经济造成的新型经济周期,其根源在于充分就业和物价稳定这两个目标之间存在矛盾,很难协调。

以上这些理论从不同的角度分析了经济周期产生的原因,解释了经济波动现象,但没有哪一种理论能做出完全令人满意的解释。

(二)凯恩斯主义经济周期理论

1. 总需求和总供给冲击

(1) 总需求冲击。20 世纪 30 年代到 60 年代末期,凯恩斯主义者认为,引起经济波动的主要原因是总需求的冲击,包括引起 IS 曲线和 LM 曲线移动并影响总需求的各种经济变动,即货币政策和财政政策的变动以及投资需求的变动。

当消费需求降低、投资需求减少或政府支出降低引起总需求减少时,IS 曲线向左移动,国民收入减少,经济将处于衰退状态,这时企业减少产品产量、失业增加;同时,企业倾向于通过降低价格以增加销售,所以经济衰退时通货膨胀率较低,而且衰退状态会维持一段时间。相反,当总需求增加时,经济会扩张。

(2) 总供给冲击。凯恩斯主义认为经济繁荣时通货膨胀、就业增加,经济衰退时物价下跌、失业增加。然而 20 世纪 70 年代石油输出国组织连续提高石油价格,西方发达国家出现经济衰退和高通货膨胀并存的现象。供给的冲击成为影响当时宏观经济的主要因素。凯恩斯主义无法解释滞涨现象,开始接受供给冲击是引起经济波动的重要因素的观点。在凯恩斯主义模型中，假定供给冲击来自石油输出国组织石油价格的大幅上涨，其结果是以石油为原材料的相关企业的产品生产成本大幅上涨，于是，这些企业会提高产品的价格水平以转移上涨的成本。这样，一方面，石油价格的大幅上涨使相关企业倾向于减少石油的使用，如果资本和劳动等其他要素的投入固定，则充分就业的产出降低；另一方面，价格水平的上升使实际货币供给量减少，LM 曲线向左移动，使均衡的国民收入降低，经济处于停滞阶段。这时，国民收入停滞，价格上升，经济出现"滞涨"。

2. 乘数与加速相互作用模型

萨缪尔森在 1939 年发表的论文《乘数分析和加速原则之间的相互作用》中指出，乘数和加速相互作用的结果可能存在收入和产量的变动以及消费和投资的变动这样一个无穷序列，该变动过程已经成为经济周期分析的主要支架。

引起经济波动的一个重要因素是投资，投资增加会引起经济繁荣，投资减少会导致经济衰退。因此，我们将考察投资变动是如何通过乘数原理和加速原理相互作用引起经济的周期性变动。乘数原理说明了收入变化对投资的作用，加速原理则反映了收入变化对投资的影响。萨缪尔森据此提出了乘数原理和加速原理的相互作用模型。该模型的基本原理大致为：假设自发性投资增加，由于乘数原理的作用，这一增加的投资支出将引起收入增量的成倍增加；而后，这一收入增量的增加由于加速的作用又将引致新的投资增加，这一新的投资通过乘数原理使国民收入进一步增加。如此，乘数原理和加速原理交替作用，推动着经济的周期性变动。

乘数原理和加速原理的相互作用模型可以表示为以下几个公式：

$$Y_t = C_t + I_t \tag{6-1}$$

$$C_t = \beta Y_{t-1} \qquad (0 < \beta < 1) \tag{6-2}$$

$$I_t = I_0 + v(C_t - C_{t-1}) \qquad (v > 1) \tag{6-3}$$

式中，Y_t 为 t 期国民收入，Y_{t-1} 为 $t-1$ 期国民收入，I_0 为自发性投资，C_t 为 t 期引致消费，I_t 为 t 期总投资，C_{t-1} 为 $t-1$ 期引致消费，v 为加速数，β 为边际消费倾向。

(6－1)式表示国民收入等于消费与投资之和，(6－2)式是消费函数，(6－3)式是投资函数。将(6－2)式和(6－3)式代入(6－1)式，得：

$$Y_t = \beta Y_{t-1} + I_0 + v(C_t - C_{t-1}) \tag{6-4}$$

假设自发性投资为固定值，其数量为 $I_0 = 1000$，$v = 1.5$，举例说明投资如何引起经济的周期性变动(如表 6－1 所示)。

表 6－1　　乘数原理和加速原理的相互作用

时期 t	消费 $C_t = bY_{t-1}$	引致投资 $I_t = v(C_t - C_{t-1})$	自发投资 I_0	总投资 $I_t = I_0 + I_t$	国民收入 $Y_t = C_t + I_t$	备　注
1	0.0	0.0	1 000	1 000.0	1 000.0	—
2	500.0	750.0	1 000	1 750.0	2 250.0	复苏
3	1 125.0	937.5	1 000	1 937.5	3 062.5	繁荣
4	1 531.3	609.5	1 000	1 609.5	3 140.8	繁荣(波峰)

续表

时期 t	消费 $C_t = bY_{t-1}$	引致投资 $I_t = v(C_t - C_{t-1})$	自发投资 I_0	总投资 $I_t = I_0 + I_t$	国民收入 $Y_t = C_t + I_t$	备 注
5	1 570.4	58.7	1 000	1 058.7	2 629.1	衰退
6	1 314.6	−383.7	1 000	616.3	1 930.9	萧条
7	965.5	−349.1	1 000	650.9	1 616.4	萧条
8	808.2	−236.0	1 000	764.0	1 572.2	萧条（波谷）
9	786.1	−33.2	1 000	966.8	1 752.9	复苏
10	876.5	135.6	1 000	1 135.6	2 012.1	复苏
11	1 006.1	194.4	1 000	1 194.4	2 200.5	复苏

根据表 6-1 中的数值，以第二期为例：

引致消费 $C_2 = bY_1 = 0.5 \times 1\,000 = 500$

引致投资 $I_2 = v(C_2 - C_1) = 1.5 \times (500 - 0) = 750$

总投资 $I_2 = I_0 + I_2 = 1\,000 + 750 = 1\,750$

国民收入 $Y_2 = C_2 + I_2 = 500 + 1\,750 = 2\,250$

从表 6-1 可以看出，国民收入形成自发性的周期波动，不断经过“复苏→繁荣→衰退→萧条”（如图 6-2 所示），经济周期波动的幅度越来越小。

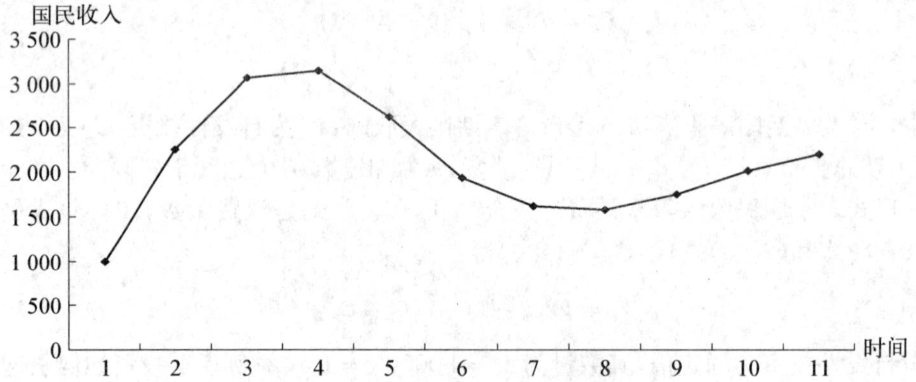

图 6-2　经济周期波动曲线

（三）实际经济周期理论

上述经济周期理论均为传统的经济周期理论，基本观点为经济周期波动的原因是内生的，即由经济体系内部因素所致，主要是由消费和投资等需求因素自发引起的，经济周期波动是有规律的并可以预测的，政府运用经济政策可以减缓经济周期波动等。传统的经济周期理论又称为内生经济周期理论，其中最有影响的是凯恩斯主义的投资乘数原理和加速数原理互相作用理论。

与传统的或内生的经济周期理论相反，实际的或外生的经济周期理论的基本观点可概括为如下四点：

第一，经济周期波动不是市场机制自发调节产生的，因为市场机制无论在短期还是长期都具有不确定性，经济周期波动的真正原因是实际发生的外生事件，如石油价格的变化、农业的歉收、自然灾害以及技术冲击等，而最常见、最重要的原因是技术的冲击，因而提出“技术冲击”是经济周期波动之源。

第二，经济周期波动不是实际国内生产总值对潜在国内生产总值的背离，而是潜在国内生产总值本身的变动，这种经济周期的变动随机而无规律，也是很难预测的。如果经济一直按4%的速度增长，那么，在下一年按照5%的速度增长和按照3%的速度增长的可能性是相同的。

第三，经济周期是供给冲击波动而不是需求冲击波动。实际经济周期理论不同意传统或内生经济周期理论提出的需求冲击是扰乱经济的主要根源的观点，而认为经济周期波动是供给冲击造成的。他们认为由于上述外在因素的变化引起厂商生产品种和数量的变化，最后导致经济周期波动，并认为市场对这种供给冲击会做出迅速而有效的反应，所以，经济周期波动不是很重大的问题。

第四，政府应放弃对经济周期波动的干预，因为经济周期波动是外在原因引起的，又是无规律的，市场机制是完善的，所以，政府不应该运用经济政策干预经济波动，干预经济不仅不会有助于经济稳定，而且会引起更大的波动。

三、经济周期的类型

经济周期按周期长度主要分为以下几种类型：

（一）康德拉季耶夫周期

康德拉季耶夫周期又称长周期或长波，是指周期长度为50～60年的经济循环。苏联经济学家康德拉季耶夫在1925年发表的文章《经济生活中的长波》中，根据美国、英国、法国一百多年批发物价指数、利率、对外贸易、煤炭产量与消耗量等的变动，认为有一种较长的周期，其平均长度为50年左右。他总结了18世纪以来的经济发展，认为存在三个长周期。康德拉季耶夫的长周期观点对经济周期研究影响重大。美国经济学家罗斯托在其理论基础上通过对20世纪中期经济发展的研究，对康德拉季耶夫的周期做了补充和延伸，总结出第四个长周期（如表6-2所示）。通常认为引起长周期的原因是技术革命。

表6-2　　长周期的划分

波　次	波谷（年份）	波峰（年份）	波谷（年份）	周　期
第一次	1789	1814	1849	60年（上升25年，下降35年）
第二次	1849	1873	1896	47年（上升24年，下降23年）
第三次	1896	1920	1896	37年（上升24年，下降13年）
第四次	1933	1851	1896	39年（上升18年，下降21年）

(二) 朱格拉周期

朱格拉周期又称中周期或中波,是指周期长度为9~10年的经济循环。法国经济学家芒特·朱格拉于1862年在其著作《论法国、英国和美国的商业危机及其发生周期》中指出,通过对物价、生产、就业的统计资料分析发现,经济活动呈现波浪般变动,这种周期分为三个连续的阶段——繁荣、危机和清算,强调危机是繁荣造成的,银行信贷对危机发展有重要影响(如表6-3所示)。

表6-3　全世界工业生产朱格拉周期年均增长率(1850~1990年)

期间(年份)	工业生产(%)	期间(年份)	工业生产(%)
1850~1856	7.6	1920~1929	5.1
1856~1866	2.8	1929~1937	1.6
1866~1872	4.5	1937~1948	1.8
1872~1883	2.7	1948~1957	5.9
1883~1892	3.4	1957~1966	5.9
1892~1903	4.3	1966~1973	5.5
1903~1913	4.1	1973~1981	1.6
1913~1920	−1.0	1981~1990	2.8

资料来源:石景云.经济增长与波动[M].北京:商务印书馆,1997:107.

(三) 基钦周期

基钦周期又称短周期或短波,是指周期长度为40个月左右的经济循环。英国统计学家约瑟夫·基钦于1923年在其文章《经济因素中的周期与倾向》中指出,根据对美国和英国的资料研究,经济周期可分为两类——大周期和小周期,一个大周期通常由两个小周期形成,有时由三个小周期形成,小周期平均持续40个月。通常认为引起短周期的主要原因是库存调整的循环。

约瑟夫·A. 熊彼特在1939年出版的《经济周期》中指出,康德拉季耶夫周期包含6个朱格拉周期,每个朱格拉周期包含3个基钦周期,因此,每个康德拉季耶夫周期包含18个基钦周期。他分析第二次世界大战前200年内主要资本主义国家的经济变动情况,划分出三个长周期:第一个周期从18世纪80年代到1842年,称为"产业革命时期",纺织工业的创新活动起了主导作用;第二个周期从1842年到1897年,称为"蒸汽和钢铁时期";第三个周期为1897年以后,称为"电器、化学和汽车时期"。

(四) 库兹涅茨周期

除上述三类周期外,在经济周期划分中较有影响的还有库兹涅茨周期。库兹涅茨周期是指长度为20年左右的经济循环。1971年诺贝尔经济学奖获得者、出生于俄国的美籍经济学家库兹涅茨在1930年出版的著作《生产和价格的长期运动》中,根据英国、美国、法国、比利时等国19世纪初到20世纪初53种工农业主要产品产量和50种工农业主要产品价格的变动情况，提出了在主要资本主义国家经济增长长期变动的持续期为 20 年。库兹涅茨认为这种经济周期与建筑业的兴衰有关，所以也被称为“建筑业周期”。

第二节 经济增长理论

一、经济增长的基本概念

经济增长和经济发展在发展经济学中是经常交替和并列使用的两个基本概念，两者都是指国民经济的向好和改善；但两者又各有侧重，既相互联系又相互区别。

经济增长是指在一段时间内，一个国家或地区国内生产总值的增加。这种增长既包括总量的增长，也包括人均值的增长。在经济活动中，增长的速度常用经济增长率表示，包括 GDP 增长率和人均 GDP 增长率。经济发展不但是指一个国家或地区经济生产能力的增长、生产水平和生产效率的提高，而且包括科学技术、医疗、教育等事业的进步，各项公共设施的发展，经济制度和社会福利制度等诸多方面的完善。

经济增长与经济发展密切联系。经济增长是以一定的经济发展状况为前提，同时又是经济发展状况的直接体现；经济发展是经济增长的结果和表现形式，又为经济的进一步增长创造条件。

经济增长与经济发展又有着较大的区别。经济增长侧重于国内生产总值或人均国内生产总值的增长，主要来自生产要素投入量的增加和生产效率的提高。经济增长可以通过劳动、资本、劳动力等各种资源的投入量和消耗量来加以准确的数量化计量。经济发展侧重于在国民生产总值增长的基础上，产品质量的提高，产品种类和档次的丰富，社会生产生活方式的改进和完善，社会制度、政治制度、经济制度、社会福利、社会观念等多方面的进步和更新。

发展的成果更多地体现在人均寿命的延长，医疗教育条件的改善，科学技术的进步，生态环境的改善，社会福利和生活质量的提高等方面。而增长的结果更多地表现在 GDP 的增加、个人收入水平的提高、生产要素和产品产出量的增加、资本和生产规模的扩张、生产能力的提高等方面。增长的成果是具体的、直观的、个体化的。发展结果的直观性和具体性较差，但社会化特征明显。增长可以是快速的、突飞猛进的，而发展大多是逐步的、渐进的。

【知识链接】

衡量经济发展的指标

联合国社会发展研究所设计的综合指标：(1) 出生时的预期寿命；(2) 2 万人以上地区人口占总人口的百分比；(3) 人均每日消费的动物蛋白质；(4) 中、小学生注册人数总和；(5) 职业教育入学比例；(6) 每间居室平均居住人数；(7) 每千人中读报人数；(8) 从事经济活动人口中使用电、水、煤等的百分比；(9) 每个男性农业工人的农业产量；(10) 农业中成年劳动力的百分比；(11) 人均消费电力的千瓦数；(12) 人均消费钢的千克数；(13) 能源消费

(折合人均消费煤的千克数);(14) 制造业在国内生产总值中的百分比;(15) 人均对外贸易额;(16) 工薪收入者在从事经济活动人口中的百分比。

世界银行设计的世界发展指标体系:世界银行设计了一套反映一国社会和经济发展主要特征的世界发展指标体系。与联合国社会发展研究所设计的综合指标有所不同,世界银行的发展指标是从两个方面分类加以考察,一方面是反映一国经济概况的基本指标,另一方面是反映生产、国内成本分摊、财政和货币账户、贸易和国际收支平衡、外部融资和人力资源等情况的指标。

阿尔德曼-莫里斯的发展指数:美国经济学家阿尔曼德和莫里斯提出的发展指数是根据经济和政治因素之间相互作用的方式来衡量发展的。这项研究根据 40 个变量对 74 个国家进行了分组,用因素分析法考察了社会和政治变量与经济发展水平之间的相互依赖关系,发现了某些关键性因素与社会发展水平之间的相关关系。生活质量指数(PQLI)是由莫里斯提出的一种综合指数。这种指数是预期寿命、婴儿死亡率和识字率的加权平均数,以 100 分作为总分,分数越低,则一个国家的发展状况越差。

二、哈罗德-多马经济增长模型

经济增长模型是说明经济增长与有关经济变量之间因果关系和数量关系的理论,研究的是经济长期稳定增长的路径及所必须的条件等问题。在众多经济增长模型中,最有影响的是哈罗德-多马模型、新古典增长模型和内生经济增长模型。

哈罗德-多马模型是由英国经济学家哈罗德和美国经济学家多马于 20 世纪 40 年代共同提出的。哈罗德以凯恩斯的经济理论为基础,于 1939 年发表了论文《论动态理论》,于 1948 年出版了著作《动态经济学导论》。其中,哈罗德对国民收入长期动态均衡进行了分析,并提出了一个稳定状态均衡的经济增长模型。与此同时,多马于 1946 年和 1947 年分别发表了《扩张与就业》和《资本积累问题》两篇著名论文,并在其中提出一个与哈罗德增长模型相近的多马增长模型。虽然两者在表述上有些不同,但出发点都是凯恩斯的有效需求原理,结论也基本相同,因而后来的经济学家就把两个模型合称为哈罗德-多马经济增长模型。

(一) 哈罗德模型

1. 哈罗德模型的假设条件

(1) 经济社会生产单一产品,这种产品既可作为消费品,也可作为资本品。

(2) 生产过程中只使用资本(K)和劳动(L)两种生产要素,且两种生产要素不可相互替代。

(3) 在一定时期内不存在技术进步,故资本-产量比$\left(\frac{K}{Y}\right)$和劳动-产量比$\left(\frac{L}{Y}\right)$在生产过程中始终不变,同时不存在资本折旧。

(4) 生产规模报酬不变,即生产任何一单位产品所需的资本和劳动的数量都是固定不变的。

(5) 储蓄(S)是国民收入(Y)的函数,即 $S=sY$, s 为该社会的储蓄率(也就是社会边际储蓄倾向)，假设不变。

在这些假定的基础上，哈罗德模型集中考察了社会再生产过程中的几个变量以及它们之间的相互关系，提出了一个国家在长期内实现经济稳定均衡增长所需具备的条件。

2. 哈罗德模型的基本公式及其推导

哈罗德认为，一个社会的资本存量与社会总产量或国民收入之间存在着一定的比例，这一比例称为资本-产量比。若用v表示资本-产量比，K表示资本，Y表示社会总产量或国民收入，则有：

$$v=\frac{K}{Y} \text{ 或 } K=vY \tag{6-5}$$

随着社会资本的增长，社会的总产量也在增长，假设两者的增长量依次为ΔK和ΔY，两者之比称为边际资本-产量比。如果原资本-产量比等于边际资本-产量比，则有：

$$v=\frac{\Delta K}{\Delta Y} \text{ 或 } \Delta K=v\Delta Y \tag{6-6}$$

由于假设不存在资本折旧，因此，资本存量的增量ΔK全部来自投资，也就是说，$\Delta K=I$，由此有：

$$I=v\Delta Y \tag{6-7}$$

又由于$S=sY$，按照凯恩斯理论，经济均衡时，$I=S$，故可得：

$$sY=v\Delta Y \quad \text{即} \quad \frac{\Delta Y}{Y}=\frac{s}{v} \tag{6-8}$$

从前面的经济增长公式可知，$\frac{\Delta Y}{Y}$就是经济增长率，用G表示，因此有：

$$G=\frac{s}{v} \tag{6-9}$$

(6-9)式就是哈罗德模型的基本公式，表示要实现经济的稳定均衡增长，国民收入的增长率(经济增长率)必须等于社会储蓄率和资本-产量比之比。

从该式可知，哈罗德模型是从国民收入、资本-产量比和储蓄率三个经济变量及其相互关系的分析角度考察经济增长的决定因素。当一国的居民储蓄率和资本-产量比既定时，该国经济增长的快慢就相应决定了。它说明：(1) 经济增长率与储蓄率成正比，储蓄率越高，经济增长率也越高；(2) 经济增长率与资本-产量比成反比，资本-产量比越高，经济增长率越低。

(二) 多马模型

多马模型研究的三个变量是：经济增长率(G)、储蓄率(s)和资本产出率(又称投资效率)。资本产出率是指每单位资本的产出，用σ表示，则$\sigma=\frac{\Delta Y}{I}$。前两个变量与哈罗德模型中的两个变量是一致的，后一个变量即资本产出率实际上就是哈罗德的资本-产量比的倒数。

多马认为,在凯恩斯充分就业条件下,供给方面的生产能力增长 $\left(\frac{\mathrm{d}Y}{\mathrm{d}t}\right)$ 主要取决于两个因素——投资量(I)和投资效率(σ),有:

$$\Delta Y_s=\frac{\mathrm{d}Y}{\mathrm{d}t}=I\times\sigma \tag{6-10}$$

然而,新增加的生产能力在国民经济活动中如何才能得到充分利用呢?多马认为,唯一的办法就是提高总需求,而决定总需求的因素有两个:一是消费,二是储蓄。两者都取决于国民收入的增长。所以多马认为,在需求方面,增加收入和投资是关键。要提高总需求,就必须增加投资,而投资对增加总需求的作用是通过投资乘数来完成的,所以有:

$$\Delta Y_d=\Delta I\times k_i \tag{6-11}$$

式中,k_i 代表投资乘数,$k_i=\frac{1}{s}$。

这一公式也可以表示为:

$$\Delta Y_d=\frac{\mathrm{d}Y}{\mathrm{d}t}=\frac{\mathrm{d}I}{\mathrm{d}t}\times k_i \tag{6-12}$$

多马认为,要长期维护充分就业状态,就必须使每期新增的生产能力得到充分利用,而要使新增生产能力得到充分利用,就必须要求总需求增量等于总供给增量,即:

$$\Delta Y_d=\Delta Y_s \quad 或 \quad \Delta I\times\frac{1}{s}=I\times\sigma \tag{6-13}$$

整理后有:

$$\frac{\Delta I}{I}=s\times\sigma \tag{6-14}$$

(6-14)式就是多马模型的基本公式。

将 $\sigma=\frac{\Delta Y}{I}$ 和 $s=\frac{S}{Y}$ 代入(6-14)式,就可以得到:

$$\frac{\Delta I}{I}=\frac{S}{Y}\times\frac{\Delta Y}{I} \tag{6-15}$$

由于均衡时,$I=S$,故 $\frac{\Delta I}{I}=\frac{\Delta Y}{Y}=G$,即 $G=s\times\sigma$,而 $\sigma=\frac{1}{v}$,即:

$$G=s\times\sigma=\frac{s}{v} \tag{6-16}$$

这说明多马模型的基本公式 $G=s\times\sigma$ 与哈罗德的基本公式 $G=\frac{s}{v}$ 是完全一致的。

从以上分析可以看到,哈罗德-多马经济增长模型是建立在凯恩斯储蓄-投资理论基础上的，是对凯恩斯理论的发展。但是，哈罗德-多马经济增长模型与凯恩斯理论又有明显的区别：(1) 凯恩斯理论是从短期的角度、运用静态的方法来说明投资和储蓄的均衡以及由此实现的国民收入均衡。哈罗德-多马经济增长理论则是将凯恩斯的储蓄-投资分析加以长期化、动态化。所谓长期化，就是将人口、资本和技术等关系到经济增长的因素看作随着时间的推移而变动的变量；所谓动态化，就是阐述长期内投资和储蓄的均衡及其对国民收入均衡变动的影响。(2) 凯恩斯短期静态的投资-储蓄分析理论只注重增加投资对刺激收入增长的重要作用，而哈罗德-多马经济增长理论强调投资既增加需求又增加供给的双重作用。

(三) 经济长期稳定增长的条件

哈罗德为了说明经济长期稳定均衡增长的条件及短期经济波动的原因，在其经济增长理论中提出了三种经济增长率，即实际增长率、有保证的增长率和自然增长率。

1. 实际增长率

在哈罗德模型的基本公式中，如果 v 是资本的实际变化量与国民收入的实际变化量的比率，那么，在一定储蓄率下，由于公式所得到的经济增长率就是实际增长率，用 G_A 表示，则：

$$G_A = \frac{s}{v} \tag{6-17}$$

实际增长率就等于实际储蓄率与实际资本-产出比之比。

2. 有保证的增长率(合意增长率)

实际的资本-产出比和储蓄率并不一定是生产者所预期的或合意的资本-产出比和储蓄率，由实际值所计算得到的经济增长率也并不一定是生产者所满意的增长率，因此，这种经济增长率是没有保证的。哈罗德认为，经济能否实现有保证的稳定均衡增长，取决于储蓄率和生产者所合意或预期的资本-产出比，即有保证的增长率(G_W)可以表示为：

$$G_W = \frac{s}{v_r} \tag{6-18}$$

式中，s 代表储蓄率，v_r 代表合意的资本-产出比。

根据 $G_A = \frac{s}{v}$，有 $G_A \times v = s$；根据 $G_W = \frac{s}{v_r}$，有 $G_W \times v_r = s$。于是，可以得到：

$$G_W \times v_r = s = G_A \times v \tag{6-19}$$

这表明，如果现实经济活动的实际增长率等于生产者所合意的增长率，那么，实际资本-产出比就必须等于生产者所合意的资本-产出比。或者说，如果国民收入按照合意增长率增长，那么，与实际社会总产量或实际国民收入相联系的实际资本增量就等于生产者感到满意的资本增量。由于积累或资本增量取决于生产者的投资意愿，因此，只要国民收入按合意增长率增长，就会使生产者保持愿意进一步实现类似增长的心态，从而国民收入就会年复一年按照合意增长率增长下去。正因如此，哈罗德又称合意增长率为“有保证的增长率”。

3. 自然增长率

为了进一步说明经济稳定增长的条件，哈罗德又在其理论中引入自然增长率的概念，以进一步充实经济增长模型的内涵。所谓自然增长率,是指考虑了人口增长和技术进步影响后的经济增长率,它取决于劳动力增长率和劳动生产率增长率。所以,自然增长率(G_N)可以表示为:

$$G_N = n + \varepsilon \tag{6-20}$$

式中,n 代表劳动力增长率,ε 代表劳动生产率增长率。

哈罗德认为,要实现经济的长期稳定增长,就必须使 $G_A = G_W = G_N$。只有实际增长率、合意增长率和自然增长率三者相等,经济才能实现合乎理想的长期均衡增长,$G_A = G_W = G_N$ 也就是经济长期稳定均衡增长的条件。

(四) 哈罗德模型的两个问题

由哈罗德所提出的经济长期稳定均衡增长的条件可知,经济长期稳定均衡增长的存在必须取决于储蓄率、实际资本-产出比、合意资本-产出比、劳动力增长率和劳动生产率增长率这 5 个因素。而在经济运行中,这 5 个因素是众多经济变量作用的结果,因此,没有理由期望经济活动一定会按照这个均衡条件增长下去。由此,哈罗德的经济增长模型遇到了两个不容易解决的问题:

一是经济沿着均衡路径增长的可能性是否存在,或者说,在实际经济活动中,是否确实存在一条像哈罗德所描述的均衡增长路径。这个问题被称为"存在性问题"。一般来说,在现实经济中,我们很难做到实际增长率、有保证的增长率和自然增长率的一致,因此,经济长期稳定均衡增长就很难实现。

二是经济活动一旦偏离了均衡增长路径,是否能够自动地趋向于均衡增长路径。这个问题就称为"稳定性问题"。从 $G_W \times v_r = s = G_A \times v$ 可以看到,只有当实际资本-产出比等于合意资本-产出比时,实际增长率才会等于合意增长率。如果 $G_A > G_W$,那么,$v < v_r$。也就是说,一旦实际增长率大于合意增长率,企业的固定资产和存货就会少于生产者所需的数量。这种情况促使生产者增加订货、增加投资,从而使实际增长量进一步提高,使实际增长率和合意增长率之间的缺口进一步增大;反之则反是。因此,哈罗德认为,实际增长率与合意增长率一旦出现偏差,经济活动就很难自我纠正,而且还会产生更大偏离。这个结论就称为哈罗德的"不稳定"原理。

【即问即答】

如果要使一国的产出年增长率从 5%提高到 7%,在资本-产出比率等于 4 的前提下,根据哈罗德增长模型,储蓄率应有何变化?

答:根据哈罗德增长模型,为实现经济的均衡增长,增长率 $=\dfrac{\text{储蓄率}}{\text{资本-产出比率}}$,其中,资本- 产出比率相对稳定,增长取决于储蓄率。

由题意,当产出年增长率为 5%时,$G_1=\dfrac{s_1}{v}$,$s_1=G_1\times v=5\%\times 4=20\%$;当产出年增长率为 7%时,$G_2=\dfrac{s_2}{v}$,$s_2=G_2\times v=7\%\times 4=28\%$,即为了使年增长率从 5%提高到 7%,在资

本-产出比率不变的条件下，储蓄率应相应从20%提高到28%。

三、新古典经济增长模型

美国经济学家索洛在1956年发表了其著名论文《经济增长的一个理论》，其中提出一个新的增长理论模型，随后英国经济学家斯旺等人也在他们的经济理论中提出了与索洛基本相同的论点。由于这种模型强调了"凯恩斯革命"以前的古典经济充分就业的要求，并将凯恩斯的理论与新古典经济学结合起来，所以被称为"新古典经济增长模型"。

（一）新古典经济增长理论的假定

根据新古典经济学原理，针对哈罗德增长模型的不足，新古典经济增长理论提出以下假设：(1) 经济社会使用资本(K)和劳动(L)两种生产要素生产一种产品；(2) 储蓄(S)是国民收入(Y)的函数，即 $S=sY$，s 为该社会的储蓄率；(3) 劳动力按照一个不变的比率(n)增长，即 $n=\Delta L/L$；(4) 资本与劳动之间存在着替代关系，即资本-劳动比可变；(5) 生产规模报酬不变。

当生产函数为 $Y=f(K,L)$ 时，有 $\frac{Y}{L}=f(K/L,1)=f\left(\frac{K}{L}\right)$。假设用 $y=\frac{Y}{L}$ 表示劳动力人均产量，用 $k=\frac{K}{L}$ 表示劳动力人均资本拥有量，则可以得到人均生产函数 $y=f(k)$。这一生产函数表示人均产量取决于人均资本量，人均资本量的增加会使人均产量增加，但由于边际报酬递减规律，人均产量会以递减的速度增长。该生产函数的图形可以用图6-3表示。

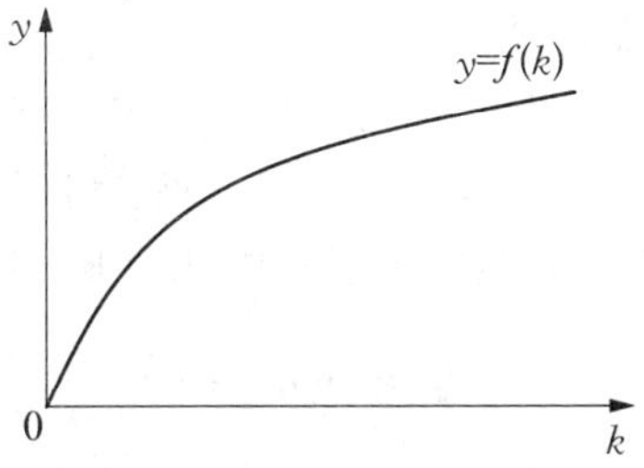

图6-3　人均生产函数曲线

（二）新古典经济增长模型的基本方程

总投资(I)等于资本存量的变化(净投资)(ΔK)和折旧(d)之和。假设折旧是资本存量(K)的一个固定比例 δK $(0<\delta<1)$，则有 $I=\Delta K+\delta K$，即：

$$\Delta K = I - \delta K \tag{6-21}$$

根据凯恩斯理论，经济均衡时，$I=S$，同时根据假设 $S=sY$，有：

$$\Delta K = sY - \delta K \tag{6-22}$$

对上式两边同除以劳动数量(L)，则有：

$$\frac{\Delta K}{L}=\frac{sY}{L}-\frac{\delta K}{L}=sy-\delta k \tag{6-23}$$

由于 $k=\frac{K}{L}$，因此，k 的增长率可以写成：

$$\frac{\Delta k}{k}=\frac{\Delta K}{K}-\frac{\Delta L}{L}=\frac{\Delta K}{K}-n \tag{6-24}$$

因此，$\Delta K=K\times\frac{\Delta k}{k}+nK$，两边除以 L，就有：

$$\frac{\Delta K}{L}=\Delta k+nk \tag{6-25}$$

由于 $\frac{\Delta K}{L}=sy-\delta k$，可以得到 $sy-\delta k=\Delta k+nk$，即：

$$sy=\Delta k+(n+\delta)k \tag{6-26}$$

(6－26)式就是新古典增长模型的基本方程。其经济含义是一个社会的人均储蓄可以用于两个部分：一部分是人均资本的增加，即资本深化；另一部分是资本折旧与为新增人口配备的资本投入之和，即资本广化。由此可以看到，当 sy 大于 $(n+\delta)k$ 时，k 上升，此时存在着资本深化；如果 sy 小于 $(n+\delta)k$，人均资本就会下降，经济就会回缩。因此，新古典增长模型的基本方程可以表述为人均储蓄是资本深化与资本广化之和。

（三）新古典经济增长模型的稳态分析

稳态是一种长期稳定的均衡状态。在稳态时，人均资本(k)与人均产量(y)达到均衡数值并维持在均衡水平不变，即 $\Delta k=0$。因为如果人均资本变化，则根据生产函数 $y=f(k)$，人均产量也必然会发生变化，经济将不再稳定。由此可知，稳态的条件是：

$$sy=(n+\delta)k \tag{6-27}$$

稳态时，在技术不变的情况下，人均资本和人均产量都达到持久性水平，也就是说，要实现稳态，资本深化就必须为零，即人均储蓄全部用于资本广化。

虽然在稳态时人均资本(k)与人均产量(y)数值不变，但总产量(Y)与总资本存量(K)都在增长。由于 $y=\frac{Y}{L}$、$k=\frac{K}{L}$，因此，总产量与总资本存量的增长率都必须与劳动力数量(L)的增长率(n)相等。这就是说，在稳态时，总产量与总资本存量的增长率相等，且都与劳动力的增长率相等，即：

$$\frac{\Delta Y}{Y}=\frac{\Delta K}{K}=\frac{\Delta L}{L}=n \tag{6-28}$$

这种稳态用图形来表示，可以得到图 6－4。

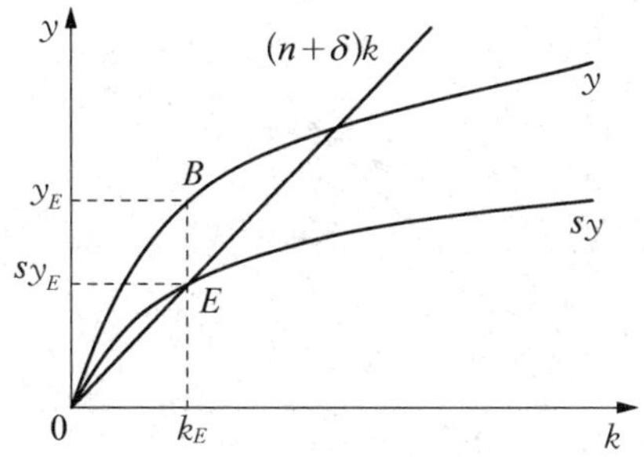

图 6-4 经济增长的稳态

由于 $0<s<1$,因此,储蓄曲线 sy 与人均生产函数曲线 y 的形状相同;又由于 $sy<y$,因此,储蓄曲线 sy 位于人均生产函数曲线 y 的下方。资本广化曲线 $(n+\delta)k$ 是通过原点、向右上方倾斜的直线。

由于 $sy=(n+\delta)k$ 是稳态条件,因此,稳态时,sy 曲线与 $(n+\delta)k$ 曲线一定相交,交点是 E 点。稳态时的人均资本为 k_E、人均产量为 y_E、人均储蓄量为 sy_E,此时,$sy_E=(n+\delta)k_E$,即人均储蓄正好全部用来为增加的劳动力购买资本品(花费为 nk_E)和替换旧的资本品(花费为 δk_E),人均资本没有变化(即 $\Delta k=0$)。

从图 6-4 可以看到,在 E 点的左面,sy 曲线高于 $(n+\delta)k$ 曲线,表明人均储蓄大于资本广化,存在着资本深化,即 $\Delta k>0$。这时,人均资本有增多的趋势,人均资本会逐步增加,逐渐接近 k_E。当 $k=k_E$ 时,经济实现稳定状态。反之,在 E 点的右面,人均储蓄小于资本广化,即 $sy<(n+\delta)k$,此时,有 $\Delta k<0$,人均资本有下降趋势。人均资本的下降会一直持续到 k_E,达到稳态。

以上论述表明,当经济偏离稳定状态时,无论是人均资本过多还是过少,经济都会在市场力量的作用下恢复到长期稳定均衡状态。显然,新古典增长模型"稳定、均衡"的结论与哈罗德-多马经济增长模型"稳定、均衡的极小可能性及经济的剧烈波动"的结论存在着重大差别。

(四)稳态的变化

从稳态条件可以看出,如果储蓄率和劳动力人口增长率发生变化,稳态也会相应地发生变化。

1. 储蓄率的提高对稳态的影响

在图 6-5 中,由于人均储蓄曲线 s_0y_0 与 $(n+\delta)k$ 曲线相交,因此,经济处于稳态均衡,E_0 点表示初始稳态均衡点,此时的人均储蓄为 E_0k_0、人均资本量为 k_0。如果储蓄率由 s_0 提高到 s',则人均储蓄曲线会由 s_0y_0 上升到 $s'y'$。新的人均储蓄曲线 $s'y'$ 与 $(n+\delta)k$ 曲线在 E' 点相交,形成新的经济稳态均衡。在新的稳态均衡下,人均储蓄为 $E'k'$,多于旧均衡的 E_0k_0;人均资本量为 k',多于原先均衡时的人均资本量 k_0。显然,储蓄率的提高增加了稳态的人均资本量,新稳态均衡时的人均收入大于原稳态均衡时的人均收入。因此,储蓄率的提高增加了人均收入。

由于 E_0 点与 E' 点都表示稳态,因此,这里提到的稳态变化不是指由稳态到非稳态,而

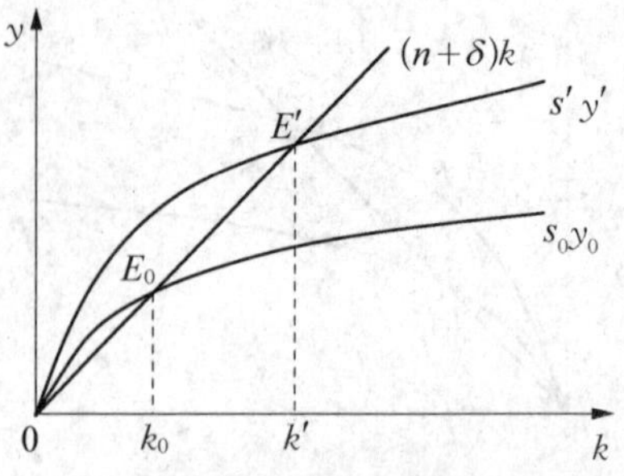

图 6-5 储蓄率提高对稳态的影响

是指由原稳态变化到新稳态,经济变化前后都是稳态。这就是说,储蓄率的提高不能影响稳态增长率,但能提高稳态的人均资本和人均收入水平。

2. 人口增长率提高对稳态的影响

在图 6-6 中,假定最初的经济处于 N_1 点所表示的稳态均衡,此时的人口增长率为 n_1、人均资本量为 k_1。当劳动力的增长率由 n_1 提高到 n_2 后,$(n_1+\delta)k$ 曲线向左上旋转到 $(n_2+\delta)k$ 的位置,$(n_2+\delta)k$ 曲线与 sy 曲线相交于 N_2 点,实现了新的稳态。由于 sy 曲线向右上方倾斜,因此,$(n_1+\delta)k$ 曲线上升后的新均衡点 N_2 低于 N_1 点。可以看到,人口增长率的增长降低了人均资本的稳态水平,人均资本由 k_1 降到 k_2。又由于 sy 曲线的上方有一条人均收入曲线,因此,新稳态均衡时的人均收入显然低于原稳态均衡时的人均收入。所以,人口增长率的提高减少了人均收入,即降低了人均产量的稳态水平。

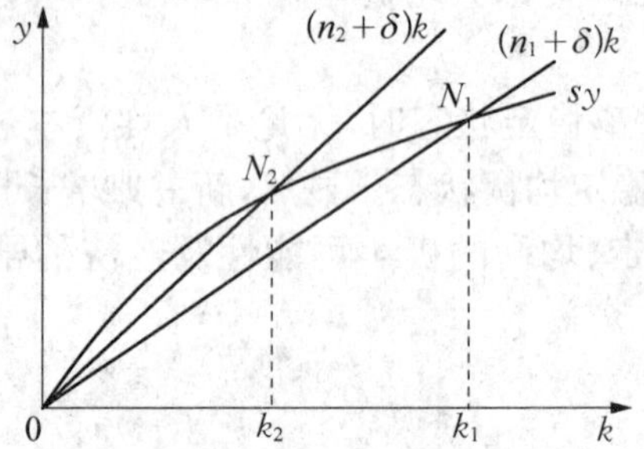

图 6-6 人口增长率的提高对稳态的影响

这一结论揭示了发展中国家人均产量下降由人口增长率上升引起的现象,并且两个储蓄率相同的国家,人均收入会由于劳动力人口增长率的不同而不同。

(五) 经济增长的黄金分割律

以上稳态分析表明,储蓄率会影响稳态的人均资本水平,而人均资本水平又会影响人均产量。由于产量要用于积累与消费,因此,需要分析经济长期增长过程中的人均消费。

假定不存在折旧,则 $(n+\delta)k$ 就变为 nk,稳态条件就变为:

$$sy = nk \tag{6-29}$$

稳态时,人均消费 c 就是人均收入与人均储蓄之差,即:

$$c = y - sy \tag{6-30}$$

又由于 $sy = nk$，$y = f(k)$，故可得到：

$$c = f(k) - nk \tag{6-31}$$

人均消费 c 最大化的一阶条件是 $c'(k) = f'(k) - (nk)' = 0$，即：

$$f'(k) = n \tag{6-32}$$

(6-32)式就是经济增长的黄金分割律表达式，其含义为：要想使稳态人均消费最大化，稳态人均资本量的选择就应该使资本的边际产品等于劳动的人口增长率。

如图 6-7 所示，稳态时的人均消费就是人均收入曲线 y 与直线 nk 之间的垂直距离。最大的人均消费量出现在人均资本等于 k^* 的时候，此时，曲线 y 的切线斜率正好等于 n，即这条切线与直线 nk 平行。在这种情况下，人均收入曲线 y 与直线 nk 之间的垂直距离 $M'M$ 最大，即消费最大。从图 6-7 可以看出，$M'M$ 表示的消费量明显大于人均资本分别等于 k_1 和 k_2 时的消费 $G'G$ 和 $H'H$。$G'G$、$H'H$ 之所以小于 $M'M$，是因为人均资本为 k_1、k_2 时所做的曲线 y 的切线都不与直线 nk 平行。这一结论与 $f'(k) = n$ 时的结论完全相同。

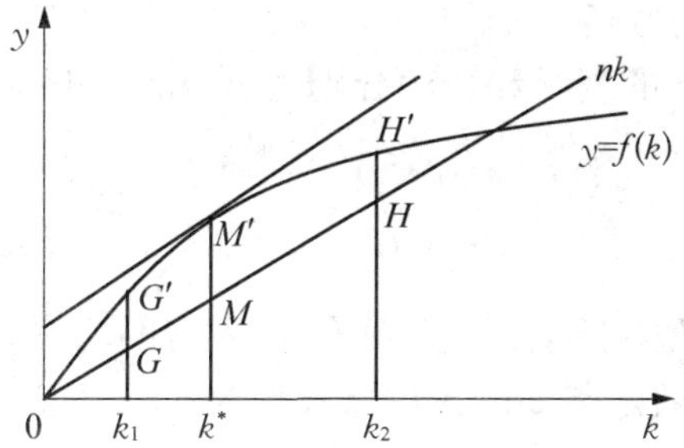

图 6-7 经济增长的黄金分割律

从黄金分割律可知，稳态时，如果人均资本量多于黄金分割的水平，则需要通过消费掉一部分资本使人均资本减少到黄金分割的水平，这就能够提高人均消费水平；反之，人均资本量少于黄金分割的水平，则需要减少消费、增加储蓄，再通过储蓄转化为资本，使人均资本增加到黄金分割的水平。

【即问即答】

政策制定者一般希望实现黄金分割律的稳定增长吗？

答：假定经济的初始状态是人均资本多于黄金分割律水平，那么，政策制定者可以采取降低储蓄率，即降低稳定状态的人均资本存量的政策，以达到黄金分割律所要求的资本存量。但如果经济的初始状态是人均资本低于黄金分割律水平，制定政策时就必须提高储蓄率以达到黄金分割律的要求。然而，提高储蓄率就要降低目前的消费，人们一般不愿这么做。政策制定者出于政治上的考虑，并不一定希望实现黄金分割律水平的稳定增长。

四、内生经济增长理论

(一) 新古典增长理论的缺陷

第一,生产规模报酬不变的假定与事实越来越不相符。大多数工业化国家由于资源配置合理化、部门协调效率较高、信息传递有效等,其经济资源的利用率高,产生了规模报酬递增的现象,而发展中国家由于种种原因出现了规模报酬递减的状况。

第二,该模型无法对劳动力增长率和技术进步率做出解释,也未能对控制人口增长、加快技术进步提出相应的建议。在新古典增长模型中,稳态增长率即人口增长率是外生变量,人口增长率和技术进步率对经济增长至关重要。所以,许多欧美经济学者认为增长率的外生化是新古典增长模型在理论上的主要缺陷。

第三,新古典增长理论在解释现实方面显得无力。新古典增长理论的一个重要结论是,具有相同的技术和人口增长率的不同国家的增长率具有趋同性,但许多国家的增长率存在着较大或相当大的差异的现实却与新古典增长理论的趋同论相悖。正是在这样的背景下出现了"新经济增长理论"。

(二) 内生经济增长理论概述

假定产量为 Y,用于生产的资本和劳动分别为 K 和 L,规模报酬不变,则柯布-道格拉斯生产函数为:

$$Y = K^{\alpha}(AL)^{1-\alpha} \tag{6-33}$$

这里,A 代表劳动增强型技术,是外生变量,以固定的比率 g 增长。假定不存在折旧,即 $\delta=0$,因此,$\Delta K=sY$;此外,假定劳动的人口增长率为 n,对人均生产函数取对数并对时间求导,得:

$$\begin{aligned}\frac{\Delta Y}{Y} &= \alpha\frac{\Delta K}{K}+(1-\alpha)\left(\frac{\Delta A}{A}+\frac{\Delta L}{L}\right)\\ &= \alpha\frac{sY}{K}+(1-\alpha)(g+n)\end{aligned} \tag{6-34}$$

若将产出增长率记作 $g\gamma=\dfrac{\Delta Y}{Y}$,由于 $\dfrac{\partial Y}{\partial K}=\alpha K^{\alpha-1}(AL)^{1-\alpha}=\alpha\dfrac{Y}{K}$,因此可以把上式重新整理为:

$$g\gamma = s\times\frac{\partial Y}{\partial K}+(1-\alpha)(g+n)$$

即:

$$g\gamma-(g+n) = s\times\frac{\partial Y}{\partial K}-\alpha(g+n) \tag{6-35}$$

如果上式两端等于零,即产生增长率仅等于外生参数劳动增长率与技术进步率之和

$(n+g)$，则就是一个外生增长模型；如果上式两端均为正，则在外生参数 n 和 g 之外，模型本身发生了增长，因此是一个内生增长模型。新古典增长模型之所以是一个外生增长模型，最主要的原因是资本报酬递减规律的存在 $\left(\text{即}\frac{\partial Y}{\partial K}\text{随着人均资本存量的增加而下降}\right)$ 使得上式右端在稳态中不能大于零。由此可以看出，任何内生增长模型都必须想方设法使资本边际产品不致下降得太快，基本方法不外乎如下两个方面：或者放弃新古典生产函数的核心假定（主要是资本报酬递减假定），或者在模型中引入其他机制以使资本边际产品不至于下降得太快。

（三）常见的内生增长模型

1. AK 模型

新古典增长模型之所以不能产生内生增长，最主要的原因是资本收益递减规律的存在。一种不存在资本报酬递减的最简单的生产函数是：$Y=AK$，其中，$A>0$ 是反映技术水平的常数。AK 模型的称谓正是由此而来。显然，AK 函数对应于 $\alpha=1$ 时的柯布-道格拉斯生产函数。假定资本积累方程仍为通常的 $\Delta K=sY-(n+g+\delta)K$，由生产函数 $Y=AK$ 和资本积累方程可得 $\frac{\Delta Y}{Y}=\frac{\Delta K}{K}=sA-(n+g+\delta)$，即产出和资本的增长率均为 $sA-(n+g+\delta)$。显然，只要 $sA>(n+g+\delta)$，经济就可以实现持续增长。由此可以看出，即使不存在人口增长和外生的技术进步，即 $(n+g)=0$，AK 模型也可以产生内生增长（产出增长率为 $sA-\delta$）。

AK 模型揭示了放弃资本收益递减规律如何能够导致内生增长。不过，该模型存在明显的缺陷：(1) 该模型似乎过于简单，直接放弃资本报酬递减规律似乎不符合常理；(2) 该模型不能预测绝对收敛或条件收敛，而条件收敛显然是一条经验规律。如果将 K 仅视为物质资本，那么，AK 生产函数显然不符合经验规律。不过，如果将 K 理解为包括人力资本在内的广义资本，该生产函数大致还说得过去。此外，AK 模型直接放弃资本收益递减规律似乎过于突兀，不过，内生增长模型在很大程度上可以归结为 AK 模型的形式：这些模型虽然在个体水平上存在收益递减，但由于外部性或溢出效应的存在，总量水平上则表现出不变收益或递增收益。AK 模型有助于我们理解这些更重要的模型。

至于 AK 模型违反条件收敛的经济增长经验规律的问题，我们可以对 AK 模型进行简单的扩展，从而在保留资本收益不变特征的同时，恢复模型的收敛性质。这正是多数凸性增长模型的实际做法。我们知道，新古典生产函数能够产生收敛、AK 生产函数则能够产生内生增长，将两者结合在一起就可以得到既具有内生增长，又具有收敛性质的经济增长模型。例如，假定生产函数是 AK 函数和柯布-道格拉斯函数的组合。当 K 较小时，该生产函数表现出新古典生产函数的性质，但随着 K 的增加，它渐进收敛于 AK 形式；也就是说，该生产函数具有资本收益递减的性质（从而具有收敛性质），但资本边际产品的递减是有下限的（从而产生内生增长）。

2. 外部性模型

外部性模型是既不放弃资本收益递减假定和完全竞争，又能产生内生增长的经济增长模型，是以外部性和知识溢出为基础的增长模型。它在经济增长理论中具有较悠久的研究传统,也是第一轮内生增长模型的核心,在增长理论文献中占有重要的位置。这类增长模型的基本特征是:第一,技术进步、知识积累或人力资本积累是其他经济活动的副产品,因而不需要补偿并可维持完全竞争的分析框架;第二,个别厂商的生产函数表现为不变规模收益,但就整个经济而言表现为规模收益递增;第三,上述两个特征决定了这类模型具有不同于新古典增长理论的政策含义——政府政策不仅具有水平效应,而且具有增长效应。根据外部性来源的不同,这类模型有多种构造方式,如罗默的知识溢出模型、卢卡斯的人力资本模型和巴罗的公共品模型等,阿罗及其后继者提出的“干中学”模型则是这类模型的重要先驱。

(1)“干中学”模型。针对新古典增长理论外生技术进步的假定,阿罗在其经典论文《边干边学的经济含义》中提出了“知识积累的内生理论”,并以此解释技术进步现象。阿罗认为,知识的获得即“学习”是“经验的产物”,而不仅仅是时间的函数。企业在进行投资和生产的过程中会逐步积累起生产经验和更有效的生产知识,这些知识能够提高企业的生产效率。由于一个企业获得的生产经验和生产知识能够被其他企业所利用,因此,一个企业的生产率可以视为整个经济总投资的函数。也就是说,知识的创造是投资的“副产品”(即“干中学”),知识的溢出导致了整个经济生产率的提高(即溢出效应)。从整个经济来看,生产过程因生产率的提高而表现出递增收益。不过,由于知识的创造是投资的“副产品”,不需要进行补偿,因此,仍可以维持完全竞争的分析框架。同时,由于生产率的提高是企业投资的“副产品”,个别厂商并没有考虑其投资活动对经济生产率的影响,而是将其视为外生变量,因此,其行为仍然像新古典模型中的厂商一样。于是,通过“干中学”和溢出效应(或投资的外部性),我们可以在完全竞争的框架下得到内生的技术进步和经济增长。

(2)罗默的知识溢出模型。在引起广泛关注并重新焕发人们对增长问题的兴趣的经典论文《收益递增与长期增长》中,罗默以阿罗的“干中学”概念为基础,提出了以知识生产和知识溢出为基础的知识溢出模型。罗默假定代表性厂商的产出是该厂商的知识水平 k_i、其他有形投入 x_i(如物质资本和原始劳动等)和总知识存量 K 的函数:$Y_i=F(k_i, K, x_i)$。对于个别厂商的自身投入 k_i 和 x_i 而言,该生产函数表现出不变规模收益,满足新古典生产函数的假定。然而,如果将 K 考虑在内,则这一生产函数对于代表性厂商和整个经济具有不同的含义:代表性厂商将总知识水平 K 视为给定的变量,因此生产函数表现为不变规模收益;但对整个经济(假定它由 N 个同质的厂商组成)而言,由于对于任何常数 $\lambda>1$,有 $F(\lambda k_i, \lambda K, \lambda x_i)>F(\lambda k_i, K, \lambda x_i)=\lambda F(k_i, K, x_i)$,因此,生产函数 $Y=F(k, K, x)=F(k, Nk, x)$,表现为规模收益递增。在这里,总知识水平 K 成为外部性的来源。此外,罗默还假定 k 的增长率取决于 k 水平和投资数额(产出中没有用于消费的部分)。这样,罗默模型实际上与“干中学”模型一样,通过知识积累的“副产品”性质和知识存量的外部性得到了内生增长。

(3)卢卡斯的人力资本模型。在论述经济增长的经典论文《论经济发展的机制》中,卢卡斯提出并比较了三个模型:基于物质资本积累和技术进步的新古典增长模型、通过教育积累人力资本的内生增长模型和通过“干中学”积累特定人力资本的增长模型。其中,第二个模型是该论文的核心模型,被称为卢卡斯模型。其核心假定是:① 人力资本的增长率是人们用于积累人力资本的时间比例的线性函数(这与纯粹的“干中学”模型有所不同),从而引入了人力资本生产部门；② 工人的人力资本水平不仅影响自身的生产率，而且能够对整个社会的生产率产生影响(经济个体在进行决策时不考虑这部分影响)，这是该模型能够产生递增规模收益(整体经济水平)和政府政策增长效应的基础。由此可以看出，除了第一个假定在性质上介于外部性模型和 R&D 模型之间外，卢卡斯模型与"干中学"模型和罗默模型并没有本质的不同。

3. R&D 模型

外部性模型通过引入知识积累或人力资本积累，并借助于溢出效应得到了内生增长。R&D 模型则明确地将技术进步或创新归结为厂商有意识的、旨在获取垄断收益的活动，并运用垄断竞争的分析框架进行分析。罗默指出，技术具有不同于传统经济物品的两大特点——非竞争性和部分排他性。非竞争性意味着生产表现为规模收益递增，部分排他性则为从事 R&D 活动的厂商提供了激励(外部性模型抓住了技术的第一个特征，但没有抓住第二个特征)。以 R&D 为基础的增长模型主要有两类：(1) 将技术进步理解为产品种类的增加(如新行业的开辟)；(2) 将技术进步理解为产品质量的改进(如同类产品的升级换代)。这两类模型的主要区别在于：后者引入了熊彼特的"创造性破坏"概念，即新产品的出现往往意味着旧产品的淘汰。

R&D 模型之所以能够提出，在很大程度上得益于产业组织理论的发展，使得经济学家能够对规模收益递增和不完全竞争进行简洁的分析和处理。其中，迪克西特-斯蒂格利茨(D-S)模型对 R&D 模型尤其产生了决定性的影响。几乎所有 R&D 模型都吸收了迪克西特和斯蒂格利茨的技巧：不是将创新视为产品种类的增加，就是将创新视为固定种类产品质量的改进。

这类模型的核心特征是一致的：技术进步或创新是企业有意识地进行 R&D 投资的结果，得自创新的垄断利润为企业从事 R&D 活动提供了市场激励，分权经济增长率一般不等于社会最优水平，政府政策具有增长效应等。这些增长模型的主要区别是：在产品种类增加模型中，由于 R&D 活动的正外部性和市场结构的不完全竞争特征，分权经济增长率总是低于社会最优水平；在产品质量改进模型中，由于新产品具有淘汰原有产品的"创造性破坏效应"(个别企业不考虑这种负外部性)，因此，分权经济下的增长率既可能低于，也可能高于社会最优增长率。

尽管内生增长理论表现为形形色色的不同增长模型，但绝大多数内生增长模型实际上可归结为上述模型之一或这些模型的某种组合。一般而言，外部性模型具有简洁、便于扩展和应用、易于进行计量检验的优点，R&D 模型则更符合人们的直觉，具有更良好的经济含义和更坚实的微观基础。利用这些模型，我们就能够根据实际情况，更深入地分析经济增长的内在机制。在具体的研究过程中，外部性模型比较适于那些在总量水平上促进创新和技术进步的因素(如教育、经验积累和基础研究等)，R&D 模型则比较适于对产业层次的创新活动并易于通过市场机制提供激励(相对易于排他)的经济活动的分析。

五、决定经济增长的因素

作为经济和社会现象的经济增长，会受很多因素的影响。正确认识这些影响因素对于认识现实的经济增长和制定促进经济增长的政策具有重要意义。因此,在探讨经济增长问题时,除了需要探讨一般的增长理论或模型外,还需要对影响经济增长的因素进行分析。决定经济增长的因素如图 6－8 所示。

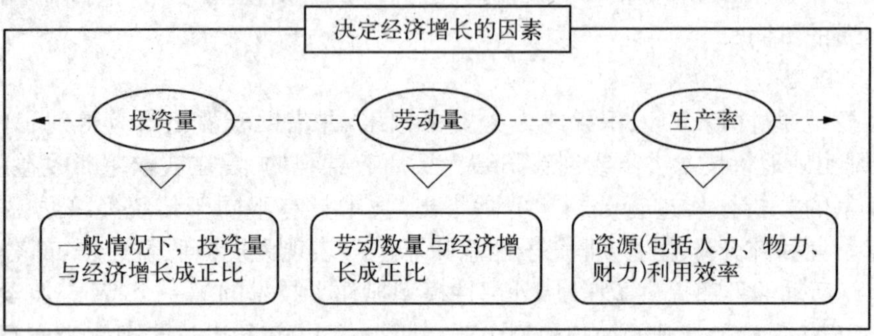

图 6－8　决定经济增长的因素

经济增长因素分析是研究经济增长的源泉(即因素),并度量它们所起的作用,以寻求促进经济加速增长的途径和方法的一种理论。其中,比较重要的有索洛、肯德里克、丹尼森和库兹涅茨等人的研究。

(一) 索洛对经济增长因素的分析

索洛(R. Solow)在 20 世纪 50 年代曾根据美国 1909～1949 年的数据资料对经济增长的源泉和因素进行了分析。他假定社会的宏观生产函数为 $Y_t = A_t f(K_t, L_t)$。其中,Y_t、K_t、L_t 分别为 t 时期的总产出、投入的资本量和劳动量,A_t 为 t 时期的技术状况。对该生产函数取对数求导后就可以得到一个表达投入要素增长率、产出增长率与技术进步增长率之间关系的方程,即经济增长率的分解式:

$$G_Y = G_A + \alpha G_K + \beta G_L \tag{6-36}$$

式中,G_Y 代表经济增长率;G_A 代表技术进步增长率,又称全要素生产率的增长率,是指在所有投入不变时作为生产方法改进结果而导致产量增加的幅度;G_K 代表资本增长率;G_L 代表劳动增长率;α 代表资本的产出弹性;β 代表劳动的产出弹性。

由经济增长率的分解式可知,产出由劳动、资本和技术进步决定,或者说经济增长的源泉是劳动、资本和技术进步。

索洛衡量和计算技术进步所做贡献的方法被称为"剩余法"或"索洛剩余",这对于分析经济增长问题是一个重要贡献。不过,这种方法显然存在着不足,即它有可能将资本、劳动、技术进步以外的因素都当作技术进步来处理。

(二) 肯德里克的全要素生产率分析

在索洛之后,肯德里克(J. Kendrick)通过对美国国民收入统计资料的整理,对全要素生产率进行了更深入的分析,以此来确定生产率提高和要素投入量增加对经济增长的贡献,并于 1973 年出版了《美国战后 1948—1969 年生产率趋势》一书。

在研究中，他将生产中的投入要素分为劳动和资本两项，把劳动和资本的生产性服务的报酬分为工资和资本收益，然后将产量与投入要素之比定义为要素生产率。在要素生产率中，主要内容有技术进步、技术创新的扩散程度、资源配置的改善、规模经济等，但实质都是技术进步。这种技术进步包括新技术的发明和应用、管理水平的提高和劳动生产率的提高。其中，产量与全部投入要素量之比称为全部要素生产率，产量与部分要素量之比称为部分要素生产率。

做此规定后，肯德里克分别分析了1889～1957年和1948～1966年两个时间段内美国私人经济增长过程中全部要素的生产率。他把总产量的增长率分解为投入要素的增加率和要素生产率的增加率两个部分，并通过计算来确定两者在经济增长中所占的比重，以重点考察要素生产率提高对经济增长的贡献。分析结果表明，1889～1957年3.5%的经济增长率中，1.7%归因于要素投入的增加，1.8%是要素生产率提高的结果；而在1948～1966年4%的经济增长率中，1.5%是要素投入量增加的结果，2.5%为要素生产率的提高所致。

从两个时间段的分解结果可以看出，来自技术进步的要素生产率的提高对经济增长的贡献在增大。这说明，在现代经济增长中，技术进步对经济增长的决定作用越来越大。

（三）丹尼森对经济增长因素的分析

在肯德里克研究的同时，美国经济学家丹尼森(E. Denison)也对美国的经济增长做了分析估算，以此来确定各个影响因素对经济增长所做的贡献，并比较各个影响因素的相对重要性。他把经济增长因素分为两大类：一类是生产要素投入量，另一类是生产要素生产率。经济增长是生产要素中劳动、资本、土地投入的结果。其中，劳动、资本是可变的，土地是不变的。要素生产率是产量与投入量之比，即单位投入量的产出量。要素生产率取决于资源配置状况、规模经济和知识进展。具体而言，影响经济增长的因素有6个：劳动、资本存量的规模、资源配置状况、规模经济、知识进展和其他因素。

丹尼森利用美国1929～1982年的历史统计数据对经济增长因素进行了考察与分析。经过计算和分析，劳动力增加对经济增长的贡献相当大，部分原因在于劳动的产出弹性相对较大，劳动增长率就占有较大的权重。资源配置状况对经济增长也做出了重要贡献，如劳动者转换工作、农村劳动力的流动等，都导致了产量或收入的增加。在收入的年平均增长中，超过10%的部分来自规模经济，因为规模的扩大使得单位产量的投入更少，可以节约生产资源，从而带来规模经济效应。在所有因素中，知识进展对经济增长的贡献约为2/3。

据此，丹尼森的结论是：知识进展是发达资本主义国家最重要的增长因素。丹尼森所讲的知识进展范围很广，包括技术知识、管理知识的进步和由于创新知识而在结构与设备方面产生的更有效的设计，还包括从经验与观察中得到的知识。丹尼森认为，技术进步对经济增长的贡献是明显的，但不能把生产率的增长主要归因于技术知识，因为管理知识也是非常重要的。管理知识更有可能降低生产资本、增加国民收入，它对国民收入增长的贡献比改善产品物理特性而产生的影响更大。因此，管理知识与技术知识都是很重要的，不能只重视技术知识而忽略管理知识。

(四) 库兹涅茨对经济增长因素的分析

美国经济学家库兹涅茨(S. Kuznets)是利用统计分析方法对经济增长的因素进行分析的。通过对国民收入产值及其构成部分的长期估算、分析和研究,对各国经济增长的比较,他从各国经济增长的差异中探索出影响经济增长的因素,并从数量和结构方面对经济增长的趋势做了说明。他认为,在一系列影响经济增长的因素中,有三个因素最为主要,即知识存量的增加、劳动生产率的提高和经济结构的优化。

1. 知识存量的增加

库兹涅茨认为,随着社会的发展与进步,人类社会迅速增加了技术知识和社会知识的存量,当这种存量被利用的时候,它就成为推动经济增长的重要源泉。当然,知识本身并不直接是生产力,它转化为现实生产力需要一系列诸如劳动力的训练、对适用知识的判断、企业家克服困难的能力等中介因素。在这些中介因素的作用下,知识才会转变为现实的生产力。

2. 劳动生产率的提高

现代经济增长的重要特征是人均产值的高增长,通过对劳动投入和资本投入对经济增长贡献的长期分析,库兹涅茨认为,人均产值的高增长率来自劳动生产率的提高。

3. 经济结构的优化

在发达资本主义国家的经济增长过程中,经济结构迅速转变。例如,由农业活动转向工业活动,再由工业活动转向服务性行业。与此相对应,劳动力的部门分配和社会产值比重也发生了变化,第三产业劳动力数量占社会劳动力数量的比重和第三产业产值占国民收入的比重不断上升,这些都是经济结构迅速变化的结果;同时,生产规模由家庭企业、独资企业发展到全国性甚至跨国性的大公司。发达国家现在的总体增长率和经济结构的变化速度比其现代化之前要高得多。库兹涅茨认为,不发达国家传统的生产技术和组织方式、劳动力在农业部门占有太大的比重、制造业结构不能满足现代经济的要求、需求结构变化缓慢、消费水平低等因素或状况不能形成对经济增长强有力的刺激。

【案例分析】

中国经济增长的奇迹及其原因

在改革开放的三十多年里,中国经济取得了举世瞩目的成就。2012 年中国国内生产总值高达 518 942.1 亿元,比 1978 年增长了 141 倍。中国的经济增长是世界成功的增长案例之一:一方面是结构性改革,另一方面是创造了有利于经济增长的环境。从一定程度上看,中国是世界上其他国家经济增长的范例。

关于中国经济增长的因素,很多学者都做过研究。新古典增长理论认为,经济增长的核心因素是物质资本、人力资本、劳动和技术。研究表明,在对中国经济增长的贡献中,资本和劳动的要素贡献占了很大的份额,而全要素生产率(TFP)的份额相对较小。对中国经济增长源泉进行开创性研究的 Chow(1993)的研究表明,1952~1980 年中国经济增长的主要原因是资本积累。Chow(2002)发现 1952~1978 年中国的全要素生产率保持不变,1978 年以后以大约每年2.7%的速度增长；1978～1998年资本、劳动、TFP对经济增长的贡献分别为62%、10%和28%；1952～1998年资本对经济增长的贡献为70%。Wang和Yao(2003)在加入了人力资本因素后发现，在改革前TFP对经济增长的贡献是负的；1978～1999年TFP对经济增长的贡献达到了25.4%；而1953～1999年TFP对经济增长的贡献仅为0.2%。张军(2003)的研究表明，1953～1998年TFP的贡献率为13.9%，其中，1953～1978年的贡献率居然为－3.9%，1979～1998年的贡献率为28.9%。由此可见，我国经济的增长在相当长时期内具有依赖资本、劳动等要素投入的重要特征。但制度决定论认为，物质资本、人力资本、劳动和技术的增长本身就是经济增长的一部分，而不是引起经济增长的根本原因。有效率的制度和经济组织才是各种生产要素投入增长以及总体经济产出增长的关键。自改革开放三十多年来，中国经历了4次制度创新：1978年发源于安徽农村，后来在全国大部分农村实行的家庭联产承包责任制；自20世纪80年代起国家实行支持、保护非国有经济发展政策；1992年开始建立现代企业制度；自2003年以来进行的产权制度改革。以市场为取向的经济体制改革产生了无与伦比的体制效应，迅速解放和发展了生产力，使中国经济进入了中华人民共和国成立后前所未有的黄金时期。纵观三十多年的发展史，制度创新源源不断地给经济带来活力，极大地促进了中国经济的增长。

六、经济增长的极限

第二次世界大战后西方发达国家所经历的经济增长的“黄金时代”，一方面给这些国家带来了经济繁荣，另一方面带来了严重的环境恶化、资源浩劫和贫富差别等一系列世界性难题。1969年，由富尔克斯瓦根基金资助、多尼拉·梅多斯(Doneua Meadows)指导的一个国际小组承担了罗马俱乐部的“关于人类困境研究计划”。这项研究报告《增长的极限》公开出版后在社会上引起了很大的震动并受到人们的广泛关注。

（一）增长的极限

《增长的极限》研究了人类面临的影响经济增长的五大基本因素——人口、农业生产、自然资源、工业生产和环境污染，得出的结论是：“如果世界人口、工业化、污染、粮食生产以及资源消耗按现在的增长趋势继续不变，这个星球上的经济增长就会在今后一百年内达到极限。最可能的结果是人口和工业生产能力这两方面出现颇为突然的、无法控制的衰退或下降。”根据五大基本因素与经济增长速度之间的关系，该报告中提出了一个推断上述结论的“世界模型”，这一模型表明，“假设在目前的制度没有重大改变的条件下，人口和工业的增长肯定最迟会在下一个世纪(21世纪)以内停止”。

（二）世界模型

为了了解人类社会经济增长的原因、增长的限度以及达到这些限度时人类社会经济系统的运转状况，“世界模型”描绘了人、粮食、投资、损耗、资源、产量之间的基本关系。

梅多斯等人采取了四个主要步骤构建世界模型：第一，列出五个因素之间的重要因果关系，并找出反馈环路的结构；第二，用全球性资料把各种关系尽可能精确地用数量表示；第三,计算所有这些关系在一定时期内同时产生的作用,找出对全球系统作用最关键的因素;第四,检验目前为提高或改变全球系统作用的各种政策的影响。在这四个步骤的工作基础上,梅多斯等人得出了有关“世界模型”的标准运算图。

所谓“标准的”世界模型运算,是指在一些假设下计算出的各种因素的运动趋势。它假设在历史上曾支配世界系统发展的那些物质的、经济的或社会的关系不发生重大改变的前提下,按照1900～1970年的历史资料计算各个变量。这个模型表明:粮食、工业产量和人口以指数增长,直至迅速减少的资源基础使工业增长不得不降下来。由于系统中的“自然延迟”,人口和污染在工业化的高峰以后继续增加一个时期,最后,由于粮食和医药服务减少而导致死亡率上升,人口增长终于停止。

(三) 技术进步与增长的极限

人类能不能通过技术进步来克服以上五个基本因素对经济增长的限制呢?梅多斯等人的答案是否定的。

首先,即使人类能够以新技术,如原子能,解决世界的资源问题,就像第二个“世界模型”一样,其他因素的增长趋势也会使世界系统走向增长的极限。因为“无限的”资源在世界系统中不是维持增长的关键。

其次,越来越多资源的消耗会带来越来越严重的污染。即使先进的技术能够控制工业污染,大规模安装污染控制装置也会遇到技术上和经济上的限制。例如,一家糖厂减少污染的费用决定于清除有机废物的多少,清除全部废物要比仅从污水中去掉30%的废物多花100倍的费用。再如,核动力的使用可能使矿物燃料消耗带来的污染如二氧化碳和二氧化硫减少,但放射物质的污染却会增多。

最后,技术进步对于提高单位土地粮食产量的可能性是存在的。如果在能够解决污染和资源问题的情况下,先进的技术能使平均土地产量增加一倍,那么,能不能消除粮食危机?答案是仍然不能消除。因为这三种限制的消除会使人口和工业增长达到更高的水平,污染还是会增加。而且土地过度(集约)地使用将导致土壤的腐蚀,粮食产量最终还是要降低。

可见,人口和资本的增长如果不受以上因素的限制,很快就会在指数增长趋势的推动下达到增长的极限。而这两个因素的增长不但不受技术进步的限制,反而被技术进步所推动。这表明技术进步对于控制“世界模型”中的基本问题没有效果。

(四) 有计划地抑制增长

如何避免人类面临的增长危机?唯一的办法就是抑制人口和经济增长的速度。这两项指标要控制在什么程度上才能达到避免危机的目的?答案是:在世界系统中只要使反馈环路的正、负两边相等就行了。具体而言,正、负两种反馈环路的平衡要求人口中的每年出生率等于死亡率,工业投资率等于损耗率。如果饮食和医药的改善使死亡率大大下降,那么,我们就必须想办法控制人口出生率,使出生率下降到与死亡率相等的水平。

如果人类经济在相当长时期内能够保持平衡,至少要达到三个必要条件:(1) 资本设备和人口数量不变，即出生率和死亡率相等、投资率和损耗率相等；(2) 出生率、死亡率、投资率和损耗率都保持在最低限度；(3) 资本和人口水平的比率根据社会各项数值予以调节。

为了维持到长远的未来，一个稳定的"世界模型"所要求的发展政策是：调整人口和工业增长率，逐渐达到出生率与死亡率相等、投资与资源损耗相等；为了减少资源损耗和污染，人类经济活动逐渐调整结构，多一些教育和卫生方面的服务，少一些物质产品的生产；降低工农业单位产量的污染；确保生产足够数量的粮食满足所有人的需求；农业资本优先用于使土地肥沃和保护土壤的投资，而不是用于迅速腐蚀和消耗土地肥力的投资；加强资本品的耐久性和延长其使用寿命，以减少废旧品；等等。

【专栏解析】

可持续发展战略的基本思路

可持续发展最早是由环境学家和生态学家提出来的。1978 年，国际环境发展委员会首次在有关文件中正式使用了可持续发展的概念。从其产生的历史背景来看，可持续发展是作为对以往经济发展所带来的一系列生态环境问题和面临的人口、能源、资源等一系列难题的反应而提出来的。它是对过去单纯追求产量、产值增长的发展观的一种历史反思。

可持续发展战略的基本思路是：第一，改变单纯追求经济增长、忽视生态环境保护的传统发展模式；第二，由资源型经济过渡到知识技术型经济，综合考虑社会、经济、资源与环境效益。第三，通过产业结构调整和合理布局开发应用高新技术，实行清洁生产和文明消费，提高资源和能源的使用效率，减少废物排放等措施，协调环境与发展之间的关系，使社会经济的发展既能满足当代人的需要，又不致对后代人的需求构成危害，最终达到社会、经济、资源与环境的持续稳定发展。

◇关◇键◇术◇语◇

经济增长　加速系数　均衡增长率　实际增长率　自然增长率　索洛增长模型　稳定状态　资本的黄金规则水平　内生增长理论

◇主◇要◇观◇点◇

经济周期又称经济循环或商业循环，是经济处于生产和再生产过程中周期性出现的经济扩张与经济紧缩交替更迭、循环往复的一种现象。现代经济分析把经济周期分为四个阶段：繁荣、衰退、萧条和复苏。

经济周期理论大致分为内生经济周期理论和实际经济周期理论。在内生经济周期理论中，包括纯货币周期理论、投资过度周期理论、创新周期理论、消费不足周期理论、心理周期理论、太阳黑子周期理论、政治周期理论等。实际经济周期理论认为，经济周期波动不是市场机制自发调节产生的，而是潜在国内生产总值本身的变动，这种经济周期的变动随机而无规律，是很难预测的。此理论认为经济周期是供给冲击波动而不是需求冲击波动，政府应放弃对经济周期波动的干预。

经济周期按周期长度主要分为康德拉季耶夫周期、朱格拉周期、基钦周期和库兹涅茨周期等。经济增长是指在一段时间内，一个国家或地区内生产总值的增加。这种增长既包括总量的增长，也包括人均值的增长。

经济增长模型是说明经济增长与有关经济变量之间因果关系和数量关系的理论，其所研究的是经济长期稳定增长的路径及所必须的条件等问题。在众多经济增长模型中，最有影响的是哈罗德-多马模型、新古典增长模型和内生经济增长模型。

哈罗德-多马模型强调了资本积累率(即储蓄率)在经济增长中的决定性作用，储蓄不足会造成经济增长的"瓶颈"。哈罗德的经济增长理论主要包括两个方面：一是长期、连续实现充分就业均衡的条件；二是经济增长的不稳定特征。前者涉及实际增长率、有保证的增长率和自然增长率三个经济增长率，后者涉及"乘数原理"与"引致投资"的关系。

新古典经济增长模型的突出特点是以新古典的价值论和分配论为理论基础的总量分析。该模型通过资本-产出比可变的新假设和引入市场机制，提出：资本深化＝人均储蓄－资本广化。在稳态时，人均资本达到均衡值并维持在均衡水平不变；在忽略了技术变化的条件下，人均产量也达到稳定状态。若使稳态人均消费达到最大，稳态人均资本量的选择应使资本的边际产品等于劳动的增长率。

内生增长理论是经济增长理论中的一种。与新古典增长理论不同，内生增长理论用规模收益递增和内生技术进步说明一个国家的长期经济增长与各国增长率的差异，认为经济的长期增长依赖于储蓄率和其他因素，而不仅仅依赖于劳动力的增长率。其重要特征就是试图使增长率内生化。常见的内生增长模型有AK模型、外部性模型、R&D模型等。

在经济增长的决定因素方面，索洛认为经济增长的源泉是劳动、资本和技术进步；肯德里克认为增长源是全部生产要素投入量的增长和全部生产要素生产率的提高；丹尼森认为决定经济增长的因素为生产要素的投入量和要素生产率两大类；库兹涅茨提出经济增长的因素主要是知识存量的增加、劳动生产率的提高和结构方面的变化。

梅多斯研究了经济增长的极限问题，根据人口、工业化、污染、粮食生产以及资源消耗五大基本因素与经济增长速度之间的关系提出的"世界模型"表明，假设在目前的制度没有重大改变的条件下，人口和工业的增长肯定最迟会在下一个世纪(21世纪)内停止。为了解决增长极限问题，我们要坚持经济增长与经济发展的结合，走可持续发展的道路。

◇问◇题◇讨◇论◇

1. 中国改革开放之前和之后，经济周期各有什么特点？

2. 自2008年以来，中国经济面临众多不确定因素，宏观经济政策目标经历了"防止经济增长由偏快转为过热，防止价格由结构性上涨演变为明显通货膨胀"向"保持经济平稳较快发展，控制物价过快上涨"的转变。你认为稳定经济周期和促进长期经济增长究竟哪个更重要？这两种目标的实现主要依赖什么？

◇基◇本◇训◇练◇

一、判断题

1. 由失业率的下降和设备利用率的提高而带来的国民生产总值的增长，即便从严格的意义上说也是经济增长。 (　)
2. 经济增长在图像上表现为生产可能性边界向外移动。 (　)
3. 资本-产出比率下降意味着资本品更富有生产力。 (　)

4. 名义 GDP 的增长总是伴随着生产可能性曲线的外移。（　）
5. 按照哈罗德的分析，自然增长率一定大于或者等于实际增长率。（　）
6. 按照哈罗德的分析，有保证的增长率一定大于或者等于实际增长率。（　）
7. 哈罗德认为，如果有保证的增长率大于实际增长率，经济将出现高涨。（　）
8. 哈罗德指出，如果实际增长率等于有保证的增长率，经济将在充分就业的状态下均衡增长。（　）
9. 如果实现了哈罗德的自然增长率，社会资源将得到充分利用。（　）
10. 多马增长模型中的资本生产率等于加速系数的倒数。（　）

二、单选题

1. 经济周期的中心是（　）。
   A. 价格的波动　B. 利率的波动　C. 收入的波动　D. 消费的波动
2. 经济周期的四个阶段依次是（　）。
   A. 繁荣、萧条、衰退、复苏　B. 繁荣、衰退、萧条、复苏
   C. 繁荣、复苏、衰退、萧条　D. 衰退、复苏、萧条、繁荣
3. 中周期的每一个周期为（　）。
   A. 5～6 年　B. 8～10 年　C. 25 年左右　D. 50 年左右
4. 设某经济体的收入近 4 年来分别是 5 000 亿元、6 000 亿元、6 500 亿元和 6 500 亿元。假定第一年的净投资是正数，根据加速原理，净投资（　）。
   A. 在 4 年中都是正数
   B. 第一～三年是正数，第四年是零
   C. 第一年是零，第二～四年为正数
   D. 第一年、第二年是正数，第三年、第四年是零
5. 乘数原理与加速原理的联系在于（　）。
   A. 前者说明投资的变化对国民收入的影响，后者说明国民收入的变化对投资的影响
   B. 两者都说明投资是怎样产生的
   C. 前者解释了经济如何走向繁荣，后者说明经济怎样陷入萧条
   D. 前者解释了经济如何陷入萧条，后者说明经济怎样走向繁荣
6. 下列各项中，属于资本深化的是（　）。
   A. 人口增长 5%，资本存量增加 10%　B. 人口增长 5%，资本存量增加 5%
   C. 人口增长 5%，资本存量增加 4%　D. 人口没有增长，资本存量也没有增加
7. 在 20 世纪 80 年代后的新增长理论中，技术进步是（　）。
   A. 增长的余量　B. 外生变量
   C. 内生变量　D. 引起经济增长最重要的因素
8. 只有把从国外借来的钱用于（　）时，才不至于陷入沉重的债务负担中。
   A. 修高速公路　B. 建学校、普及教育
   C. 增加政府行政费用　D. 建立收效快的工厂
9. 下列各项中，属于经济发展最成功的国家的关键因素是（　）。
   A. 人口控制　B. 外援
   C. 比较自由的国际贸易　D. 丰富的自然资源
10. 引起不发达国家经济长期迅速增长的关键因素是（　）。
   A. 富国增加总需求，增加进口　B. 穷国增加总需求，扩大市场
   C. 穷国以通货膨胀为代价换取高经济增长率　D. 穷国提高自己的生产能力

三、简答题

1. 如何理解经济周期的含义?
2. 乘数原理和加速原理是如何导致经济波动的?
3. 简述哈罗德模型和多马模型的联系与区别。
4. 在新古典经济增长模型中,经济稳定增长的条件是什么?

四、计算题

1. 已知资本-产出比为4,假设某国某年的国民收入为1 000亿美元,消费为800亿美元。根据哈罗德-多马模型,要使该年的储蓄全部转化为投资,第二年的增长率应该是多少?
2. 假定某国的资本-产出比$V=4$,消费倾向$\frac{C}{Y}=0.8$,而$G_N=6.67\%$,按照新古典增长模型,怎样才能实现充分就业的均衡增长?
3. 在新古典增长模型中,集约化生产函数为$y=f(k)=2k-0.5k^2$,人均储蓄率为0.3,设人口增长率为3%。

   试求:

   (1) 使经济均衡增长的k值。

   (2) 黄金分割律所要求的人均资本量。
4. 如果某国在10年中的经济增长率为9.8%,就业增长率为2.5%,资本增长率为5%,增长公式中的$\alpha=0.45$,试计算全要素生产率的增长。如果资本增长提高1%,那么,产出增长率增加多少?
5. 已知集约化生产函数$y=f(k)=k-0.2k^2$,其中,y为人均产出、k为人均资本。平均储蓄倾向为0.1,人口增长率为5%。

   试求:

   (1) 均衡资本-劳动比率。

   (2) 均衡人均产出。

   (3) 均衡人均储蓄。

   (4) 均衡人均消费。
6. 某经济社会的资本存量$K=200$,劳动人口$N=200$,投资$I=20$,固定资产折旧率$\delta=5\%$,平均消费倾向$c=0.6$。试求劳动人口人均产出水平和资本增长率。如果劳动人口增长率$n=1.2\%$,储蓄率$s=12\%$,试求资本-产出比率,以及劳动人口人均生产为0.5时的资本-劳动比率。
7. 如果某国经济中t年的国民收入Y_t为1 000亿元,资本-产出比为2,重置投资D_t为每年200亿元,年初资本存量K_0为1 800亿元,以后3年的国民收入分别为1 120亿元、1 180亿元和1 150亿元,试分别计算连续4年的净投资和总投资。
8. 假定某国经济的边际消费倾向$b=0.75$,加速数$v=2$,每期自发投资$I_d=900$亿美元,2012年国民收入水平为6 000亿美元,比上一年增加400亿美元。试求2013年和2014年的总投资和国民收入。
9. 某经济体的动态模型为:

   $$\begin{cases}Y_t=C_t+I_t\\ I_t=I_0+\beta(C_t-C_{t-1})\\ C_t=\alpha Y_{t-1}\end{cases}$$

   实际运行的产出水平满足以下方程:

   $$Y_t=2.5Y_{t-1}-2Y_{t-2}+40$$

   试求该经济体的边际消费倾向α和加速系数β。
10. 在美国,资本在GDP中的份额为30%左右,产出平均增长为每年3%左右,折旧率为每年4%左右,资本-产出比率为 2.5 左右。假设生产函数是科布-道格拉斯生产函数，资本在产出中的份额是不变的，而且美国经济一直处于稳定状态。

试求：

(1) 在初始稳定状态时，储蓄率是多少？

(2) 在初始稳定状态时，资本的边际产量是多少？

(3) 假设公共政策提高了储蓄率，以至于经济达到了资本的黄金规则水平。在黄金规则稳定状态时，资本的边际产量是多少？比较黄金稳定状态的边际产量与初始稳定状态的边际产量，并解释之。

(4) 黄金规则稳定状态时，资本-产出比率是多少？

(5) 要达到黄金规则稳定状态，储蓄率应该是多少？

第七章

开放宏观经济（IS－LM－BP）模型

【名言名句】

世界是一个封闭经济，但世界上的地区和国家正日益开放……国际经济气候已经转向金融一体化，这对经济政策有着重要的启示。

——罗伯特·蒙代尔(Robert Alexander Mundell)

【引导案例】

里根时代美国经济的内外均衡

1981年，罗纳德·里根当选美国总统。当时，美国经济面临的两大难题是逐年增加的贸易收支逆差和急剧扩大的财政赤字。要保持美国的国际收支平衡，有两种方法可供选择：(1) 让美元贬值，通过扩大出口、减少进口来减少经常项目赤字；(2) 借款或吸引国外资本进入，以资本项目的盈余来弥补经常项目的赤字。

让美元贬值不符合里根政府建立"强大的美国"政策，保持美元的强势是美国经济繁荣的基础。里根政府时期，货币主义大师弗里德曼(Milton Friedman)的思想是当时的主流思想，他极力倡导自由和让市场来决定一切的思想，反对政府大肆干预经济。里根政府采用了这一经济思想，高喊要建立一个"小政府"，尽量不干预经济。所以，在1981～1984年，不管美国制造企业及其利益代言人的国会议员怎样呼吁要让美元贬值以扩大出口和削弱国外产品的价格竞争力，挽救日益萧条的国内制造业，里根政府就是不为所动，坚持对美元采取不干预的政策。这样一来，美国为支付贸易和服务赤字带来的账单，就必须借款或吸引国外资本。

里根政府选择了第二种策略，通过大量吸引国外资本，以资本项目顺差来弥补经常项目逆差，实现美国国际收支平衡。

美国迫切需要吸引国际资本流入的第二个原因是解决财政赤字问题。

为了刺激经济增长，里根政府采取的对策是通过减税以刺激消费和投资。该政策实施后，果然奏效，美国经济自1982年起进入一个持续时间较长的增长期，但大规模的减税措施在刺激经济增长的同时，也使美国的财政赤字快速上升。美国的财政赤字自1982年起开始明显增加，1983年高达2 000亿美元，占美国GNP的6%，这一财政赤字水平一直保持到1986年。

为解决急剧增加的财政赤字，里根政府决定大量发行中、长期国债进行政府筹资。但关键的问题是这些国债卖给谁呢？按照当时美国的居民储蓄水平，美国国内投资者是没有这么多钱来购买政府发行的巨额国债的。唯一的办法就是吸引国际资本来购买美国国债。在当时，世界上最有钱的地方是欧洲和日本。

欧洲在20世纪60～70年代经历了一个经济高速增长期，这段时期被称为"欧洲经济奇迹"时期。在欧洲，最有钱的当属联邦德国。20世纪70年代末，在美元急剧下跌的时候，美国就曾发行了以德国马克标价和结算的"卡特债券"(Carter Bonds，是指20世纪70年代末美国卡特政府针对美元汇率的动荡而发行的以德国马克等外国币种标价的国债)来募集资金支撑美元。但联邦德国并不支持美国卡特政府重振美元的政策，不愿为美国提供大量资金，使美联储最后不得不减少货币供给量，实施紧缩的货币政策，这直接导致了卡特政府时期的经济不景气，也促成了里根政府的上台。里根政府知道，欧洲人在趁美元地位动荡不稳的关键时刻忙于建立他们自己的货币体系，所以里根政府是不可能要求欧洲人为其巨额财政赤字买单的。因此，里根政府只有依靠吸引日本的资金来购买美国的中、长期国债。

为了吸引国际资本，特别是日本投资资金，里根政府实施了"高利率"与"强势美元"的政策。高利率政策以高利益为诱饵吸引日本大量机构和个人的投资资本，强势美元政策足以稳定日本投资者对美元的信心。在高利率和不断走强的美元的双重诱惑下，日本机构投资者和个人投资者的资金如潮水般大量涌入美国，购买美国政府发行的中、长期国债。1976 年，日本购买美国国债总额为 1.97 亿美元，10 年后的 1986 年 4 月达到了 138 亿美元。日本 1985 年一年的对外投资额为 818 亿美元，其中 535 亿美元是对美国债券的投资，特别是对美国中、长期国债的投资。

从纯粹的资本投资角度来说，日本对美国国债的投资是一种很好的投资策略，在 1980～1985 年，美国的利率一直高于日本的利率；同时，美元又一直保持强势。因而，在此期间投资美国国债对日本来说是一项收益率非常高的投资选择，既获得了美国的高利率，又可从美元升值中赚钱，双重收益使美国国债特别受日本投资者的欢迎。

由于大量国际资本(主要是日本资本)持续流入美国，弥补了美国不断增加的贸易和服务项目赤字，因此，美国的国际收支依然保持平衡。不仅如此，美国还有多余的资金进行对外投资。

美国经济在 1981～1984 年里根第一任总统期间持续增长。美国人什么都不用做，依然可以过着富裕、悠闲的生活，强势美元使进口产品非常便宜，美国人在口袋里揣点美元就可以在全世界尽情地挥霍。美国人对里根非常满意，觉得他虽然不是经济专业出身，但在治理国家经济方面很有一套，于是在 1984 年 11 月继续选他担任美国总统。

(1) 什么是国际收支平衡？如何实现国际收支平衡？

(2) 什么是贸易赤字？如何弥补贸易赤字？

【学习目标】

通过本章的学习，重点掌握国际收支的概念及国际收支平衡表的内容；理解汇率的含义、汇率变动对经济的影响，以及汇率制度的内容；了解蒙代尔-弗莱明模型的假定、形式及应用；掌握开放经济下国民收入的决定；熟练掌握不同汇率制度和国际资本流动对开放经济条件下宏观经济政策实施效果的影响；熟练掌握"三元悖论"。

【要点提示】

1. 了解国际收支理论与国际收支平衡表的结构。
2. 了解国际货币制度与汇率决定理论。
3. 掌握开放的宏观经济模型的建立，即 IS－LM－BP 曲线的推导。

第一节 全球贸易

一、开放经济

开放经济是指一国或一个地区可以自由地开展与外部世界交往的经济，具体地说，就是商品、资本和劳动力可以在各国间自由流动的经济。一个有国际商品交流、资本来往和劳动力流动的国家，称为经济开放的国家；否则，就称为经济封闭的国家，或闭关自守的国家。

当今世界，经济完全封闭的国家或地区几乎不存在，但各国由于不同的经济实力、外部环境和政策，其经济开放程度各不相同。衡量一个国家经济开放程度的标准是进口占国民生产总值(GNP)或国内生产总值(GDP)的比例。影响一国经济开放程度的因素有很多，主要有：第一，自然资源的禀赋状况。一般来说，自然资源丰富的国家能自给自足，经济开放程度较低；而自然资源贫乏的国家，其经济开放程度较高。第二，经济发达程度。发达国家经济开放程度较高，不发达国家则较低。第三，经济和产业结构上的差异。经济结构层次越高的国家，其开放程度越高；产业结构方面，一国外向型的经济部门所占比重越大，其开放程度越高。第四，其他因素，包括历史、传统和制度因素，以及政府当前的经济政策与指导思想。一国开放程度的高低往往是以上这些因素共同作用的结果。

【延伸阅读】

经济全球化

国际货币基金组织在1997年5月公布的一份报告中指出，“经济全球化是指跨国商品与服务贸易及资本流动规模和形式的增加，以及技术的广泛迅速传播使世界各国经济的相互依赖性增强”。而经济合作与发展组织(OECD)认为，“可以把经济全球化看作一种过程，在这个过程中，经济、市场、技术与通信形式都越来越具有全球特征，民族性和地方性在减少”。经济全球化的发展是指以市场经济为基础，以先进科技和生产力为手段，以发达国家为主导，以最大利润和经济效益为目标，通过分工、贸易、投资、跨国公司和要素流动等，实现各国市场分工与协作并相互融合的过程。可从三个方面理解经济全球化：一是世界各国经济联系加强和相互依赖程度日益提高；二是各国国内经济规则不断趋于一致；三是国际经济协调机制强化，即各种多边或区域组织对世界经济的协调和约束作用越来越强。

经济全球化的过程早已开始，尤其是20世纪80年代后，特别是进入90年代，经济全球化的进程大大加快了。自进入21世纪以来，经济全球化与跨国公司的深入发展既给世界贸易带来了重大推动力,也给各国经贸带来了诸多不确定因素,出现许多新特点和新矛盾,2008 年下半年从美国开始的金融危机就是极好的例证。

回首历史发展的轨迹,全球化的推进并不总是势如破竹、一帆风顺。在一些特定历史时期,全球化会出现停滞,有时还可能陷入倒退。但从长远来看,经济全球化深入发展的大趋势不会改变。随着经济全球化的深入发展,各国各地区的经济联系已然变得更加紧密,相互依赖的程度也越来越深。由于优势领域不同,各国各地区在客观上要求加强全球经济合作。在面临国际经济或金融危机时,各经济体更需要携手合作、共克时艰。任何国家或地区试图通过实施损害国际贸易的政策或实行阻碍全球金融融合的规定来应对危机,不仅将付出巨大代价,而且从长远来看也必定不可持续。

二、绝对优势与比较优势

(一) 绝对优势

村里有一个鞋匠和一个裁缝,本来两个人关系不错,鞋匠想做衣服了就找裁缝,裁缝要做鞋子了就找鞋匠,他们分工明确、互惠互利。但有一次,不知什么原因,两个人吵了架,从此谁也不理谁。鞋匠想做衣服了不再找裁缝,要自己做,结果费了不少布,衣服却做得不合身。裁缝想做鞋了也不找鞋匠,而是自己做,结果费了不少时间,鞋却不合脚。他们都感到这样下去对谁都没有好处,于是找机会和解了。以后鞋匠要做衣服了还是去找裁缝,裁缝要做鞋子了依旧去找鞋匠,大家都很方便。这个故事中,鞋匠在制鞋方面具有特长,拥有绝对优势;裁缝在制衣方面具有特长,拥有绝对优势。他们各自生产自己拥有绝对优势的产品,进行专业分工,然后用一部分产品相互交换,双方都受益。这就是绝对优势原理。

这一理论也适用于两个国家。如果外国的产品比自己国内生产的便宜,那么,最好是输出在本国有利的生产条件下生产的产品去交换外国的产品,而不要自己去生产。每一个国家都有其适宜于生产某些特定产品的绝对有利的生产条件,如果每一个国家都按照其绝对有利的生产条件(即生产成本绝对低)去进行专业化生产,然后彼此进行交换,则对所有国家都是有利的,世界的财富也会因此而增加。

(二) 比较优势

某校校长不仅管理水平高,而且打字速度快。正因为如此,上级要给他们学校配备一名打字员的时候被他拒绝了。他说他打字很快,没有哪个打字员能比得过他,与其让打字员打字,还不如自己打,这样也可以节省一个编制。可是后来,这位校长渐渐感到没有一位打字员不行了,因为他工作太忙,经常开会,还要上课,很多文件堆在那里等待录入。于是,他只好打报告给上级,要求配备一名打字员。

从这个故事中我们可以看到,这位校长的管理水平和打字水平都比打字员强,在这两个方面都拥有绝对优势,那他为什么还需要打字员呢?这是因为,与打字技术相比,一个校长的管理水平更重要,拥有比较优势;与管理水平相比,一个打字员的打字水平更重要,拥有比较优势。这样,让校长专门从事管理工作,打字员专门从事文案工作,也就是让他们按照各自的比较优势进行专业化分工,则两个人的效率都可以提高,对双方都有好处。这就是比较优势的原理。

在两国之间,对于处于绝对优势的国家,应集中力量生产优势较大的商品;对于处于绝对劣势的国家,应集中力量生产劣势较小的商品(如图 7-1 所示),然后通过国际贸易,互相交换,彼此都节省了劳动、得到了益处。交换的互惠互利源自何处呢?答案是专业化提高生产效率。

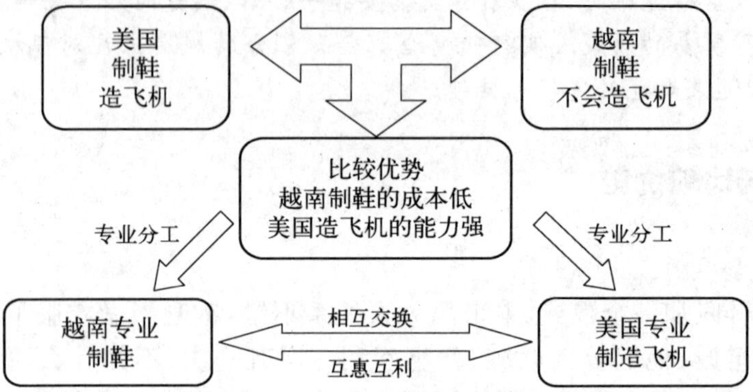

图 7-1 比较优势与国际贸易

三、贸易顺差与逆差

贸易差额(Balance of Trade,BOT)是一国在一定时期内(如一年、半年、一个季度、一个月)出口总值与进口总值的差额。当出口总值与进口总值相等时,称为“贸易平衡”。当出口总值大于进口总值时,出现贸易盈余,称为“贸易顺差”或“出超”。当进口总值大于出口总值时,出现贸易赤字,称“贸易逆差”或“入超”。通常,贸易顺差以正数表示,贸易逆差以负数表示(如图 7-2 所示)。

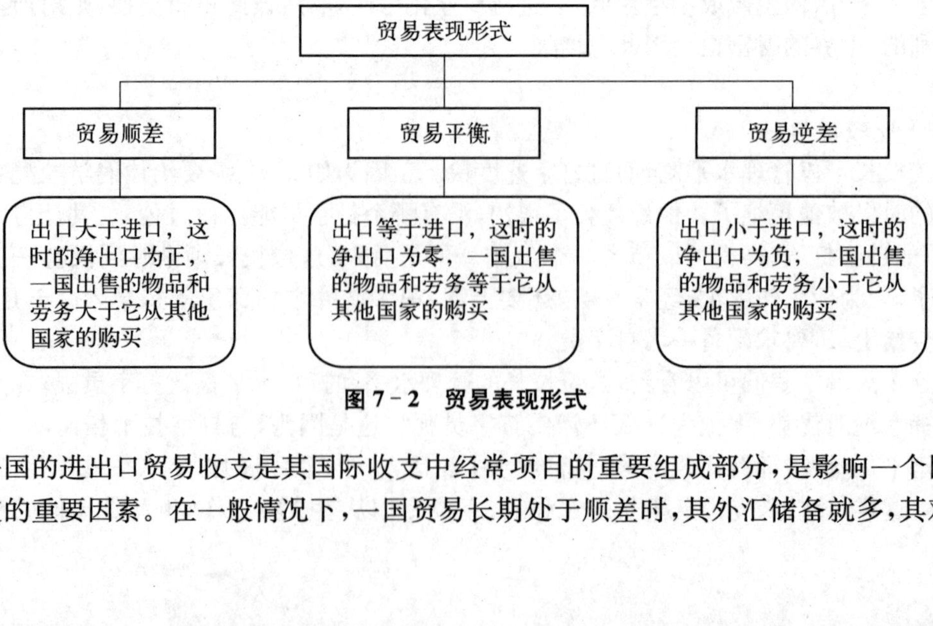

图 7-2 贸易表现形式

一国的进出口贸易收支是其国际收支中经常项目的重要组成部分,是影响一个国家国际收支的重要因素。在一般情况下,一国贸易长期处于顺差时,其外汇储备就多,其对外支付能力就强,国内经济发展就快,国内政局也就相对稳定;反之,其对外支付能力就弱,会影响国内政局的稳定,延缓经济的发展。因此,各国政府对本国对外贸易差额的变化非常重视。

贸易顺差过多是一件危险的事情,意味着经济增长的对外依存度过高。国际收支巨额顺差的不利经济影响主要表现在:外汇储备过多会造成资金的闲置和浪费,不利于本国经济的发展;储备货币汇率下跌时,外汇储备会遭受损失;一国的外汇储备增加,本币发行也必然相应增加,从而产生潜在的通货膨胀压力;本币若是可兑换的货币,贸易顺差将使外汇市场上对本国货币求大于供,易受抢购冲击;本国货币被迫升值,使出口处于不利的国际竞争地位。

四、贸易壁垒——国内产业的保护

贸易壁垒(Barrier to Trade)又称贸易障碍,主要是指一国对外国商品和劳务进口所实行的各种限制性措施。国际贸易壁垒分为关税壁垒和非关税壁垒。

关税壁垒,是指进出口商品经过一国关境时,由政府所设置的海关向进出口商征收关税所形成的一种贸易障碍。按征收关税的目的来划分,关税有两种:一是财政关税,主要目的是增加国家财政收入;二是保护关税,主要目的是保护该国经济发展而对外国商品的进口征收高额关税。保护关税越高,保护的作用就越大,甚至实际上等于禁止进口。

非关税壁垒,是指除关税以外的一切限制进口措施所形成的贸易障碍,又可分为直接限制和间接限制两类。直接限制是指进口国采取某些措施,直接限制进口商品的数量或金额,如进口配额制、进口许可证制、外汇管制、进口最低限价等。间接限制是通过对进口商品制定严格的条例、法规等间接地限制商品进口,如歧视性的政府采购政策,苛刻的技术标准、卫生安全法规,包装、标签规定以及其他各种强制性的技术法规。

随着经济全球化和贸易自由化进程的加快,关税逐渐降低,但以技术法规、技术标准、认证制度等为主要内容的非关税贸易壁垒凸显,成为最普遍的贸易壁垒。

五、世界贸易组织

世界贸易组织(World Trade Organization,WTO)的前身是1948年开始实施的关税及贸易总协定的秘书处,成立于1994年4月,1995年1月1日正式开始运作,负责管理世界经济和贸易秩序,总部设在瑞士日内瓦莱蒙湖畔。世界贸易组织是一个独立于联合国的永久性国际组织,具有法人地位,在调解成员争端方面具有更高的权威性。截至2013年3月2日,世界贸易组织共有159个成员。世界贸易组织是多边贸易体制的法律基础和组织基础,是众多贸易协定的管理者,是各成员贸易立法的监督者,是就贸易进行谈判和解决争端的场所,是当代最重要的国际经济组织之一,与国际货币基金组织、世界银行一起被称为世界经济发展的三大支柱,其成员间的贸易额占世界贸易额的绝大多数,被称为“经济联合国”。

世界贸易组织的基本职能是:管理和执行共同构成世界贸易组织的多边及诸边贸易协

定;作为多边贸易谈判的讲坛;寻求解决贸易争端;监督各成员的贸易政策,并同其他与制定全球经济政策有关的国际机构进行合作(如图 7-3 所示)。

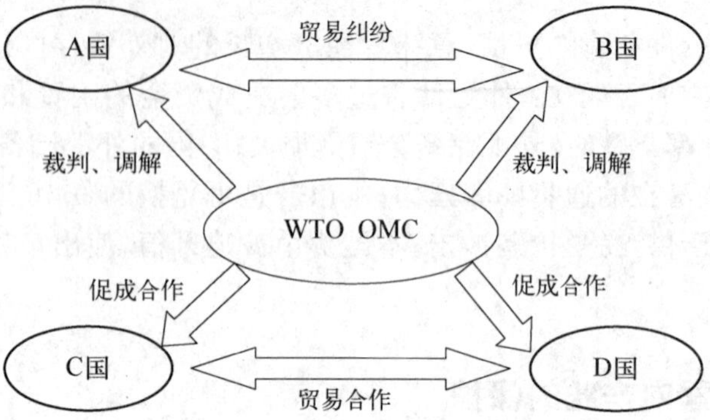

图 7-3 WTO 扮演的角色

2001 年 11 月 10 日,中国被批准加入世界贸易组织。2001 年 12 月 11 日,中国正式成为世界贸易组织第 143 个成员。中国加入世界贸易组织后,扩大对外开放,惠及 13 亿中国人民,也惠及各国人民。

第二节 国际收支和汇率

一、国际收支

国际收支(International Payment)是指一个国家或地区与其他国家或地区之间由于贸易、非贸易和资本往来而引起国际资金流动,从而发生的一种各国间的资金收支行为。它包括两种具体的收支形式:直接的货币收支和以货币表示的资产的转移。一国的国际收支状况反映在该国的国际收支平衡表上。

国际收支平衡表是一个国家在一定时期内(通常是 1 年)与外国的全部经济往来所发生的外币收支总额的对比。该表通常是按复式记账原理编制的。国际收支平衡表所列的内容或项目可分为以下三类:

(一) 经常项目

经常项目又称商品和劳务项目,包括三个方面:商品交易(进出口);劳务收支项目,如运输、保险、旅游、投资劳务(利息、股息、利润)、技术专利使用费及其他劳务;单方面转移收支,如宗教、慈善、教育事业、赠与、侨汇、非战争赔款等。

(二) 资本项目

资本项目主要涉及资本本金在各国间的转移,分为两个项目:长期资本项目,包括直接投资、证券投资、居民和官方长期借贷、商业银行长期借贷等；短期资本项目，包括居民、官方短期借贷、商业银行短期借贷等。

（三）平衡项目

平衡项目包括两部分内容：官方储备，是指一个国家的金融当局持有的储备资产及对外债权，包括黄金、外汇、特别提款权和普通提款权，许多国家通过调节官方储备来平衡经常项目与资本项目的差额；错误与遗漏，在各项收支的汇兑过程中，由于资料来源不一、不全和错漏，如商品走私、资金外逃、私人携现钞出入境不报关等，会使本应平衡的国际收支变得不平衡。这个项目就是为调整国际收支平衡表在录入过程中出现的技术性失衡而设立的。

在国际收支平衡表中，由本国政府、居民或企业所支付的任何一项交易均作为赤字项，以借方表示，如进口、在外国保险公司投保、到国外旅游、购买外国有价证券、在外国银行存款等；而本国政府、居民或企业从国外得到的任何收入均作为盈余项，以贷方表示，如出口、外国人在本国保险公司投保、外国人来本国旅游、出售给外国人有价证券、外国人在本国银行存款等。当经常项目与资本项目的借方和贷方相等，即在国际经济中一国的总支出与总收入相等时，就称为国际收支平衡。或者当经常项目的顺差（或逆差）与资本项目的逆差（或顺差）相等时，国际收支也是平衡的。当国际收支有盈余时，就会有黄金或外汇流入，即官方储备增加；当国际收支有赤字时，就会有黄金或外汇流出。所以，当国际收支不平衡时，要通过官方储备项目的调整来实现平衡（如图 7－4 所示）。

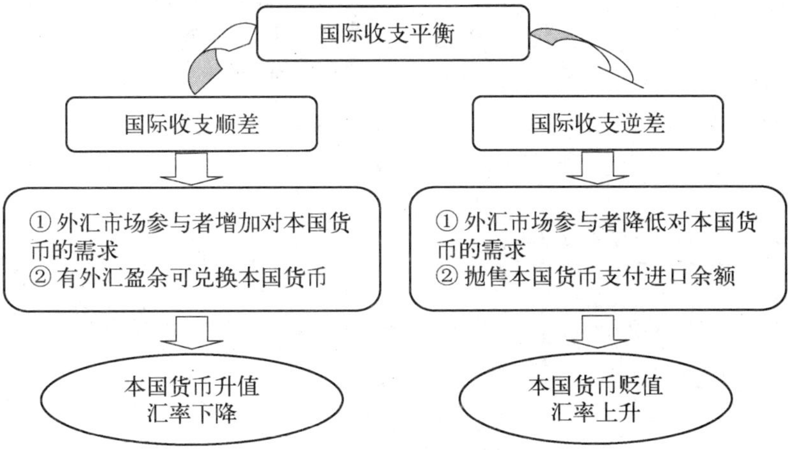

图 7－4　国际收支平衡的调节

二、汇率及汇率制度

（一）汇率

国家之间债权、债务的清偿都要涉及本国货币与外国货币的折算问题。出口商需要将出口所得的外汇兑换成本国货币，以便核算成本和重新备货。进口商需要用本国货币兑换成外汇,以便对外支付。因此,各国间的结算是离不开汇率的。汇率(Exchange Rate)又称汇价或外汇行市,是一个国家的货币折算成另一个国家货币的比率,即在两国货币之间,用一国货币所表示的另一国货币的价格。

汇率的标价方法主要有两种:一是用1单位或100单位外国货币作为标准折算成一定数额的本国货币,称为直接标价法。在直接标价法下,外国货币的数额固定不变,本国货币的数额则随着外国货币或本国货币币值的变化而改变。目前,我国和世界上绝大多数国家采用直接标价法。二是用1单位或100单位本国货币作为标准折算为一定数量的外国货币,称为间接标价法。在间接标价法下,本国货币的数额固定不变,外国货币的数额则随本国货币或外国货币币值的变化而改变。目前,世界上只有英国和美国采取间接标价法。

外汇报价是在一定标价方式下,外汇银行对其他银行或客户报出的愿意买入外汇和愿意卖出外汇的价格。外汇买入价是指银行买入外汇时所使用的汇率;外汇卖出价是指银行卖出外汇时所使用的汇率。在中国,中国人民银行于每个工作日闭市后公布当日银行间外汇市场美元等交易货币对人民币的收盘价作为下一个工作日该货币对人民币交易的中间价。

从国外汇来的钱,只是在银行账户上有记录的,称为“现汇”;而取出外币钞票的,称为“现钞”。现汇买入价——把现汇卖给银行的汇价,现汇卖出价——向银行购买现汇(汇至国外)的汇价,现钞买入价——外币钞票卖给银行兑换成本币的汇价,现钞卖出价——以本币向银行买入外币现钞的价格,中间价——以上的平均价格。一般情况下,现钞卖出价>现汇卖出价>现汇买入价>现钞买入价。

汇率下降是指用本国货币表示的外国货币的价格下跌了。例如,美元兑人民币的汇率由1美元兑8.5元人民币降为6.3元人民币,则对美国来说是本币贬值,而对人民币来说是本币升值,因为用人民币表示的美元价格下跌意味着人民币升值了。

汇率上升是指用本币表示的外国货币价格上升。例如,美元兑人民币的汇率由1美元兑6.3元人民币降为8.5元人民币,则对美国来说是本币升值,而对中国来说是本币贬值,因为用人民币表示的美元价格上升意味着人民币贬值了(如图7-5所示)。

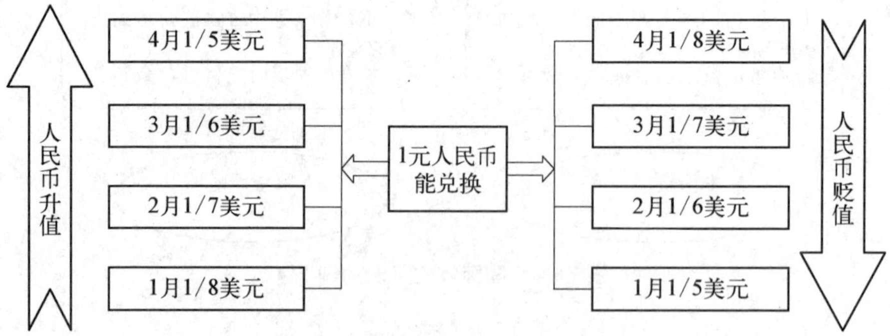

图7-5 人民币的升值与贬值

以上讲的是名义汇率(E),它没有考虑两国商品(劳务)的价格因素。实际汇率(e)则是考虑到两国商品(劳务)价格的汇率。名义汇率与实际汇率的关系可以用下面的公式来表示:

$$e = \frac{P_f}{P} \cdot E \tag{7-1}$$

其中，P_f是国外商品（劳务）的价格水平，P 是国内商品（劳务）的价格水平。所以，实际汇率的上升即本国货币的实际贬值，意味着国外商品（劳务）相对于国内商品（劳务）变得更加昂贵。在其他条件不变的情况下，意味着国内和国外的人很可能会把他们的商品购买支出的一部分转移到国内生产的商品上，这通常被描述为该国产品竞争力的上升。反之，当实际汇率下降，或者说本币实际升值时，意味着该国的商品（劳务）变得相对昂贵或竞争力下降。

通常所说的某国货币"坚挺"或"疲软"，是指名义汇率的近期变动。当一种货币升值时，说它是"坚挺"的，因为它可以兑换更多外国通货；而当一种通货"疲软"时，就是该货币在贬值。

（二）汇率变动对国内经济的影响

1. 汇率变动对一国贸易的影响

汇率上升使本国产品的价格相对于外国产品的价格下降，导致净出口增加；反之，汇率下降使本国产品的价格相对于外国产品的价格上升，导致净出口减少。

【问题解析】

德国出口奔驰汽车到美国，同时进口美国的计算机。汽车每辆售价为 8 万马克，计算机每台售价为 15 万美元。假定 1 美元原来可兑换 2 马克，则奔驰汽车在美国的售价为每辆 4 万美元，德国购买美国计算机每台要 30 万马克。现在马克升值，外汇汇率下降至 1 美元只能兑换 1.8 马克，则德国汽车在美国的售价上升为每辆 4.44 万美元，会使许多消费者望而却步，销量骤减。德国购买美国计算机只要每台 27 万马克，这自然会有力促进美国计算机在德国市场上的销售。由此可见，对德国来讲，外汇汇率下降后会减少出口、增加进口。

【延伸阅读】

马歇尔-勒纳条件

马歇尔-勒纳条件是由英国经济学家马歇尔和美国经济学家 A. P. 勒纳揭示的关于一国货币的贬值与该国贸易收支改善程度的关系。

一国货币相对于他国货币贬值，能否改善该国的贸易收支状况，主要取决于贸易商品的需求和供给弹性。这里要考虑 4 个弹性：(1) 他国对该国出口商品的需求弹性；(2) 出口商品的供给弹性；(3) 进口商品的需求弹性；(4) 进口商品的供给弹性（指他国对贬值国出口的商品的供给弹性）。在假定一国非充分就业，因而拥有足够的闲置生产资源使出口商品的供给具有完全弹性的前提下，贬值效果便取决于需求弹性。需求弹性是指价格变动所引起的进出口需求数量的变动程度。如果数量变动大于价格变动，需求弹性便大于 1；反之，如果数量变动小于价格变动，需求弹性便小于 1。只有当贬值国进口需求弹性大于 0（进口减少）与出口需求弹性大于 1（出口增加）时，贬值才能改善贸易收支。如果用 n 表示他国对贬值国的出口商品的需求弹性，用 n_m 表示进口需求弹性，则当 $n+n_m>1$ 时，即出口需求弹性与进口需求弹性的总和大于 1 时，贬值可以改善贸易收支。此即马歇尔-勒纳条件。

举例来说，假设一国出口的需求弹性为 1/4，即出口数量的增加率只有价格下降率的

1/4,如果出口价格下降4%,出口数量仅增加1%,结果出口总值将减少3%。又假设进口商品的需求弹性为3/4,即外国价格上涨4%,进口数量就会减少3%,进口总值也减少3%。由于这两种弹性之和等于1,进出口值按同一方向同一数量变动,贸易差额保持不变,即该国的贸易收支状况得不到改善。如果$n+n_m>1$,贸易收支可以改善;如果$n+n_m<1$,贸易收支反而恶化。

工业发达国家的进出口大多是高弹性的工业制成品,所以在一般情况下,货币贬值的作用较大。相反,发展中国家的进出口大多是低弹性的商品,所以货币贬值的作用不大。这就是说,发展中国家只有改变进出口的商品结构,由出口低弹性的初级产品转为出口高弹性的制成品,才能通过汇率的变化来改善国际收支状况。

2. 汇率变动对国际收支中资本项目的影响

汇率贬值还会影响国际收支中的资本项目。一般而言,贬值对长期资本流动的影响较小,因为这种资本流动主要取决于利润和风险的状况;但对短期资本流动的影响是不利的,因为贬值会使金融资产的相对价值下跌,从而引起资金外流。

【延伸阅读】

什么是贸易J曲线?

一国货币贬值或升值时,该国贸易收支状况往往不能立即改善或恶化,这是因为,进出口变动速度往往慢于价格变动速度。例如本币贬值时,出口并不会立即增加,进口也不会立即减少。这是因为在贬值之前,进出口合同一般早已签订好,进口或出口的数量一般在事前几个月就规定了。本国货币贬值后,在新的出口或进口合同还未签约前,进出口数量照原合同执行。本币贬值,即外币升值后,一国出口余额反而会减少。例如,假定1美元从值6元人民币变为值8元人民币,如果按原合同出口一定数量商品原来可以得4万美元,现在就只能得3万美元。这就是说,在贬值初期,一国出口收入可能反而减少,进口支出可能反而增加,因而经常项目收支状况可能反而恶化。只有经过一段时间后,随着原合同结束、新合同履行,一国出口收入才会增加,进口支出才会减少,从而使经常项目收支状况得以改善。当本币升值时,经常项目收支状况的变动则往往先有改善,随着时间的推移才会逐步恶化。这种变动的轨迹呈J字形状,故称J曲线(如图7-6所示)。

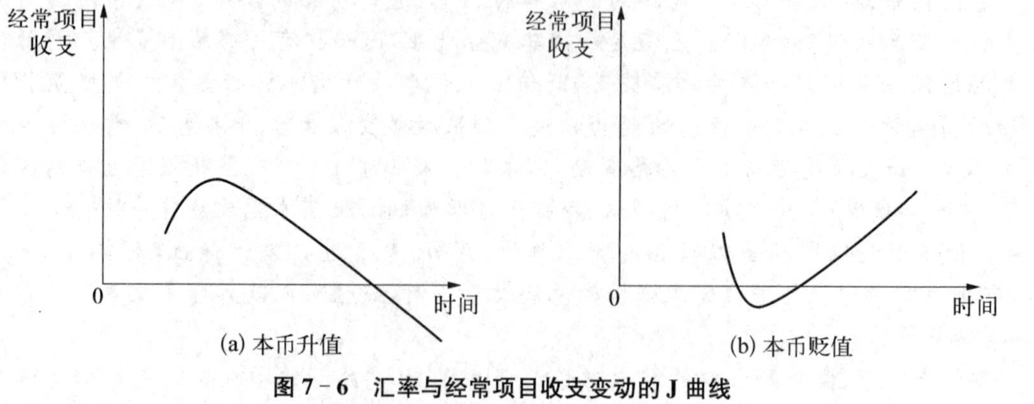

(a) 本币升值　　(b) 本币贬值

图7-6　汇率与经常项目收支变动的J曲线

（三）汇率的影响因素

在外汇市场上，汇率是经常变动的，汇率的影响因素是十分复杂的，既有经济因素，又有非经济因素。就短期而言，汇率的影响因素主要有：

第一，货币供给量。当一国货币供给量增长较快时，该国的货币量超过了本国的需求，从而由于价格的下跌或资本外流而使该国汇率下跌。

第二，利率。一国利率的上升会使资本流入，导致汇率升值；而利率的下降会使资本流出，导致汇率贬值，即汇率与利率是正相关的。

第三，政府干预。一般来说，政府可以通过买卖外汇或外汇管制等直接或间接手段来影响外汇市场的短期汇率。

此外，心理预期以及季节性等因素也可能会影响汇率。

影响汇率变动的因素如图 7-7 所示。

图 7-7 影响汇率变动的因素

（四）汇率制度

汇率制度(Exchange Rate Regime)又称汇率安排，是指各国或国际社会对于确定、维持、调整与管理汇率的原则、方法、方式和机构等所做出的系统规定。按照汇率变动幅度的大小，汇率制度可分为浮动汇率制和固定汇率制。

1. 浮动汇率制

浮动汇率制是指中央银行对汇率不加固定，也不规定上下波动的界限，听任外汇市场根据外汇的供求情况，自行决定本国货币对外国货币的汇率。浮动汇率制有两种：一种是清洁浮动，或称自由浮动，是指中央银行完全听任外汇市场供求的情况自发地决定本国货币的汇率，而不采取干预措施；另一种是肮脏浮动，或称管理浮动，是指中央银行在外汇市场上或明或暗地随时进行干预，操纵本国货币的汇率，使它不过多地下浮或上浮。

实行浮动汇率可防止国际游资对本国货币的冲击，防止外汇储备的大量流失，并有利于通过汇率的波动来调节经济，也有利于促进国际贸易。但汇率浮动会增加国际贸易的风险，也会加剧经济的波动。

2. 固定汇率制

固定汇率制是指一国货币与他国货币的汇率基本固定,并把两国汇率的波动界限规定在一定的幅度内。在这种制度下,中央银行固定了汇率,并按这一水平进行外汇买卖。中央银行必须为任何国际收支盈余或赤字按官方汇率提供外汇,当国际收支有盈余时购入外汇,当国际收支有赤字时售出外汇,以维持固定汇率。

实行固定汇率制有利于一国经济的稳定,也有利于维护国际金融体系和国际经济交往的稳定,减少国际贸易与国际投资风险。但固定汇率制要求一国的中央银行有足够的外汇或黄金储备,如不具备这一条件,必然出现外汇黑市,黑市的汇率远高于官方汇率,这反而不利于经济发展和外汇管理。

【知识链接】

均衡汇率的决定

从本质上说,汇率是由各种货币内在价值的对比决定的。在金本位制度下,两种货币汇率的高低取决于两种货币各自的含金量;而在纸币流通制度下,汇率由两种货币所具有的综合购买力决定。但从短期的、市场的因素来看,汇率是由外汇市场上的供求关系决定的,外汇汇率与其需求呈反方向变化关系,与其供给呈同方向变动关系,均衡的汇率由外汇的需求曲线与供给曲线的交点决定。

1. 汇率的决定——购买力平价

购买力平价(Purchasing Power Parity,PPP)是指以实际购买力计算的两个国家不同货币之间的换算比例。其计算方法大致为:选取典型的商品和劳务作为比较样本,用两个国家不同的货币单位和市场价格分别加权计算样本的价格总额,价格总额的比例就是体现两国货币实际购买力的换算率,即购买力平价。

例如,如果在中国市场上用人民币购买大米为每吨 2 000 元、猪肉为每吨 10 000 元、29 英寸彩色电视机为每台 8 000 元、2.8 立升排气量的轿车为每辆 100 000 元,购买价格总额为 120 000 元;在美国市场上用美元购买大米为每吨 4 000 美元、猪肉为每吨 20 000 美元、29 英寸彩色电视机为每台 1 000 美元、2.8 立升排气量的轿车为每辆 5 000 美元,购买价格总额为 30 000 美元。那么,按购买力平价计算的美元与人民币的换算比例应为 1 美元=4 元人民币。

按照世界银行的统计,2012 年,美国的购买力平价为 156 850 亿美元,世界排名第一,而中国为 124 710 亿美元,位居第二。我国自 2011 年起用购买力平价换算 GDP,以比较和评价国家的实际经济规模和结构。

2. 汇率的决定——"巨无霸"指数

英国伦敦《经济学人》杂志一直制作一个指数,称为"巨无霸"指数。

麦当劳在全球 120 个国家和地区开有分店,它生产的"巨无霸"汉堡的组成原料、工序和质量在世界各地基本一致。该指数以麦当劳"巨无霸"汉堡在各国的售价为基础,对各国货币的购买力进行比较。虽然"巨无霸"汉堡只是一件商品,但包含了多种原料和劳动,如面包、肉类、调料和人工制作,因此,也可以把它的价格看作一种综合指数。

2006 年发布的指数表明,"巨无霸"汉堡在美国平均售价为 3.10 美元,在中国则为 10.5 元人民币(约合 1.31 美元)，由此算来，1 美元基本等价于 3.39 元人民币。这依据的就是购买力平价理论。由于当期的人民币兑美元的比价基本维持在 1∶8，因此，该杂志通过这一比较，计算出人民币被低估了 58%。

【专栏解析】

战后西方国际金融制度的演变

在国际金融史上，一共出现了三种汇率制度，即金本位体系下的固定汇率制、布雷顿森林体系下的固定汇率制和浮动汇率制(如图 7－8 所示)。

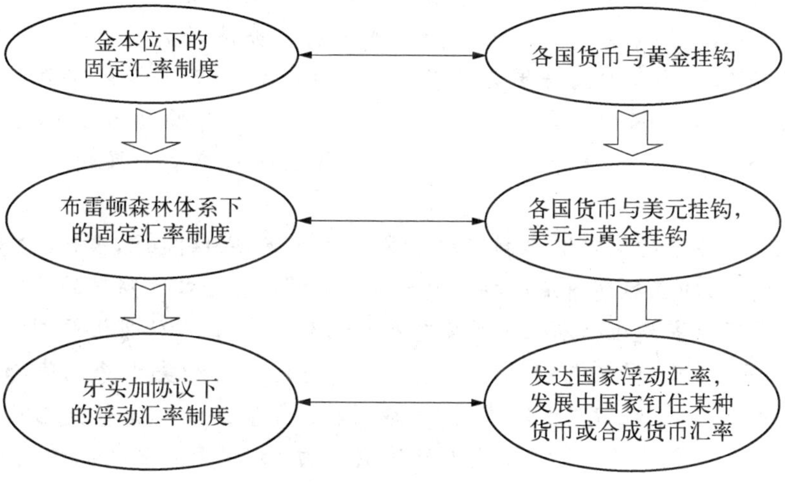

图 7－8　汇率制度演变的历程

1. 金本位体系下的固定汇率制

1880～1914 年的 35 年间，主要西方国家通行金本位制，即各国在流通中使用具有一定成色和重量的金币作为货币，金币可以自由铸造、自由兑换及自由输出入。在金本位体系下，两国之间货币的汇率由它们各自的含金量之比——金平价决定。只要两国货币的含金量不变，两国货币的汇率就保持稳定。当然，这种固定汇率也要受外汇供求、国际收支的影响，但汇率的波动仅限于黄金输送点。黄金输送点是指汇价波动引起黄金从一国输出或输入的界限。汇率波动的最高界限是铸币平价加运金费用，即黄金输出点；汇率波动的最低界限是铸币平价减运金费用，即黄金输入点。

当一国国际收支发生逆差、外汇汇率上涨超过黄金输出点时，将引起黄金外流，货币流通量减少，通货紧缩，物价下降，从而提高商品在国际市场上的竞争力。输出增加，输入减少，导致国际收支恢复平衡。反之，当国际收支发生顺差、外汇汇率下跌至低于黄金输入点时，将引起黄金流入，货币流通量增加，物价上涨，输出减少，输入增加，导致国际收支恢复平衡。由于黄金输送点和物价的机能作用，把汇率波动限制在有限的范围内，对汇率起到自动调节的作用，从而保持汇率的相对稳定。在第一次世界大战前的 35 年间，美国、英国、法国、德国等国家的汇率从未发生过升、贬值波动。

1914 年第一次世界大战爆发，各国停止黄金输出入，金本位体系宣告解体。第一次世界大战到第二次世界大战期间，各国货币基本上没有遵守一个普遍的汇率规则，处于混乱的各行其是的状态。执行金本位体系的35年是自由资本主义繁荣昌盛的“黄金时代”,固定汇率制保障了国际贸易和信贷的安全,方便了生产成本的核算,避免了国际投资的汇率风险,推动了国际贸易和国际投资的发展。但是,严格的固定汇率制使各国难以根据本国经济发展的需要执行有利的货币政策,经济增长受到较大制约。

2. 布雷顿森林体系下的固定汇率制

1944年7月,美国、英国、法国、中国、苏联等44国代表在美国布雷顿森林召开了联合国货币金融会议,确定了以美元为中心的国际货币制度,即布雷顿森林体系。在这一体系下,西方各国实行了黄金-美元本位制(又称国际黄金汇兑本位制)。这一制度的基本内容是:(1) 美元与黄金挂钩,国际货币基金组织各国确认美国在1934年1月所规定的美元与黄金比价,即35美元等于1盎司黄金。各国有义务协助美国维持美元官价,美国承担准许各国中央银行按官价向美国兑换黄金的义务。(2) 其他各国货币与美元挂钩,即其他国家的货币与美元保持固定汇率,市场汇率波动的允许幅度为1%,超过这个限度,各国政府有义务干预市场,维持这一官价。各成员汇率的变动如果超过10%,需经国际货币基金组织同意。

布雷顿森林体系下的固定汇率制实质上是一种可调整的钉住汇率制,它兼有固定汇率和弹性汇率的特点,即在短期内汇率要保持稳定,这类似于金本位制下的固定汇率制;但它又允许在一国国际收支发生根本性不平衡时及时调整,这类似于弹性汇率制。

1971年8月15日,时任美国总统尼克松宣布美元贬值和美元停兑黄金,布雷顿森林体系崩溃,尽管1971年12月“十国集团”达成了《史密森协议》,宣布美元贬值,由1盎司黄金等于35美元调整到38美元,汇兑平价的幅度由1%扩大到2.5%,但到1973年2月,美元第二次贬值,欧洲国家及其他主要资本主义国家纷纷退出固定汇率制,固定汇率制彻底瓦解。

固定汇率制解体的原因主要是美元供求与黄金储备之间的矛盾造成的。货币之间的汇兑平价只是战后初期世界经济形势的反映,美国依靠其雄厚的经济实力和黄金储备,高估美元,低估黄金,而随着日本和西欧经济的复苏与迅速发展,美国的霸权地位不断下降,“美元灾”加剧了黄金供求状况的恶化,特别是美国为发展国内经济及对付越南战争造成的国际收支逆差又不断增加货币发行,这使美元远远低于金平价,使黄金官价越来越成为买方一厢情愿的价格,加之国际市场上投机者抓住固定汇率制的瓦解趋势推波助澜,大肆借美元对黄金下注,进一步增加了美元的超额供应和对黄金的超额需求,最终美国黄金储备面临枯竭,不得不放弃美元金本位,导致固定汇率制彻底崩溃。

3. 浮动汇率制

一般而言,全球金融体系自1973年3月后,以美元为中心的固定汇率制就不复存在,而被浮动汇率制所代替。

实行浮动汇率制的国家大多是世界上主要的工业国,如美国、英国、德国、日本等,其他大多数国家和地区仍然实行钉住的汇率制,其货币大多钉住美元、日元、法郎等。在实行浮动汇率制后,各国原规定的货币法定含金量或与其他国家订立纸币的黄金平价就不起任何作用了,因此,国家汇率体系趋向复杂化、市场化。

在浮动汇率制下,各国不再规定汇率上下波动的幅度,中央银行也不再承担维持汇率波动上下限的义务，各国汇率是根据外汇市场中的外汇供求状况自行浮动和调整的结果。同时，一国国际收支状况所引起的外汇供求变化是影响汇率变化的主要因素——国际收支顺差的国家，外汇供给增加，外国货币价格下跌，汇率下浮；国际收支逆差的国家，对外汇的需求增加，外国货币价格上涨，汇率上浮。汇率上下波动是外汇市场的正常现象，一国货币汇率上浮就是货币升值，下浮就是货币贬值。

应该说，浮动汇率制是固定汇率制的进步。随着全球国际货币制度的不断改革，国际货币基金组织于1978年4月1日修改国际货币基金组织条文并正式生效，实行所谓“有管理的浮动汇率制”。由于新的汇率协议使各国在汇率制度的选择上具有很强的自由度，因此，现在各国实行的汇率制度多种多样，有单独浮动、钉住浮动、弹性浮动和联合浮动等。

单独浮动是指一国货币不与其他任何货币固定汇率，其汇率由市场外汇供求关系决定。目前，包括美国、英国、德国、法国、日本等在内的三十多个国家实行单独浮动。

钉住浮动是指一国货币与另一种货币保持固定汇率，随后者的浮动而浮动。一般来说，通货不稳定的国家可以通过钉住一种稳定的货币来约束本国的通货膨胀，提高货币信誉。当然，采用钉住浮动方式也会使本国的经济发展受制于被钉住国的经济状况，从而蒙受损失。目前，全世界约有一百多个国家或地区采用钉住浮动方式。

弹性浮动是指一国根据自身发展需要，对钉住汇率在一定弹性范围内可自由浮动，或按一整套经济指标对汇率进行调整，从而避免钉住浮动汇率的缺陷，获得外汇管理、货币政策方面更多的自主权。目前，巴西、智利、阿根廷、阿富汗、巴林等十几个国家采用弹性浮动方式。

联合浮动是指国家集团对成员国内部货币实行固定汇率，对集团外货币则实行联合的浮动汇率。欧盟(欧共体)11国于1979年成立了欧洲货币体系，设立了欧洲货币单位(ECU)，各国货币与之挂钩建立汇兑平价，并构成平价网，各国货币的波动必须保持在规定的幅度内，一旦超过汇率波动预警线，有关各国就要共同干预外汇市场。1991年欧盟签订了《马斯赫特里特条约》，制定了欧洲货币一体化的进程表。1999年1月1日，欧元正式启动，欧洲货币一体化得以实现，欧盟这样的区域性货币集团出现。

三、外汇市场

(一) 外汇市场

狭义的外汇指的是以外国货币表示的，为各国普遍接受的，可用于各国间债权债务结算的各种支付手段。它必须具备三个特点：可支付性(必须是以外国货币表示的资产)、可获得性(必须是在国外能够得到补偿的债权)和可换性(必须是可以自由兑换为其他支付手段的外币资产)。

广义的外汇指的是一国拥有的一切以外币表示的资产。国际货币基金组织(IMF)对此的定义是：“外汇是货币行政当局(中央银行、货币管理机构、外汇平准基金及财政部)以银行存款、财政部库券、长短期政府证券等形式保有的在国际收支逆差时可以使用的债权。”中国于2008年修订颁布的《外汇管理条例》规定：“外汇，是指下列以外币表示的可以用作国际清偿的支付手段和资产:(1) 国外货币,包括铸币、钞票等;(2) 外币支付凭证,包括票据、银行存款凭证、邮政储蓄凭证等;(3) 外币有价证券,包括政府公债、国库券、公司债券、股票、息票等;(4) 特别提款权、欧洲货币单位;(5) 其他外汇资产。"

外汇市场是金融市场的主要组成部分,是指经营外币和以外币计价的票据等有价证券买卖的市场。

通过外汇市场来决定各国的汇率(如图 7-9 所示)。外汇市场具有国际清算、授信、套期保值和投机职能,2005 年 5 月 18 日,中国银行间外汇市场正式开办外币买卖业务。

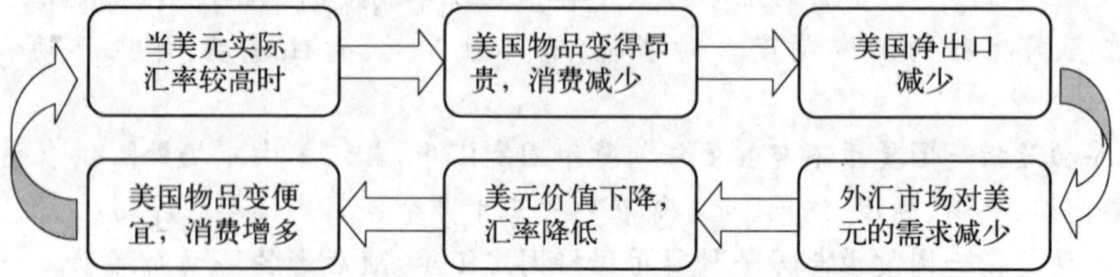

图 7-9 外汇市场供求变化

(二) 外汇干预理论

1973 年后,国际外汇市场中实行的浮动汇率制并不彻底,并不是完全由市场来决定汇率的价格。各西方国家在汇价对他们不利的时候要进场干预。

1. 外汇干预目标

(1) 熨平汇率短期内的过度波动。汇率的过度波动对市场主体正常的贸易行为和投资行为带来了风险,同时导致金融市场上投机的不稳定。官方通过外汇干预防止汇率的过度波动对资源配置以及宏观经济产生的不利影响。这种干预通常被称为"逆风向"干预。

(2) 实现汇率水平的中长期均衡。这种干预是指货币当局为使汇率回到合理的目标值或目标区间而进行的干预,主要是为了避免汇率水平的长期失调给宏观经济带来的消极影响。汇率水平的长期高估或低估可能会带来巨大的金融灾难。1997 年亚洲金融危机就是由于泰国、菲律宾、印度尼西亚等国家货币长期高估导致的。

(3) 政策搭配的需要。汇率政策是货币政策的重要组成部分。货币当局的外汇干预经常被用来与财政政策搭配,以期实现国内外均衡。"出口导向型"国家经常利用外汇干预来维持本国的低汇率,促进本国产品的出口和产业发展。"外汇短缺型"国家经常会小批量持续买进短缺外汇来维持其高汇率,同时增加其外汇储备。货币当局还可以通过不同币种的买卖来改善本国的外汇储备结构以实现安全性、流动性和收益性的统一。

外汇干预前提和目标如图 7-10 所示。

2. 外汇干预的方式

外汇干预的方式有不同的分类,理论界研究的干预方式主要有以下几种:

(1) 冲销干预与非冲销干预。货币当局进行外汇干预会导致基础货币供应量的变化从而影响货币政策的独立性。货币当局在外汇干预的同时或者很短的时间内又通过公开市场业务等措施对国内市场进行反向操作,以抵消或部分抵消对国内货币

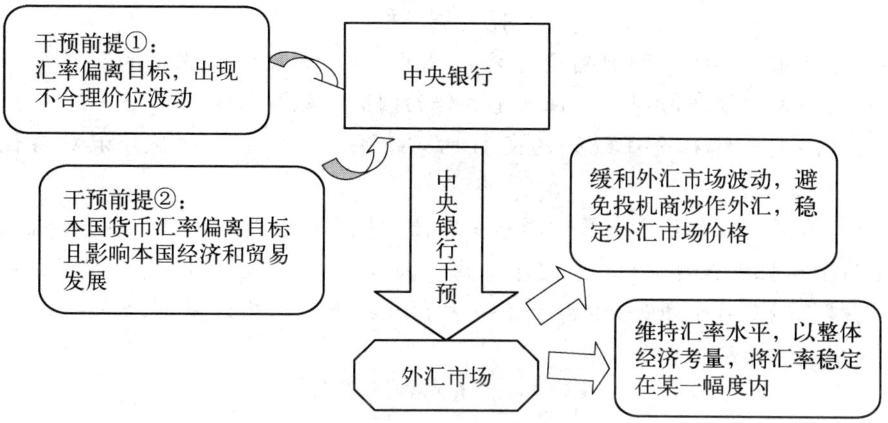

图 7－10　外汇干预前提和目标

供应量的影响，称为冲销干预；货币当局在外汇干预时不采取冲销措施的，称为非冲销干预。

(2) 公开干预与秘密干预。外汇市场上的官方干预大部分是秘密进行的，公众很难发现官方交易对手，但越来越多的货币当局选择事后公开外汇干预的数量和方向。在一个充满高度不确定性和投机性的外汇市场中，尤其是货币当局在公众心中的信誉不佳时，货币当局的公开干预可能会带来意外的结果。

(3) 单独干预与协调干预。当两个或两个以上货币当局根据明确或潜在的合作协议共同干预外汇市场时，就称为协调干预。一个国家干预汇率的成功与否有时要看其他国家中央银行的态度。在世界经济的发展过程中，一个国家的经济不可能游离于世界经济之外。相反，一个国家的经济甚至一个地区的经济与世界经济的联系越来越紧密。往往一个国家汇率的剧烈波动会引起与它有密切经济往来的国家的不满甚至警告，因为它的汇率波动损害了别国的利益。中央银行干预的结果如图 7－11 所示。

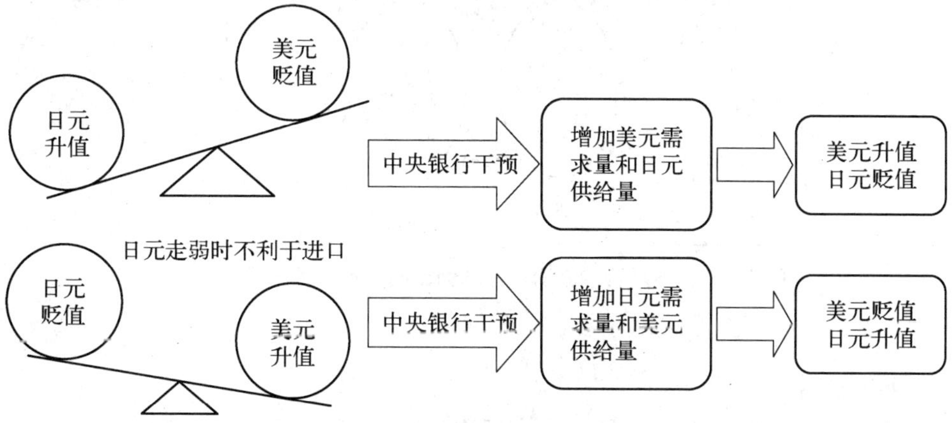

图 7－11　中央银行干预汇率的结果

【知识链接】

托 宾 税

托宾税是指由托宾提出的针对全球外汇交易,为抑制投机而课征的交易税。1972 年,托宾在普林斯顿大学演讲时,提议"往飞速运转的国际金融市场这一车轮中掷些沙子",首次提出对现货外汇交易课征全球统一的交易税。经济学家后来把这种外汇交易税称为"托宾税"。

托宾税具有两个特征:单一低税率和全球性。托宾税有两个功能:一是抑制投机,稳定汇率;二是为全球性收入再分配提供资金来源。托宾税自 20 世纪 70 年代提出以来,在学术界和政界引起热烈反响和争论,但由于这一方案有若干问题难以解决,因此,至今并无任何国家在实践中实施此税。

(三)国际资本流动的影响

国际资本流动(International Capital Flows)是指资本在各国间转移,或者说,资本在不同国家或地区之间做单向、双向或多向流动,具体包括贷款、援助、输出、输入、投资、债务的增加、债权的取得、利息收支、买方信贷、卖方信贷、外汇买卖、证券发行与流通等。

国际资本流动对资本输出国和资本输入国的影响不同。国际资本流动会促使全球利润最大化,加速世界经济的国际化,加深货币信用国际化。对资本输出国来说,可以提高资本的边际效益,带动商品出口,可以迅速地进入或扩大海外商品销售市场,为剩余资本寻求出路,生息获利,有利于提高国际地位;但也要承担资本输出的经济和政治风险,对经济发展造成压力。对资本输入国来说,可以弥补本国资本的不足,可以引进先进技术与设备,获得先进的管理经验,增加就业机会,增加国家财政收入,改善国际收支;但可能会引发债务危机,使本国经济陷入被动,加剧国内市场竞争(如图7-12所示)。

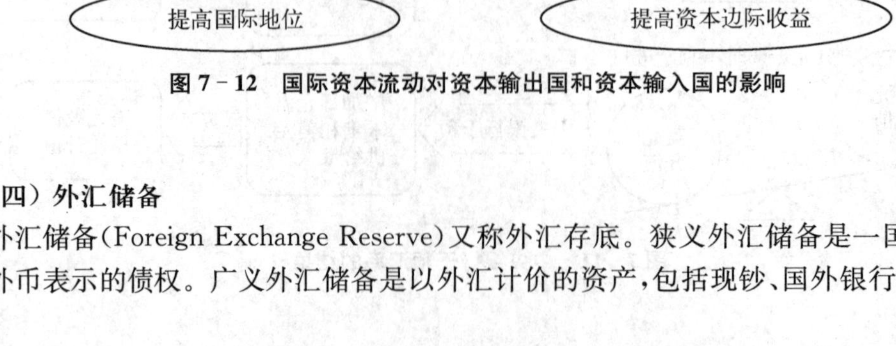

图 7-12 国际资本流动对资本输出国和资本输入国的影响

(四)外汇储备

外汇储备(Foreign Exchange Reserve)又称外汇存底。狭义外汇储备是一国政府保有的以外币表示的债权。广义外汇储备是以外汇计价的资产,包括现钞、国外银行存款、国外有价证券等。外汇储备是一个国家国际清偿力的重要组成部分,对于平衡国际收支、稳定汇率也有重要的影响(如图7-13所示)。

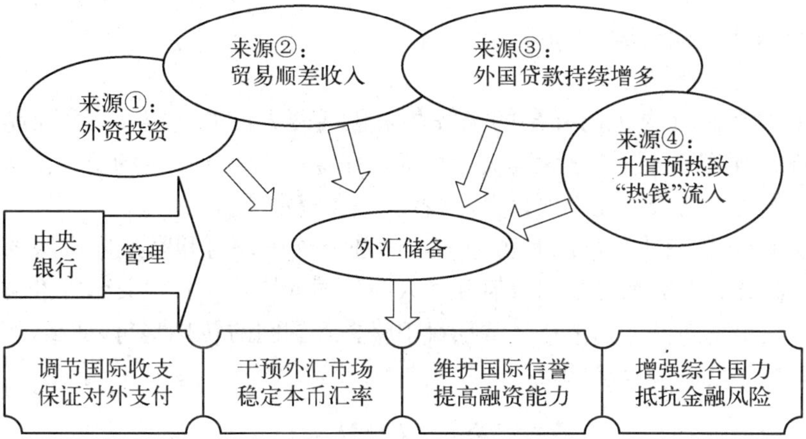

图7-13　外汇储备来源与作用

【专栏解析】

摩根·士丹利:中国4万亿外汇储备何去何从

摩根·士丹利(2014年7月8日周二)报告称,中国目前依然在不断增持外汇储备,中国第一季度外汇储备总额高达近4万亿美元。外汇储备增加或导致美元固定收益上涨,加之中国2014年加大了"去美元化",这对非美元的其他货币尤其是欧元提供了较好支撑。欧元是继美元之后世界第二大外汇储备货币。中国巨额的外汇储备实际上已成为国家的沉重负担。例如,外汇储备规模过大,可能造成国内通货膨胀、提高中央银行存款准备金率和对冲操作压力,对货币政策的制约程度也会进一步增加。随着全球经济日渐平衡,中国也希望加强国内货币体系弹性制度。但随着人民币自由化进程的加快,中国增持外汇储备的步伐较之前可能有所放缓。"中国增持外汇储备或减少外汇市场波动率。以欧元为例,中国可能会高抛低吸,减少欧元波动幅度。但随着中国外汇储备结构性下调和人民币国家化进程完成,目前遭到抑制的外汇低利率或得到释放。同时,由于有可能采取利差调控工具,欧元会继续走低承压。"

第三节　IS-LM-BP模型

无论什么时候,均衡国民收入都是总需求等于总供给时的国民收入。但是,在总供给既定的情况下,开放经济与封闭经济总需求均衡的内容是不同的。在开放经济下的总需求,除了包括产品市场、货币市场均衡的内容外,还包括国际收支均衡的内容,因此,它不能使用IS-LM模型来分析,而须用IS-LM-BP模型来分析。

一、IS-LM-BP 模型的基本含义

(一) 国际收支差额函数

1. 净出口函数

在开放经济中,一个国家与外国的经济往来包括两方面的内容:一是商品和劳务的进出口、政府和私人转移支付;二是为购买实物资本和金融资本而发生的资本流入和流出。前者反映在国际收支平衡表的经常项目上,后者反映在资本项目上。

对于经常项目,如果出口商品和劳务的总额加上外国政府和私人向本国的转移支付大于进口物品和劳务的总额加上本国政府和私人向外国的转移支付,那么,在经常项目上将出现顺差;反之,则出现逆差。如果在经常项目中略去各国间的转移支付,那么,经常项目的差额就可以近似看作进出口差额,即:

$$NX = X - M$$

式中,NX 为进出口差额,也称进出口;X 为商品和劳务的出口;M 为商品和劳务的进口。

影响净出口的因素有很多,在宏观经济学中,汇率和国内收入水平被认为是两个最重要的因素。净出口函数常简化为:

$$nx = q - \gamma Y - n\frac{EP_f}{P}$$

式中,q、γ 和 n 均为参数。参数 γ 被称为边际进口倾向,即净出口变动与引起这种变动的收入变动的比率。

从上式中可知,影响进出口的因素主要有一国的国民收入、各进出口国家商品的相对价格差别和汇率的变动,汇率上升会增加净出口。但汇率上升或者说本国货币贬值能在多大程度上增加出口、减少进口,从而改变国际收支,取决于该国出口商品在世界市场上的需求弹性和该国国内市场对进口商品的需求弹性。

一般条件下,只考虑收入水平对进出口的影响,则净出口函数可表示为 $NX = NX(Y)$,根据各种假定,一国的净出口是该国收入的减函数,净出口函数曲线向右下方倾斜。

2. 净资本流出函数

国际收支平衡表中的资本项目涉及资产的买卖和资本的流动。为分析方便,将从本国流向外国的资本量与从外国流向本国的资本量的差额定义为资本项目差额或净资本流出,用 F 表示,即 F=资本流出-资本流入。影响资本流动的因素固然有很多,但其中,利率被看作最重要的一个因素,从而净资本流出函数可写为:

$$F = F(r)$$

一般来说,净资本流出是本国利率(r)与国外利率(r_W)之差的函数。假定这一函数是线性的,有:

$$F = \sigma(r_W - r)$$

式中,$\sigma > 0$ 为常数。根据上式,在国外利率水平既定时,本国利率越高,流出的资本就

越少,流入的资本就越多,即净资本流出越少;反之则相反。故 F 是 r 的减函数。

3. 国际收支差额函数

每一国家每一年都可能产生经常账户的顺差或逆差,以及资本账户的顺差或逆差。当然,这两个账户也可能分别出现平衡,但这是偶然的。将净出口与资本净流出的差额称为国际收支差额,即:

$$\boldsymbol{BP = NX - F = NX(Y) - F(r)}$$

式中,BP 表示国际收支差额。根据上式,一国国际收支平衡也称外部平衡,是指一国国际收支差额为零,或者 $BP=0$;如果国际收支差额为正,即 $BP>0$,则称国际收支出现顺差;如果国际收支差额为负,即 $BP<0$,则称国际收支出现逆差,也称国际收支赤字。

(二)BP 曲线

1. BP 曲线的含义

根据以上分析,当国际收支平衡时,$BP=0$,从而有:

$$\boldsymbol{NX(Y) = F(r)}$$

该式表示当国际收支平衡时收入与利率的相互关系,这就是国际收支均衡函数,简称国际收支函数。在以利率为纵坐标、收入为横坐标的直角坐标系内,该关系式的几何表示为国际收支曲线或称 BP 曲线。

BP 曲线可以用公式法来推导。当国际收支平衡时,即 $BP=0$ 时,有:

$$\boldsymbol{NX = F}$$

将净出口函数 $nx = q - rY - n\dfrac{EP_f}{P}$ 和净资本流出函数 $F=\sigma(r_W - r)$ 代入上式,有:

$$\boldsymbol{q - \gamma Y + n\frac{EP_f}{P} = \sigma(r_W - r)}$$

化简为:

$$\boldsymbol{r = \frac{\gamma}{\sigma}Y + \left(r_W - \frac{n}{\sigma}\frac{EP_f}{P} - \frac{q}{\sigma}\right)} \tag{7-2}$$

(7-2)式为国际收支均衡系数。从(7-2)式可知,BP 曲线的斜率为正,即 BP 曲线向右上方倾斜。

BP 曲线也可以用图形转换的方法推导出来。图 7-14(a)为净资本流出曲线,是向右下方倾斜的。图 7-14(b)是横、纵坐标的转换线,即 45°线,表示净资本流出额与净出口额相等,两个项目的差额正好互相补偿,国际收支达到平衡。图 7-14(c)为净出口曲线。当利率从 r_1 上升到 r_2 时,净资本流出量从 F_1 减少到 F_2。假如资本项目原来是平衡的,这时将出现顺差。为了保持国际收支平衡,根据 45°线,净出口必须从 NX_1 减少到 NX_2,按照净出口曲线,国民收入要从 Y_1 增加到 Y_2。这样,在保持国际收支平衡的条件下,利率和收入有两个对应点 C 和 D,同理也可以找到其他对应点,把这些对应点连接起来便得到国际收支曲线,如图 7-14(d)中的 BP 曲线所示:曲线上的每一点都代表一个使国际收支平衡的利率和收入的组合,而不在 BP 曲线上的点都是使国际收支失衡的利率和收入组合。

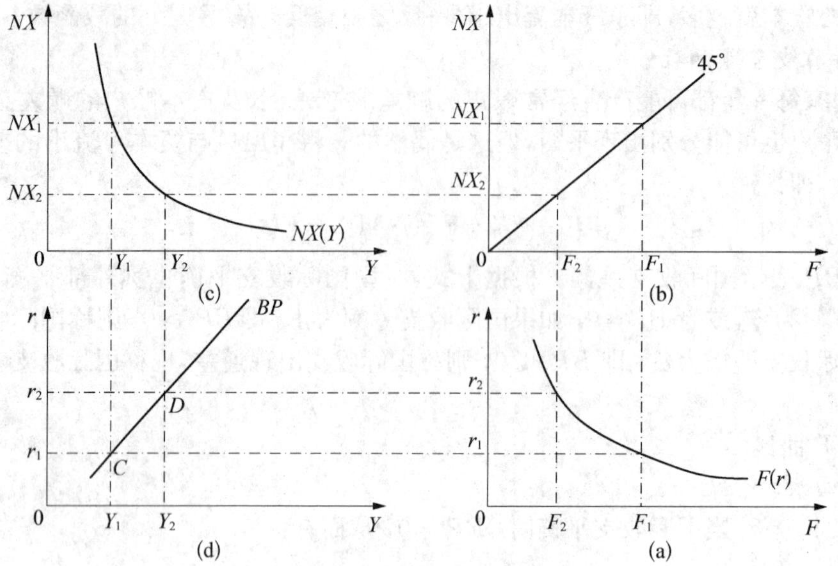

图 7-14 BP 曲线的图形推导

从图 7-14 可以看出,*BP* 曲线向右上方倾斜,表明较高利率下较低的资本净流出要求有较少的净出口以维持国际收支平衡,而较少的净出口要求有较高的收入:$r\uparrow \rightarrow F\downarrow \rightarrow NX\downarrow \rightarrow Y\uparrow$。

BP 曲线左上方各点所对应的收入都是国际收支顺差下的收入,*BP* 曲线右下方各点所对应的收入都是国际收支逆差下的收入。

2. BP 曲线的斜率

在通常情况下,*BP* 曲线向上倾斜,即斜率为正。在 *BP* 曲线上,利率与实际国民收入同方向变动,这是因为:若保持国际收支平衡,即 $NX(Y)=F(r)$,则经常项目的净进口 $NX=X-M$ 中 *NX* 变大,*NX* 是实际国民收入的增函数,故 *Y* 变大。

在出口和世界市场利率既定的情况下,*BP* 曲线的斜率首先取决于资本流动对国内利率的反应程度,即资本流动性的大小,如果国家之间资本流动越容易,*BP* 曲线就越平坦;反之,*BP* 曲线就越陡峭。此外,*BP* 曲线的斜率与边际进口倾向同方向变化,边际进口倾向越小,*BP* 曲线的斜率越小,*BP* 曲线就越平坦。

3. BP 曲线的移动

(1) 净出口增加,*BP* 曲线右移;净出口减少,则 *BP* 曲线左移。

如果在收入不变的条件下,净出口增加,为了保持国际收支平衡,净资本流出量也必须增加,从而要求利率降低。在既定的收入条件下,利率降低意味着 *BP* 曲线右移;反之,净出口减少,则 *BP* 曲线左移。假定当国民收入为 Y_0,国内利率水平为 r_0 时,国际收支平衡,国际收支曲线处于 BP_0 位置。$NX(Y_0)\uparrow \rightarrow F\uparrow \rightarrow r\downarrow \Rightarrow (Y_0, r\downarrow)$,假设当国内利率由 r_0 下降至 r_1 时,资本净流出的增加量恰好等于净出口的增加量,国际收支又回到均衡状态,*BP* 曲线右移,由 BP_0 移动至 BP_1(如图 7-15 所示)。

(2) 净资本流出增加,*BP* 曲线左移;净资本流出减少,则 *BP* 曲线右移。

如果在利率既定条件下,净资本流出增加,为了保持国际收支平衡,净出口也必须增加,从而要求收入减少。在利率既定的条件下，收入减少意味着 BP 曲线左移；反之，若净资本流出减少，则 BP 曲线右移。假定当国内收入为 Y_0、国内利率水平为 r_0时，国际收支平衡，国内收支平衡曲线处于 BP_0的位置。$F(r_0)\uparrow \rightarrow NX\uparrow \rightarrow Y\downarrow \Rightarrow (r_0, Y\downarrow)$，假设当国内收入水平由 Y_0减少至 Y_1时，净出口的增加量恰好等于资本净流入的增加量，国际收支又回到均衡状态，BP 曲线左移，由 BP_0移动至 BP（如图 7－15 所示）。

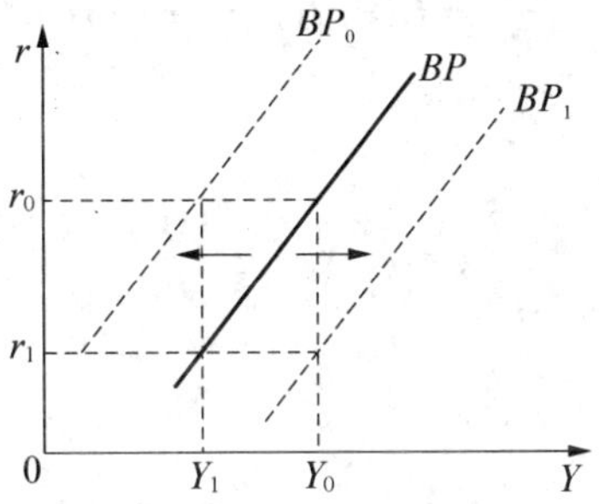

图 7－15　BP 曲线的移动

二、开放的宏观经济均衡

开放的国民收入均衡包括内在均衡和外在均衡。内在均衡是指封闭经济条件下，在充分就业水平上达到总需求与总供给的均衡，是国内经济中产品市场、货币市场、劳动市场的同时均衡，可由 IS 曲线和 LM 曲线的交点决定。外在均衡是指国际收支均衡。BP 曲线表明了开放经济中国际收支平衡条件下的收入-利率组合。因此，要做到开放的国民收入均衡，即同时做到内部均衡和外部均衡，就必须把 BP 曲线叠加到 IS－LM 模型中，使 BP 曲线、IS 曲线、LM 曲线和充分就业收入水平线 LS 曲线交于一点。

（一）产品市场均衡

消费：$C=\alpha+\beta Y_D$，消费是可支配收入的函数。

投资：$I=I_0-dr$，投资是利率的函数，r 在产品市场上是外生变量，由货币市场决定。

政府支出：G，政府支出在模型中被视为外生变量。

国外净需求：假定 IM 受本国收入的影响，出口受汇率影响，汇率在该模型中为外生变量。

$$\boldsymbol{NX(Y)=EX(e)-IM(Y)}$$

式中，EX 与汇率正相关，IM 与收入正相关。

总供给等于总需求：

$$\boldsymbol{Y=\alpha+\beta(Y-T)+(I_0-dr)+G+q-rY+n\frac{EP_f}{P}}$$

利率表示为产出的函数：

$$\boldsymbol{r=\frac{1}{d}\left[\alpha-\beta T+I_0+G+q+n\frac{EP_f}{P}\right]-\frac{1-\beta+r}{d}Y} \quad (7-3)$$

(二) 货币市场均衡

货币需求函数:

$$L(Y, r) = kY - hr$$

均衡条件下,货币供给等于货币需求:

$$\frac{M}{P} = L(Y, R) = kY - hr$$

LM 曲线的函数:

$$r = \frac{k}{h}Y - \frac{1}{h}\frac{M}{P} \tag{7-4}$$

(三) 国际收支均衡

$$r = \frac{\gamma}{\sigma}Y + \left(r_W - \frac{n}{\sigma}\frac{EP_f}{P} - \frac{q}{\sigma}\right) \tag{7-5}$$

上面三个方程中仅有三个未知数——Y、r 和 e,其他变量都是外生给定的。联立并求方程组(7-3)、(7-4)、(7-5)的解,可得一组均衡值。

这种理想状态反映在以利率为纵坐标、收入为横坐标的坐标系中,就是 *IS* 曲线、*LM* 曲线和 *BP* 曲线相交于一点(如图 7-16 所示)。

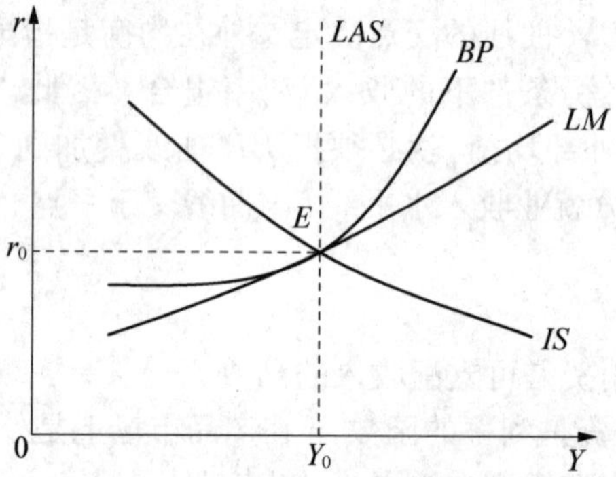

图 7-16 内外部同时均衡

图 7-16 中的 Y_0 为充分就业的收入水平,r_0 为有利于投资的利率,*IS* 曲线和 *LM* 曲线的交点 *E* 则是实现了充分就业的国内均衡,由于 *BP* 曲线也通过 *E* 点,因此国际收支处于平衡状态。

三、国内均衡国外不均衡时的调整

(一) 国际收支顺差时的调整

在图 7-17 中,当 *IS* 曲线和 *LM* 曲线的交点即内部均衡点 *E* 处于 *BP* 曲线的上方时,宏观经济就出现了国际收支顺差。

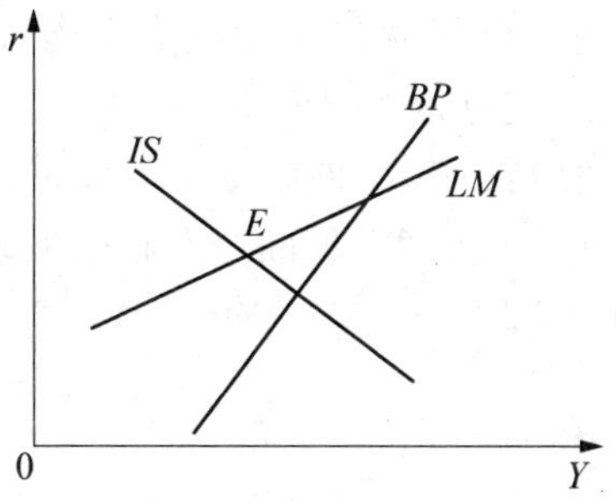

图 7－17　国际收支顺差下的调整

在浮动汇率制下，顺差→外汇供给大于需求→汇率↓→本国商品相对于外国商品的价格↑、外国商品相对于本国商品的价格↓→（X—M）↓→*IS* 曲线左移、*BP* 曲线上移，最终使 *IS*、*LM*、*BP* 三条曲线相交，国内外同时均衡。

在固定汇率制下，顺差→外汇供给大于需求。为了维持固定汇率，中央银行用本币购买外汇→国内货币供给量↑→*LM* 曲线右移→*IS*、*LM*、*BP* 三条曲线相交，国内外同时均衡。

（二）国际收支逆差时的调整

在图 7－18 中，当 *IS* 曲线和 *LM* 曲线的交点即内部均衡点 *E* 处于 *BP* 曲线的下方时，宏观经济就出现了国际收支逆差。

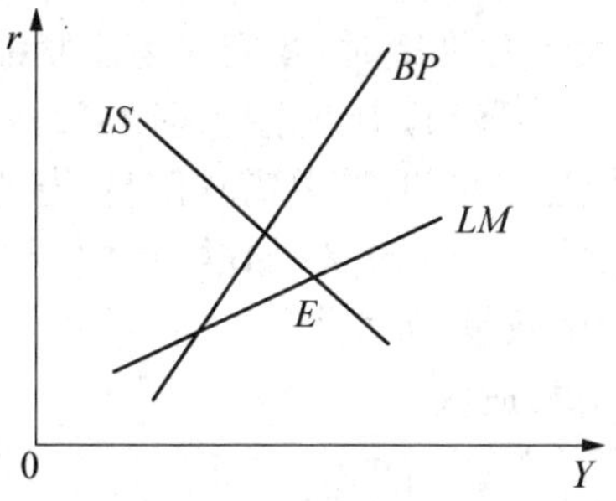

图 7－18　国际收支逆差下的调整

在浮动汇率制下，逆差→外汇供给小于需求→汇率↑→本国商品相对于外国商品的价格↓、外国商品相对于本国商品的价格↑→（X—M）↑→*IS* 曲线右移、*BP* 曲线下移，最终使 *IS*、*LM*、*BP* 三条曲线相交，国内外同时均衡。

在固定汇率制下，逆差→外汇供给小于需求。为了维持固定汇率，中央银行出售外汇→国内货币供给量↓→*LM* 曲线左移→*IS*、*LM*、*BP* 三条曲线相交，国内外同时均衡。

四、低于充分就业均衡和国际收支逆差时的调整

如果政府的目标仅仅是实现充分就业或仅仅是实现国际收支平衡，政策选择非常容易：使用扩张性的财政政策右移 *IS* 曲线以实现充分就业，采取紧缩性的货币政策左移 *LM* 曲线

以实现国际收支平衡。

如果政府的目标是同时实现充分就业与国际收支平衡,便需要将财政政策与货币政策协调使用:BP 曲线与 AS 曲线的交点 A 与 $IS-LM$ 的交点 E 比较,有更高的收入和利率。更高的收入可以用扩张性的财政政策使 IS 曲线沿着 LM 曲线右移来达到,而更高的利率可以采取紧缩性的货币政策使 LM 曲线沿着 IS 曲线左移来实现,最后就会实现充分就业均衡与国际收支平衡(如图 7-19 所示)。

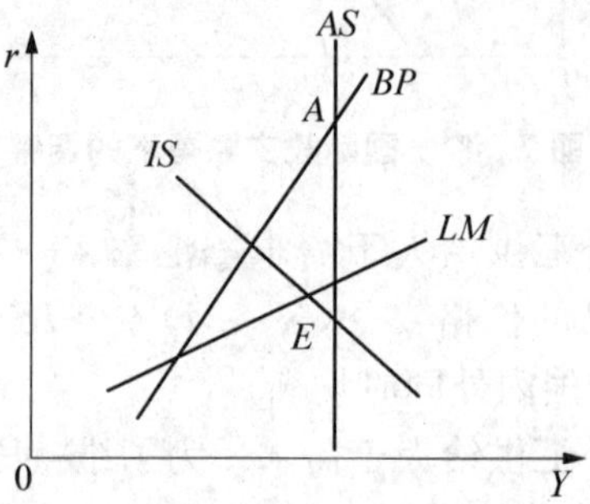

图 7-19 国际收支逆差下的调整

开放经济下调整宏观经济使之实现国内均衡和国外均衡的政策可以分为以下三种类型:

(一) 移动 IS 曲线和 LM 曲线

这是指运用政府的财政政策和中央银行的货币政策来调节经济社会的总需求,实现宏观经济的均衡发展。当总需求大于总供给时,政府应运用紧缩性的财政政策(如减少政府支出、增加税收),使 IS 曲线向左下方移动,中央银行运用紧缩性的货币政策(如减少货币供给量,提高利率),使 LM 曲线向左上方移动,使总需求降低,与总供给相适应。反之,当总需求小于总供给时,政府应运用扩张性的财政政策(如增加政府支出,减税),使 IS 曲线向右上方移动,中央银行运用扩张性的货币政策(如增加货币供给量,降低利率),使 LM 曲线向右下方移动,使总需求增加,与总供给相适应。

(二) 移动 BP 曲线

这一类政策又可以分为经济政策和直接干预手段两类。经济政策有改变汇率、升降国内价格和利息率等措施。汇率提高和国内价格的上升会抑制出口,鼓励进口;利息率下降则使资本净流出额增加。这些都会消除国际收支顺差,在图形上表现为 BP 曲线向左移动,如果汇率和国内价格下降,则进口受到抑制,出口受到鼓励;利息率提高,资本净流出额减少。这些便会消除国际收支逆差,即 BP 曲线向右移动。

需要指出的是,汇率和价格变动在对 BP 曲线产生影响的同时,也会使 IS 曲线出现移动,而利息率的变动更会使 IS 曲线和 LM 曲线都受到一定的影响,这些影响除了使 BP 曲线需要移动的幅度更大或更小外,还会产生其他枝节问题。但是,进一步的分析除了更复杂一些外,并没有脱离上述的基本关系。

除了上述经济政策外,政府还可以采取出口津贴、进口关税和限额等措施进行直接干预,这些措施会对进出口产生有力的影响,因而可以影响 BP 曲线,其影响情况与汇率和价格变动的影响类似。

(三) 抵消国际收支盈余或赤字的政策

这一类政策的实行虽然不能改变国际收支函数,即移动 *BP* 曲线,但可以抵消国际收支失衡对国内经济的影响,从而收到与实现国外均衡相同的效果。这类政策的主要措施是通过公开市场业务和其他方法(如调整法定准备金率和再贴现率等)来改变银行的准备金,从而改变本国的名义货币供应量。具体地说,当国际收支出现盈余时,增加货币供应以吸收过多外汇供给;当国际收支出现赤字时,则减少货币供应以减少过剩本国货币。这样便能维护本国的货币制度,使之避免受到国际收支失衡的冲击,同时可以稳定国内商品价格水平、稳定汇率等。

【知识链接】

米 德 冲 突

米德冲突是指由英国经济学家詹姆斯·米德于1951年提出的在固定汇率制下的内外均衡冲突问题。他指出,在汇率固定不变时,政府只能主要运用影响社会总需求的政策来调节内外均衡。这样在开放经济运行的特定区间便会出现内外均衡难以兼顾的情形。

在米德的分析中,内外均衡的冲突一般是指在固定汇率下,失业增加、经常账户逆差或通货膨胀、经常账户盈余这两种特定的内外经济状况组合。

【案例分析】

全球经济失衡

全球经济失衡是国际货币基金组织在2005年年初提出的一个新的课题,是指已经在全球连续多年存在的现象,即美国的经常赤字迅速增长,相应地积累了巨大债务,而包括日本和中国在内的亚洲国家、其他新兴市场国家,以及石油输出国组织(OPEC)成员国等持有大量贸易盈余,相应地积累了大量外汇储备。这种现象之所以引起世界的关注,主要是因为在这种情况下,经济相对不发达的国家长期存在贸易顺差,发达国家长期存在贸易逆差,事实上造成前者在实物上"补贴"后者,并向其输出资本,反映的是一种不正常的均衡关系。其合理性固然应受质疑,其可持续性则更加令人担心。一旦这种脆弱的循环断裂,全球经济将陷入危机。因此,解决全球经济失衡问题已经成为各主要经济体政策制定者的共识。

有专家表示,全球经济失衡意味着参与全球经济的世界各国的国内经济处于失衡状态。因此,纠正全球经济失衡便成为世界上所有国家的共同任务。在当前全球经济失衡的格局中,中国对外贸易将保持长期顺差,外汇储备规模不断增大,国内储蓄大于国内投资,流动性相对过剩。这就决定了要纠正中国经济的内外失衡,不仅必须对经济结构进行深入调整,而且需要全面调整发展战略。

◇关◇键◇术◇语◇

IS－LM－BP模型　绝对优势　比较优势　比较优势原理　外汇　汇率　贬值　升值　直接标价法　间接标价法　名义汇率　实际汇率　套汇　汇率制度　固定汇率制度　浮动汇率制度　均衡汇率　经常

项目　资本项目　非关税壁垒　进口配额　自愿出口限制　贸易条件　净出口　贸易余额　贸易盈余与贸易赤字　购买力平价　小型开放经济　世界利率　国际收支　国内均衡　国外均衡　国内外均衡　国际收支平衡表　经常项目差额　资本项目差额

◇主◇要◇观◇点◇

国际贸易的深度和广度是衡量一个国家经济开放程度的标志。经济学家对国际贸易的原理做出了各种阐述,主要有自由贸易理论、保护贸易理论等。

国与国之间的交往涉及货币的往来。一个国家与其他国家发生货币往来称为国际收支。国际收支平衡表是一国在一定时期内与所有其他国家或地区经济交往收支状况的统计报表。按照现行的做法,国际收支平衡表是按复式簿记原理——借贷法记载的。通常,国际收支平衡表由经常账户、资本账户和平衡账户组成。

外汇是指外国货币或者对外国货币的索取权,如在外国的存款和外国的支付承诺等。汇率又称"外汇行市"或"汇价",是一国货币单位与他国货币单位的兑换比率。它是因国际结算中本币与外币折合兑换的需要而产生的。

在开放经济中,国民收入的均衡仍然是由总需求与总供给决定的。各国国内生产总值的决定与变动是相互影响的。一国的失业和通货膨胀会通过不同的渠道传递到其他国家。各国经济的这种相互依赖性是分析开放经济中一国经济调节的出发点。各国经济通过国际贸易和国际金融联为一体,这就是全球经济一体化。

在开放经济中,一国国内总需求与国内生产总值的增加会通过进口的增加而影响对国外产品的需求,进行经济调节时,既要考虑各国经济的相互关系,又要实现内在均衡与外在均衡。各国制定的对外贸易政策和国际金融政策成为规范一国对外贸易和资金流动的主要政策。

◇问◇题◇讨◇论◇

1. 一国政府对进口品征收关税对本国经济有何影响?

2. 稳定汇率的代价是什么?政府试图稳定汇率时是怎么做的?这样做会遇到什么障碍?为什么国际合作很重要?如果政府试图把汇率稳定在非均衡水平上,后果是什么?

◇基◇本◇训◇练◇

一、判断题

1. 行业间贸易取决于各国不同行业之间的比较优势,此比较优势也决定了行业内部的贸易。　(　　)
2. 在浮动汇率制下,一国国际收支可自动得到调整,不需要任何政府调节影响。　(　　)
3. 如果出口量和进口量对汇率的变化非常敏感,就不会出现J曲线效果。　(　　)
4. 中央银行在外汇市场上购买美元时,本国的货币供给量就减少了。　(　　)
5. 一国政府决定购买美元时,所应采取的政策即在公开市场上出售债券。　(　　)
6. 增加出口有助于增加国民收入,而增加进口则会减少国民收入。　(　　)
7. 开放经济中的IS曲线比封闭经济中的更平缓。　(　　)
8. 固定汇率制下货币供给的增加总会提高总需求。　(　　)
9. 浮动汇率制下政府支出的增加将增加国民收入。　(　　)
10. 开放经济中总支出曲线的斜率较封闭经济中的陡峭。　(　　)

二、选择题

1. 引起一国货币对外贬值的内在因素是(　　)。

A. 国际收支逆差　B. 国内失业严重　C. 经济衰退　D. 通货膨胀

2. 提出比较优势论的是经济学家(　　)。

A. 亚当·斯密　B. 大卫·李嘉图　C. 赫克歇尔和俄林　D. 海默和金德尔伯格

3. 根据比较利益论,假定A、B两国生产X产品的单位生产成本分别为100和90人劳动一年,生产Y产品的单位生产成本分别为120和80人劳动一年,则(　　)。

A. B国同时生产X、Y产品,A国不生产　B. A国生产Y产品,B国生产X产品

C. A国生产X产品,B国生产Y产品　D. A国同时生产X、Y产品,B国不生产

4. 根据要素禀赋理论,如果一国为资本要素相对稀缺、劳动要素相对丰裕,则该国应(　　)。

A. 生产并出口资本密集型产品　B. 生产并出口劳动密集型产品

C. 进口劳动密集型产品　D. 引进资本要素,输出劳动要素

5. 如果英镑的汇率是2美元,那么,美元的汇率是(　　)。

A. 2英镑　B. 1英镑　C. 0.5英镑　D. 无法确定

6. 日元对美元升值,将导致(　　)。

A. 美元对日元升值

B. 降低日本市场上美国商品的价格

C. 美国增加对日本商品的进口,减少对日本商品的出口

D. 对日元需求量减少,对美元需求量增加

7. 决定国际资本流动的主要原因是各国的(　　)。

A. 收入水平　B. 利率水平　C. 价格水平　D. 进出口差额

8. BP曲线是用以考察国际收支平衡时(　　)两个宏观经济变量之间的关系的。

A. 国际收入水平与利率水平　B. 国际收入水平与价格水平

C. 国际收入水平与净出口额　D. 国际收支水平与国际收支差额

9. 如果本国货币贬值,出口增加,进口减少,BP曲线将会发生的变化是(　　)。

A. 均衡点沿BP曲线移动　B. BP曲线变得更平坦

C. BP曲线向右移动　D. BP曲线向左移动

10. 如果一国处于国内失业、国际收支有赤字的状况,则最适宜采用(　　)的宏观调控政策。

A. 增加政府财政支出　B. 扩大货币供应总量

C. 降低税率　D. 降低汇率,使货币贬值

三、简答题

1. 为什么本国货币升值会使进口增加、出口减少?
2. 汇率变动与净出口变动如何相互影响?
3. 均衡汇率是怎样决定的?
4. 在市场经济中,国际收支如何得到自动调整?
5. 简述汇率制度的分类。
6. 开放经济下宏观经济的理想状态是什么?
7. IS-LM-BP模型中的IS曲线与三部门经济中的IS曲线有什么不同?

四、计算题

1. 考虑一个由以下方程式所描述的经济:$Y=C+I+G+NX$,$Y=5\,000$,$G=1\,000$,$T=1\,000$,$C=$

$250+0.75(Y-T)$，$I=1\,000-50r$，$NX=500-500e$，$r=r^{*}=5\%$。

要求：

(1) 在这个经济中，求解国民储蓄、投资、贸易余额以及均衡汇率的值。

(2) 假设 G 增加到 1 250，求解国民储蓄、投资、贸易余额以及均衡汇率的值，并解释你的发现。

(3) 假设世界利率从 5%上升到 10%(G 还是 1 000)，求解国民储蓄、投资、贸易余额以及均衡利率的值，并解释你的发现。

2. 你在报纸上看到，加拿大的名义利率是每年 12%，而美国是每年 8%。假设这两个国家的实际利率是相等的，而且购买力平价成立。

要求：

(1) 请对加元与美元之间汇率的预期变动做出推断并说明理由。

(2) 一个朋友给你提供了一个迅速致富的计划：从美国银行以 8%的利率借钱，然后存入按 12%的利率支付利息的加拿大银行，就可赚到 4%的利润。这个计划错在哪里？

3. 假设美国预期通货膨胀率为 10%，日本预期通货膨胀率为 5%。两个国家的实际利率都是 3%，而且购买力平价成立。

要求：

(1) 这两个国家的名义利率是多少？

(2) 实际汇率和名义汇率的预期百分比变动是多少？

(3) 假如美联储增加货币供给量，美国通货膨胀预期将升高到 12%，这种变化将怎样影响实际汇率和名义汇率的预期百分比变动？如果你已经计划在美国投资，这种政策的变化会影响你的决定吗？

第八章

失业与通货膨胀

【名言名句】

一个人想工作，而又找不到工作，这也许是阳光下财富不平等所表现出来的最惨淡的景观了。

——托马斯·卡莱尔(Thomas Carlyle)

【引导案例】

宏观经济政策与失业率

近年来，美国失业率保持一种相对稳定的状态，而欧洲的失业率却急剧上升且保持在30年前的水平。如何解释两地劳动力市场的差别呢？部分原因在于两国的宏观经济政策不同。美国只有一个中央银行，即联邦储备系统，它严格监控着美国经济。当失业率提高到影响居民对经济的信心时，美联储会放松银根，实行积极的货币政策，刺激总需求和提高产出，并防止失业率的进一步提高，实际上，这是通过提高通货膨胀率来降低失业率的方法。目前欧洲还不存在这样的机构。欧盟是一个政治和经济共同体的27会员国(英国“脱欧”)，欧洲中央银行是欧元区中央银行，是管理超国家货币的中央银行。由于考虑到欧洲各国情况的复杂性，欧洲中央银行的目标主要是保持物价的稳定，奉行强有力的货币政策，全力保持低利率和低通货膨胀。在这样的情况下，无法利用通货膨胀政策来降低失业率。

(1) 什么是失业问题？造成失业率高的原因有哪些？

(2) 说明失业和通货膨胀之间的关系。

【学习目标】

通过本章的学习，重点掌握失业形成的原因以及失业给社会及个人带来的影响，并借此提出降低失业率的政策；重点掌握通货膨胀与通货紧缩的成因、类型及其相应的治理对策；掌握奥肯定律和长短期菲利普斯曲线。在此基础上，能够运用本章的基本原理分析经济领域中的相关问题。

【要点提示】

1. 掌握通货膨胀和失业的分类、形成原因以及菲利普斯曲线。

2. 理解失业和通货膨胀的影响及其治理。

3. 懂得运用失业和通货膨胀理论来分析我国失业和通货膨胀的原因以及治理对策。

在本章中，我们将首先学习失业(Unemployment)是如何形成的，然后讨论针对失业的各项主要政策等问题。在了解失业后，我们将探讨通货膨胀(Inflation)的意义及决定因素，并分析与此相关的重要公共政策。最后我们将研究失业与通货膨胀之间的联系。

第一节　失业理论

失业是最直接而又最严重地影响人们生活的宏观经济问题。劳动力是一种重要的资源，失业意味着劳动力没有得到有效配置，处于没有工作的"闲置"状态，并且带来多层面的经济和社会问题。从古典经济学到现代经济学，失业现象一直被作为一个重大问题来研究。研究失业是为了确定其原因和寻求改善的公共政策。其中的一些政策有助于人们找到工作，另一些政策则可以缓解失业者所面临的痛苦。

【引导案例】

2013年我国人口与就业情况

据国家统计局《2013年度人力资源和社会保障事业发展统计公报》显示，我国2013年年末全国就业人员76 977万人，比上年末增加273万人。其中，城镇就业人员38 240万人，比上年末增加1 138万人。全国就业人员中，第一产业就业人员占31.4%，第二产业就业人员占30.1%，第三产业就业人员占38.5%。2013年全国农民工总量达到26 894万人，比上年增加633万人。其中，外出农民工16 610万人。全年城镇新增就业人数1 310万人，城镇失业人员再就业人数566万人，就业困难人员就业人数180万人。年末城镇登记失业人数为926万人，城镇登记失业率为4.05%。全年全国共帮助5.3万户零就业家庭实现每户至少一人就业，组织2.8万名高校毕业生到农村基层从事"二支一扶"工作。

(1) 失业与就业的含义。

(2) 失业率衡量标准。

(3) 我国目前失业率居高不下的原因是什么?

一、失业的概念和分类

(一) 失业和失业率

根据国际劳工组织(ILO)的定义，失业是指在某个年龄以上，在特定考察期内没有工作而又有工作能力，并且正在寻找工作的人。根据这一定义，可以得出失业的三个条件：

(1) 一定年龄以上且有工作能力;(2) 没有工作;(3) 正在寻找工作。三个条件必须同时成立才能满足对失业对象的定义要求(如图 8-1 所示)。

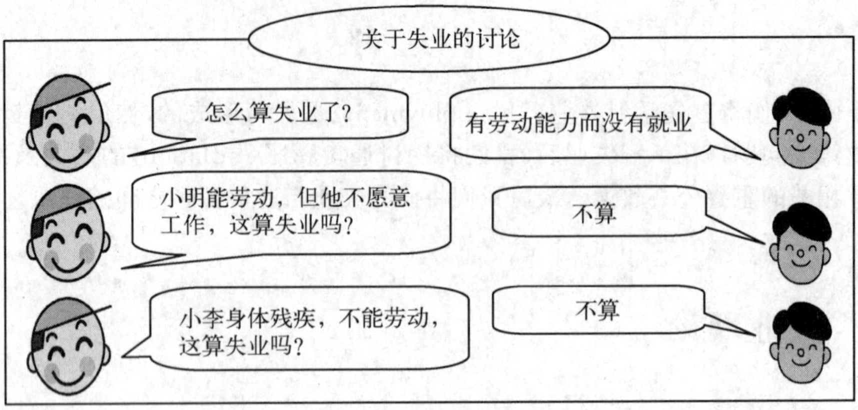

图 8-1　什么是失业

失业率是失业人口占劳动力的百分比。为了计算失业率,应明确劳动年龄人口等概念。劳动年龄人口是指法律规定的成年人口减去法定退休年龄人口后的人口总数。在中国,法律规定未成年人不能工作;另外,又规定了法定退休年龄。16～60 周岁的男性和 16～55 周岁的女性方可被视为属于劳动年龄人口。在市场经济中,并不是所有属于劳动年龄的人都愿意和能够就业。因此,劳动年龄人口又被区分为劳动力人口(经济活动人口)和非劳动力人口。劳动力人口是指劳动年龄人口中愿意且具有劳动能力的人口总数。劳动年龄人口中不愿意就业或失去劳动能力的成年人口数则称为非劳动力人口。劳动力人口占劳动年龄人口的比率称为劳动参与率。这样就可以把劳动年龄人口划分为三类:就业人口、失业人口和非劳动力人口。其中,就业人口与失业人口之和为劳动力人口。失业率的计算公式如下:

$$\text{失业率}=\frac{\text{失业人口}}{\text{劳动力人口}}\times 100\%=\frac{\text{失业人口}}{\text{就业人口}+\text{失业人口}}\times 100\%$$

在某一时点上,就业人口、失业人口和非劳动力人口都是确定的存量,但从某一时期看,三者又处于不断变动中。就业人口、失业人口和非劳动力人口的经常性变动给统计带来不少麻烦,不同国家在测算失业率时所使用的统计方法有差异。有些国家通过劳动统计部门对一定数目的样本家庭定期进行抽样调查,得出失业人口;有些国家则主要以领取失业救济金的人数作为失业人口数量。统计方法不同,测算出的失业率也不同(如图 8-2 所示)。

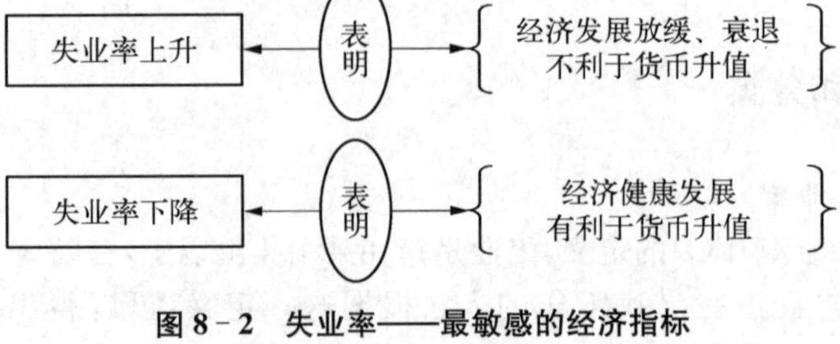

图 8-2　失业率——最敏感的经济指标

【知识链接】

中美失业统计方法的比较

我国国家统计局统计公报中发布的失业率为城镇登记失业率，是城镇登记失业人数与城镇从业人数、城镇登记失业人数之和的比率。城镇登记失业人员是指有非农业户口，在一定的劳动年龄内有劳动能力，无业而要求就业，并在当地就业服务机构进行求职登记的人员。这种城镇登记失业率通常低于实际失业率(如图 8－3 所示)。

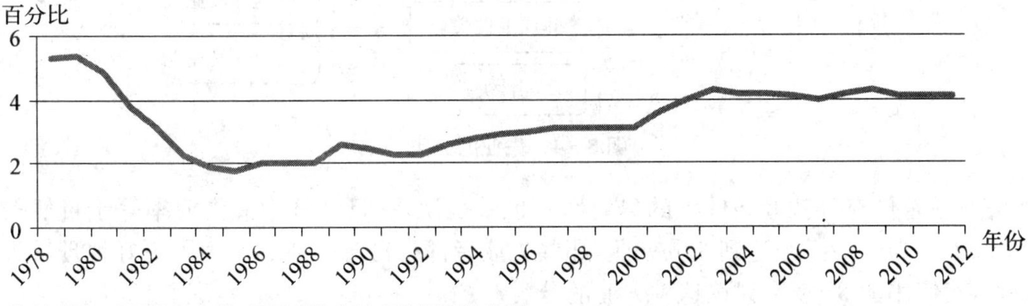

资料来源：中国统计年鉴、国民经济和社会发展统计公报。

图 8－3 我国 1978～2012 年城镇登记失业率

美国人口调查局在实际调查中用来确定某人属于就业还是失业时所询问的主要问题如下：(1) 上星期，你是否从事过任何获得薪水或利润的工作？(2) 上星期，你有工作吗？不管是全职的还是兼职的，包括你暂时离开的任何工作。(3) 上星期，你是否从工作岗位上被解雇？(4) 你的老板是否给了你重新返回工作岗位的期限？(5) 你是否被给予了一些暗示在接下来的 6 个月内可以重新回来工作？(6) 在前 4 个星期内，你是否在做一些事情来寻找工作？(7) 你在前 4 个星期内为了寻找工作所做的全部事情是什么？

当人们回答问题(1)为“是”时(而且至少工作了 15 个小时，或者从交易中获得了利润)，或问题(2)为“是”时，这些人就被划分为就业人口。

当人们回答问题(3)为“是”而且无论问题(4)还是问题(5)均为“是”，或者问题(6)为“是”并且在问题(7)中答出了一种可能与潜在雇主联系上的寻找工作的方法时，这些人就被划分为失业人口。

(二) 失业的分类

按失业者对现行工资率的态度，可将失业分为自愿失业和非自愿失业。从宏观经济分析的角度看，失业可划分为非周期性失业和周期性失业两种类型。非周期性失业是指与宏观经济周期性波动关系不大的失业。这种类型的失业通常又可分为摩擦性失业和结构性失业(如图 8－4 所示)。

1. 自愿失业和非自愿失业

自愿失业是指因不接受现行工资率而不愿意工作的失业，非自愿失业是指虽然接受现行工资率(表现为积极寻找工作)但仍未受雇用的失业。显然，自愿失业的规模较小，对经济和对社会的影响不大。我们将消灭了非自愿失业的就业状态称为充分就业。充分就业条件下的失业都是自愿失业。大量统计表明，自愿失业率与自然失业率相近，因此，我们经常将

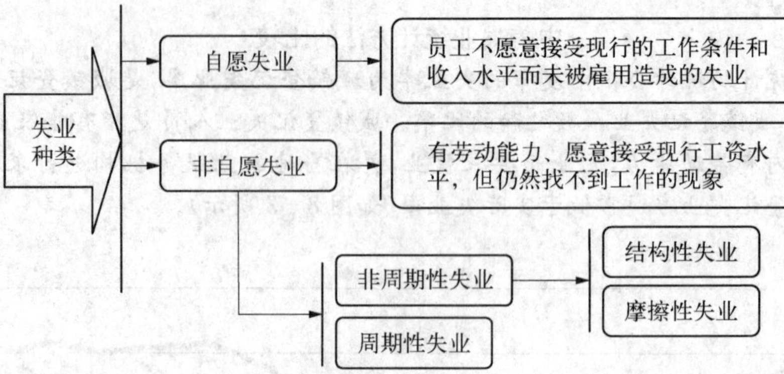

图 8-4 失业的分类

自然失业率看作充分就业条件下的失业率。也就是说，一旦经济中的失业率等于自然失业率，我们就认为经济已经达到充分就业，那些失业者都是自愿失业的。为了更好地理解失业的原因，我们用图 8-5 来讨论这种失业的分类。

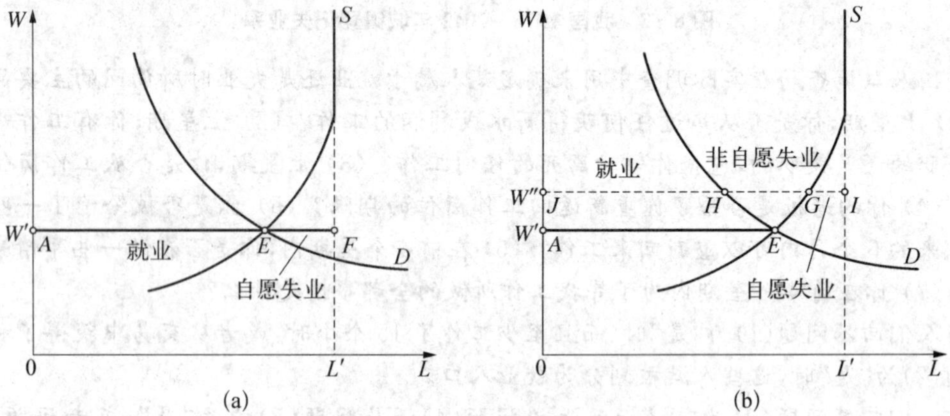

图 8-5 刚性工资导致非自愿失业

图 8-5 中以劳动投入量 L 为横轴，工资率 W 为纵轴，S 为劳动供给曲线。在劳动供给量为 L'时，工资水平很高，劳动供给曲线变得完全没有弹性。

图 8-5(a)描述的是传统经济学理论在工资可灵活调整条件下的情况。传统经济学理论认为，劳动市场与产品市场的情况相同，竞争将消灭劳动的短缺和过剩。劳动市场在 E 点实现均衡，工资水平为 W'。在劳动市场出清的均衡水平，厂商愿意雇用接受市场工资水平的合格工人，雇用的数量等于 AE。另外，有数量为 EF 的工人虽然愿意工作，但要求有较高的工资，从而线段 EF 表示的这部分工人不愿在现行的市场工资率下工作，他们是自愿失业的。

现代经济学不赞同传统经济学的这一看法，认为由于工会的垄断、最低工资法和效率工资的原因导致工资刚性(名义工资率只能升不能降的现象)，工资率并不能像产品价格一样灵活调整，如果工资不能灵活调整，劳动市场的出清就难以实现。此时，工资率不能调整到市场出清的水平从而导致非自愿失业。图 8-5(b)反映了劳动市场非出清的情形，也解释了缺乏弹性的工资如何导致非自愿失业。如果一次经济波动或其他原因使劳动市场的工资率W''高于市场出清的水平，愿意工作的工人的数量就会多于可提供的工作职位。愿意在工资W''下工作的工人数量是JG，而企业需要雇用的工人数量是JH，劳动供给过剩。线段HG表示非自愿失业的失业者数量，他们愿意接受现行工资率但却找不到工作。在劳动过剩的情况下，企业雇用劳动力时将会提出更严格的技能要求，企业会雇用那些最有资格、最有经验的劳动者。

【知识链接】

自然失业率

理论和实践都表明，零失业率是不可能的。如果有较多的人在寻找工作岗位，厂商就有可能以更低的工资雇用工人；反之，如果存在较多的工作岗位空缺，工人就有可能索取更高的工资。所谓劳动市场的供求稳定状态，是指寻找工作岗位者造成的工资率下降的压力与空缺工作岗位造成的工资率提高的压力相互抵消的平衡状态。这种状态被认为是劳动市场的正常状态。在这种状态下，价格水平稳定，不存在通货膨胀和通货紧缩的趋势。我们将劳动市场处于供求稳定状态时的失业率称为自然失业率(Natural Rate of Unemployment)。每天都有一些工人失去工作，同时也有一些失业工人被雇用，这种动态过程决定了劳动力中失业者的比例。

假设用L代表劳动力人数，E代表就业工人人数，U代表失业工人人数。由于每个工人不是失业者就是就业者，因此，劳动力人数等于失业量与就业量之和：

$$L=E+U$$

失业量与劳动力人数之比就是失业率。

为了了解失业率的决定因素，假设劳动力人数L不变，将考察的重点放在劳动力中的个人在就业与失业之间的转换上。设s代表离职率，即每个月新失去工作的人数占就业者的比例；f代表就职率，即每个月新找到工作的人数占失业者的比例。如果失业率既没有上升也没有下降，即劳动市场处于稳定状态，那么，新找到工作的人数必定等于新失去工作的人数。因此，劳动市场处于稳定状态的条件是：

$$fU=sE$$

因为就业人数等于劳动力与失业人数之差($E=L-U$)，所以，劳动市场处于稳定状态的条件又可写成：

$$fU=s(L-U)$$

为了进一步解出自然失业率，上述等式两边除以L，得到：

$$f\frac{U}{L}=s\left(1-\frac{U}{L}\right)$$

于是，得到用离职率s和就职率f表示的自然失业率：

$$\frac{U}{L}=\frac{s}{s+f}$$

上式表明,自然失业率取决于离职率和就职率。离职率越高,自然失业率越高;就职率越高,自然失业率越低。

2. 摩擦性失业

摩擦性失业(Frictional Unemployment)是指正常的劳动力流动引起的失业,是指在生产过程中由于难以避免的摩擦而造成的短期、局部性失业。由于劳动市场信息不完全等原因,寻找工作者和工作机会并不总是可以顺利地匹配,从而使得人们要找到工作需要一段时间,在这段时间内,这部分人就属于摩擦性失业。摩擦性失业不被认为是严重的经济问题。这种失业的程度取决于劳动市场效率的高低等因素。

在不断变化的经济中,一些摩擦性失业是难以避免的。由于许多原因,企业和家庭需要的产品类型随着时间而变化。随着产品需求的移动,对生产这些产品的劳动力需求也在改变。不同地区生产不同的产品,可能一国某个地方的劳动力需求在增加而另一个地方的劳动力需求在下降。经济学家把需求在不同行业和地区之间的构成变动称为部门转移。由于部门转移总在发生,且劳动力改变部门需要时间,因此,摩擦性失业总是存在。

3. 结构性失业

结构性失业(Structural Unemployment)是指因经济结构变动等原因而引起的失业,是指劳动力的供给与需求不匹配所造成的失业。这种失业突出表现为既有失业,又有职位空缺,但失业者的知识和技能难以胜任空缺职位的要求,或者居住地点不当,因而无法填补现有的职位空缺。例如,上海产业结构调整曾引起二十多万纺织工人失去工作,而这些工人缺乏在计算机软件、生物工程等新兴产业中就业的能力。

结构性失业是由经济变化导致的,是长期性的,通常源于劳动力的需求方。在经济发展过程中,特定市场和区域中特定类型劳动力的需求会相对低于供给。导致这一现象的原因在于以下三个方面:一是技术的变化。尽管技术的变化能够降低成本、提高生产能力,但也可能会对特定市场(或产业)造成破坏,从而降低劳动力的需求。二是消费者偏好的变化。消费者产品偏好的改变在某些地区扩大了生产、增加了就业,但在其他地区减少了生产和就业。三是劳动力的不流动性。这种不流动性延长了由于技术变化或消费者偏好改变而造成的失业时间。工作机会的减少本应引起失业者的流动,但不流动性却没有使这种情况发展。

导致结构性失业的另一个原因是工资刚性与工作配给。工资刚性是指工资未能调整到劳动供给等于劳动需求的水平。在劳动市场均衡模型中,实际工资的调整使劳动供给和需求达到均衡。但工资并不总是有弹性的,实际工资停滞在高于市场出清的水平上。当实际工资高于使供给和需求达到均衡的水平时,劳动的供给量超过需求量。企业必须以某种方式在工人中配给稀缺的工作岗位。实际工资刚性降低了入职率,提高了失业水平。

4. 周期性失业

周期性失业(Cyclic Unemployment)是指经济运行处于经济周期的衰退或萧条阶段时,对劳动力的总需求下降而造成的失业。这种失业是由整个经济的支出和产出下降造成的,是宏观经济学研究的主要失业类型，也是通过宏观经济政策调控失业的重点。

二、失业的影响及奥肯定律

（一）失业的影响

从失业导致的最终结果来看，失业主要有三种影响：一是对经济的影响，二是对社会的影响，三是对分配的影响。

1. 失业对经济的影响

失业的经济影响可以用机会成本的概念来解释。当失业率上升时，经济中本可由失业工人生产出来的产品和劳务就损失了。许多国家通常追求高就业率，主要有两个方面的原因：一是高就业率意味着高产量和高收入，二是工作本身就是很有价值的。因此，当社会出现严重失业的时候，产量损失就很大，收入急剧下降，这就好像大量汽车、房屋、衣服及其他商品被简单地扔进大海一样。

2. 失业对社会的影响

失业的社会影响虽然难以估计和衡量，但最容易被人们感受到。一个劳动者一旦失业，不仅会给社会带来很大的经济损失，而且会给失业者带来极为沉重的心理负担，这种负担是无法用金钱来衡量的；另外，失业也常常容易引起社会犯罪和社会道德风尚败坏等社会问题。例如，西方学者已经研究发现，高失业率常常与吸毒、高离婚率以及高犯罪率联系在一起。

3. 失业对分配的影响

失业还会导致收入分配的不公平。如果将失业划分为短期失业和长期失业，那么，短期失业和长期失业对收入分配所造成的影响完全不同。

短期失业一般属于摩擦性失业，由于有许多人不断流出和流入失业队伍，这种失业的成本就由许多人来承担，因而每个人承担的损失就比较小；而长期失业可能是由于劳动力市场的结构性因素或由于工资刚性而形成的，这种失业的成本主要由少数人来承担，因而每个人承担的损失也就比较大。此外，由于失业者可能停止纳税，还有可能得到失业保险的好处或其他政府转移支付，则失业的损失也就由就业者即纳税人来承担。

可见，失业率过高很可能会带来一系列经济、社会、个人和家庭问题，影响经济的正常发展，严重的甚至会引发社会动荡。因此，无论是哪国政府，都非常重视失业问题，都把增加就业作为最主要的政策目标。

（二）奥肯定律

产出水平在短期内由整个经济中的就业水平决定，就业水平的变化会引起产出水平的变化。当经济中的生产要素（特别是劳动力）被充分使用时，产出达到充分就业水平，这时的GDP被称为充分就业的GDP或潜在GDP。由于就业时常低于充分就业水平以及其他生产要素未得到充分利用，因此，实际GDP经常会小于潜在GDP。当然，有时劳动力等生产要素会被过度使用，从而使实际GDP略大于潜在GDP。

1962年，阿瑟·奥肯（Arthur Okun，1928—1980）在为总统经济顾问委员会分析失业与经济增长的关系时发现,失业率的变动率与实际 GDP 增长率的变动率之间存在着反方向变动关系。当 GDP 增长率为 3%时,失业率不变;当增长率高于 3%时,失业率下降幅度等于增长率超过 3%部分的一半;当增长率低于 3%时,失业率上升幅度等于增长率不足 3%部分的一半。例如,当经济增长率为 5%时,失业率会下降 1 个百分点;当经济增长率为 1%时,失业率会上升 1 个百分点,即失业率每增加 1 个百分点,经济增长率就降低 2 个百分点;反之则反是。这一经验规律被称为奥肯定律。奥肯定律揭示了劳动市场与产品市场之间的联系,描述了失业率变化与实际 GDP 偏离潜在 GDP 之间的密切关系,是宏观经济学中最可靠的经验规律之一。

改进后的奥肯定律可以用下面的公式来表示:

$$\frac{Y-Y_f}{Y_f}=-\alpha(u-u^*) \tag{8-1}$$

式中,Y 为实际产出,Y_f 为潜在产出,u 为实际失业率,u^* 为自然失业率,α 为大于零的参数。

奥肯定律的一个重要结论是,实际 GDP 必须保持与潜在 GDP 同步增长,以防止失业率的上升。如果政府想让失业率下降,那么,该经济社会实际 GDP 的增长必须快于潜在 GDP 的增长。然而,在理解奥肯定律的时候需要注意:奥肯定律主要适用于没有实现充分就业的情况;失业率与实际 GDP 增长率之间的关系是根据经验和统计资料得出的,在不同时期不同国家并不完全相同。

【延伸阅读】

奥肯定律在中国的参考意义

根据日本及亚洲其他一些国家和地区经济高速发展阶段的经验,经济高速增长一般伴随着充分就业。但我国近年来出现了一种反常现象,即经济高速增长的同时,带动就业的能力不仅没有增强,反而呈现下降的趋势。不少学者认为,国外得到普遍认同的"奥肯定律"在国内出现了变异,得出高经济增长没有带来高就业的结论。有人甚至认为我国是失业型的经济增长,并进一步认为不增加就业的经济增长对中国没有意义。

侯风云教授认为,人们之所以得出这样的结论,实际上是对奥肯定律的理解出现了偏差。奥肯提出实际 GDP 必须保持与潜在 GDP 同步增长才能防止失业率的上升,失业的损失将会带来产出的损失。而自改革开放以来,在资源允许的范围内,除特殊年份外,我国的 GDP 增长每年都是开足马力,基本没有与潜在 GDP 拉开距离。在经济增长过程中,潜在 GDP 增长多少,实际 GDP 甚至会超出潜在增长的界限。这样看来,如果按照奥肯定律,我国的失业率就应该是没有变化,甚至可能会上升。

奥肯定律发表于 1962 年,是对美国 20 世纪 50～60 年代经济运行的经验总结。它证明了失业率对于经济增长的损失或者说经济增长对失业的影响。但由于当时的美国人口远远少于现在的中国,就业压力也远远小于中国,因此,GDP 增长带来的就业增长必然会使失业率明显下降。但中国人口基数大,20 世纪 60～70 年代的高出生率又带来了今天的劳动力人口迅速增长,形成了庞大的劳动大军。这样,即使较高的经济增长率带动了大量的就业人口的增长,但由于新增劳动力规模巨大,就业率的提高或失业率的降低也不会十分明显。这不能证明我国的经济增长没有带来就业的高增长，而只能说明我国特殊的国情决定了这种高失业率的存在有其客观必然性，如果再通过高增长率去克服，将会受到其他各种资源的限制。

奥肯定律也有缺陷，因为失业率与GDP之间的关系是不断改变的，与生产力的发展也是密切相关的。例如，美国在20世纪70～80年代，生产力增幅很小，就业增长紧紧跟随GDP的增长，但在20世纪90年代，生产力增长很快，GDP带动的就业却少了很多。因此可以说，经济增长所带来的新增就业情况如何，还要看生产力如何发展。奥肯定律有不稳定的地方，把它应用到中国来更是有许多需要重新审视的地方。

此外，我国的统计失业率可能与实际失业率存在严重偏差。原有体制下及改革开放之初的统计失业率远远低于实际失业率，存在着大量失业人口，主要表现是冗员的存在，虽然统计的就业人口很多，但实际对经济增长的贡献不大，甚至是负贡献，这与我国长期以来奉行的“低工资、高就业”政策相关。而现在的失业率统计又由于非正规就业的大量存在而出现统计失业率远远高于实际失业率的情况。因为每年虽有大量失业人口统计在册，但这些人口中有相当一部分已经从事各种各样的劳动，并获得一定报酬，还有些失业人口为了领取失业救济金而不去相关部门报告就业的真实情况。这就使得我国较早时期的较低失业率和较近时期的较高失业率都没有准确地反映经济运行的实际情况，这样，当我国的GDP不断高速增长时，显示不出失业率的大幅下降便在情理之中了。因此，单从统计失业率指标看中国经济增长对就业的拉动作用是不全面的。

侯风云教授还提醒说：“中国如果再通过经济高增长率去解决就业问题，将会受到资源、环境等各种限制，因此，改变经济增长方式和调整产业结构势在必行。首先将需要结构调整的各种行业进行就业可能变动的测算，从而对某一行业的结构调整对就业的影响进行评估。此后，在经济转型的推进过程中先调整那些对就业影响不大或有利于扩大就业的行业，等这些行业发展稳定并能维持一定的就业规模后再调整那些对就业影响比较大的行业。”

资料来源：李小彤. 奥肯定律在中国没有碰壁[R]. 中国劳动保障报2006年12月6日.

三、失业的治理

（一）增加总需求

在实际产出小于潜在产出的条件下，只要增加需求，就可以增加实际产出，从而可以扩大就业、降低失业率。图8－6表明，当潜在产出Y_f和总供给AS一定时，不断增加总需求，从AD_1增加到AD_2，再增加到AD_3，那么，实际产出就从Y_1增加到Y_2，再增加到Y_3，随着实际产出的增长，失业率相应下降。

（二）增加总供给

在实际产出越来越接近潜在产出时，提高总需求所带来的产出效应越来越小，而提高供给所带来的效应越来越大。在这种情况下，要进一步降低失业率，就必须提高潜在产出和总供给。当潜在产出和总供给曲线向右移动后，就可以使实际产出增长，降低失业率。

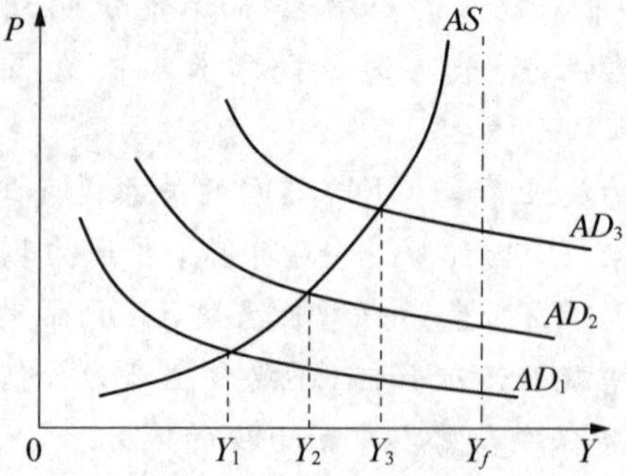

图 8-6 增加总需求

图 8-7 表明,当潜在产出由 Y_{f1} 提高到 Y_{f2} 时,总供给也相应地从 AS_1 提高到 AS_2。这时,总需求曲线与新的总供给曲线相交,提高了实际产出,同时降低了失业率。

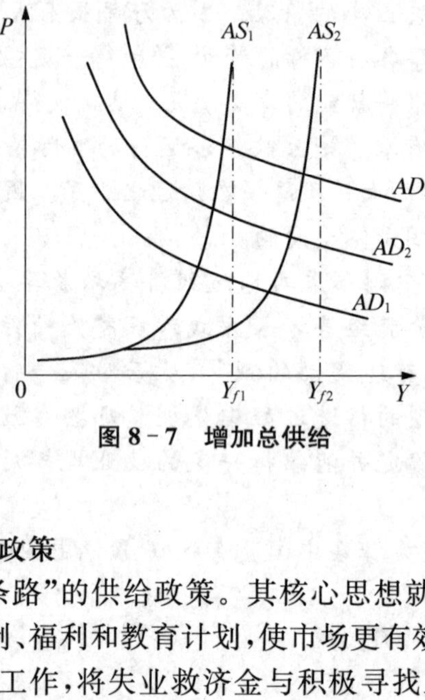

图 8-7 增加总供给

(三)"第三条路"的供给政策

英国政府曾提出"第三条路"的供给政策。其核心思想就是"让人们自己帮助自己",主张有目标的政府干预、管制、福利和教育计划,使市场更有效率地运行。因此,失业政策应着重于帮助失业的人找到工作,将失业救济金与积极寻找工作的义务相联系。经济增长政策应当是下列措施的混合体:强化市场激励、保持低税收、鼓励竞争、防止垄断权力滥用、改善基础设施、加强教育和培训等。

【延伸阅读】

我国高校毕业生就业形势严峻

据人力资源和社会保障部数据显示,2014 年全国高校毕业生人数为 727 万人。相比 2013 年的 699 万毕业生增长了 28 万人,再创历史新高,被冠以"更难就业季"称号。教育部表示,2014 年毕业生总量压力进一步增大,同时,用人需求结构性矛盾突出,毕业生就业观念仍需进一步转变。教育部部长袁贵仁强调,要破除影响高校毕业生就业的体制机制障碍;深化教育综合改革,增强高等教育与社会需要的适应性;健全就业政策体系、服务体系和市场体系，推进并强化政府积极扩大就业的公共职能(如图8-8所示)。

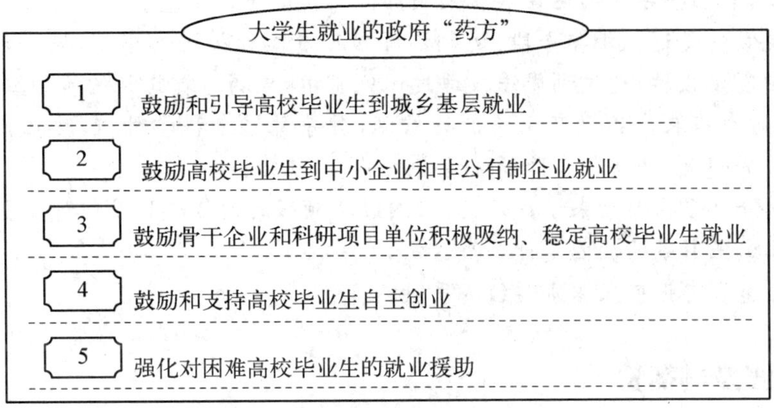

图8-8　高校毕业生就业的对策

第二节　通货膨胀理论

【引导案例】

防止通货膨胀卷土重来

2012年，全国居民消费价格总水平比上年上涨2.6%。2012年最后一个月，全国居民消费价格总水平环比上涨0.8%，同比上涨2.5%。CPI环比和同比涨幅分别比11月份扩大0.7和0.5个百分点，呈现加快回升态势。天气因素、节日效应和年底时点原因或是物价重拾升势的眼前因素，但从长远看，导致我国物价走高、通货膨胀攀升的根本因素并没有消除。

首先，输入型通货膨胀因素仍在并且是不可把控的。美国四轮量化宽松使得美元贬值加速，以美元计量的国际大宗商品出现新一轮上涨，包括国际油价、国际大豆，以及铁矿石价格等。中国对海外大宗商品的依赖度在30%以上，对国际石油的依赖度已经突破55%。国际大宗商品价格上涨必将传导到中国。

其次，通货膨胀的货币因素并未从根本上消除。2012年年底，全年社会融资规模为15.76万亿元，比上年多2.93万亿元；广义货币余额为97.42万亿元，同比增长13.8%，增速在两位数以上。同时，国家外汇储备余额为3.31万亿美元，将增加1 300亿美元左右，外汇占款将增加8 000亿元人民币左右。随着美联储连续四轮量化宽松政策持续发酵，人民币继续升值的可能性很大，国际短期资本将会继续进入中国，外汇储备将会继续增加，外汇占款将继续增长。这将对物价构成较大威胁，对通货膨胀起到强势助推效应。

最后，抑制物价的一些硬性措施落实不到位。随着城镇化、城市化的大力推进，城市近郊菜地基本被房地产占用，蔬菜价格上涨中运输流通成本占很大比重，而减少流通环节成本的一系列措施难以有效落实。国务院出台的降低流通费用的10项措施,包括降低农产品生产流通用水、用电价格,规范和降低农产品市场收费等还有待加大落实力度。从根本上降低流通运输成本,必须把占流通运输成本大头的高油价降下来。

我们需要做的是通过汇率手段,遏制国际短期资本大举进入中国,使得外汇占款减速;坚决管住国内货币投放,通过利率手段适度回笼货币,减弱通货膨胀的货币因素;扩大生产,保障供给,及时发布农产品生产销售价格信息,引导种植者科学种植,防止出现周期性"谷贱、菜贱伤农"的情况;坚决落实降低流通费用的10项措施。

(1) 从物价上涨的因素来看,你认为我国经济领域的通货膨胀是何种类型的?为什么?

(2) 通货膨胀形成的原因是什么?

(3) 防止通货膨胀可采取哪些经济手段?

一、通货膨胀及其衡量

通货膨胀是经济学和日常生活中使用频率很高的词汇,也是世界各国普遍存在的经济问题。在表面上,通货膨胀总是表现为过多的货币追逐过少的商品。普通人的理解也许就是"钱不值钱了"。通货膨胀较为普遍的定义是指一般物价水平持续而显著地普遍上涨。第一,通货膨胀不是价格水平的一次性上涨,而是价格水平的长时间持续上涨;第二,通货膨胀不是个别商品价格水平的上涨,而是指价格总水平即一般物价水平或多数商品价格的普遍上涨;第三,通货膨胀是价格总水平的明显或显著上升,轻微的价格水平上涨很难说是通货膨胀。

由物价上涨而引发的通货膨胀,其根本原因还是流通中的货币过多,城乡居民手持货币量过大,商品与货币的比例失调。弗里德曼认为:"通货膨胀无论何时何地都只是一种货币现象,即在一定意义上,通货膨胀是而且只能是货币数量的急剧增加引发的,不是由于产量的增长所致。"通货膨胀与货币供应之间的关系可以用图8-9表示。

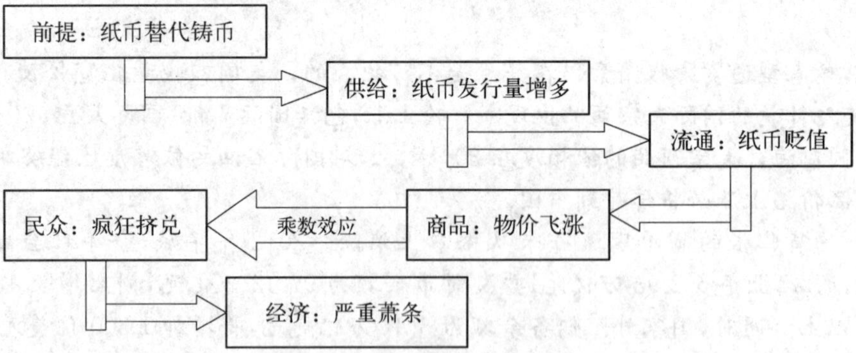

图8-9 货币供应与通货膨胀

既然通货膨胀是指物价总水平长期持续而显著地普遍上涨,其程度也就可以用物价上涨的幅度来衡量。一般情况下,计算物价上涨幅度的数据来源有三个,即消费物价指数、批发物价指数(或生产物价指数)和GDP平减指数。

（一）**消费物价指数**

消费物价指数（Consumer Price Index，CPI）是度量消费商品及服务项目价格水平随着时间变动的相对数，反映居民购买的商品及服务价格水平的变动情况。CPI 按年度计算的变动率通常被用来反映通货膨胀的程度；CPI 及其同类指数还是计算国内生产总值以及资产、负债、消费、收入等实际价值的重要依据。

$$CPI = \frac{\sum P_{it}Q_{i0}}{\sum P_{i0}Q_{i0}} \times 100\% \tag{8-2}$$

式中，P_{i0} 和 Q_{i0} 分别为基年第 i 种商品的价格和数量，P_{it} 为第 i 种商品在 t 年的价格。

CPI 是一个滞后性的数据，但它往往是市场经济活动与政府货币政策的一个重要参考指标。CPI 稳定、就业充分及 GDP 增长往往是最重要的社会经济目标（如图 8－10 所示）。

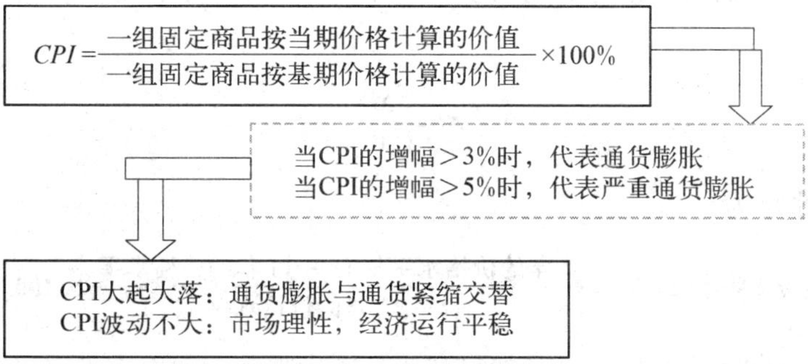

图 8－10　如何理解通货膨胀

国家统计局公布的 CPI 数据有同比价格指数和环比价格指数。同比价格指数一般是指当年某月与上年同月相比较计算的价格指数，环比价格指数一般是指当年某月与上月相比较计算的价格指数。

（二）**生产者物价指数**

生产者物价指数（Producer Price Index，PPI）是用来衡量生产者在生产过程中所需采购的物品的物价状况，因而这项指数包括原料、半成品和最终产品等（美国约采用 3 000 种商品）三个生产阶段的物价资讯。占据所有头条并对金融市场最有影响的是产成品的 PPI。它代表这些商品被运到批发商和零售商之前的最终状态。中国 PPI 由工业生产者出厂价格指数和工业生产者购进价格指数两部分组成。

PPI 的优点是能在最终产品价格以前获得工业投入品及非零售消费品的价格变动信号，从而能较灵敏地反映企业生产成本的升降，并能进一步判断其对最终进入流通的零售商业价格变动可能带来的影响；不足之处在于不能反映劳务费用的变动情况。

（三）**GDP 平减指数**

名义 GDP 与实际 GDP 的比率即 GDP 平减指数，反映了国内生产的所有最终物品与

劳务的价格,因而能较准确地反映一般物价水平的变动趋向,但计算十分复杂,具体公式如下:

$$GDP\text{ 折算数} = \frac{\text{报告期名义 }GDP}{\text{报告期实际 }GDP} \times 100\% = \frac{\sum_{i=1}^{n} P_{it} Q_{it}}{\sum_{i=1}^{n} P_{i0} Q_{it}} \times 100\% \tag{8-3}$$

实际 GDP 是按不变价格计算的物品与劳务的总产出,即用不变的基年价格来评价物品和劳务生产的总价值。名义 GDP 是按现期价格计算的物品和劳务的总产出,即用当年价格来评价物品和劳务生产的总价值。

以上三个指数各有优劣。一般用 CPI 和 GDP 平减指数计算物价上涨的幅度。

我们将价格指数的增长率称为通货膨胀率。用 P 和 π 分别表示价格水平和通货膨胀率,则:

$$\pi = \frac{\Delta P}{P}$$

t 年通货膨胀率为:

$$\text{通货膨胀率}(t)\text{ 年} = \frac{t\text{ 年的价格水平} - (t-1)\text{ 年的价格水平}}{(t-1)\text{ 年的价格水平}} \times 100\% \tag{8-4}$$

将上式中的"年"改成"月"或"周"就得到了月通货膨胀率和周通货膨胀率。

式中的价格水平可以用 CPI 表示,也可以用 GDP 平减指数表示。

【知识链接】

中国与美国的 CPI 构成

世界各国 CPI 的统计都是基于对本国一定样本量城乡居民生活消费支出的抽样调查。由于不同国家的经济发展水平、居民生活消费水平、恩格尔系数、民族消费习惯等不同,因此,CPI 中的消费品和服务的类别以及权重也不尽相同。中国与美国的 CPI 构成如图 8-11 所示。

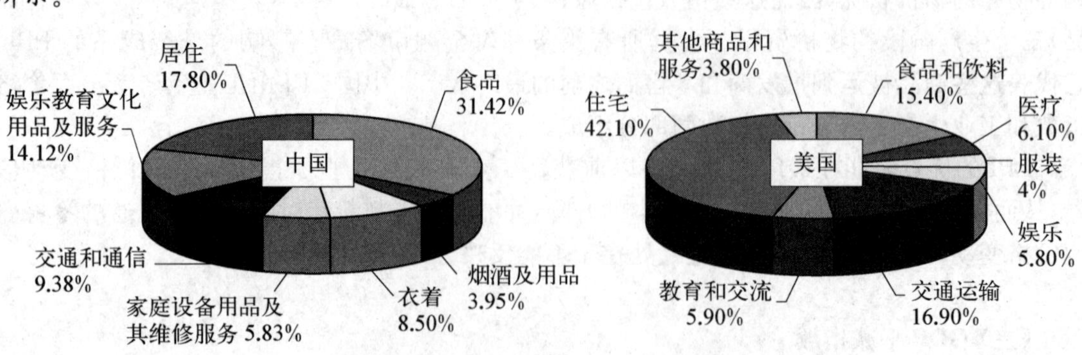

图 8-11 中国与美国的 CPI 构成

二、通货膨胀的分类

在经济分析中，可根据不同的标准对通货膨胀进行分类。

（一）根据价格上升的速度分类

以物价水平的年度变化率来衡量，通货膨胀可以分为以下几种：

1. 轻度（爬行式）通货膨胀

轻度通货膨胀是指一般物价水平缓慢持续地上升，年物价上涨率小于3%。这种通货膨胀程度最轻，一般不会对社会经济生活产生较大的不利影响，人们对未来货币的购买力有足够信心。

2. 中度（温和式）通货膨胀

中度通货膨胀是指一般物价水平持续明显上升，年物价上涨率为3%～10%。这种通货膨胀程度相对较轻，使人能感觉得到并产生通货膨胀还将持续的心理预期。目前，许多国家都存在这种温和的通货膨胀，有些西方学者认为这种温和上升的价格对经济增长有积极作用。

3. 奔腾式通货膨胀

奔腾式通货膨胀是指一般物价水平急速上涨，年通货膨胀率为10%～100%。当奔腾式通货膨胀发生后，会出现严重的经济扭曲现象，短期内物价上涨速度可能加快。公众的预期价格由于受价格上涨率高的影响而进一步上涨，于是，公众会采取多种措施以使自己免受通货膨胀之苦，只在手中保留够日常交易所需的货币，而这将使通货膨胀加剧。这种通货膨胀会使公众对货币失去信任，产生恐慌，会给整个社会经济生活带来严重不良后果。

4. 超级（恶性）通货膨胀

超级通货膨胀是指一般物价水平失去控制而加速直线上升，年通货膨胀率在100%以上。当一国的年通货膨胀率达到1 000%以上时，称为恶性通货膨胀。在这种通货膨胀的状态下，各种商品的价格以惊人的速度上涨，人们尽快将货币脱手，货币流通速度大大加快，货币购买力大幅下降。这种通货膨胀对整个社会经济所产生的影响是灾难性的，会导致货币制度完全崩塌，资源配置恶化，整个国民经济趋于崩溃，严重时还会出现社会动乱。恶性通货膨胀是一种比较罕见的经济现象，主要是在战争时期或战后时期出现，也有一些国家是在从社会主义经济向市场经济转化的过程中出现的。

【延伸阅读】

德国的超级通货膨胀

德国在两次世界大战期间的经历一直是历史上超级通货膨胀及其恐怖后果最为生动的例子。

场景1：有位先生走进了咖啡馆，花8 000马克买了一杯咖啡，当他喝完这杯咖啡时，却发现，原来同样的一杯咖啡，此时已经涨到10 000马克。

场景2：一个美国人去德国旅游，他来到银行，想把一张5美元的钞票兑换成马克。可银行职员说:“我们没有这么多钱,您能不能只换 2 美元?”美国人看看背后的长队,只好同意了。

场景 3:一个美国人在离开德国之前,给了他的德国导游 1 美元小费。这个德国人居然拿着这 1 美元成立了一个家族基金,掌管这笔款项。

场景 4:有家大工厂发工资了。只见火车拉来了一车的钞票,火车还没停稳,就开始向焦急等候在铁路旁的工人们大捆大捆地扔钱。

场景 5:一个老人想买一盒鸡蛋,却数不清价格标签上的零。卖鸡蛋的小贩却说,你数数有多少个鸡蛋就行了。

……

这一组令人匪夷所思的“镜头”绝不是什么虚构的故事,而是 20 世纪 20 年代德国恶性通货膨胀的真实写照。

1919 年 1 月到 1923 年 12 月,德国的物价指数由 262 上升为 126 160 000 000 000,上升了 4 815 亿倍,被称为“最经典的通货膨胀”。迄今为止,也只有 1946 年的匈牙利和 1949 年的中国可与之相提并论。

这次通货膨胀严重到了什么程度?可以打一个比喻:如果一个人在 1922 年年初持有 3 亿马克债券,两年后,这些债券的票面价值就买不到一片口香糖了。据说,有两位教授曾将德国的通货膨胀数据绘成书本大小的直观柱状图,可是限于纸张大小,未能给出 1923 年的数据柱,结果不得不在脚注中加以说明:“如果将该年度的数据画出,其长度将达到 200 万英里。”

对所有企业主来说,薪水必须按天发放,不然到了月末,本来可以买面包的钱只能买到面包渣了。发工资前,大家通常要活动一下腿脚,准备好起跑姿势,钱一到手,立刻拿出百米冲刺的速度冲向市场和杂货店。那些腿脚稍微慢了几步的,往往就难以买到足够的生活必需品,而且会付出更高的价格。

农产品和工业品生产都在急剧萎缩,市面上商品奇缺,唯一不缺的就是钱。孩子们把马克当成积木,在街上大捆大捆地用它们堆房子玩耍。1923 年,《每日快报》上刊登过一则轶事:一对老夫妇金婚之喜,市政府发来贺信,通知他们将按照普鲁士风俗得到一笔礼金。第二天,市长带着一众随从隆重而来,庄严地以国家名义赠给他们 1 000 000 000 000 马克——相当于 0.24 美元或者半个便士。更有甚者,就连钞票也先是改成单色油墨印刷,继而又改成单面印刷——因为来不及晾干。而最经典的一幕莫过于一名女子用马克代替木柴,投入火炉中烧火取暖,因为这样更划算一些。

到了这个地步,德国人的日常生活可想而知。无数百姓陷入赤贫,整个德国处在深深的绝望之中……

(二) 根据通货膨胀是否被预期分类

按人们对物价上涨的预期划分,有未预期型通货膨胀和预期型通货膨胀。

1. 未预期型通货膨胀

未预期型通货膨胀是指政府采取隐蔽形式增加货币供应,使经济主体难以依据当前的通货膨胀态势预期未来的通货膨胀趋势,即价格上升的速度超出人们的预料或者人们根本没有想到价格会上涨。

2. 预期型通货膨胀

预期型通货膨胀是由社会预期因素所导致的通货膨胀。社会预期包括价格预期和非价格预期，是指政府有意识地公布货币的增长率，使经济主体据此预测未来通货膨胀趋势，或经济主体自行推测未来通货膨胀趋势，从而相机抉择，以使自身利益免受通膨胀的影响。如果人们预期商品价格会上升，就会提前购买，需求水平会上升，这种预期一旦持续，将导致需求水平的持续上升，从而引起物价水平的持续上升。因此，价格上升的预期会引发通货膨胀。预期型通货膨胀具有自我维持的特点，又称为惯性通货膨胀。

（三）根据通货膨胀的表现形式分类

按表现形式划分，有公开的通货膨胀和隐性的通货膨胀。公开的通货膨胀是指物价总水平明显而直接地上涨。隐性的或抑制的通货膨胀是指表面上人们的货币工资没有下降，物价总水平也未提高，但居民实际消费水准却下降的现象。

1. 公开的通货膨胀

公开的通货膨胀又称开放型通货膨胀，是指在市场经济和自由价格制度下完全通过一般物价水平（衡量指标为价格指数）的公开上升、持续上涨所反映出来的通货膨胀。物价水平和上涨幅度可以较准确地反映通货膨胀的程度，即通货膨胀率。

2. 隐性的通货膨胀

隐性的通货膨胀是指完全不通过或不完全通过一般物价水平（衡量指标为价格指数）的上升所反映出来的通货膨胀。隐性的通货膨胀又包括两种类型：其一，抑制型通货膨胀，是指在价格受到管制的条件下，无法通过一般价格水平的上升所反映出来的通货膨胀。其二，管制型通货膨胀，是指从表面上看，物价稳定，但实际上商品短缺，强制储蓄，货币流通速度减慢，物价上涨隐蔽。

三、通货膨胀产生的原因

关于通货膨胀产生的原因，西方学者提出了许多观点，有的从需求和供给的角度来解释，有的从经济结构因素变动的角度来说明。

（一）货币供给的过度

货币数量论的观点：每次通货膨胀都有货币供给的迅速增长——“过多的钞票追逐过少的商品”。

$$MV = PY$$

即：

$$\text{货币供给量} \times \text{货币流通速度(总支出)} = \text{物价水平} \times \text{实际收入(总收入)}$$

$$\text{货币流通速度}(V) = \frac{\text{名义收入}}{\text{货币供给量}}$$

对上式取自然对数：

$$\ln M + \ln V = \ln P + \ln Y$$

关于时间 t 求微分：

$$\frac{dM}{M} + \frac{dV}{V} = \frac{dP}{P} + \frac{dY}{Y}$$

进一步变形：

$$\frac{dP}{P} = \frac{dM}{M} - \frac{dY}{Y} + \frac{dV}{V}$$

即：

通货膨胀率＝货币增长率－产出增长率＋流通速度变化率

$$\pi = \hat{m} - \hat{y} + \hat{v} \tag{8-5}$$

（二）需求拉动型通货膨胀

需求拉动型通货膨胀(Demand-pull Inflation)是指总需求超过总供给所引起的一般价格水平的持续显著上涨。供给表现为市场上的产品和服务，需求表现为用于购买和支付的货币。如图 8－12 所示，横轴 Y 表示总产量(国民收入)，纵轴 P 表示一般价格水平。AD 为总需求曲线，AS 为总供给曲线。总供给曲线起初呈水平状，表示当总产量较低时，总需求的增加不会引起价格的上涨。图8－12 中的产量从零增加到 Y_1，价格水平始终稳定。总需求曲线 AD_1 与总供给曲线 AS 的交点 E_1 决定的价格水平为 P_1，总产量水平为 Y_1。在总产量达到一定水平(Y_1)后，继续增加总供给，会遇到生产过程中的“瓶颈”现象，即由于劳动、原料、生产设备的不足而使成本提高，从而引起价格上升。AD 继续提高时，AS 开始逐渐向右上方倾斜，价格水平逐渐上升。AD_2 与 AS 的交点决定的价格水平为 P_2，总产量为 Y_2。当产量达到最大，即为充分就业时的产量 Y_f 时，全社会的资源得到充分利用。AD_3 与 AS 的交点 E_3 决定的价格水平为 P_3，总产量水平为 Y_f。价格水平从 P_1 上涨到 P_2 和 P_3 的现象被称为“瓶颈”式的通货膨胀。这时，一方面增加就业量和产量，另一方面也使物价逐渐上涨，也就是凯恩斯所说的“半通货膨胀”。在达到充分就业的产量 Y_f 后，如果总需求继续增加，供给不会增加(所以 AS 是一条垂线)，总需求增加只会引起价格的上涨。如在图 8－12 中，总需求曲线从 AD_3 提高到 AD_4 时，它与总供给曲线的交点所决定的总产量并没有增加，但是价格水平已经从 P_3 上涨到 P_4，这就是需求拉动型通货膨胀。这种达到充分就业后的需求拉动型通货膨胀，凯恩斯称之为“真正的通货膨胀”。不论总需求的过度增长是来自消费需求、投资需求还是政府需求、国外需求，都会导致需求拉动型通货膨胀。需求变化的原因或冲击包括财政政策、货币政策、消费习惯的突然改变、国际市场的需求变动等。

凯恩斯主义者认识到，如果没有货币供给的增长，价格水平不会持续上升，但他们强调的是短期分析。在短期，货币供给只是影响价格水平的因素之一，消费、投资、政府购买和税收等影响总需求的因素都会影响价格水平，这些因素的扩张性变动都会引起价格水平的上升。为此，早期凯恩斯主义者倾向于从总需求角度来解释通货膨胀的成因，提出了需求拉动的通货膨胀理论。

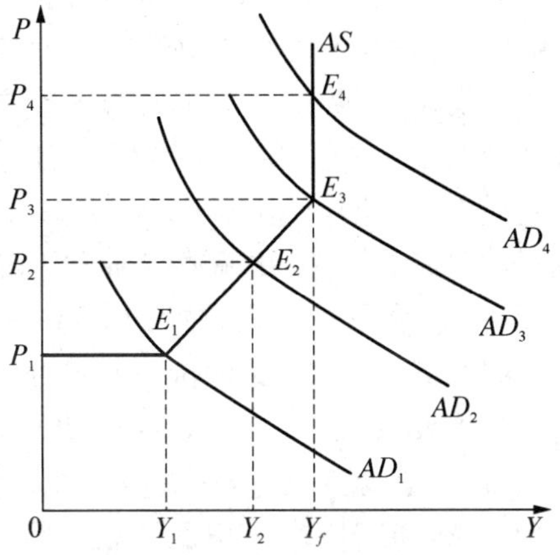

图 8－12　需求拉动型通货膨胀

（三）成本推动型通货膨胀

按照凯恩斯主义关于需求拉动的通货膨胀理论，经济在未达到充分就业前，总需求增加会出现总产出和物价同时上升的“半通货膨胀”。但 20 世纪 60 年代末到 70 年代初，西方国家普遍出现了“滞胀”现象，即总产出水平下降、失业率居高不下与通货膨胀并存的情况，需求拉动的通货膨胀理论无法对此做出解释，凯恩斯主义出现危机。为此，后凯恩斯主流经济学派的萨缪尔森和托宾等人提出了所谓的“成本推进式”的通货膨胀理论，用以解释失业和通货膨胀“并发症”。成本推动型通货膨胀（Cost-push Inflation）又称供给通货膨胀，是指在没有过度需求的情况下，由于供给方面（成本）的原因所引起的一般价格水平持续而显著地普遍上涨。如图 8－13 所示，假定总需求是既定的，只有供给出现变动。横轴 Y 表示总产量（国民收入），纵轴 P 表示一般价格水平。AD 为总需求曲线，AS 为总供给曲线。总供给曲线 AS_1 与总需求曲线 AD 的交点 E_1 决定的总产量为 Y_1，价格水平为 P_1。当总供给曲线由于工资、税收等使成本提高而移动到 AS_2 时，总供给曲线 AS_2 与总需求曲线 AD 的交点 E_2 决定的总产量为 Y_2、价格水平为 P_2，此时，总产量下降，而价格水平上升。这样，在总需求保持不变的情况下，由于供给方面的原因而引发了通货膨胀，即成本推动型通货膨胀。

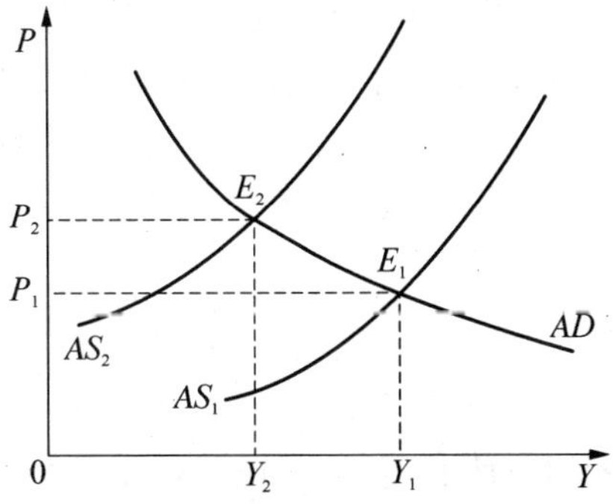

图 8－13　成本推动型通货膨胀

成本推动型通货膨胀又可分为工资推动通货膨胀和利润推动通货膨胀。工资推动通货膨胀是指不完全竞争的劳动市场造成的过高工资所导致的一般价格水平的上涨。在完全竞争的劳动力市场上,工资率完全取决于劳动的供求,工资的提高不会导致通货膨胀;在不完全竞争的劳动力市场上,由于具有强大谈判能力的工会组织的存在,工会和雇主集体议价,操纵工资水平,并且由于工资的增长率超过生产率增长速度,工资的提高就导致成本提高,从而导致一般价格水平上涨。利润推动通货膨胀是指具有垄断地位的企业利用市场势力谋取价格水平的上涨。不完全竞争的产品市场是利润推动通货膨胀的前提,在该市场上,垄断企业具有某种程度操控价格的能力,为了追求更大的产量来提高产品价格,致使价格上涨的速度超过成本增长的速度。

成本推动型通货膨胀有三个重要特征:其一,成本推动型通货膨胀与不完全竞争市场条件相关,即如果市场上存在垄断力量,就存在垄断价格,所以,市场竞争对抑制成本推动型通货膨胀很重要。其二,劳动生产率和工资增长率的比较结果是判定是否是工资成本推动型通货膨胀的必要条件,即并非任何工资率的上升都会导致通货膨胀,只有当工资率的增长超过边际劳动生产率的增长时,通货膨胀才会发生。其三,没有货币供给支持的纯粹的成本推动型通货膨胀是不存在的。

有些西方经济学家认为,单纯用需求拉动或成本推动都不足以说明价格水平的持续上涨,而应同时从需求和供给两个方面及两者的相互影响来说明通货膨胀。于是,又有学者提出了从供求两个方面及其相互影响说明通货膨胀的理论即混合型通货膨胀理论。

(四)结构性通货膨胀

结构性通货膨胀是指由于经济结构因素的变动,出现一般价格水平的持续上涨。它是从分析经济结构的变动来分析通货膨胀原因的。

在一国经济中,由于不同生产部门生产率提高的速度不同,因此,不同部门的工资增长也有区别。结构性通货膨胀理论认为,社会经济结构的特点从生产率提高的速度看,一些部门生产率提高的速度快,而另一些部门提高的速度慢;从经济发展的过程看,一些部门正在迅速发展,而另一些部门日趋衰落;从与世界市场的关系看,一些部门(开放部门)与世界市场的联系十分密切,而另一些部门(非开放部门)与世界市场没有密切联系。现代经济结构不容易使生产要素从生产率低的部门转移到生产率高的部门,从渐趋衰落的部门转移到迅速发展的部门,从非开放部门转移到开放部门。但是,生产率提高慢的部门、正在趋向衰落的部门以及非开放部门在工资和价格问题上都要求"公平",要求向生产率提高快且正在迅速发展以及开放的部门"看齐",结果导致一般物价水平上涨。因此,可以用生产率提高速度不同的两个部门说明结构性通货膨胀。由于生产率提高速度不同,两个部门的工资增长速度也应不同,但生产率提高慢的部门要求工资增长向生产率提高快的部门看齐,结果使全社会工资增长速度超过劳动生产率的增长速度,从而引起通货膨胀。

四、通货膨胀的影响

通货膨胀是宏观经济失衡的一般表现,它对国民经济的影响十分广泛,这种影响会由于通货膨胀的程度、持续时间、成因以及表现形式等的不同而不同,而且会由于不同的经济和社会环境而有所不同。通货膨胀对不同的人有不同的影响(如图 8－14 所示)。通货膨胀会给经济生活的各个方面带来影响,可称之为通货膨胀的经济效应。

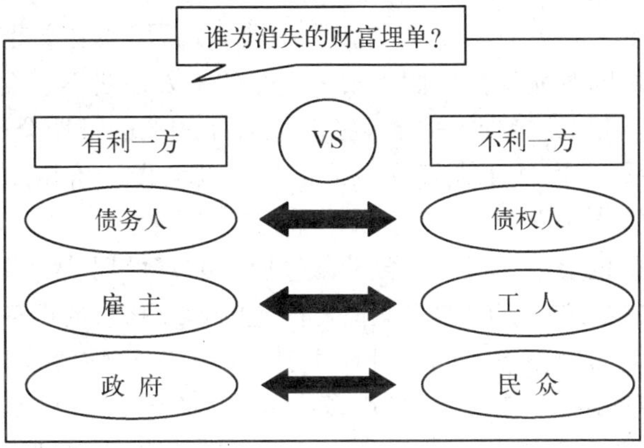

图 8－14 谁为消失的财富埋单

(一) 通货膨胀的产出效应

通货膨胀的产出效应是指通货膨胀对整个经济的产出和就业水平的影响。在这方面,经济学家们的意见分歧较大。凯恩斯主义的经济学家认为,通货膨胀与产出和就业之间存在着此消彼长的关系;货币主义则认为,通货膨胀与产出在短期内存在着此消彼长的关系,但长期内却无关系;理性预期学派的经济学家则认为,无论是短期还是长期,通货膨胀与产出之间都不存在关系。从理论和实证两方面考察,似乎可以说:短期内,通货膨胀可以促进产出、降低失业(当然,这是有条件的,如通货膨胀率不能太高);长期内,通货膨胀对产出影响甚微,或者说无关,甚至有可能起相反的作用。

从具体的生产环节来看,首先,通货膨胀使企业的各项专用基金贬值,从而使企业的设备更新和技术改造难以进行。其次,在通货膨胀的条件下,由于原材料等初级产品的价格上涨往往快于产成品,从而会增加生产投资的风险和经营成本。再次,通货膨胀解除了企业价格竞争和非价格竞争的压力,使企业既不必用降低成本的方式赢得市场,也不必用提高产品质量的各种措施来增强竞争力,这将不利于企业的技术进步和生产效率的提高。最后,通货膨胀不利于促进生产者努力工作。生产者可以物价上涨为由要求涨工资,若得不到满足将影响生产情绪,从而影响劳动生产率的提高。

(二) 通货膨胀的再分配效应

通货膨胀的再分配效应是指通货膨胀对收入和财富再分配的影响。通货膨胀使实际工资水平下降,在物价持续上涨时期,为防止工薪阶层的实际收入水平过度下降而进行阶段性的工资调整,但工资调整后物价又上涨,企业利润会相应增加,那些从利润中分取收入的人能额外增加收益,从而加剧社会的分配不公。持续的物价上涨使退休者的毕生储蓄不断贬值,破坏社会公正,还会诱发社会不安和道德危机。另外,虽然通货膨胀实际上是一种强制性的征税,但事实上,这种“征税”的收入有限,会导致财政支出大幅增加。

再分配效应与通货膨胀是否被预期到有关。如果是预期的通货膨胀,那么,人们预期的通货膨胀率与实际的通货膨胀率相同;如果是非预期的通货膨胀,那么,人们预期的通货膨胀率小于实际的通货膨胀率。非预期的通货膨胀会引起实际收入的再分配。那些名义收入的增长快于价格水平上升的人就会从通货膨胀中获益,而那些名义收入增长慢于价格水平上升的人就会因为通货膨胀而受损。假定某一行业的工人预期不会发生通货膨胀或预期通货膨胀率比较低,他们因此而接受了一个年工资增长率较低的长期合同,而实际通货膨胀率高于工人预期通货膨胀率,这些工人名义收入的增长就会慢于价格水平的上升,于是,他们的实际收入就会因通货膨胀而相对下降。

非预期的通货膨胀也会引起财富的再分配效应。财富可划分为两类——货币资产和非货币资产。货币资产本身或者其收益名义值是固定的,如现金、活期存款、定期存款和债券。非货币资产的名义值会随价格水平的上升而上升,如房产、土地等。在通货膨胀时期,货币资产或者其收益名义值保持不变,而非货币资产的名义值会随价格水平的上升而上升。因此,非货币资产在通货膨胀时期能够保值,货币资产在通货膨胀时期不能保值。由于通货膨胀会减少货币资产和货币债务的实际值,因此,拥有货币资产的债权人在通货膨胀中受损,而拥有货币债务的债务人在通货膨胀中受益。如果通货膨胀是预期的通货膨胀,人们将会采取保护自己的措施,从而使通货膨胀对收入和财富的再分配效应降低到最低限度。当工人预期到通货膨胀时,他们在签订工资合同时会考虑通货膨胀率,要求在合同中把货币工资增长率与消费物价指数增长率联系起来,从而抵消通货膨胀对实际收入的不利影响。厂商预期到通货膨胀会带来比较高的价格,因此也会接受工人的指数化要求。当人们预期到通货膨胀时,会用货币资产购买实际资产进行保值;同时,名义利率会上升,而名义利率是实际利率与通货膨胀率之和,于是,通货膨胀对财富的再分配效应会降到最低限度。当然,在短期,通货膨胀对实际收入和财富的再分配效应还是存在的。

(三)通货膨胀的其他效应

1. 通货膨胀与税收

通货膨胀的税收效应是指通货膨胀会增加政府的税收收入。一般来说,政府是通货膨胀的受益者。第一,政府是净债务人,因为货币是政府的负债;同时,政府通过发行公债而欠下居民大量债务,通货膨胀将其债务的实际价值缩减了。第二,由于累进税制,加之一般情况下税收的基础是名义值,因此,当发生通货膨胀时,即使家庭和厂商的实际收入没有改变,名义收入也会增加,从而适用的收入所得税税率提高了,这使得他们实际收入的更大比重以税收的形式转移到政府手中。

2. 通货膨胀与一国对外贸易和国际收支

通货膨胀的对外贸易和国际收支效应是指通货膨胀对一国对外贸易和国际收支的影响。一国出现通货膨胀时,货币会不断贬值,从而引起汇率下跌,如果汇率下降的幅度超过物价上涨的幅度,将扩大该国的出口(汇率下降会使出口增加,本国物价上涨会使出口减少),形成外汇倾销,进而影响该国的国际收支状况,产生对外贸易和国际收支效应。

3. 通货膨胀与金融业

(1) 对银行负债的影响。银行的资金主要来源于外部资金,发生通货膨胀时,在名义利率不变的条件下，实际利率下降，银行的利息负担会减轻。

(2) 对银行资产的影响。发生通货膨胀时，银行的实际利息收入会减少。在名义利率不变的情况下，实际利率下降，这是不利于银行的。

(3) 通货膨胀会降低借款成本，从而诱发过度的资金需求，迫使金融机构不得不加强信贷配额管理，进而削弱了金融机构的运营效率。

(4) 通货膨胀有利于债务人，却有损于债权人，从而使正常的信用活动遭到破坏，使债券发行受阻，继而引发货币信用危机。

(5) 通货膨胀使货币符号的价值储藏职能丧失，价值尺度和价格标准混乱，容易出现挤兑现象，有可能引起银行破产、倒闭，甚至引起政治危机等。

总之，通货膨胀对社会经济生活的许多方面都会产生影响。严重的通货膨胀可能会使一国的货币制度崩溃，甚至会因为公众“用脚投票”而使政府倒台。

五、通货膨胀的治理

通货膨胀破坏了正常的经济秩序，公众一般持反对态度。如果每年的通货膨胀率超过10%，通货膨胀就可能成为头号经济问题。对于恶性通货膨胀，政府一般会采取断然措施，废除旧币，发行新币，同时辅以经济恢复措施，保持社会稳定，从而消除原来货币流通的混乱局面，在新的基础上实现稳定。恶性通货膨胀一般发生在战争和因社会动乱而造成重大破坏的国家，平时极少出现。大多数国家所经历的通货膨胀，物价上涨率不超过两位数。非恶性通货膨胀治理起来非常复杂，而且不同学派经济学家的主张也不一样。治理通货膨胀的对策如图 8-15 所示。

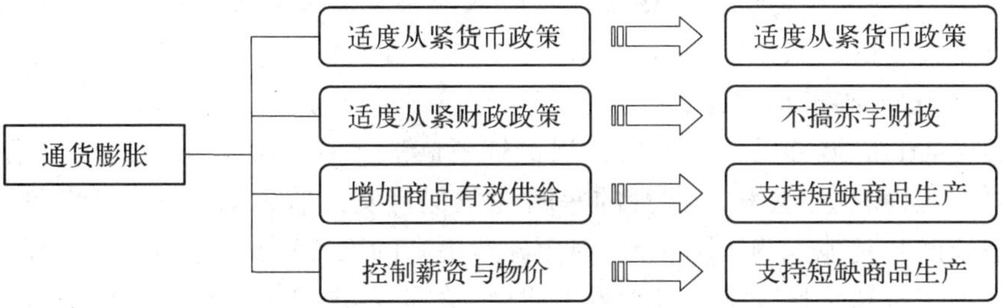

图 8-15 通货膨胀的治理

(一) 需求政策

需求政策是指如果是需求拉动型通货膨胀，那么，一般可采取减少总需求的做法来治理通货膨胀。减少总需求的措施主要是实行紧缩的财政政策和紧缩的货币政策。政府制造衰退、减少总需求的程度决定了通货膨胀率下降的速度，衰退幅度越大，通货膨胀率下降得越快。在实践中，存在两种不同的政策选择，即渐进主义政策和激进主义政策。渐近主义政策是政府不断紧缩总需求，以较小的失业率和较长的时间来降低通货膨胀率。激进主义政策主张政府采取突然性的、大规模紧缩性的需求管理政策，以较高的失业率和较短的时间来降低通货膨胀率。这种政策会使通货膨胀率迅速下降，但会造成较大的经济衰退。

具体来看,紧缩的财政政策主要是削减政府支出和增加税收。削减政府支出可以减少总需求中的政府需求。增加税收可以减少居民的可支配收入,从而减少消费需求,并可抑制私人企业的投资,从而减少投资需求。但是政府支出有很大的刚性,教育、国防、转移支付(指社会保障支出、失业救济和退伍军人津贴等)等方面的开支大多不易削减。增加税收更会遭到公众的强烈反对,政府轻易不敢尝试。即使税收增加了,公众也可能会预期数年后政府会减税,这样,增加税收对消费需求和投资需求的影响就会打折扣。

紧缩的货币政策是指中央银行减少货币供给量。减少货币供给量可以提高利率,从而抑制私人企业的投资,减少投资需求;另外,利率上升往往会导致一国汇率的上升,使本国商品在国际市场上相对昂贵,从而减少出口,即减少国外需求。

通过实行紧缩的财政政策和紧缩的货币政策来减少总需求,抑制通货膨胀,通常会导致总产出水平下降,失业率增加,从而引发经济衰退。如果实行激进主义的政策,开始时紧缩的力度很大,衰退就会很严重,但持续时间较短,通货膨胀率也能较快地降下来;反之,采取渐进主义的政策,采取比较温和的措施,开始时衰退就不会那么严重,但拖延时间较长。究竟采取何种政策,政府需要权衡通货膨胀损失与失业损失,"两害相遇取其轻",找出最优妥协政策。在财政政策与货币政策的选择上,各个学派的经济学家都倾向于采取适度从紧的货币政策以降低通货膨胀率,但在具体主张上,凯恩斯主义、货币主义和理性预期学派之间存在分歧,这需要做进一步分析。

(二) 收入政策

收入政策又称工资-物价管制政策,是指政府在通货膨胀时期对物价和工资实行管制(包括"物价和工资的冻结"),其中,以管制工资为主要内容来限制物价和工资的上涨率,降低通货膨胀率,同时又不造成大规模失业。收入政策主要针对成本推动型通货膨胀。当工人要求提高工资在国民收入中的份额或厂商试图提高利润份额时,就会引起工资和物价的螺旋式上升,导致成本推动型通货膨胀。在这种情况下,通过对工资-物价实行管制,截断工资-物价上升的螺旋,能够以较小的代价遏制通货膨胀。在不完全竞争的市场条件下,发生通货膨胀时,工会和企业会利用自身的垄断地位保持实际收入,使货币工资和价格轮番增长。这种增长威胁到他人的实际收入,因而导致更高的工资和价格。因此,需要采取收入政策来抑制货币工资和价格。第二次世界大战后,美国、英国、法国、荷兰等国家都曾经实行收入政策。

收入政策一般采取以下三种形式:(1) 强制性限制。政府颁布法令对工资和物价实行管制,甚至暂时冻结。(2) 指导性限制。对一般性工资或物价,政府根据劳动生产率的提高等因素,制定一个增长标准,作为工会和雇主双方协商的指导线,要求他们自觉遵守。对特定的工资或物价进行"权威性劝说"或施加政府压力,迫使工会或雇主"自动"限制工资或物价的上涨。(3) 以税收为手段的限制。政府以税收作为奖励和惩罚的手段来限制工资-物价的增长。如果增长率保持在政府规定的幅度内,政府就可以减少个人所得税和企业所得税作为奖励;如果超过界限,就以增加税收作为惩罚。

用收入政策治理通货膨胀存在不少缺陷,主要是工资和物价管制破坏了市场经济中价格机制这只"看不见的手"配置资源的功能。

（三）供给政策

供给政策是指通过增加生产和供给来治理通货膨胀。通货膨胀会损伤经济的供给能力，致使总供给不足，从而使总需求相对过剩，引起进一步的通货膨胀。货币量过多、需求膨胀导致通货膨胀，是因为相对来说商品供给过少。供给学派认为，治理通货膨胀、摆脱滞胀困境，治本的方法是着力增加生产和供给。增加供给满足了过剩需求，就可制止通货膨胀，并可避免单纯依靠紧缩总需求引起衰退的负面影响。要增加生产和供给，最关键的措施就是减税，降低边际税率，提高人们工作的积极性，鼓励企业投资。此外，应减缓政府开支的增长幅度，缓解政府支出对私人部门的挤出效应；同时，还应限制货币增长率、稳定物价。政府除了为增加供给创造良好环境和提供必要条件外，不应对经济过多干预，而应由市场机制对经济进行自动调整。只有这样，才能充分发挥减税刺激供给的积极作用。供给学派强调长期以来被忽视的供给因素，认为治理通货膨胀特别是滞胀的根本出路在于增加供给，有其积极意义，但他们过分夸大了减税对增加供给的刺激作用，忽视了减税对增加需求的刺激作用，从实际情况看，效果并不明显。

【延伸阅读】

通货紧缩——物价过低

通货紧缩（Deflation）是指货币供应量少于流通领域对货币的实际需求量而引起的货币升值，从而引起社会价格总水平即商品和劳务价格水平持续下降的现象。通货紧缩包括物价水平、货币供应量和经济增长率三者同时持续下降。依据萨缪尔森的定义：价格和成本正在普遍下降即通货紧缩。经济学家普遍认为，当消费者物价指数连跌两季时，即表示已出现通货紧缩。通货紧缩就是物价、工资、利率、粮食、能源等价格不能停顿地持续下跌，而且全部处于供过于求的状况。在经济实践中，判断某个时期的物价下跌是否是通货紧缩，一看通货膨胀率是否由正转变为负，二看这种下降的持续是否超过了一定时限。一般来说，适度的通货紧缩通过加剧市场竞争，有助于调整经济结构和挤去经济中的“泡沫”，也会促进企业加强技术投入和技术创新，改进产品和服务质量，对经济发展有积极的作用。长期的通货紧缩则是一种金融危机，企业利润减少，个人预期收入降低，宏观经济衰退，价格下降，币值上升，金融秩序混乱等，会抑制投资和生产，导致失业率升高及经济衰退（如图 8－16 所示）。

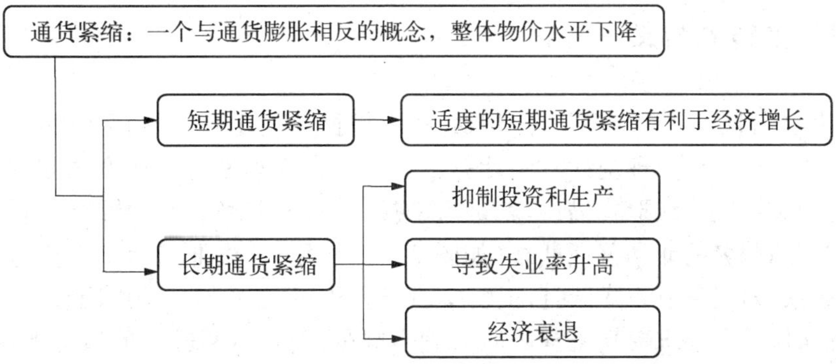

图 8－16 通货紧缩及其影响

通货膨胀往往被视为“沉默的杀手”,许多人意识不到自己已经被“抢劫”了。通货紧缩基本上意味着失业、没钱。治理通货紧缩可以采取以下措施:(1) 采用宽松的货币政策可以增加流通中的货币量,从而刺激总需求;(2) 扩大财政支出可以直接增加总需求,还可以通过投资的“乘数效应”带动私人投资的增加;(3) 减少过剩部门或行业的产量,鼓励新兴部门或行业的发展;(4) 政府通过各种宣传手段增加公众对经济发展趋势的信心;(5) 适当改善国民收入的分配格局,提高中、下层居民的收入水平和消费水平,以增加消费需求(如图 8-17 所示)。

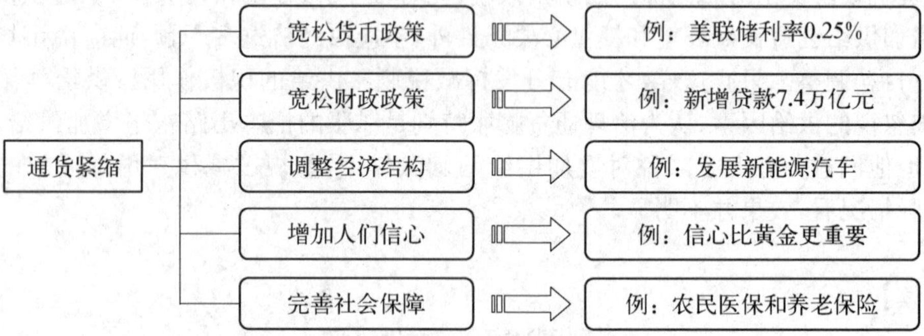

图 8-17 治理通货紧缩的对策

第三节 失业与通货膨胀的关系——菲利普斯曲线

失业与通货膨胀是短期宏观经济运行中的两个主要问题。低失业和低通货膨胀是宏观经济政策的主要目标,但通货膨胀与失业之间往往存在着此消彼长的替代关系,最优政策通常是在通货膨胀损失与失业损失之间的妥协,因此,有必要从理论上研究失业与通货膨胀之间的关系。在宏观经济学中,失业与通货膨胀之间的关系主要是由菲利普斯曲线来描述的。

一、菲利普斯曲线的含义

1958 年菲利普斯(A. W. Phillips,1914—)根据英国 1861～1957 年失业率和工资变动情况的统计资料,利用数理统计方法计算出货币工资变动率与失业率之间存在着一种负相关关系,这种关系用曲线形式描述,就是后来被西方经济学家奉为替政府提供了“一张政策选择的菜单”的著名的菲利普斯曲线(如图 8-18 所示)。失业与货币工资之间存在着一种负相关的关系,即当失业率降低时,工资率趋于上升,反之亦然。其原因在于,当其他工作机会比较难得时,工人要求提高工资的压力就会减少;而在盈利较少的情况下,企业会更坚定地抵制增加工资的要求。

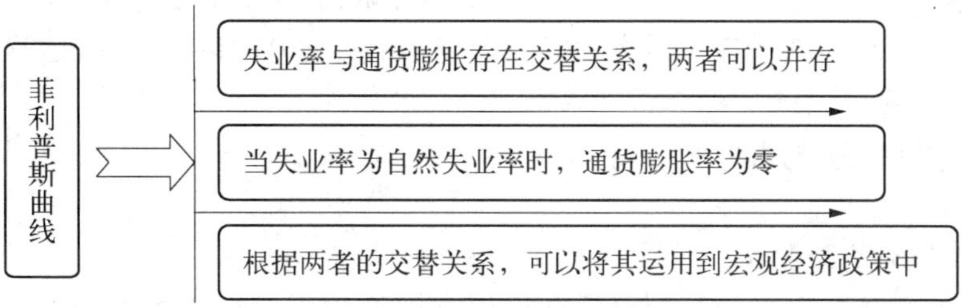

图 8-18　如何理解菲利普斯曲线

新古典综合派对最初的菲利普斯曲线加以改造是基于这样的认识：如果劳动生产率不变，则价格水平与货币工资同步增长；如果劳动生产率提高，则其增长率会抵消一部分货币工资增长的效果而体现较低的通货膨胀率，即：

通货膨胀率 = 货币工资增长率 − 劳动生产率增长率

工资是产品成本的主要构成要素，对产品价格有决定性影响，由此经济学家把菲利普斯曲线延伸为表现失业率与通货膨胀率的替代关系：失业率高，通货膨胀率就低；失业率低，通货膨胀率就高。因此，政府可以通过调节通货膨胀率和失业率的大小以实现宏观经济调控目标。这一理论在 20 世纪 70 年代以前基本符合西方发达市场经济国家的实际，但是到了 20 世纪 70 年代，西方发达市场经济国家产生了“滞胀”现象，即一方面经济停滞、失业增加，另一方面出现通货膨胀、物价上升。所以，难以再用菲利普斯曲线来解释这些经济现象。

【延伸阅读】

菲 利 普 斯

威廉·菲利普斯于 1914 年生于新西兰的一个农民家庭；15 岁到澳大利亚做矿工，1937 年到了英国，第二次世界大战爆发后投笔从戎，战争结束后到伦敦经济学院学习，开始接触经济学。1958 年，他在《经济学》杂志上发表了著名的《1861—1957 年英国失业率和货币工资变化率之间的关系》，菲利普斯曲线就是在该论文中首次提出的。最早给菲利普斯曲线以理论解释的是他的同事理查德·利普西。利普西严格地从微观的劳动力市场的角度解释菲利普斯曲线，从这点来说，也许他在宣传菲利普斯曲线的学者中是最较真的。

萨缪尔森和索洛于 1960 年在《美国经济评论》上发表了《关于反通货膨胀政策的分析》，“菲利普斯曲线”这一名称就是他们在这次讨论中提出的。他们用美国的数据换掉英国的数据，并用物价上涨率代替名义工资增长率，得出了短期内通货膨胀率与失业率之间的替换关系。有了菲利普斯曲线，新古典综合派即可方便地开出宏观经济政策的“药方”：要想降低失业率，不妨提高通货膨胀率；为了治理通货膨胀，难免在失业上做出牺牲。有了两位经济学家的推崇，菲利普斯曲线从此被纳入新古典综合派的理论体系。菲利普斯曲线在新古典综合派体系中居于重要位置，但相比之下它又最缺乏理论支撑，因而新古典综合派的对手们首先攻击菲利普斯曲线。其中最有影响的当属米尔顿·弗里德曼，他认为：(1) 理性的工人将根据实际工资而不是名义工资决定其劳动力的供给；(2) 菲利普斯曲线所宣扬的通货膨胀与失业之间的替换关系只在短期存在；(3) 用通货膨胀换取就业增加的凯恩斯式需求政策，每一次都只能暂时有效，下一轮再想增加就业，除非用更高的通货膨胀率。

资料来源：何帆.不属于菲利普斯的菲利普斯曲线[J].国际经济评论，1997(23).

二、菲利普斯曲线的形状

(一) 简单菲利普斯曲线

萨缪尔森和索洛所提出的菲利普斯曲线通常被称为简单形式的菲利普斯曲线，可以用图8－19表示。图8－19中的横轴表示失业率，纵轴表示通货膨胀率，向右下方倾斜的曲线即简单菲利普斯曲线。

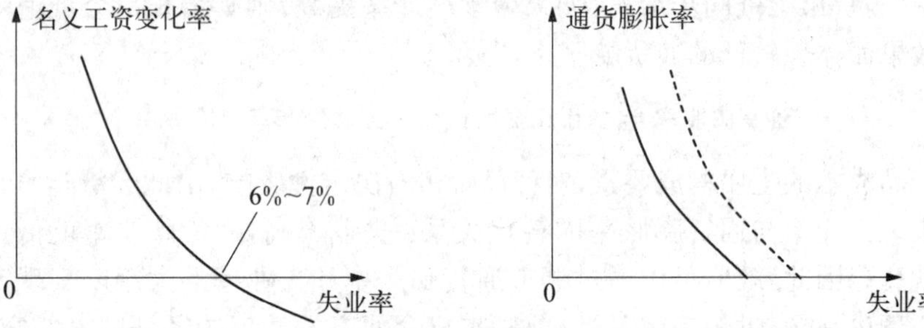

图8－19 简单菲利普斯曲线

简单菲利普斯曲线也可以用下列公式表示：

$$\pi = -\varepsilon(u - u^*) \tag{8-6}$$

式中，π 为通货膨胀率；u 为实际失业率，u^* 为自然失业率；参数 ε 为大于零的正数，用来衡量通货膨胀率对于失业率的反应程度。

上式表明，当实际失业率超过自然失业率时，通货膨胀率下降；当实际失业率低于自然失业率时，通货膨胀率上升。例如，如果 ε 为 2，则实际失业率相对于自然失业率每增加 1 个百分点，通货膨胀率就会下降 2 个百分点。

通货膨胀率与失业率之间负相关的菲利普斯曲线为宏观经济政策的选择提供了一个分析工具，政策制定者可以在通货膨胀率与失业率之间进行权衡，选择不同的通货膨胀率和失业率组合。

对于就业和物价来说，宏观经济政策的理想目标是通货膨胀率为零、失业率为自然失业率。但在现实中，没有哪一种政策或政策组合可以保证每年都实现零通货膨胀和充分就业。通常是一种政策或政策组合可以实现较低的失业率，但会引起物价上涨；另一种政策或政策组合可以稳定物价，但会导致严重失业。政策制定者需要在通货膨胀率与失业率之间做出取舍。从理论上讲，政策制定者可以选择最优政策，从而使通货膨胀和失业引起的社会福利损失最小化。但宏观经济政策的实施却很难做到最优化，一般只能采取比较满意的政策或政策组合。具体而言，可以根据公众的偏好和容忍程度确定一个宏观经济运行的社会临界点，再据此确定一个通货膨胀率和失业率的组合区域。如果实际通货膨胀率和失业率的组合在这个组合区域内，则政策制定者不用采取调节行动；如果在这个组合区域外，则可以根据菲利普斯曲线所表示的关系进行调节。

需要指出的是，尽管菲利普斯曲线给出了宏观经济政策所能达到的通货膨胀率和失业率的不同组合，但如果通过采取提高劳动市场效率等措施使菲利普斯曲线向原点移动，通货膨胀和失业引起的社会福利损失就会减少，政策制定者便能够以较低的代价稳定物价和增加就业。例如，当通货膨胀率过高时，政策制定者实行紧缩性总需求管理政策来降低通货膨胀率，如果工资不能对劳动市场的供求变化很快地做出反应，大量失业的增加就不可避免，而且高失业率会持续较长时间（此种情况下，菲利普斯曲线离原点较远）。但如果通过理顺劳动市场，使工资能对劳动市场供求变化迅速做出反应，在劳动需求下降时工资会随之下降，则较低的工资会使厂商使用更多劳动力，失业者便可以在较低的工资水平上找到工作，那么，控制通货膨胀所造成的失业损失也就比较低（此种情况下，菲利普斯曲线离原点较近）。

（二）附加预期的菲利普斯曲线——短期和长期的菲利普斯曲线

菲利普斯曲线并不是一种固定不变的替代关系，当通货膨胀预期发生改变时，菲利普斯曲线会发生移动。西方学者对于这种移动做出了如下两种解释：其一，通货膨胀率预期变化导致短期菲利普斯曲线的移动。将适应性预期应用到菲利普斯曲线中，则失业率不仅与实际的通货膨胀率有关，而且与通货膨胀率的预期值有关。对于每一个既定的预期通货膨胀率，都有一条短期菲利普斯曲线与之相对应，当预期通货膨胀率发生变化时，短期菲利普斯曲线会发生移动。其二，自然失业率变化导致短期菲利普斯曲线移动。西方学者认为，经济中存在着最低可持续的失业率，即自然失业率。自然失业率并非长期不变，由于技术变动，劳动力在部门之间和地区之间的流动等因素会使自然失业率发生变化，当通货膨胀率的预期不变时，自然失业率的变动会使菲利普斯曲线发生移动。

菲利普斯曲线被萨缪尔森和索洛修正后，迅速在西方宏观经济政策分析中占据主导地位，但以费尔普斯（Edmund S. Phelps，1933—　）和弗里德曼为代表的经济学家却对此提出了批评。他们认为，菲利普斯曲线所描述的通货膨胀率与失业率之间的替换关系只在短期内成立，在长期，通货膨胀率与失业率无关。

1967 年，费尔普斯通过引入适应性预期区分了未预期通货膨胀和预期通货膨胀，并指出现实中工资和价格并不经常做出调整，当它们做出调整时，厂商和工人都要对经济进行预期，并根据预期通货膨胀来相应地调整工资和价格。所以，通货膨胀率与失业率之间的关系不仅取决于当前实际通货膨胀，而且取决于预期通货膨胀；是实际通货膨胀和预期通货膨胀的差异与失业率相关，而不是实际通货膨胀本身与失业率相关。由于实际通货膨胀与预期通货膨胀之间不可能存在持久差异，因此，通货膨胀率与失业率之间不可能存在长期替代关系。他将实际通货膨胀率与预期通货膨胀率相等时的失业率称为均衡失业率；同时认为，在均衡失业率水平上存在一条垂直的长期菲利普斯曲线。

弗里德曼指出，菲利普斯曲线分析暗含着人们都预期名义价格将保持稳定的假定，因而这一分析存在着一个根本性缺陷，即没有对名义工资与实际工资加以区分。在现实中，厂商和工人关注的不是名义工资，而是实际工资。当谈判新工资协议时，劳资双方会对新协议期的通货膨胀进行预期，并根据预期通货膨胀确定名义工资水平。这样，预期通货膨胀率越高,名义工资就增加得越快;预期通货膨胀率越低,名义工资就增加得越慢。在适应性预期方式下,当实际通货膨胀率上升后,短期内,工人往往来不及调整通货膨胀预期,因而其预期通货膨胀率可能低于实际通货膨胀率,致使名义工资增长滞后于物价上涨,从而使实际工资降低,于是,厂商增加生产,增加就业,失业率因此下降。未曾预期到的通货膨胀使得失业与通货膨胀之间存在着暂时的此消彼长,但不存在永久的此消彼长。随着人们对预期的调整,预期通货膨胀最终会与实际通货膨胀一致,此时,通货膨胀不会再引起就业增加或失业减少,通货膨胀与失业之间的负相关关系也就不复存在;而且,在长期,经济会自动实现充分就业,无论通货膨胀率如何变动,失业率都会保持在自然失业率水平上。据此,弗里德曼提出了短期菲利普斯曲线和长期菲利普斯曲线的概念。他所说的短期,是指从预期到需要根据实际通货膨胀做出调整的时间间隔。短期菲利普斯曲线是预期通货膨胀率保持不变时,表示通货膨胀率与失业率之间负相关关系的曲线。萨缪尔森和索洛等人修正的菲利普斯曲线只不过是预期通货膨胀率为零的短期菲利普斯曲线。而长期菲利普斯曲线是一条处在自然失业率水平上的垂直线(如图 8-20 所示)。

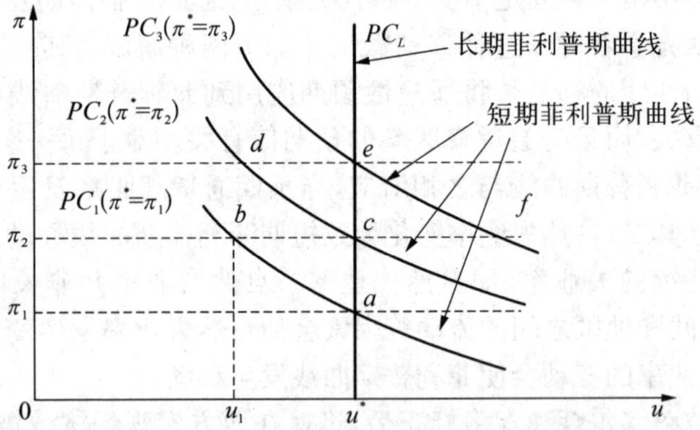

图 8-20 短期菲利普斯曲线与长期菲利普斯曲线

在图 8-20 中,假定某一经济起初处在 u^* 点,失业率为自然失业率,实际通货膨胀率为 π_1,预期通货膨胀率等于实际通货膨胀率。若政府认为此时的失业率偏高,采取扩张性财政或(和)货币政策以降低失业率,则总需求增加会导致价格更快地上涨,使通货膨胀率上升为 π_2。因为协议期名义工资调整是根据预期通货膨胀率 π_1 确定,而现在实际通货膨胀率为 π_2,名义工资上升慢于价格水平上升,所以实际工资下降,从而刺激厂商增加劳动投入,扩大生产以使其利润最大化,于是,失业率减少为低于 u^* 的 u_1,经济沿着短期菲利普斯曲线 PC_1 由 a 点变动到 b 点。

但经济由 a 点变动到 b 点只能是暂时的。经过一段时间后,工人会意识到通货膨胀率上升和实际工资下降,从而相应地将预期通货膨胀率从原来的 π_1 调整为 π_2,并要求下一轮工资谈判按照通货膨胀率 π_2 确定名义工资。一旦名义工资按照通货膨胀率 π_2 确定,实际工资就又回到了原有水平,厂商将缩小生产规模、减少劳动力使用,经济由 b 点变动到 c 点,产出和就业重新回到原来的水平,但通货膨胀率由 π_1 上升到了 π_2。政府扩张性政策的最终结果为:失业率仍保持在自然失业率水平,但通货膨胀率却上升了。当经济处在 c 点时,如果政府采取新一轮扩张性财政或(和)货币政策,使通货膨胀率由 π_2 上升到 π_3,则经济会沿着短期菲利普斯曲线 PC_2 由 c 点变动到 d 点，最终到达 e 点，而 e 点所对应的失业率仍为自然失业率，但通货膨胀率却是更高的 π_3。

将上述过程重复进行，可以想见，在短期，由于工人不能及时调整预期以维持其实际工资水平，因此，存在通货膨胀与失业之间的替换关系，将这种替换关系用图形表示，便有诸如 PC_1、PC_2、PC_3 等短期菲利普斯曲线。随着实际通货膨胀率的上升，工人预期通货膨胀率最终也会上升，短期菲利普斯曲线随之上升。

从长期来看，工人预期通货膨胀率与实际通货膨胀率一致，通货膨胀率变动不会影响产出和就业，失业率保持在自然失业率水平上，所以，长期菲利普斯曲线是在自然失业率水平上，连接每一条短期菲利普斯曲线上实际通货膨胀率与预期通货膨胀率相等的点而形成的曲线。在图 8－20 中即连接 a、c、e 等点的垂直线 PC_L。

三、菲利普斯曲线的政策含义

不同的西方经济学派对菲利普斯曲线政策含义的解释存在一定差异。凯恩斯学派认为：菲利普斯曲线既反映通货膨胀与失业之间的替代关系，又可用于分析抑制通货膨胀的对策（如图 8－21 所示）。在一定时点上，政府可设置一个经济能够最大限度承受的通货膨胀和失业的界限，通过总需求管理政策把通货膨胀和失业都控制在此界限内。当通货膨胀过高时，可通过紧缩性的经济政策使失业率提高，以获得低通货膨胀率；当失业率过高时，采取扩张性的经济政策使通货膨胀率提高，以获得较低的失业率，从而避免经济的过分波动。

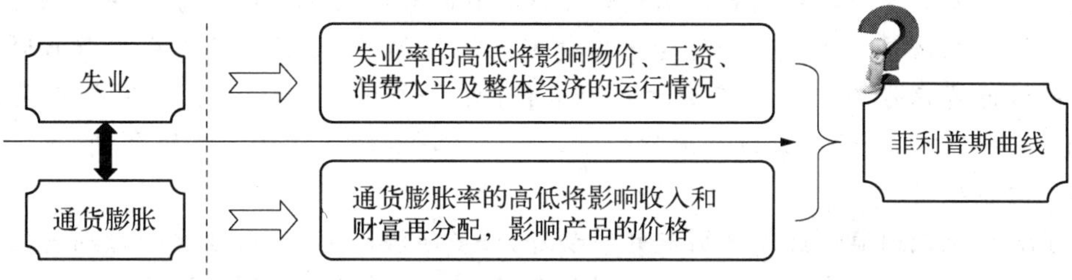

图 8－21　失业率和通货膨胀率的政策选择

自 20 世纪 60 年代末 70 年代初以来，西方国家出现了高通货膨胀率与高失业率并存的所谓“滞胀”现象，这说明通货膨胀率和失业率之间并不存在简单的替代关系。为了解释新的宏观经济现象，以弗里德曼为代表的货币主义学派根据适应性预期对菲利普斯曲线做了新的解释。他们认为，原始的菲利普斯曲线的最大弱点是采用名义工资率代替通货膨胀率，并由此推断通货膨胀率与失业率之间具有稳定的替代关系，但这只是短期内通货膨胀未被人们预期时的情况。一旦形成通货膨胀预期，短期菲利普斯曲线就会上移，工人会要求足以补偿物价上涨的更高的名义工资，而雇主则不愿意在这个工资水平上提供就业，最终，失业率恢复到自然失业率的水平。无论政府如何继续采取扩张性政策，工人预期的调整必然带来短期菲利普斯曲线的进一步上移，结果长期内通货膨胀率与失业率之间不存在稳定的替代关系。弗里德曼将长期均衡失业率称为“自然失业率”，它可以与任何通货膨胀水平相对应，且不受其影响。因此，长期菲利普斯曲线是一条垂直线，无论通货膨胀率为多少，失业率总是固定在自然失业率的水平上。当政府采取扩张性的需求管理政策试图把失业率降低到自然失业率以下时,只会在自然失业率的水平上使长期的通货膨胀率上升,所以,宏观经济政策在长期中是无效的。

理性预期学派进一步以理性预期为依据解释了菲利普斯曲线。他们认为,人们的预期是理性的,人们能正确判断政府将要采取的政策,并采取有效对策抵消这种政策的效果。预期的通货膨胀率与以后实际发生的通货膨胀率总是一致的,不会出现短期内实际通货膨胀率大于预期通货膨胀率的情况,因此,当货币供给变化后,价格和工资会立刻发生同步变化,进而不会影响就业的数量。无论是在短期还是在长期,菲利普斯曲线都是一条垂线,菲利普斯曲线所表示的失业与通货膨胀的关系都不存在,即货币政策根本无效。

【专栏解析】

为什么20世纪90年代末美国的通货膨胀率和失业率很低?

当20世纪结束时,美国经济在许多年中经历了某种最低的通货膨胀率和失业率。例如,1999年,美国的失业率降到4.2%,而年通货膨胀率仅为1.3%。按这两个重要的宏观经济变量来衡量,美国有一个不寻常的繁荣时期。

一些观察家认为,这种经历使人们怀疑菲利普斯曲线理论。低通货膨胀和低失业的结合似乎表明,这两个指标之间不再有权衡取舍。但大多数经济学家对此持谨慎观点,认为通货膨胀和失业之间的短期权衡取舍一直在变动。20世纪90年代,这种权衡取舍向左移动,这使经济可以同时享有低失业和低通货膨胀。

是什么原因引起短期菲利普斯曲线的这种有利的移动的呢?部分答案在于预期通货膨胀率的下降。在保罗·沃尔克和艾伦·格林斯潘的领导下,美联储实行旨在降低通货膨胀率并保持低通货膨胀的政策。随着时间的推移,由于这种政策的成功,美联储获得公众信任,人们认为它会在必要时继续反通货膨胀。信任的增加降低了通货膨胀预期,这又使菲利普斯曲线向左移动。

除了这种预期通货膨胀下降引起的移动外,许多经济学家认为,在这一时期美国经济经历了一些有利的供给冲击。下面是由于引起总供给有利移动而得到好评的三个事件:

(1) 商品价格下降。20世纪90年代末,世界市场上包括石油在内的许多基本商品的价格都下降了。商品价格的这种下降部分是由于日本和其他亚洲经济的严重衰退减少了对这些产品的需求。由于商品是重要的生产投入,它们的价格下降减少了生产者的成本,并作为对美国经济有利的供给冲击而起作用。

(2) 劳动力市场的变化。一些经济学家认为,第二次世界大战后的"婴儿潮"一代老龄化后引起劳动力市场上的根本性变化。由于老工人比年轻工人的工作更稳定,劳动力平均年龄的提高会降低经济中的自然失业率。

(3) 技术进步。在20世纪90年代的后5年,美国经济进入了更迅速的技术进步时期。譬如,互联网这样的信息技术进步意义深远,影响到许多部门。这种技术进步提高了生产率,因而是一种有利的供给冲击。

经济学家争论对菲利普斯曲线移动的哪一种解释是最重要的。最可能的是,完整的情况会包括每一种因素。这些假说中没有一个否认菲利普斯曲线的基本结论——控制总需求的决策者总要面对通货膨胀与失业之间的短期权衡取舍。但20世纪90年代提醒我们，这种短期权衡取舍一直在变动，有时是以难以预期的方式变动。

资料来源：曼昆著.经济学原理（宏观经济学分册）[M].4版.梁小民译.北京：北京大学出版社，2006.

◇关◇键◇术◇语◇

工资刚性　充分就业　摩擦性失业　结构性失业　周期性失业　自然失业率　奥肯定律　通货膨胀　需求拉动型通货膨胀　成本推动型通货膨胀　结构性通货膨胀　菲利普斯曲线　失业　失业率　通货膨胀率　通货紧缩　滞涨

◇主◇要◇观◇点◇

本章介绍了失业与通货膨胀这两个短期宏观经济运行中的主要问题。

就业水平通常以失业率来衡量。失业是指符合工作条件，有工作愿望并且愿意接受现行工资的人没有找到工作的状况。失业率是失业人口占劳动力人口的百分比。从宏观经济分析的角度看，失业可划分为非周期性失业和周期性失业两种类型。非周期性失业是指与宏观经济周期性波动关系不大的失业，通常又可分为摩擦性失业和结构性失业。周期性失业是指经济运行处于经济周期的衰退或萧条阶段时，对劳动力总需求下降而造成的失业。劳动市场处于供求平衡状态时，被称为充分就业。充分就业时的失业率通常看作自然失业率，自然失业率基本上等于摩擦性失业和结构性失业构成的失业率。当实际就业低于充分就业水平时，劳动市场上的供求双方都有扩展就业的激励，但这种激励需要多长时间才能使就业回到充分就业水平，是宏观经济学家经常激烈争论的一个问题。

经济学家奥肯根据美国的统计数据发现，失业率每高于自然失业率一个百分点，实际GDP就低于潜在GDP两个百分点，这一经验规律被称为奥肯定律。奥肯定律描述了失业率变化与实际GDP偏离潜在GDP之间的密切关系，是宏观经济学中最可靠的经验规律之一。

通货膨胀是指一般物价水平持续而显著地普遍上涨，其上涨率一般用消费物价指数计算的通货膨胀率来表示。通货膨胀可以按物价上涨速度，对物价上涨的预期、表现形式、形成原因等不同标准进行分类。通货膨胀通常会带来再分配效应、产出效应等，并会使经济中的交易成本上升。经济学家们对通货膨胀的成因有多种解释。凯恩斯主义者认为，在短期，货币供给只是影响价格水平的因素之一，消费、投资、政府购买和税收等影响总需求的因素都会影响价格水平，并为此提出了需求拉动的通货膨胀理论。需求拉动的通货膨胀是指社会总需求超过社会总供给所引起的通货膨胀。为了解释20世纪70年代初西方国家普遍出现的“滞胀”现象，后凯恩斯主流经济学派的萨缪尔森和托宾等人提出了成本推动型通货膨胀理论。成本推动型通货膨胀又称供给通货膨胀，是指在没有过度需求的情况下，由于供给方面（成本）的原因而引起的通货膨胀。舒尔茨认为，总需求或成本变动都不足以充分解释长期通货膨胀问题，应从经济结构的变化导致需求在部门之间的移动来解释通货膨胀的原因。舒尔茨的这一理论假说后经发展形成了结构性通货膨胀理论。结构性通货膨胀是指在没有需求拉动或成本推动的情况下，只是由于经济结构因素变动而导致的通货膨胀。通货膨胀治理起来非常复杂，而且不同学派经济学家的主张也不一样。需求拉动型通货膨胀一般可通过采取紧缩总需求的管理政策加以治理，对工资-物价进行管制的收入政策经常被用来减轻成本推动型通货膨胀，结构调整则针对结构性通货膨胀，供给政策从供给方面着手解决通货膨胀问题。

失业与通货膨胀之间的关系可以用菲利普斯曲线来描述。最初的菲利普斯曲线揭示了失业率与货币工资增长率之间的负相关关系，是由新西兰籍经济学家菲利普斯提出的。经萨缪尔森和索洛改进后的菲利普斯曲线通常被称为简单形式的菲利普斯曲线。通货膨胀率与失业率之间负相关的简单菲利普斯曲线为宏观经济政策选择提供了一个分析工具,政策制定者可以在通货膨胀率与失业率之间进行权衡,选择不同的通货膨胀率和失业率的组合。但以菲尔普斯和弗里德曼为代表的经济学家对简单菲利普斯曲线进行了批评,并通过引入预期和时间因素提出了附加预期的菲利普斯曲线。根据附加预期的菲利普斯曲线,在预期通货膨胀率低于实际通货膨胀率的短期中,失业率与通货膨胀率之间仍存在替换关系,扩张性总需求管理政策可以通货膨胀为代价减少失业;而在预期通货膨胀率等于实际通货膨胀率的长期中,失业率与通货膨胀率不存在替换关系,且失业率等于自然失业率,扩张性总需求管理政策不能减少失业,只会使通货膨胀率上升。

◇问◇题◇讨◇论◇

1. 在解决我国失业问题时,能否依据菲利普斯曲线原理,以高通货膨胀率换取低失业率?

2. 列出你可以想到的所有通货膨胀成本,并按其重要程度进行排序。

3. 加尔文·柯立芝曾说:"通货膨胀是政府拒绝付款。"这句话的意思是什么?你同意吗?为什么?通货膨胀是可以预期的还是不可预期的?

◇基◇本◇训◇练◇

一、判断题

1. 因不满意工资待遇而不愿就业属于自愿失业。( )
2. 实行适当的经济政策可以消除摩擦性失业。( )
3. 需求不足的失业是一种自愿失业。( )
4. 刺激消费支出和投资支出可以消除结构性失业。( )
5. 充分就业意味着失业率为零。( )
6. 通货膨胀会引起收入的再分配。( )
7. 没有预料到的通货膨胀有利于债务人,不利于债权人。( )
8. 温和的通货膨胀对生产有一定的扩张作用。( )
9. 假如货币供给量不变,通货膨胀不可能长久地持续下去。( )
10. 如果货币供给量随着价格水平的变化而变化,凯恩斯效应和庇古效应都不会发生。( )

二、单选题

1. 年通货膨胀率在10%以内的通货膨胀称为( )。

A. 温和的通货膨胀　B. 急剧的通货膨胀

C. 恶性的通货膨胀　D. 非加速的通货膨胀

2. 根据凯恩斯主义的观点,通货膨胀是( )。

A. 流通中的货币量过多的结果

B. 经济实现充分就业后,总需求增加导致物价水平上升

C. 未实现充分就业时,产出水平和物价水平的同时上升

D. 以上说法都不对

3. 一般来说,通货膨胀会使( )。

A. 债权人和债务人都受损　B. 债权人受益,债务人受损

C. 债权人和债务人都受益　D. 债权人受损,债务人受益

4. 具有垄断能力的部门为谋求过高利润所导致的通货膨胀属于( )。

A. 成本推动型通货膨胀　　B. 结构性通货膨胀

C. 需求拉动型通货膨胀　　D. 以上都不对

5. 假设一国人口为 2 000 万，就业人数为 900 万，失业人数为 100 万。这个经济的失业率为(　　)。

A. 11%　　B. 10%　　C. 8%　　D. 5%

6. 如果 2016 年年底的价格指数是 125，2017 年年底的价格指数是 139，那么，2017 年的通货膨胀率是(　　)。

A. 4.2%　　B. 5.9%　　C. 6.25%　　D. 11.2%

7. 当经济中只存在(　　)时，该经济被认为实现了充分就业。

A. 摩擦性失业和季节性失业　　B. 摩擦性失业和结构性失业

C. 结构性失业和季节性失业　　D. 需求不足型失业

8. 一般用来衡量通货膨胀的价格指数是(　　)。

A. 消费者物价指数　　B. 生产者物价指数

C. GDP 价格指数　　D. 以上均正确

9. 菲利普斯曲线说明(　　)。

A. 通货膨胀导致失业　　B. 通货膨胀是由行业工会引起的

C. 通货膨胀率与失业率之间负相关　　D. 通货膨胀率与失业率之间正相关

10. 在充分就业的情况下，下列因素中，最可能导致通货膨胀的是(　　)。

A. 进口增加　　B. 工资不变，但劳动生产率提高

C. 出口减少　　D. 政府支出不变，但税收减少

三、简答题

1. 画图比较自愿失业与非自愿失业。
2. 为什么说高水平的失业救济金和保险金会增加摩擦性失业？
3. 简述通货膨胀的成因。
4. 为什么 CPI 有可能会高估通货膨胀率？
5. 能否说有劳动能力的人都有工作才是充分就业？
6. 什么是菲利普斯曲线？菲利普斯曲线有哪几种类型？其各自的政策含义是什么？

四、计算题

1. 若价格水平在 2014 年为 107.9，2015 年为 111.5，2016 年为 114.5。

试求：

(1) 2015 年和 2016 年通货膨胀率各是多少？

(2) 如果人们以前两年通货膨胀率的平均值作为第三年通货膨胀率的预期值，计算 2017 年的预期通货膨胀率。

(3) 如果 2017 年的利率为 6%，计算该年的实际利率。

2. 设某一经济体符合以下菲利普斯曲线 $\pi = \pi_{-1} - 0.5(u - 0.06)$。

试求：

(1) 该经济体的自然失业率为多少？

(2) 为使通货膨胀减少 5 个百分点，必须有多少周期性失业？

3. 假设某国某年的自然失业率为 5%，实际失业率为 7%。

试求：

(1) 若该国潜在 GDP 每年以 2%的速度增长，根据奥肯定律，要想使该国在 2 年内实现充分就业，该国

经济每年应以多快的速度增长?

(2) 若该国实际 GDP 每年以 4%的速度增长,则要多少年才能实现充分就业?

4. 劳动力供给方程 $=100+2\dfrac{W}{P}$,劳动力需求方程 $=200-8\dfrac{W}{P}$。

试求:均衡状态下的实际工资和就业水平。

假定劳动力需求有所下降,其方程 $=190-\dfrac{W}{P}$。

试求:

(1) 均衡工资下降多少?

(2) 就业减少多少?

(3) 为什么工资下降的百分数要比就业下降的百分数大?

5. 假定某国某时期有 1.9 亿工作年龄的人口,其中有 1.2 亿人有工作,1 000 万人在寻找工作,1 500 万人放弃寻找工作,4 500 万人不要工作。

试求:

(1) 劳动力数。

(2) 劳动力参与率。

(3) 官方统计的失业率。

(4) 所有放弃寻找工作的人也看作失业者时的失业率。

五、论述题

1. 试述通货膨胀对经济的影响。
2. 试述西方国家常用的对付通货膨胀的方法。
3. 试述短期菲利普斯曲线与长期菲利普斯曲线的差别及其政策含义。
4. 凯恩斯主义者是如何解释失业现象的?凯恩斯主义者对工资刚性的形成原因主要有哪几种解释?

第九章

宏观经济政策分析

·

【名言名句】

感谢凯恩斯、他的批评者以及当今的继承人，他们让我们懂得：通过选择宏观政策（用以影响货币供应、税收、政府支出），一国可以加快或减慢经济增长的速度，熨平商业周期中过度的膨胀或失业，控制对外贸易领域中过多的盈余或赤字。

——保罗·安东尼·萨缪尔森（Paul Anthony Samuelson）

【引导案例】

中国宏观经济形势与政策：2012～2013年

中国经济经历1991～2001年和2002～2009年的完整波谷-波谷经济周期后，从2010年起重新进入经济周期的扩张阶段。然而，在2009年年末和2010年年初的恢复性和补偿性高速增长后，中国经济扩张态势弱化，季度GDP增长速度持续下滑，2011年实际GDP的增长速度相比2010年明显回落。2012年，中国经济承续2011年增长速度回落的惯性，实际经济复苏进程迟缓。

中国经济继续实行积极的财政政策和稳健的货币政策，防止财政刺激政策的大规模退出，在成功去除通货膨胀趋势后适度增加货币供应和信贷规模。受国内反通货膨胀政策的滞后紧缩效应以及国际经济复苏脆弱的外部不确定性制约，经济增长速度逐季减缓趋势至年末开始逆转，全年实际GDP增长速度仍然相比上年明显回落，导致实际GDP水平与其潜在水平的缺口继续扩大。中国经济复苏在2012年的暂时停滞并未中断自2010年以来总体经济景气的扩张过程而在2012年形成新经济波谷。

2013年，中国需求管理应该适应中国经济自主增长能力的恢复程度，继续实行积极的财政政策和稳健的货币政策，促进持续快速的经济扩张，实现中国经济从萧条到繁荣的周期形态转换。这样，通过适应性的需求管理操作，有效协调货币供应、信贷规模和财政预算的正常化进程与经济景气的正常化进程，避免扩张性财政政策和货币政策的提前退出，进一步平衡国内需求与国外需求、投资需求与消费需求以及民间投资需求与政府投资需求对中国经济增长的拉动作用，使得中国实际GDP增长速度超过其潜在增长速度从而弥合中国实际GDP水平与其潜在水平的缺口。

（1）财政政策和货币政策的目标是什么？

（2）财政政策和货币政策的政策工具是什么？

（3）财政政策和货币政策的交互使用是怎样的？

【学习目标】

掌握财政政策、货币政策的工具及其运用，掌握功能财政思想，理解“自动稳定器”的作用原理。掌握运用IS－LM模型分析财政政策和货币政策的效果及两种经济政策混合使用的效果。

【要点提示】

1. 掌握财政政策工具及其运用，理解“自动稳定器”的作用原理。
2. 了解银行存款的创造机制，掌握货币政策工具及其运用。
3. 能够分析不同财政政策与货币政策搭配所获得的效果。

宏观经济政策是指在市场机制无法自动使总需求与总供给平衡的情况下，政府对经济总量进行干预和调节，根据经济目标使经济总量增加或减少而采取的一系列行为的规范准则和手段。如图 9-1 所示，政府采取“逆风向而行”的经济政策来实现调节目标。宏观经济政策的总体目标是充分利用市场机制的调节作用，对经济进行适度干预，实现资源的优化配置、经济总量关系的协调和经济社会的全面发展，具体目标在第一章中已经阐述，主要包括充分就业、物价稳定、经济增长和国际收支平衡。这一章主要分析宏观政策工具和政策效果。

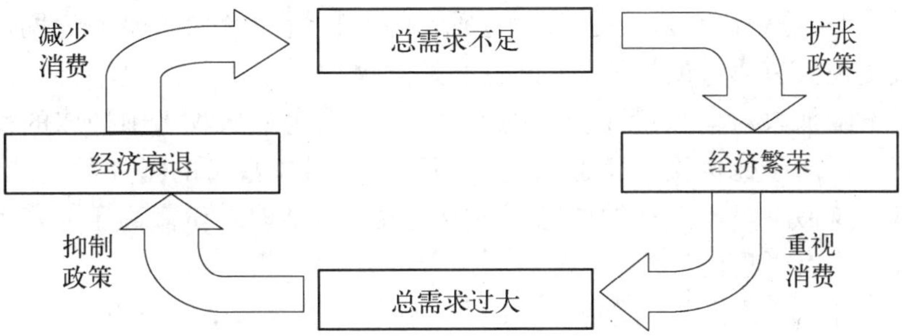

图 9-1　宏观调控的路径依赖

第一节　财政政策——宏观经济调控的“左手”

一、国家财政

财政政策是为促进就业水平提高，减轻经济波动，防止通货膨胀，实现稳定增长而对政府支出、税收和借债水平所进行的选择或对政府收入和支出水平所做的决策。宏观财政政策是实施政府干预，调节国民经济的宏观经济政策的重要内容，在凯恩斯革命的早期，宏观经济学家强调财政政策是最强有力、最全面的需求管理手段。

宏观财政政策主要是通过政府的财政收支实施的，国家财政包括政府收入和政府支出两个方面。

（一）政府收入

政府收入为各级政府收入的总和，包括税收、公债和罚没等收入。

1. 税收

在财政收入中,税收占据最重要的地位。税收涉及如下几个方面的内容:

(1) 税制。税制即税收制度。不同的国家有不同的税制,有的国家以流转税为主,有的国家以所得税为主,有的国家实行复合税制。我国目前实行的是以流转税为主,以直接税为辅,以财产税、行为税为补充的税制结构。

(2) 税种。设置合理的税种有利于调节国民经济。税收可以根据不同标准进行不同的分类。① 根据征收对象,税收可以分为财产税、所得税和货物税。财产税是对不动产即房地产所征收的税。遗产税也是财产税类,是对死者留下的财产所征的税。所得税是对个人和企业所征收的税,因而又可以分为个人所得税和企业所得税。货物税是对流通中的商品征收的税。② 根据纳税的方式,税收可以分为直接税和间接税。直接税是指不能转嫁税赋,即只能由纳税人自己承担税赋的税收。这类税收一般在收入环节征收,如所得税。间接税是指能够转嫁税赋,即可以通过提高商品和劳务的售价把税赋转嫁给购买者的税收。这类税收一般在生产和流通环节征收,如增值税、关税等。③ 按负税程度,税收可以分为累进税、固定比例税和累退税。累进税是税率随征收对象数量的增加而递增的税,即收入越高,税率越高。直接税具有累进的性质,所得税都是累进税。累进税的税率都是递增的。固定比例税是税率不随征收对象数量而变化的税,即按固定比率从收入中抽取的税。财产税和大部分关税等一般属于比例税。累退税是税率随征收对象数量的增加而递减的税,即收入越高,税率越低,这似乎是不存在的情况。从穷人收入中抽取的份额高于从富人收入中抽取的份额的税收就具有累退的性质。

(3) 税率。对不同的行业、不同的产品以及不同的收入水平实行有差别的税率,可以充分体现政策意图。对于鼓励发展的部门,可以采取低税率政策;对于限制发展的部门,可以实行高税率政策。

2. 公债

公债是政府的债务,包括中央政府的债务和地方政府的债务。其中,中央政府的债务被称为国债。公债的形式一般有短期公债、中期公债和长期公债。短期公债是政府通过出售国库券取得的。在美国,国库券的期限一般有 3 个月、半年和 1 年三种。目前,国库券成为政府短期借债的主要形式。中期公债是政府通过发行中期债券取得的,期限一般为 1 年以上 5 年以内。长期公债是政府通过发行长期债券取得的,期限为 5 年以上。

政府发行国债时必须注意:第一,控制国债的规模。国债毕竟是国家的负债,到时要还本付息。国债规模不能超过一国财政的偿债能力。现在理论上还很难确定一个最优国债规模,但从长期看,国债增长速度不能持续超过财政收入增长速度,否则早晚会发生支付危机。第二,优化债务结构。国债中的内债与外债、长债与短债需要合理搭配。特别是举借外债,涉及子孙后代,更应慎之又慎。中国与美国不同,美国有美元作为世界货币,它的国际债务可以直接用美元支付。中国的外债要靠出口商品和劳务换取硬通货支付,或者用贵金属支付。因此,举借外债要考虑国家的创汇能力。第三,提高债务收入的使用效率。债务收入主要用于经济建设,要进行严格的债务成本与收益核算,负债建设项目的收益要偿债有余。第四,积极准备偿债。在经济繁荣、财政收入增长时期,要建立偿债基金,并尽可能多偿还债务,以免在经济萧条时期财政过度紧张。

(二)政府支出

政府支出为各级政府支出的总和,包括政府购买和转移支付。

1. 政府购买

政府购买是指政府对商品和劳务的购买。例如,购买军需品、机关办公用品以及支付政府雇员报酬等费用。政府购买实际是以取得商品和劳务作为报偿的支出,是实质性支出。我国政府的财政支出分为两个部分:一部分是经常性支出,另一部分是建设性支出。

经常性支出是政府每年、每月都必须向外支出而且无法收回的,包括三个方面:第一,维持国家机器运行的需要。政府机关、政党机关、社会团体、检查审判机关、军队警察等政权机构的运行和发展完全依靠财政拨款的支持,在财政支出中列为国防费和行政管理费。第二,支持科学、教育、文化、卫生等社会公共事业的发展。这些事业属于一个社会的基础性、长期性、全局性的事业,属于纯公共物品和准公共物品的范畴,其社会效益大于经济效益,难以由市场提供,需要国家财政给予支持,在财政支出中列为社会文教费。第三,建立和维护社会保障体系的运行。发展市场经济需要一个完善的社会保障体系。社会保障体系是一个社会的安全网和避风港,可以为那些老弱病残、失业退休、生活贫困的个人提供最基本的生活保障,在财政支出中列入其他费用。

除经常性支出外的财政支出为建设性支出,包括两个方面:第一,投资于关系全局的基础设施建设。基础设施是指为了保证经济发展所必需的铁路、公路、港口、通信网、电力网、大型水利设施、城市公共设施、粮食基地、能源基地、原材料基地等。这些项目投资大、建设周期长、见效慢,一般企业和居民往往不愿涉足,只能由政府承担,在财政支出中列入经济建设费。第二,投资大中型企业的建设。财政对大中型企业的投资主要是以营利为目的和导向的,在财政支出中列入经济建设费。

2. 政府转移支付

转移支付是指政府或企业的一种不以购买本年的商品和劳务而做的支付,即政府或企业无偿地支付给个人或下级政府,以增加其收入和购买力的费用,是一种收入再分配的形式,包括企业转移支付、政府转移支付和政府间的转移支付。

企业转移支付通常是指企业对非营利组织的赠款或捐款,以及非企业雇员的人身伤害赔偿等。政府间的转移支付一般是上级政府对下级政府的补助。政府转移支付是指政府单方面把一部分收入无偿转移出去而发生的支出。政府转移支付具有无偿性、单向性,如社会保险、福利津贴、抚恤金、养老金、失业补助、救济金以及各种补助费等。农产品价格补贴也是政府转移支付。由于政府转移支付实际上是把国家的财政收入还给个人,因此,有的西方经济学家称之为负税收。

根据国际货币基金组织《政府财政统计手册》中的支出分析框架,政府转移支付有两个层次:一是国际转移支付,包括对外捐赠、对外提供商品和劳务、向跨国组织缴纳会费;二是国内转移支付,既有政府对家庭的转移支付如养老金、住房补贴等,又有政府对国有企业提供的补贴,还有政府间财政资金的转移。一般我们所称的财政转移支付,是指政府间的财政资金转移,是中央政府支出的重要部分,是地方政府重要的预算收入。

我国的财政转移支付制度是在 1994 年分税制的基础上建立起来的,是一套由税收返还、财力性转移支付和专项转移支付三部分构成的、以中央对地方的转移支付为主且具有中国特色的转移支付制度。

(1) 税收返还。税收返还是我国财政转移支付的主要形式,是地方财政收入的重要来源,因此,税收返还的设计合理与否决定了整个制度的合理程度。但是,我国的税收返还仍以维护地方既得利益的基数法进行分配,体现了对收入能力较强地区的倾斜原则,维护了较富裕地区的既得利益,与缩小地区间差距的主旨背道而驰,并且,税收返还虽然在名义上是中央财政收入,但实际上,地方财政对这部分资金具有最终决定权。

(2) 财力性转移支付。财力性转移支付是为弥补财政实力薄弱地区的财力缺口,由中央财政安排给地方财政的补助支出。财力性转移支付是缩小地区间财政差距的重要手段,是财政转移支付的重要组成部分,主要包括一般性转移支付、调整工资转移支付、民族地区转移支付、农村税费改革转移支付、年终结算财力补助等形式。

(3) 专项转移支付。专项转移支付是中央财政为实现特定的宏观政策及事业发展战略目标而设立的补助资金,重点用于各类事关民生的公共服务领域。地方财政需按规定用途使用资金。

政府转移支付是一种货币性的支出,是通过政府将一些人的收入转给另一些人,不能对资源的利用发生重大影响,不能像政府购买那样有力地对经济生活进行干预,但对收入再分配具有最直接的影响。

【延伸阅读】

中国财政体制

中国目前实行分税制财政管理体制。在实行分税制的财政体制下,各级财政的支出范围按照中央与地方政府的事权划分。中央财政主要承担国家安全、外资和中央国家机关所需经费,调整国民经济结构、协调地区发展、实施宏观调控所需支出以及由中央直接管理的事业发展支出。地方财政主要承担本地区政权机关运转所需支出,以及本地区经济、社会事业发展所需支出。

根据事权与财权相结合的原则,将税种统一划分为中央税、地方税和中央与地方共享税。将维护国家权益、实施宏观调控所必需的税种划为中央税;将与经济发展直接相关的主要税种划为中央与地方共享税;将适合地方征管的税种划为地方税。分设国家与地方两套税务机构,中央税和共享税由国家税务机构负责征收,地方税由地方税务机构负责征收。

中央财政根据各地方增值税和消费税的增长情况向地方返还部分税收。

中央财政每年通过转移支付方式向经济最困难地区和民族省区、非民族省区的民族自治州提供资金帮助。

中国的预算管理实行一级政府一级预算,从中央到地方,共设立五级预算。国家预算由中央政府预算和地方预算组成。预算年度为公历 1 月 1 日至 12 月 31 日。按照《中华人民共和国预算法》,中央和地方的预算草案、预算执行情况必须经过全国人民代表大会和地方各级人民代表大会审查和批准,中央和地方的预算调整方案及决算必须经过全国人大常委会和地方各级人大常委会审查和批准。

财政部和地方各级政府财政部门具体编制中央和地方本级预算、决算草案,具体组织预算的执行，具体编制预算调整方案。中央预算和地方各级政府预算按照复式预算编制。

二、财政政策的内容与运用

财政政策运用政府收支来调节经济，通过财政收入和财政支出影响消费需求和投资需求，以使总需求与总供给相适应，从而稳定经济，防止经济波动。

（一）扩张性财政政策

扩张性财政政策是指当经济萧条、失业率上升、产生紧缩缺口时，为了弥补此缺口，减轻或消除经济萧条，刺激总需求，以便使经济达到充分就业水平而采取的增加财政支出或减少税收的财政政策。

1. 增加政府财政支出

这包括增加政府购买和增加政府转移支付两个方面。增加政府购买包括政府对商品和劳务的购买。政府转移支付主要包括失业救济、养老保险、贫困救济等。增加政府公共支出、购买，增加转移支付，使社会总需求中的政府开支部分增加，既可以直接扩大投资和消费，又有利于刺激私人投资，增加居民人均消费，提高总需求水平，从而使总需求与总供给达到均衡。

2. 减少税收

这主要是指减少企业和个人的所得税等。减税可以降低企业成本，增加企业利润，刺激生产。减少个人所得税可相对增加居民收入，从而增加消费。通过以上措施增加有效需求，使经济扩张、失业减少。

减税是对应纳税额少征一部分税款，免税是对应纳税额全部免征。减税免税的类型有一次性减税免税、一定期限减税免税、困难照顾型减税免税、扶持发展型减税免税等。减税免税的形式有：(1) 税基式减免，即通过直接缩小计税依据的方式来实现减税免税，具体包括起征点、免征额等。起征点是指对课税对象开始征税的数额界限。课税对象的数额没有达到规定起征点的不征税，达到或超过起征点的就其全部数额征税。免征额是指课税对象总额中免予征税的数额，即对课税对象中的一部分给予减免，只就超过免征额的部分征税。(2) 税率式减免即通过直接降低税率的方式来实现减税免税。(3) 税额式减免即通过直接减少应纳税额的方式来实现减税免税，具体包括全部免征、减半征收等。

（二）紧缩性财政政策

紧缩性财政政策是指当在经济繁荣时期产生通货膨胀缺口时，为了控制需求膨胀、稳定物价，使产量和收入保持在充分就业水平而采取的减少财政支出或增加税收的财政政策。

1. 紧缩财政支出

这包括公共工程开支、政府购买和政府转移支付，这样，一方面直接减少了总需求，另一方面抑制了私人消费和投资，间接减少了总需求，有助于消除通货膨胀。

2. 增加税收

增加个人所得税可以减少个人的可支配收入，从而减少消费；增加企业所得税可以减少企业投资，从而抑制消费和投资，减少过度需求，使物价趋于稳定。增加间接税也会抑制消费和投资。

三、财政制度的“自动稳定器”

财政制度的“自动稳定器”又称内在稳定器，是指经济系统本身存在的一种会减少各种干扰对国民收入冲击的机制，能够在经济繁荣时期自动抑制通货膨胀，在经济衰退时期自动减轻萧条，无须政府采取任何行动。财政制度具有一种自动调节国民经济的功能，这种功能主要是通过政府税收的自动变化（主要是个人和企业的所得税）、政府支出的自动变化（主要是失业救济和福利支出等转移支付）和农产品价格支持三大制度实现的。

（一）政府税收的自动变化

当经济繁荣时，国民产出水平增加，个人收入提高，达到税收起征点的人数增加，在税率不变的情况下，政府税收会自动增加。在税率体系中，所得税一般为累进税，不同的收入水平应缴纳不同比例的税。当经济繁荣时，企业开工充足，经济效益提高，工人和社会其他劳动者就业充分，企业收入和个人收入会大幅增长，收入进入更高的税档，这时，按累进税率征税，税收的增长将比企业和个人的收入增长更快，从而可以有效地限制社会总需求的扩张，也可以限制企业进一步扩大再生产的势头和工人继续增加劳动供给的愿望。而在经济萧条时情况正好相反，这样，累进税的这种自动稳定机制可以很好地减缓经济波动。

（二）政府支出的自动变化

这主要是失业救济和福利支出等转移支付的支出。当经济繁荣时，失业率低，社会保险费收入增加，而失业救济等支出减少，政府转移支付支出减少，从而抑制经济繁荣；反之，当经济衰退时，工人收入减少，失业率增加，社会保险费收入减少，而失业救济增加，政府转移支付支出增加，从而刺激经济走向复苏。

（三）农产品价格支持

当经济繁荣时，农产品价格上涨，政府按价格上限抛售农产品，既抑制了农产品价格的进一步上涨，又增加了财政收入，抑制了社会总需求的膨胀。当经济萧条时，农产品价格下跌，政府按价格下限收购农产品，既抑制了价格的进一步下跌，又增加了财政支出，扩大了社会总需求。

从理论上说，财政制度的自动稳定机制是存在的，但单靠财政制度的“自动稳定器”很难实现宏观经济的自动均衡和稳定，政府还必须实行积极政策进行调节，即财政政策的“斟酌使用”。

四、财政政策的“斟酌使用”

所谓“斟酌使用”的财政政策，是指为确保经济稳定，政府要审时度势，主要采取一些财政措施，通过改变政府支出或税收水平以稳定总需求，使之接近物价稳定的充分就业水平。当经济衰退时，政府应通过削减税收、降低税率、增加支出或双管齐下以刺激总需求；反之，当出现通货膨胀时，政府应增加税收或削减支出以抑制总需求。简言之，要“逆经济风向行事”，由政府对经济发展的形势加以分析权衡，斟酌使用财政政策。

（一）功能财政与财政赤字

政府为了实现充分就业和消除通货膨胀，需要赤字就赤字，需要盈余就盈余，这就是功能财政，是斟酌使用的财政政策的具体体现。凯恩斯主义经济学家认为，财政政策以充分就业为目标来制定财政预算，而不管是否有赤字，由此产生了赤字财政政策。经济萧条时期的财政政策是增加政府支出，减少政府税收，这就必然会出现财政赤字。赤字财政政策不仅是必要的，而且是可能的。其主要原因：一是债务人是国家，债权人是公众，国家与公众的根本利益是一致的，政府的财政赤字是国家欠公众的债务，也可以理解为自己欠自己的债务；二是政府的政权是稳定的，这就保证了债务偿还的可靠性，不会引起信用危机；三是债务用于发展经济，经济的发展使政府有能力偿还债务和弥补赤字（如图 9－2 所示）。

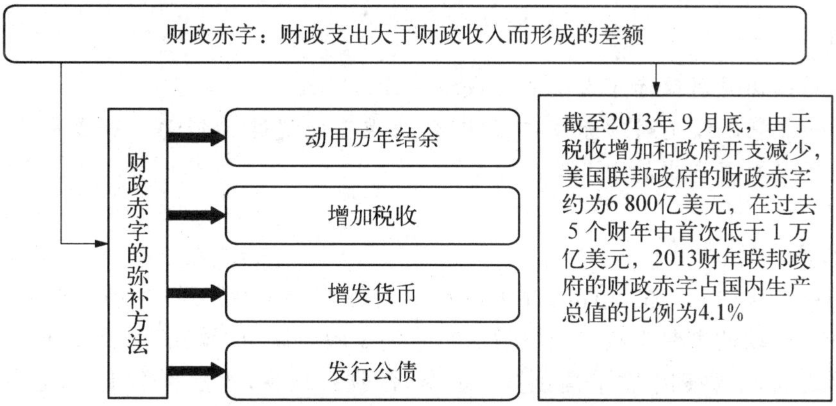

图 9－2　财政赤字及其弥补方法

政府实行赤字财政政策主要通过发行债券。债券卖给不同的人形成不同的筹资方法。如果把债券卖给中央银行，则成为货币筹资，因为中央银行可以把政府债券作为准备金发行货币，此方法的好处是政府不必还本付息，能够减轻政府的债务负担，缺点是会增加货币供应量而引起通货膨胀。如果把债券卖给中央银行以外的个人、企业、商业银行等，则成为债务筹资，此时，政府的债券相当于向公众借钱的借据。这种筹资方法相当于向公众借钱，不会增加货币供应量，也不会直接引发通货膨胀，但政府必须还本付息，从而背上沉重的债务负担。政府不能仅仅使用一种方法筹资，因为货币筹资过多会增加通货膨胀的压力，债务筹资过多会增加财政负担，而且公众也会拒绝购买，现实中往往交替使用两种方法，即赤字筹资。

赤字财政政策是把“双刃剑”，赤字财政可以在短期内刺激经济，尤其可以使经济较快地走出衰退，但也存在以下几个问题：一是在用货币筹资时，赤字财政必然会引发通货膨胀；二是用债务筹资减少了私人储蓄，不利于长期经济增长；三是只有在市场机制充满活力的情况下,赤字财政才能起到作用。赤字财政不可能维持经济的长久繁荣,长期运用赤字财政政策会引起“赤字依赖症”。因此,赤字财政政策应限制使用,应注意使债务与GDP、债务增长与GDP增长之间保持一定的比例。

【专栏解析】

财政赤字

财政赤字专指政府支出超过收入的部分,意味着“花”的钱超过了“挣”的钱。按照规定,地方财政不设立赤字,故通常所称的财政赤字即中央财政赤字。

我国自1980年以来,除了1985年有25亿元的账面结余外,其余年份都有赤字。2000年为2 598亿元,2007年为2 000亿元,2013年为1.2万亿元。

财政出现赤字很正常。国家和我们每个人的小家一样,借钱办事很正常。关键是量力而行,借得起、还得起。这其中,赤字率就是一个很重要的衡量指标。按照国际上通行的《马斯特里赫条约》标准,赤字率3%一般设为国际安全线。

所谓赤字率,是指财政赤字占国内生产总值的比重。我国赤字率2000年为2.9%,2007年为0.8%,2013年为2.2%。

【即问即答】

国际通用的衡量财政赤字大小的警戒线是什么?

答:第一条警戒线是财政赤字占GDP的比重不能超过3%,另一条警戒线是财政赤字不能超出当年财政总支出的15%。

(二)政府预算

政府预算是按照一定的法律程序编制和执行的政府年度财政收支计划,是政府组织和规范财政分配活动的重要工具,在现代社会,它还是政府调节经济的重要杠杆。

凯恩斯之前,主要是年度平衡预算:衰退时,收入减少,为了平衡支出,必须增加收入,会加深衰退;反之,过热时,通货膨胀,税收增加,为了减少盈余,必然增加支出和减少税收,会加剧通货膨胀。周期平衡预算:政府在一个经济周期中保持平衡。在经济衰退时,扩张性政策有意安排赤字;在经济繁荣时,紧缩性政策有意安排盈余。以繁荣时的盈余弥补衰退时的赤字,使整个经济周期的盈余和赤字相抵消而实现预算平衡。

政府预算原则是指政府选择预算形式和体系应遵循的指导思想,也就是确定政府财政收支计划的方针。政府预算原则主要有:

1. 公开性原则

政府预算反映政府活动的范围、方向和政策,与全体公民的切身利益息息相关,因此,政府预算及其执行情况必须采取一定的形式公之于民,让人们了解财政收支状况,并置于人民的监督之下。

2. 可靠性原则

每一收支项目的指标必须运用科学的方法,依据充分确实的资料,并总结出规律性进行计算,不能任意编造。

3. 法律性原则

政府预算与一般财政经济计划不同，它必须经过合法的程序，并最终成为一项法律性文件。政府预算的法律性是指政府预算的成立和执行结果都要经过立法机关的审查和批准。政府预算按照一定的立法程序审批后就形成反映国家集中性财政资金来源规模和去向用途的法律性规范。

4. 统一性原则

尽管各级政府都设有该级财政部门，也有相应的预算，但这些预算都是政府预算的组成部分，所有地方政府预算连同中央政府预算一起共同组成统一的政府预算。这就要求统一的预算科目，每个科目都要严格按统一的口径、程序计算和填列。

5. 预算年度原则

这是指政府必须按照法定的预算年度编制国家预算。这一预算要反映全年的财政收支活动，同时不允许将不属于本年度财政收支的内容列入本年度的国家预算。目前，世界各国普遍采用的预算年度有两种：一是历年制预算年度，即从每年 1 月 1 日起至同年 12 月 31 日，我国即实行历年制预算年度；二是跨年制预算年度，即从每年某月某日开始至次年某月某日，中间历经 12 个月，但却跨越了两个年度，如美国的预算年度是从每年的 10 月 1 日开始到次年的 9 月 30 日为止。财政预算及其原则如图 9 - 3 所示。

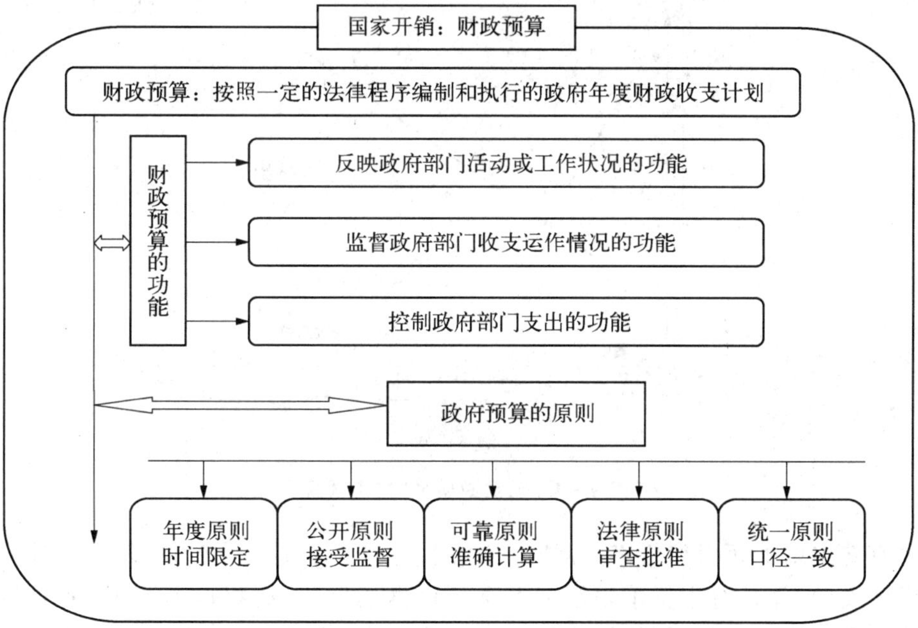

图 9 - 3　财政预算的功能及其原则

五、挤出效应与财政政策效果

（一）挤出效应

“挤出效应”是指政府支出增加所引起的私人消费或投资降低的效果。在一个充分就业的经济中,政府支出增加会以下述方式使私人投资出现抵消性的减少:由于政府支出增加,商品市场上购买产品和劳务的竞争会加剧,物价就会上涨,在货币名义供给量不变的情况下,实际货币供给量会因价格上涨而减少,进而使可用于投机目的的货币量减少。结果,债券价格下跌,利率上升,进而导致私人投资减少。投资减少了,人们的消费随之减少。这就是说,政府支出增加"挤占"了私人投资和消费。

如图 9-4 所示,假定政府实行一项扩张性财政政策,它可以是增加政府支出,也可以是减少税收,现在假定是增加政府支出 Δg,则会使 IS_1 曲线右移至 IS_2 曲线,右移的距离是 E_1E_3,E_1E_3 为政府支出乘数与政府支出增加额的乘积,即 $E_1E_3 = k_g \cdot \Delta g$。这就是说,一笔政府支出能带来若干倍国民收入的增加。在图中,就是指收入应从 Y_1 增加到 Y_3,$Y_1Y_3 = \Delta Y = k_g \cdot \Delta g$。但实际上,收入不可能增加到 Y_3,因为如果收入要增加到 Y_3,则必须假定利率不上升。可是,利率不可能不上升,因为 IS 曲线向右移动时,国民收入增加了,因而对货币的交易需求增加了,但货币供给未变动(LM 未变),所以人们用于投机需求的货币必须减少,这就要求利率上升。因此,利率上升抑制了私人投资,这就是所谓的"挤出效应"。由于存在政府支出"挤出"私人投资的问题,因此,新的均衡点只能处于 E_2,收入不可能从 Y_1 增加到 Y_3,而只能增加到 Y_2,Y_2Y_3 即财政政策的"挤出效应"。

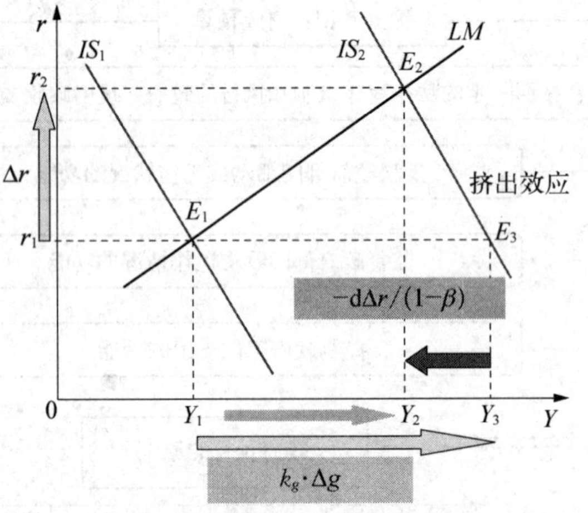

图 9-4 财政政策的"挤出效应"

在政府支出增加而引起价格上涨时,如果工人由于存在货币幻觉,即不是对货币的实际价值做出反应,而是对用货币表示的名义价值做出反应,如物价上涨了,名义工资虽未变但实际工资下降了,工人如仍像物价未变动时一样提供劳动,就是只对用货币表示的价值做出反应,因而可被称为具有货币幻觉,或受工资合同约束等原因未能与价格上涨同步调整工资,那么,在短期,由于企业对劳动需求增加,因此,就业和产量将会增加。然而在长期,如果经济已处于充分就业状态,则增加政府支出就会完全挤占私人的投资和消费支出。

在非充分就业经济中,政府推行增加支出的扩张性财政政策同样对私人投资有"挤出效应"。但一般来说,不可能对私人投资支出产生完全的"挤出",因而这种政策多少能使生产和就业增加一些。在非充分就业的经济中，政府支出增加会对私人投资有“挤出效应”，是因为政府支出增加使总需求水平提高，产出水平相应提高，从而使货币需求大于货币供给(货币交易需求增加了，但货币名义供给量未变)，因而利率会上升，并导致投资水平下降。

政府支出会在多大程度上“挤占”私人支出呢？这取决于以下几个因素：

第一，支出乘数的大小。支出乘数越大，政府支出所引起的产出增加越多，但利率提高使投资减少所引起的国民收入减少也越多，即“挤出效应”越大。

第二，货币需求对产出变动的敏感程度，即货币需求函数($L=kY-hr$)中k的大小。k越大，政府支出增加所引起的一定量产出水平增加所导致的对货币需求(交易需求)的增加也越大，因而使利率上升得越多，从而“挤出效应”也就越大。

第三，货币需求对利率变动的敏感程度。货币需求函数中h的大小也就是货币需求的利率系数的大小。这一系数小，说明货币需求稍有变动就会引起利率大幅度变动。因此，政府支出增加引起货币需求增加所导致的利率上升就越多，对投资的“挤占”也就越多；相反，如果h越大，则“挤出效应”就越小。

第四，投资需求对利率变动的敏感程度，即投资的利率系数(d)的大小。投资的利率系数越大，一定量利率水平的变动对投资水平的影响就越大，“挤出效应”就越大；反之，则“挤出效应”就越小。

这四个因素中，支出乘数主要决定于边际消费倾向。而边际消费倾向一般被认为是比较稳定的。货币需求对产出水平的敏感程度(k)主要取决于支付习惯和制度，一般也被认为是比较稳定的。因此，“挤出效应”大小的决定性因素是货币需求及投资需求对利率的敏感程度，即货币需求的利率系数及投资需求的利率系数的大小。

(二) 财政政策效果的IS－LM图形分析

从IS－LM模型看，财政政策的效果是指政府收支变化(包括变动税收、政府购买和转移支付等)使*IS*曲线变动对国民收入变动产生的影响。从IS－LM图形看，这种影响的大小随*IS*曲线和*LM*曲线斜率的不同而有所区别。在*LM*曲线不变时，*IS*曲线斜率的绝对值越大，即*IS*曲线越陡峭，则移动*IS*曲线时收入变化就越大，即财政政策效果越显著；反之，*IS*曲线越平坦，则*IS*曲线移动时收入变化就越小，即财政政策效果越微弱。

在图9－5中，假定两张图的*LM*曲线即货币市场均衡情况完全相同，并且初始的均衡收入Y和利率r也完全相同。政府实行一项扩张性财政政策，可以是增加政府支出，也可以是减少税收。现在假定是增加同样一笔支出Δg，使*IS*曲线右移到IS'的位置，右移的距离是EE''。EE''为政府支出乘数与政府支出增加额的乘积，即$EE''=k_g\times\Delta g$，这就是说，一笔政府支出能带来若干倍国民收入的增加。在图中就是指收入应从Y_0增加到Y_3，$Y_0Y_3=\Delta Y=k_g\times\Delta g$。但实际上，收入不可能增加到$Y_3$，因为如果收入要增加到$Y_3$，则必须假定利率$r_0$不上升。可是，利率不可能不上升，因为*IS*曲线向右上方移动时，国民收入增加了，因而对货币的交易需求增加了，但货币供给未变动(*LM*未变)，所以人们用于投机需求的货币必须减少，这就要求利率上升。因此，无论是在图9－5(a)还是图

9－5(b)中，均衡利率都上升了，利率上升抑制了私人投资。由于存在政府支出“挤出”私人投资的问题，因此，新的均衡点只能处于 E' 点，收入不可能从 Y_0 增加到 Y_3，而只能分别增加到 Y_1 和 Y_2。

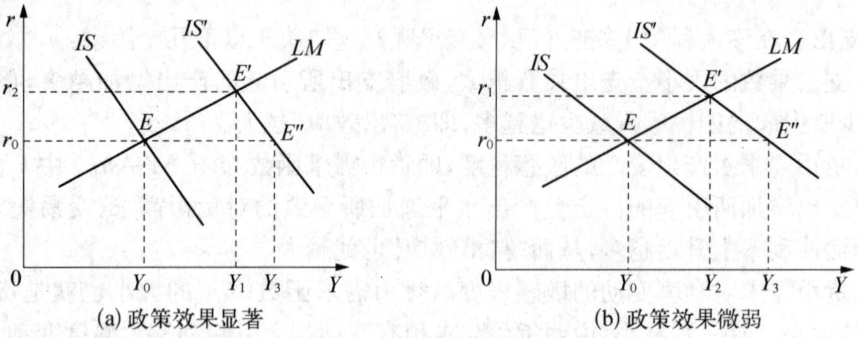

图 9－5 财政政策效果因 IS 曲线的斜率而异

从图 9－5(a)和图 9－5(b)可见，$Y_0Y_1 > Y_0Y_2$，这就是说，图 9－5(a)表示的政策效果大于图 9－5(b)表示的，原因在于图 9－5(a)中 *IS* 曲线比较陡峭，而图 9－5(b)中 *IS* 曲线较平坦。*IS* 曲线斜率的大小主要由投资的利率系数所决定，*IS* 曲线越平坦，表示投资的利率系数越大，即利率变动一定幅度所引起的投资变动的幅度越大。若投资对利率的变动反应较敏感，一项扩张性财政政策使利率上升时，就会使私人投资下降许多，“挤出效应”较大。因此，*IS* 曲线越平坦，实行扩张性财政政策时被“挤出”的私人投资就越多，使国民收入增加得就越少，即政策效果越微弱。图 9－5(a)中的 Y_1Y_3 即由于利率上升而被“挤出”的私人投资所减少的国民收入，Y_0Y_1 是这项财政政策带来的收入。图 9－5(b)中的 *IS* 曲线较平坦，说明政府支出的“挤出效应”较大，因而政策效果较显著。

在 *IS* 曲线的斜率不变时，财政政策效果又随 *LM* 曲线斜率的不同而不同。*LM* 曲线的斜率越大，即 *LM* 曲线越陡峭，则移动 *IS* 曲线时收入变动就越小，即财政政策效果就越微弱；反之，*LM* 曲线越平坦，则财政政策效果就越显著(如图 9－6 所示)。

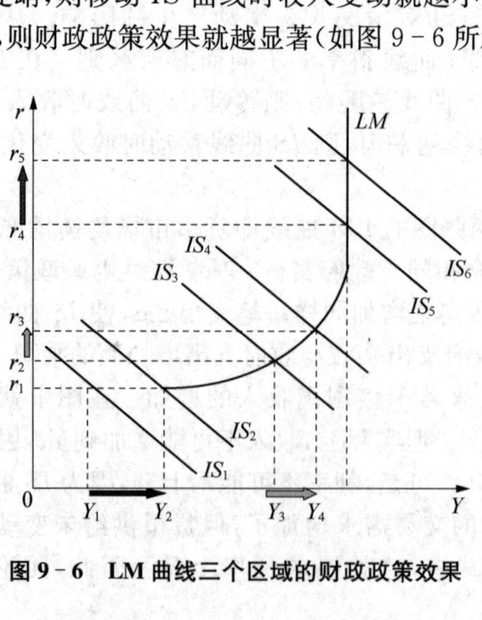

图 9－6 LM 曲线三个区域的财政政策效果

在图 9-6 中，有一条斜率逐渐变得陡峭的 LM 曲线，一般来说，在经济萧条、收入和利率较低时，LM 曲线较平缓，财政政策效果较显著，而在收入水平较高、接近充分就业水平时，LM 曲线较陡峭，财政政策效果就较微弱。表现在图中，政府支出同样增加 Δg，使 IS 曲线右移同样的距离，即从 IS_1 到 IS_2 的水平距离和从 IS_3 到 IS_4 的水平距离是相同的，但国民收入增加的情况，Y_1Y_2 明显大于 Y_3Y_4。

为什么政府增加同样一笔支出，在 LM 曲线斜率较大即曲线较陡峭时引起的国民收入增量较小，即政策效果较微弱；相反，在 LM 曲线较平坦时，引起的国民收入增量较大，即政策效果较显著？这是因为，LM 曲线斜率较大即曲线较陡峭表示货币需求的利率系数较小，或者说货币需求对利率的反应较不灵敏。这意味着一定的货币需求增加将使利率上升较多，从而对私人部门投资产生较大的“挤出效应”，结果使财政政策效果微弱。相反，当货币需求利率系数较大（LM 曲线较平坦）时，政府由于增加支出，即使向私人部门借了很多钱（通过出售公债券）也不会使利率上升很多，从而不会对私人投资产生很大影响。这样，政府增加支出就会使国民收入增加较多，即财政政策效果较显著。

上述分析说明投资需求的利率系数和货币需求的利率系数对财政政策效果的影响。此外，支出乘数也会影响政策效果。这是因为，较大的支出乘数意味着一笔政府支出会带来较多收入增加，从而有较显著的政策效果。然而，如果经济处于投资对利率高度敏感而货币需求对利率不敏感的状态，则即使支出乘数很大也无法使财政政策产生强有力的效果。总之，只有当一项扩张性财政政策不会使利率上升很多，或利率上升对投资影响较小时，才会对总需求有较显著的效果。

六、财政政策的局限性

宏观财政政策是通过经济手段来间接调节经济，但在政策的实施过程中有些因素会影响政策效果，包括：

（一）政策效应的时滞

财政政策在完全发挥作用达到最终目标之前必定存在一定的时间间隔，这种时间间隔就称为“时滞”。一般把政策时滞分为内在时滞和外在时滞。前者是指决定并实施某项政策所需要的时间，后者是指政策发生效应所需要的时间。

任何一项财政政策，从对经济形势的分析决定采取政策到制定出政策，从政策的实施到完全发生效用达到预期的目的，都要有一定的时间间隔。政策时滞的长短对政策的制定和效果有重大影响，并根据各种不同的政策而不同。

（二）预期

无论是决策者还是公众都要对未来的经济进行预期，并根据这种预期决定自己的经济行为。决策者的预期决定了所采取的政策措施，公众的预期决定了他们对政策的反应，这些都要影响财政政策效应。政策会受预期的影响，同时，政策本身也会影响预期。因此，在分析财政政策效应时，预期是一个十分重要的因素。

(三)其他实际问题

在财政政策实施过程中还存在许多实际问题,这些问题会影响政策效应。首先,任何一种财政政策都有其正效应和负效应,这就是说,在一项政策实现其最终目标时,必然产生某些副作用。例如,扩张性财政政策在刺激经济的同时会导致通货膨胀加剧,实现充分就业的代价是通货膨胀。财政政策在刺激总需求的同时会使利率上升,抑制投资,这就是财政政策的"挤出效应",这种"挤出效应"减弱了财政政策刺激总需求的作用。其次,政策效应还要受许多非经济因素,尤其是政治因素的影响。国际上的政治斗争、国内的政治问题都会影响政策效应。最后,由于信息不是完全的,难免会做出错误的决策,从而影响财政政策效应。

(四)政策的协调与配合

为了达到某种最终目标,往往不能只采用一种政策工具。为了实现最优的政策效应,必须把各种财政政策工具配合使用。只有政策的协调与配合得当,才能达到理想的政策效应。这种协调与配合有某种规律可以遵循,但更多的时候却是要根据具体情况相机行事。

【延伸阅读】

中国财政政策的演变

1992 年,邓小平提出"发展才是硬道理"的重要思想。以此为契机,我国开始进入新一轮的经济快速增长时期,固定资产投资高速增长,投资需求带动了消费需求,同时加剧了商品供给的短缺,产生了较为严重的通货膨胀,成为社会经济稳定的巨大隐患。于是,中央在 1994 年提出了适度从紧的政策。该政策主要有以下三个特点:(1) 着眼点是经济增长的"软着陆"。"软着陆"是对经济运行状态的形象比喻,从经济意义上讲,是指国民经济的运行在经过了一段过度扩张后,在政府的宏观调控作用下平稳地回落到适度的增长区间。(2) 总量从紧、结构调整。财政政策坚持总量上的从紧,并不意味着财政支出绝对量的减少,而是相对压缩,即财政支出增长率的减少。(3) 与"适度从紧"的货币政策搭配。1995 年、1996 年我国经济"软着陆"时,国家固定资产投资增长率基本处于改革以来的最低位,到 1997 年物价已基本实现零增长。

1998 年为力求实现 8%的增长目标而采取增加投资、扩大内需方针,并且把增加投资的重点掌握为基础设施建设。为此,启动积极的财政政策便是必然的选择:(1) 增发 1 000 亿元长期国债,所筹资金用作国家预算内的基础设施建设专项投资,包括对大江大河的治理、交通运输条件的改善、加强环境保护和生态建设;(2) 调整收入分配政策,提高城乡居民收入,以刺激消费需求;(3) 支持企业技术进步,促进产业升级换代;(4) 促进地区生产力布局的调整和优化,大力支持西部地区的开发。

1998~2003 年,积极的财政政策对于抵御亚洲金融危机的冲击、化解国民经济运行周期低迷阶段的种种压力,以及保持经济社会的平稳发展作用显著。但扩张政策毕竟是一种宏观"反周期"操作,适用于经济低迷阶段。随着 2003 年中国国民经济终于走过由相对低迷向稳定高涨的拐点,人们对于投资过旺、经济偏热的关注迅速上升,宏观经济政策的调整变化便成为必然,财政政策的转型也就是十分必要的了。于是,中央继续调整财政政策,由积极转为稳健。"稳健"是指不对社会总需求产生扩张影响,可以概括为"控制赤字、调整结构、推进改革、增收节支”。从总量上看,稳健的财政政策意味着财政政策的实施对宏观经济的影响既不扩张,也不紧缩。从结构上看,财政上实行“有保有控”,通过一定的政策手段一方面解决“瓶颈”问题、促进短缺部门的发展,另一方面控制那些偏热行业的发展,以减少经济增长过程中出现的结构性扭曲。这种转变使财政政策注入更多人文关怀因素。

2008 年下半年,全球金融危机逐渐将实体经济拖向衰退,中国的出口需求加速萎缩。7 月 25 日,中央政治局会议首次明确提出宏观经济政策从“双防”转向“一保一控”。所谓“一保一控”,即保持经济平稳较快发展、控制物价过快上涨。国务院于 8 月 27 日再次强调了“一保一控”是下半年宏观调控的首要任务,把抑制通货膨胀放在突出位置,要进一步促进资本市场稳定健康发展,强化跨境资本流动监管,防范系统性金融风险。在世界金融危机日趋严峻、我国经济遭受冲击日益显现的背景下,中国的宏观调控政策做出了重大调整,实行积极的财政政策和适度宽松的货币政策,在之后两年多时间内安排 4 万亿元资金强力启动内需,促进经济稳定增长。

2011 年国家继续实施积极的财政政策:一是部分领域的减税,二是在多个重要领域增加支出。

2012 年中央提出宏观调控要“稳中求进”。相应地,积极财政政策要在稳增长、控物价、调结构、惠民生和促和谐等方面取得新突破,保持经济平稳、快速地发展。

2013 年我国继续实施积极的财政政策。积极财政政策的三个支点分别是增赤、减税、扩支。积极财政政策以结构性减税为主要载体并以增值税为主要减税对象,基本操作路径是:第一,加快扩大“营改增”试点范围。试点地区范围越大、涉及的产业领域越多,结构性减税的规模效应就越大。第二,在“扩围”的同时,相应调低增值税标准税率,将原来基于制造业运行特点而设计的增值税税制覆盖至服务业,一方面要考虑服务业的运行特点并做适应性调整,另一方面要统筹考虑制造业和服务业的税制问题,确定一致的制度安排。兼容两个产业的需要并着眼于长远,在“扩围”的同时酌情“降率”——从整体上降低增值税的标准税率,使平均税负水平实质性下降。

第二节 货币政策——宏观经济调控的“右手”

一、银行体系

货币政策是由中央银行代表政府通过银行体系实施的。要了解货币政策的作用过程,就必须先了解国家的金融机构。各国的具体金融机构虽然各不相同,但基本上包括中央银行和金融媒介机构。金融媒介机构主要包括商业银行、保险公司、信托投资公司、信用协会和储蓄信贷协会等。中央银行以及它所控制的商业银行是一个国家最重要的金融机构。

(一)中央银行及其职能

中央银行是国家最高金融当局,执行国家的金融政策,代表政府管理商业银行和其他金融机构。作为一种公共机构,中央银行是不以营利为目的的。每一个国家都有中央银行,如我国的中国人民银行、美国的联邦储蓄银行、英国的英格兰银行、法国的法兰西银行等。中央银行一般是依据议会有关法案成立的,如美国的联邦储蓄银行是根据1913年国会通过并由时任总统威尔逊签署的《联邦储备法》成立的。中央银行的职能如图9-7所示。

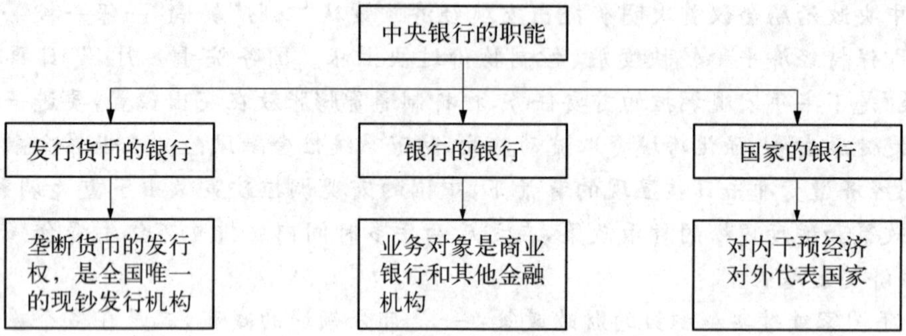

图9-7 中央银行的主要职能

1. 发行货币的银行

中央银行是发行货币的银行,是硬币和纸币唯一的、最终的来源。中央银行如美国联邦储备银行资产负债表负债方面的主要来源有联邦储蓄券、成员银行存款和其他存款等,资产方面的主要来源有黄金券、政府债券以及贷款、贴现和预付款等。

2. 银行的银行

中央银行是银行的银行,商业银行是中央银行最重要的客户之一,中央银行接受商业银行的存款作为商业银行的储备金,同时又向商业银行发放贷款以支持商业银行。商业银行要听取中央银行关于金融问题和货币政策的意见,接受中央银行的指导。中央银行与商业银行的关系如图9-8所示。

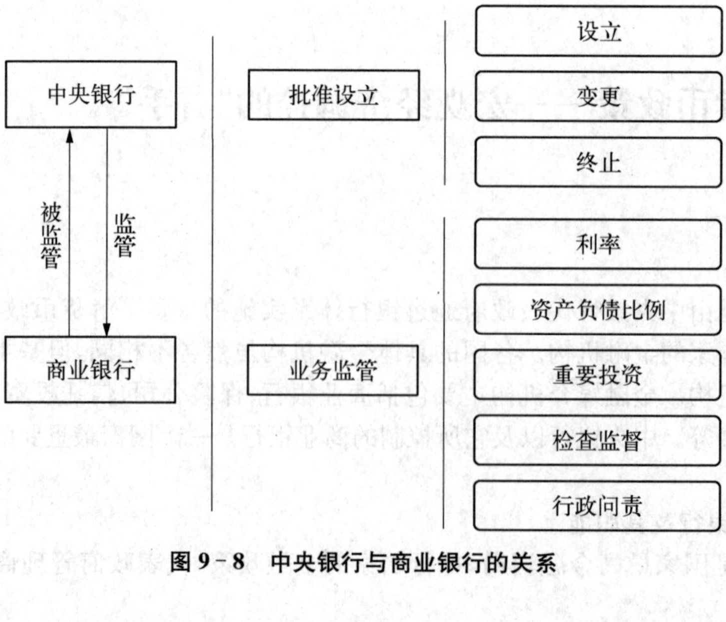

图9-8 中央银行与商业银行的关系

3. 国家的银行

中央银行是国家的银行，控制整个国家的货币供给和信用情况，执行国家的货币政策。这是中央银行最为重要的职能。中央银行是国家的货币权利当局，是制定和执行货币政策的最高主管机构。中央银行通过发行国库券和公债券来管理政府的贷款，政府将税收和其他收入存入中央银行，中央银行为政府记账，帮助政府办理收支事项，当政府账户出现赤字时，财政部可以向中央银行借款。政府是中央银行最重要的客户。

【专栏解析】

完善再贷款体系　增强中央银行履职能力

为进一步改善宏观调控，规范再贷款的功能定位，充分发挥中央银行流动性管理和引导金融机构优化信贷结构的功能，更好地服务于中央银行职责，人民银行决定调整再贷款分类，由现行的三类调整为四类，即将原流动性再贷款进一步细分为流动性再贷款和信贷政策支持再贷款，金融稳定再贷款和专项政策性再贷款分类不变。

做出上述调整主要是考虑到原来的流动性再贷款承担了双重功能。其中，人民银行总行对全国性存款类金融机构发放的流动性再贷款和分支机构对地方性存款类法人金融机构发放的短期再贷款发挥了流动性供给功能，而支持城市商业银行扩大中小企业贷款和消费信贷的中小金融机构再贷款，以及支持农村金融机构扩大涉农信贷投放的支农再贷款主要发挥促进信贷结构调整的作用。此次调整后，流动性再贷款和2013年创新的常备借贷便利工具一起用于向符合宏观审慎要求的金融机构按需提供流动性支持，信贷政策支持再贷款则包括支农再贷款和支小再贷款(即原中小金融机构再贷款)。

在分类调整的基础上，进一步优化再贷款管理。为贯彻落实国务院办公厅《关于金融支持经济结构调整和转型升级的指导意见》，支持金融机构扩大小微企业贷款投放，将中小金融机构再贷款更名为“支小再贷款”。支小再贷款的发放对象由现行的城市商业银行调整为小型城市商业银行(按人民银行统计标准确定)、农村商业银行、农村合作银行和村镇银行四类金融机构，用途由支持扩大中小企业贷款和消费信贷调整为支持以上金融机构发放小微企业贷款。贷款条件设定为小微企业贷款增速和增量“两个不低于”，即上季度末小微企业贷款增速不低于同期各项贷款平均增速、贷款增量不低于上年同期水平。支农再贷款管理不变。

调整优化再贷款分类体系、发放对象和用途有利于进一步加强对金融机构的流动性管理，促进结构调整。流动性再贷款和常备借贷便利等工具将一起发挥流动性供给功能，可以丰富中央银行流动性管理工具箱，强化对金融机构流动性管理的激励和约束，提高货币政策传导效率，稳定市场预期。同时，单独设立信贷政策支持再贷款可以更好地发挥中央银行资金引导信贷资金流向、促进信贷结构调整的功能，强化中央银行“支农支小”的信贷导向作用。支农再贷款和支小再贷款在对象上覆盖面较广，在用途上各有侧重，进一步增强了针对性。

(二)商业银行

商业银行是金融机构中产生时间最早的，最初向银行借款的人绝大部分是为了经营商业，所以称之为商业银行。商业银行的数量和规模，不同的国家是不同的。有的国家商业银行比较少，如英国只有少数几家，每一家银行都有遍布全国的分支机构。而美国的情况不同，美国的商业银行系统由大量规模不等的银行组成。美国商业银行的成立就像工商企业一样方便自由，只要具备一定的资金就可以申请注册成立，由联邦政府许可和注册成立的商业银行叫国民银行，由州政府许可和注册成立的商业银行叫州银行。国民银行的规模较大且都得加入联邦储备系统，而州银行数量多但规模较小，除少数规模较大的州银行外，大多数不参加联邦储备系统，但在业务上还是受联邦储备系统的影响。商业银行的资产项目有储备金、证券和贷款，负债项目主要有活期存款、储蓄存款和定期存款。

商业银行最为重要的经济作用在于接受活期存款和承兑该存款的支票。商业银行的经济作用还表现在发放短期贷款方面。商业银行靠发放贷款和接受存款来投放货币和收回货币。商业银行除了为企业提供短期贷款，也发放消费贷款、抵押贷款和长期商业贷款，并且购买各级政府的公债。商业银行除了接受活期存款，也接受定期存款。可以说，商业银行是一国货币供应体系中最重要的组成部分。

【知识链接】

中国银行体系

中国银行体系由中央银行、监管机构、自律组织和银行业金融机构组成。中国人民银行是中央银行，在国务院的领导下负责制定和执行货币政策，防范和化解金融风险，维护金融稳定。中国银行业监督管理委员会简称银监会，负责对全国银行业金融机构及其业务活动实施监管。中国银行业协会是在民政部登记注册的全国性非营利社会团体，是中国银行业的自律组织。中国的银行业金融机构包括政策性银行(国家开发银行、中国进出口银行、中国农业发展银行)、大型商业银行(中国工商银行、中国银行、中国农业银行、中国建设银行和交通银行)、中小商业银行、农村金融机构、中国邮政储蓄银行和外资银行。银监会监管的非银行金融机构包括金融资产管理公司、信托公司、企业集团财务公司、金融租赁公司、汽车金融公司和货币经纪公司。

二、银行存款的创造机制

商业银行在银行体系中占有重要的地位，它能够经营存贷业务，并从中创造货币，影响货币供给。商业银行创造货币是在它的资产负债业务中，通过创造派生存款形成的。

为了说明货币的创造过程，这里先介绍一个很重要的概念——准备金。准备金是银行为了自己的信誉和稳定，以备存款人随时取款而保存在银行的通货和中央银行存款。在银行存款中，准备金所占的比率(即准备金与银行存款之比)称为准备率。在现代银行制度中，准备金在银行存款中起码应占的比率是由政府规定的，这一比率称为法定准备率。按法定准备率提留的准备金是法定准备金。法定准备金一部分是银行库存现金，另一部分存放在中央银行的存款账户上。

商业银行都是以营利为目的的，库存作为准备金的现金不能增加利润，为了预防暂时的提款潮而库存过多的现金是不合算的。因此，银行往往保持某些可以随时销售的和可以在短期内变换为现金的证券，这样的证券被称为“第二级准备金”。银行留下法定准备金后，剩余的存款就可以贷出去了。但如果除法定准备金外，银行吸收的存款仍有部分贷放不出去，则形成“超额准备金”，即超过法定准备金部分的银行未贷放出去的存款，法定准备金与超额准备金之和为银行的总准备金。

银行存款的创造是通过整个银行体系扩大或缩小活期存款的方式实现的（包括银行向企业或个人发放或收回贷款、银行向企业或个人买进或卖出证券）。为了说明银行如何创造货币，先来分析一下银行体系的模型。

假定法定准备金率为20%，即在每1元存款中保留0.2元作为准备金。某客户a把100元存入自己在银行的存款账户。这家银行A就增加了100元新存款。但该银行并不想把这100元都作为增加的准备金（超额准备金），由于法定准备金率为20%，因此，A银行就把这100元中的80元贷给另一个客户a′。这时，对A银行而言，事情就结束了，并没有创造出货币。但对整个银行体系来说，事情并没有结束。得到80元贷款的客户a′去买了一件夹克衫。为了进行这笔交易，他以自己在A银行的账户向出售夹克衫的人b开了一张支票。出售夹克衫的人b把这张支票存入自己开户的另一家银行B，这家银行有了80元的新存款。这样，货币供给总量就比以前增加了80元。B银行也不需要把这80元都作为准备金，它只需保留这笔存款的20%（即16元），另外的64元可以贷出去。假定得到这笔贷款的客户b′购买了唱片，并向唱片的卖主c开了一张支票。唱片的卖主c把这张64元的支票存入自己的开户银行C，该银行即有了新存款64元。这样，货币供给总量又增加了64元，此时共增加144元（80+64）。如表9-1所示，这个过程一直继续下去。随着这个过程的进行，新存款和新贷款持续减少，但从整个银行体系来看，总存款增加了500元，总贷款增加了400元，总准备金增加了100元。这样，银行通过贷款创造出了货币。

表9-1　　银行体系的存款创造过程（法定准备金率为20%）

存款者 ①	新存款 ②	银　行 ③	新贷款 ④ =②×0.8	借款者 ⑤	新准备金 ⑥ =②×0.2
a	100.00	A	80.00	a′	20.00
b	80.00	B	64.00	b′	16.00
c	64.00	C	51.20	c′	12.80
d	51.20	D	41.00	d′	10.20
e	41.00	E	32.80	e′	8.20
f	32.80	F	26.20	f′	6.60
合　计	500.00		400.00		100.00

由表9-1可以看出，存款总和(D)与原始存款(R)及法定准备率（r_d，$0<r_d<1$）的关系为：

$$
\begin{aligned}
D &= R\times[(1-r_d)+R\times(1-r_d)^2+R\times(1-r_d)^3+\cdots+R\times(1-r_d)^n]\\
&= R\times[(1-r_d)+(1-r_d)^2+(1-r_d)^3+\cdots+(1-r_d)^n]\\
&= R\times\frac{1}{1-(1-r_d)}\\
&= \frac{R}{r_d}
\end{aligned}
$$

由此可以看到,最初的一笔存款(100 元)使活期存款(货币供给量的重要部分)总和扩大到 500 元,为原始存款 100 元的 5 倍 $\left(\frac{1}{r_d}=\frac{1}{0.2}\right)$。银行体系所能创造出来的货币(主要是活期存款)与最初存款之比,称为货币创造乘数(K),等于法定准备金率的倒数,即:

$$K=\frac{1}{r_d}$$

当然,货币的创造也会反方向发生,即当客户从银行取走 100 元存款时,整个银行体系的作用会使货币供给成倍减少(该倍数即货币创造乘数)。

这里的货币创造乘数等于法定准备金率的倒数是有条件的:

第一,商业银行没有超额准备金,即商业银行得到的存款扣除法定准备金后会全部贷出去。但如果存在超额准备金的话,法定准备率加超额准备金率(即超额准备金与存款之比,用 r_e 表示)为实际准备金率。这时,货币创造乘数为:

$$K=\frac{1}{r_d+r_e}$$

创造的货币为:

$$D=\frac{R}{r_d+r_e}$$

假设超额准备金率为 5%,则第一轮银行(A 银行)贷出去的款就不是 80 元,而是75 元,还有 5%(即 5 元)是超额准备金,每一轮都有 5%的超额准备金,最后货币创造乘数就是 $4\left(\frac{1}{r_d+r_e}=\frac{1}{0.2+0.05}\right)$,而不是 5。

第二,银行的客户将一切货币收入存入银行,支付完全以支票形式进行。如果客户将得到的贷款不全部存入银行,而是抽出一定比例的现金,则会形成一种"漏出"。在上例中,假定每位客户都抽出 5%的现金($r_c=0.05$),则第一轮银行(A 银行)贷出去的款就不是 75 元(仍假设超额准备金率为 5%),而是 70 元(5 元现金不经过银行),第二轮银行(B 银行)可贷出去的就是 49 元(70－70×0.2－70×0.05－70×0.05)。如此下去,派生存款将是 333.3 元 $\left(\frac{100}{1-0.7}\right)$。由此可以看到,现金和准备金一样不能创造货币。考虑现金在存款中的比率(r_c)和超额准备金率(r_e),货币创造乘数为:

$$K=\frac{1}{r_d+r_e+r_c}$$

上式仅把活期存款当作货币供给量。由此可以看到,货币创造乘数和法定准备金率、超额准备金率以及现金-存款比率有关,这些比率提高时,货币创造乘数会变小。

由上例可见,客户 a 把 100 元存入银行时,这笔原始存款成为以后一轮一轮派生存款的来源或基础。若非银行部门(个人或企业)减少其持有的货币,并将它存入银行,商业银行的超额准备金就会增加。这就为存款扩张或者货币创造提供了基础。因此,存款扩张的基础是商业银行的准备金总额(包括法定准备金和超额准备金)加上非银行部门持有的通货,可称为基础货币或货币基础。由于它会派生出货币,因此是一种高能量的或者活动力强大的货币,故又称高能货币或强力货币。如果用 C_u 表示非银行部门持有的通货,用 R_d 表示法定准备金,用 R_e 表示超额准备金,用 D 表示活期存款,用 H 表示基础货币,则:

$$H = C_u + R_d + R_e$$

这是商业银行借以扩张货币供给的基础。

如果货币供给为 M(这里只考虑 M_1,则 $M = C_u + D$),那么,货币创造乘数可以表示为货币供给量与基础货币之比,即:

$$\frac{M}{H} = \frac{C_u + D}{C_u + R_d + R_e} = \frac{\frac{C_u}{D} + 1}{\frac{C_u}{D} + \frac{R_d}{D} + \frac{R_e}{D}} = \frac{r_c + 1}{r_c + r_d + r_e}$$

这里的货币创造乘数 $\frac{M}{H}$ 与上式中的 $K = \frac{1}{r_d + r_e + r_c}$ 不同。上式中只把活期存款当作货币供给量,而这里则把活期存款和通货合在一起作为货币供给量。因此总体来说,货币供给量(M)受基础货币供给(H)、法定准备金率(r_d)、超额准备金率(r_e)和现金-存款比率(r_c)的影响。所有这些影响货币供给的因素都可以归结为准备金变动对货币供给变动的作用,因为准备金是银行创造货币的基础。中央银行正是通过控制准备金的供给来调节货币供给的。

三、货币政策的工具

货币政策是指中央银行根据既定的目标,通过中央银行对货币供给(主要是活期存款)的管理,调节信贷供给和利率,以影响宏观经济活动总水平的经济政策(如图 9-9 所示)。

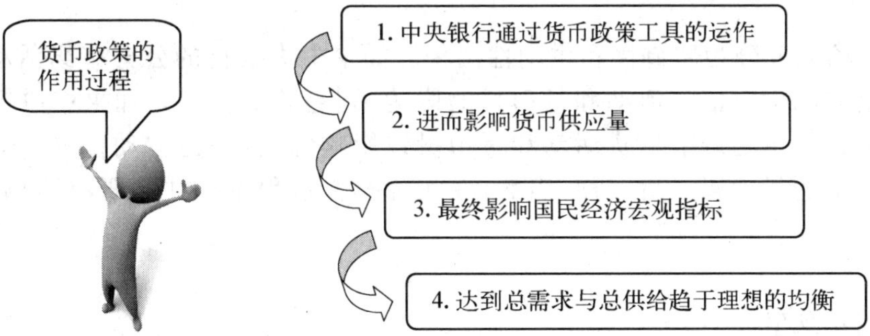

图 9-9 货币政策的作用过程

货币政策工具是中央银行为达到货币政策目标而采取的手段。根据《中国人民银行法》第三条的规定,中国货币政策的最终目标为“保持货币币值的稳定,并以此促进经济增长”。货币政策工具主要有公开市场业务、再贴现率和法定存款准备金率等(如图 9-10 所示)。

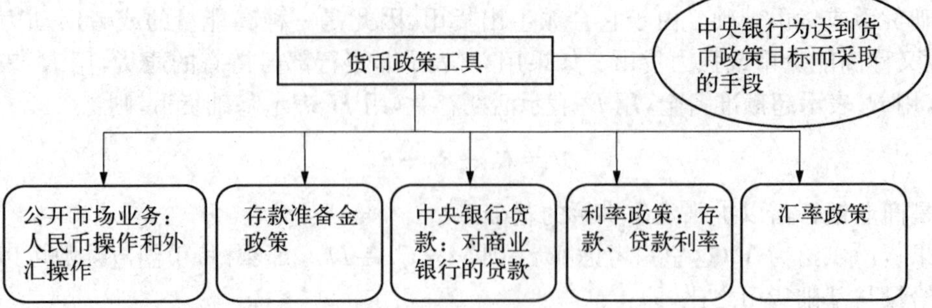

图 9-10 货币政策工具

(一) 公开市场业务

公开市场业务是指中央银行在证券市场上买进或卖出政府债券以调节货币供给量和利率,进而调节宏观经济活动水平的政策行为。公开市场业务的目的不是谋利,而是调节货币供应量和利率。中央银行在市场上买进政府债券,出售者无论是商业银行还是社会公众,经过票据交换和清算后都将债券收入存入商业银行,将增加银行体系的储备金,通过货币乘数的作用使商业银行的放款规模扩大,银根放松,货币供给量成倍增加。中央银行在市场上买进债券的行为会使债券的价格上升,利率下降,促进消费和投资的扩张,从而刺激经济的扩张;反之,中央银行在市场上出售债券会起到紧缩信用的作用,会使货币供给量成倍减少、债券价格下降,利率反而上升,从而抑制消费和投资的扩张。

要想将公开市场业务作为一种货币政策工具被有效利用,调节货币供给量,应具备以下条件:(1) 中央银行有金融市场的领袖地位和雄厚的资金;(2) 中央银行有灵活操作的权利,即在买卖有价证券的数量、种类等方面有决策权;(3) 金融市场发达、组织完善,这样,中央银行的买卖行为可以迅速影响全国;(4) 有价证券的数量和种类要适当,长期、中期、短期都有,而且政府债券要有相当数量;(5) 信用制度发达、完善,各商业银行和其他金融机构按规定行事。

公开市场业务分为防御性和主动性两种。如果中央银行的公开市场活动是为了预先抵消非金融因素对信贷活动和货币量的影响,则是防御性的。如果中央银行的公开市场活动是为了主动调节信贷活动和货币量以影响经济,则是主动性的。运用金融政策来达到稳定的目标属于后一种;当然,在实际操作过程中往往是既有防御性的,又有主动性的。

(二) 再贴现率

中央银行实施货币政策的第二个工具是调高或降低商业银行发放贷款的利息率,即再贴现率,以限制或鼓励银行借款,从而影响银行系统的存款准备金和利率,进而决定货币存量和利率,以达到宏观调控的目标。客户向银行申请贷款时,通常用商业票据作抵押,银行扣除自贴现日至到期日的利息后,再贷款给客户,这种贷款行为称为贴现,贷款利率称为贴现率。当商业银行以商业票据为抵押向中央银行申请贷款时,称为再贴现,此时的贷款利率称为再贴现率。中央银行的再贴现主要是为了解决商业银行周转资金短缺的问题。20世纪30年代后，商业银行主要不再用商业票据而是用政府债券作为担保向中央银行借款。

中央银行提高再贴现率，商业银行就会因融资成本上升而提高贷款利率，从而减少社会对借款的需求，最终达到收缩信贷规模及货币供给量的目的。降低贴现率则会出现相反的结果。

调整贴现率还有一种所谓的"告示性效应"，即贴现率的变动可以作为向银行和社会公众宣布中央银行政策意向的有效办法。贴现率变动会通过各种途径影响利率，对外资的流入或流出也有影响。例如，为吸引外资流入，可以提高贴现率；反之，降低贴现率则会减少外资流入。

还应注意的是，再贴现是中央银行对商业银行的一种短期贷款，一般不超过3个月，最长为1年，因此，再贴现率是一种短期利率。再贴现率是由中央银行决定的，不随借贷市场供求关系的变动而变动，不同于市场利率。在现实中，再贴现率是一种最低利率。

虽然人们对贴现率政策的作用有不同的看法，但作为一种金融政策工具，它仍在使用，只是其重要性远不如公开市场政策。

（三）法定准备金率

中央银行实施货币政策的第三个工具是改变法定存款准备金率。按规定，法定准备金必须存入中央银行，因此，它是商业银行的资产、中央银行的负债，目的就是以此来改变商业银行持有的储备金数额，使商业银行的信贷规模发生变化，达到金融控制和调节货币供给量的目的。提高法定存款准备金率相当于各商业银行减少了可用于贷款的货币量，通过货币乘数成倍地减少货币供给；反之，降低法定存款准备金率相当于使商业银行增加用于贷款的货币量，通过货币乘数成倍地扩大货币供给。法定存款准备金率的变动对所有金融机构都有影响，能够在很短的时间内导致较大幅度缩减货币存量和提高利率，容易导致中小银行破产，所以，中央银行在实践中很少使用这种强有力的工具。

（四）道义劝告

货币政策工具除了上述三种主要工具外，还有一些辅助性工具，如道义劝告。所谓道义劝告，是指中央银行运用自身在金融体系中的特殊地位和威望，通过对银行及其他金融机构的劝告，影响其贷款和投资方向，以达到控制信用的目的。道义劝告不具有法律地位，也不具有行政强制性，但能起到一定作用。这种劝告可看作对那些不顺从中央银行的其他银行或金融机构的一种潜在威慑，所以也是中央银行的一个货币政策工具。

上述货币政策工具常常需要配合使用。其中，公开市场业务是最常用的货币政策工具，因为中央银行对公开市场业务是主动开展的，买卖政府债券的数量可以很大，也可以很小，可以起到微调作用，相对于改变法定存款准备金率和贴现率更为温和，对经济产生的波动相对较小。

在不同的经济形势下，中央银行要运用不同的货币政策来调节经济，可以是扩张性的，也可以是紧缩性的。在经济萧条时期，总需求小于总供给，为了刺激总需求，就要运用扩张性货币政策,包括在公开市场上买进政府债券、降低再贴现率、降低法定存款准备金率等。在这种情况下,会增加货币供给量,使利率降低,鼓励投资和消费,达到刺激总需求的目的。在经济繁荣时期,总需求大于总供给,为了抑制总需求就要运用紧缩性货币政策,包括在公开市场上卖出政府债券、提高再贴现率、提高法定存款准备金率等。在这种情况下,会减少货币供给量,使利率提高,抑制投资和消费,达到抑制总需求的目的,降低通货膨胀率。

【专栏解析】

完善货币政策调控与推进金融体制改革

2013 年是大型商业银行、农村信用社改革十周年。十年来,在党中央、国务院的统一部署下,中国人民银行始终注意将短期调控与中长期金融改革结合起来,一方面通过宏观调控为金融改革创造有利环境,另一方面发挥好中央银行"在线修复"金融体系、维护金融稳定的功能,通过深化金融改革理顺货币政策的传导机制,提高货币政策调控的有效性,实现两者的相互促进。

抓住有利时机,对金融机构进行重组和改造,金融机构公司治理结构不断完善、对间接调控的灵敏度提高,货币政策传导的微观基础进一步夯实。一是大型商业银行改革取得突破性进展。五家大型商业银行通过核销已实际损失的资本金、剥离处置不良资产、外汇储备注资、境内外发行上市的"四部曲",先后完成股份制改革并在上海和香港两地成功上市,逐步成长为资本充足、内控严密、运营安全、服务和效益良好的现代金融企业。二是农村信用社改革取得阶段性成果。通过把中央银行专项票据和专项贷款的兑付与农村信用社实际改革成效挂钩,引导农村信用社完善其产权制度、治理结构和内部管理,农村信用社的资产质量和经营效益不断提升,服务"三农"的主力军作用显著增强。三是政策性金融和其他金融机构改革平稳推进。国家开发银行改革取得阶段性成果,中国出口信用保险公司改革方案逐步落实,进出口银行和农业发展银行改革工作也在加快推进中。同时,中信银行、北京银行等一批股份制商业银行立足自身努力和地方政府支持,逐步建立起现代金融企业制度。证券业和保险公司改革重组也取得重大进展。近年来,中国人民银行还会同相关部门积极推动建立分层次、市场化的风险处置安排,先后成立了证券投资者保护基金、期货投资者保障基金和保险保障基金,推动实行证券客户交易结算资金第三方存管制度,并对建立存款保险制度进行深入研究和反复论证。目前,建立存款保险制度的各项准备工作已基本就绪。

推进利率市场化和人民币汇率形成机制改革,货币政策传导的价格基础逐步完善。利率和汇率作为要素市场的重要价格,在有效配置内外部金融资源中发挥着十分重要的作用。近年来,利率市场化改革稳步推进并取得重要进展。目前,仅对人民币存款利率上限进行管理,市场利率定价自律机制逐步建立健全,金融机构自主定价空间明显拓宽,微观主体对利率的敏感性不断增强。按照主动性、可控性、渐进性原则,人民币汇率形成机制改革有序推进,人民币汇率有贬有升,双向浮动,弹性不断增强,有利于增强宏观调控的主动性和有效性,提升宏观调控的科学性。

大力发展金融市场,直接融资比重显著提高,货币政策传导的市场基础更加坚实。近年来，货币市场、资本市场、外汇市场、黄金市场、期货市场和保险市场在创新中发展壮大，多功能、全方位的金融市场体系逐步形成，市场深度和广度不断拓展。金融产品创新稳步推进，品种日益丰富，商业银行次级债券、混合资本债券、短期融资券、中期票据、信贷资产证券化、信用风险缓释工具等先后推出，债券远期交易、远期利率协议和人民币利率互换等一系列创新工具和产品被引入市场。日益发展的金融市场为宏观调控提供了更为完善的市场基础，有助于将货币政策操作意图通过参与其中的金融机构、企业和个人传导到实体经济中，各项市场指标也为宏观调控提供了有益的参考信息。

党的十八届三中全会对进一步全面深化改革做出了战略部署，提出要加快完善现代市场体系，使市场在资源配置中起决定性作用。下一阶段，要把改善货币政策调控与深化金融改革紧密结合，重视从提高资源配置效率、扩大消费者主权的角度深化改革；进一步发挥市场供求在利率、汇率等资金要素价格形成中的决定性作用，扩大金融业对内对外开放，建设多层次资本市场体系，加快实现人民币资本项目可兑换，让微观经济主体有更多的自主选择权。随着调控所面临的环境向更加市场化和平衡增长的常态转变，货币政策调控也要做出相应的调整和优化，进一步完善数量、价格、宏观审慎政策相结合的调控框架，加强预期引导，促进经济平稳可持续发展，牢牢守住不发生系统性、区域性金融风险的底线。

四、货币政策的效果

货币政策的效果是指变动货币供给量的政策对总需求的影响。增加货币供给能使国民收入有较大增加，货币政策效果就显著；反之，货币政策效果则微弱。

货币政策效果同样取决于 IS 曲线和 LM 曲线的斜率。在 LM 曲线形状基本不变时，IS 曲线越平坦，LM 曲线移动（由于实行变动货币供给量的货币政策）对国民收入的变动影响就越大；反之，IS 曲线越陡峭，LM 曲线移动对国民收入变动的影响就越小（如图 9－11 所示）。

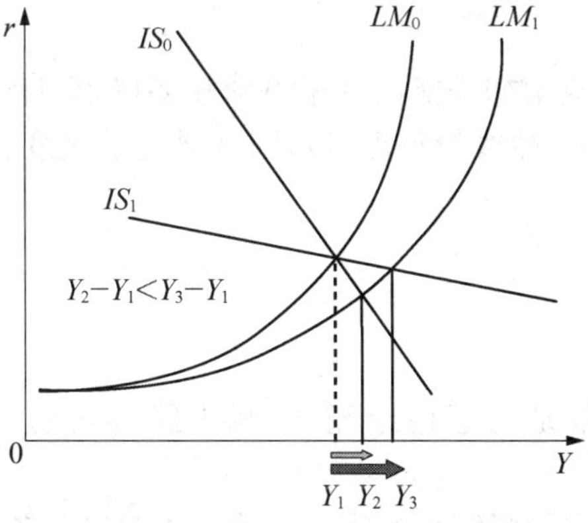

图 9－11 货币政策效果因 IS 曲线的斜率而有差异

在图 9－11 中，IS_0 曲线较陡峭，IS_1 曲线较平坦。当货币供给增加使 LM 曲线从 LM_0 右移到 LM_1 时，IS 曲线较陡峭，国民收入增加较少，即货币政策效果较微弱；而 IS 曲线较平缓,国民收入增加较多,即货币政策效果较显著。这是因为,IS 曲线较陡,表示投资的利率系数较小(当然,支出乘数较小时也会使 IS 曲线陡峭,但 IS 曲线的斜率主要取决于投资的利率系数),即投资对利率变动的敏感程度较弱,因此,LM 曲线由于货币供给增加而向右移动使利率下降时,投资不会增加很多,从而国民收入也不会有较大增加;反之,IS 曲线较平坦,表示投资利率系数较大,因此,货币供给增加使利率下降时,投资和收入会增加得较多。

当 IS 曲线斜率不变时,LM 曲线越平坦,货币政策效果就越微弱;反之,则货币政策效果就越显著(如图 9-12 所示)。

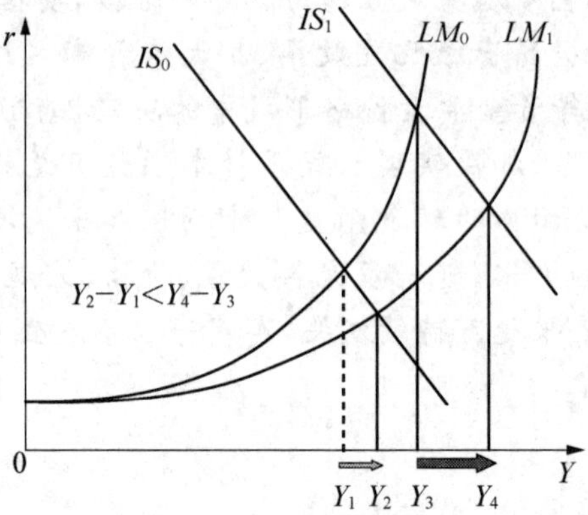

图 9-12 货币政策效果因 LM 曲线的斜率而有差异

在图 9-12 中,IS_0曲线和 IS_1曲线的斜率相同,货币供给增加使 LM 曲线从 LM_0右移到 LM_1。当 LM 曲线较平坦时,收入增加较少;当 LM 曲线较陡峭时,收入增加较多。这是因为,LM 曲线较平坦,表示货币需求受利率的影响较大,即利率稍有变动就会使货币需求变动很多,因而货币供给量变动会使利率变动的作用较小,从而增加货币供给量的货币政策不会对投资和国民收入有较大影响;反之,若 LM 曲线较陡峭,则表示货币需求受利率的影响较小,即货币供给量稍有增加就会使利率下降很多,因而使投资和国民收入有较多增加,即货币政策效果较显著。

总之,一项扩张性货币政策如果能使利率下降较多(LM 曲线陡峭时),并且利率的下降能对投资有较大刺激作用(IS 曲线较平坦时),则这项货币政策的效果就较显著;反之,政策效果就较微弱。

五、货币政策的局限性

国家实行货币政策常常是为了稳定经济,减少经济波动,但在实践中也存在一些局限性。

第一,在通过膨胀时期实行紧缩性的货币政策可能效果比较显著,但在经济衰退时期实行扩张性的货币政策效果往往不明显。那时候,厂商对经济前景普遍悲观,即使中央银行松动银根、降低利率,投资者也不肯增加贷款从事投资活动,银行为安全起见也不肯轻易贷款。特别是由于存在着流动性陷阱,不论银根如何松动,利息率都不会降低。这样,货币政策作为反衰退的政策，其效果就相当微弱了。在西方，有些学者把货币政策制止通货膨胀的效果比喻为马用缰绳拉车前进，意思是效果很好；然而，他们却把货币政策促进繁荣的效果比喻为马用缰绳使车后退，即政策很难发挥作用。进一步说，即使从反通货膨胀看，货币政策的作用也主要表现在反对需求拉动型通货膨胀，而对成本推动型通货膨胀，货币政策效果较弱，因为物价的上升若是由工资上涨超过劳动生产率上升幅度引起或是由垄断厂商为获取高额利润引起，则中央银行想通过控制货币供给来抑制通货膨胀就比较困难了。

第二，从货币市场均衡的情况看，增加或减少货币供给要影响利率的话，必须以货币流通速度不变为前提。如果这一前提并不存在，货币供给变动对经济的影响就要打折扣。在经济繁荣时期，中央银行为抑制通货膨胀，需要紧缩货币供给，或者放慢货币供给的增长率，然而，那时公众一般会增加支出，而且物价上升快时，公众不愿意把货币持有在手中，而希望尽快花出去，从而使货币流通速度加快。在一定时期内，本来 1 美元也许可完成 2 美元的交易任务，这无异在流通领域增加了 1 倍货币供给量，但这时，即使中央银行把货币供给减少 1 倍也无法使通货膨胀率降下来。反过来说，当经济衰退时，货币流通速度下降，这时，中央银行增加货币供给对经济的影响也就可能被货币流通速度下降所抵消。可见，用变动货币供给量的办法来影响利率、投资和国民收入的货币政策效果会受货币流通速度的影响。

第三节　财政政策与货币政策的“两手”搭配

一、财政政策与货币政策搭配的选择

当均衡的国民收入低于充分就业的国民收入时，决策者可以进行多种政策选择：一是采取扩张性财政政策，使 IS 曲线向右移动，增加总需求和国民收入，但也使利率上升；二是采取扩张性货币政策，使 LM 曲线向右移动，可以增加国民收入水平但使利率下降；三是同时采取扩张性财政政策和扩张性货币政策，即混合使用这两种政策(如图 9－13 所示)。

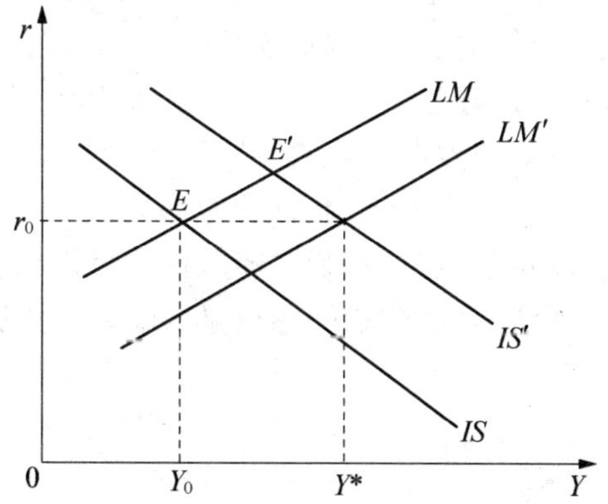

图 9－13　财政政策和货币政策的混合使用

扩张性财政政策和扩张性货币政策对均衡的国民收入和利率有不同的影响(如表 9-2 所示)。

表 9-2 扩张性财政政策和扩张性货币政策对均衡的国民收入和利率的影响

政 策	均衡的国民收入	均 衡 利 率
扩张性财政政策	增加	上升
扩张性货币政策	增加	下降

从表 9-2 可以看出,尽管这两种政策都可以增加总需求,使国民收入增加,但两者还是有一定的差别。货币政策的实施是通过对利率的影响来影响总需求的,因此,主要是刺激对利率变动非常敏感的投资支出和消费支出,尤其是住房建筑投资,原因是住房建筑投资是一种长期投资,利率的变动对其影响最大。

同样,扩张性财政政策所包括的不同内容对不同的经济变量也会产生不同的影响(如表 9-3 所示)。

表 9-3 扩张性财政政策对不同的经济变量的影响

政 策	利 率	消 费	私人投资	国民收入
政府购买支出增加	上升	增加	减少	增加
减少所得税	上升	增加	减少	增加
增加转移支付	上升	增加	减少	增加
投资补贴	上升	增加	增加	增加

采用扩张性财政政策,使 IS 曲线右移可以增加产量,但也使利率上升。财政政策如何影响总需求的各组成部分则取决于采取的是何种具体的政策措施。政府购买支出的增加将使总需求与国民收入增加,消费水平也因国民收入的提高而提高,但由于利率水平的提高会部分挤占私人投资,私人投资将受到影响;所得税的减少和转移支付的增加都将使消费水平提高,导致总需求和国民收入增加,但由于利率提高,投资仍然会受影响而减少;只有对投资进行直接补贴,才会使投资增加,尽管利率也会上升,但它是先有投资增加而后才有利率上升。

由此可见,决策者在进行决策时,如果要刺激总需求,就需考虑究竟要刺激总需求的哪一部分。如果要刺激私人投资,最好使用财政政策中的投资补贴政策;如果要刺激投资中的住房建设,就应采取货币政策;如果要刺激消费,则可使用增加转移支付和减少所得税的财政政策。当然,要治理萧条,就要分析引起萧条的原因是投资不足还是消费不足。无论如何,只有找到问题的根源,才能对症下药,政策才能取得明显效果。另外,不同政策的选择还会对不同的人群产生不同的影响,社会政治问题也是影响决策的因素。

二、相机抉择

财政政策和货币政策在原则上都能起到稳定经济的作用,在不同的经济形势下要配合使用。相机抉择是指政府在运用宏观经济政策来调节经济时,可以根据市场情况和各项调节措施的特点,机动地决定和选择某项或几项政策措施,在实现充分就业均衡的同时,兼顾其他政策目标的实现。

(一)“一松一紧”

这是指扩张性财政政策与紧缩性货币政策相结合。当经济萧条但又不太严重时,先用扩张性财政政策刺激总需求,再用紧缩性货币政策控制通货膨胀。

(二)“双紧”政策

这是指紧缩性财政政策与紧缩性货币政策相配合。当经济中出现严重通货膨胀时,用紧缩性财政政策降低总需求水平;同时实行紧缩性货币政策,以防止利率过分提高。

(三)“一紧一松”

这是指紧缩性财政政策与扩张性货币政策相配合。当经济中出现通货膨胀又不太严重时,用紧缩性财政政策降低总需求水平,用扩张性货币政策降低利率,以免财政过度紧缩而引起衰退。

(四)“双松”政策

这是指扩张性财政政策与扩张性货币政策相结合。当经济严重萧条时,用扩张性财政政策增加总需求,同时用扩张性货币政策降低利率。

表 9-4 是两种政策搭配使用的不同组合,从中可以看出,不同组合的政策效果是不一样的。其中,“不确定”的政策效果是指由于两种政策的不同使用力度可能会导致产出增加或减少。例如,同时使用扩张性财政政策和货币政策,即在 IS-LM 模型中,IS 曲线和 LM 曲线都向右移动,国民收入一定增加,利率则视 IS 曲线和 LM 曲线哪个移动的幅度大(即财政政策和货币政策哪种使用的力度大)而定。

表 9-4　　财政政策与货币政策的配合使用

政策混合	产出	利率
扩张性财政政策和紧缩性货币政策	不确定	上升
紧缩性财政政策和紧缩性货币政策	减少	不确定
紧缩性财政政策和扩张性货币政策	不确定	下降
扩张性财政政策和扩张性货币政策	增加	不确定

在具体考虑两种政策的搭配使用上,不仅要看当时的经济形势,而且要顾忌政治上的需要。虽然扩张性财政政策和扩张性货币政策都能增加总需求,但两者的后果对不同的人群会产生不同的影响,也使 GDP 的组成比例发生变化。例如,实行扩张性货币政策,导致利率下降、投资增加,因而对投资部门尤其是住宅建筑部门有利;但是,若实行扩张性财政政策——减税,则有利于个人可支配收入的提高,消费支出将增加;若仍然采取扩张性财政政

策——增加政府支出,如兴办教育、对在职工人进行培训、治理环境等,则受益的人群又将不同。正因为如此,政府在做出政策抉择时,必须要考虑各行各业、各个阶层的利益,尽量协调好各种利益关系。

◇关◇键◇术◇语◇

基础货币　货币政策　准备金　法定准备金　法定准备金率　超额准备金　货币乘数　公开市场业务　通货-存款比率　挤出效应　财政政策　扩张性财政政策　紧缩性财政政策　准备金-存款比率　货币政策传导机制　相机抉择

◇主◇要◇观◇点◇

宏观经济政策是指在市场机制无法自动使总需求与总供给平衡的情况下,政府对经济总量进行干预和调节,根据经济目标使经济总量增加或减少而采取一系列行为的规范、准则和手段。宏观经济政策的四大目标为充分就业、价格稳定、经济持续稳定增长、国际收支平衡。

宏观财政政策主要是通过政府的财政收支来实现的,国家财政包括政府收入和政府支出两个方面。政府收入为各级政府收入的总和,包括税收、公债和罚没等收入。政府支出为各级政府支出的总和,包括政府购买和转移支付。

财政政策是指为了促进就业水平提高,减轻经济波动,防止通货膨胀,实现稳定增长而对政府支出、税收和借债水平所进行的选择,或对政府收入和支出水平所做的决策。

财政制度的"自动稳定器"又称内在稳定器,是指经济系统本身存在的一种会减少各种干扰对国民收入的冲击的机制,能够在经济繁荣时期自动抑制通货膨胀,在经济衰退时期自动减轻萧条,无须政府采取任何行动。这种功能主要是通过政府税收的自动变化、政府支出的自动变化和农产品价格支持三大制度实现的。

"斟酌使用"的财政政策是指为确保经济稳定,政府要审时度势,主要采取一些财政措施,通过改变政府支出或税收水平以稳定总需求,使之接近物价稳定的充分就业水平。简言之,要"逆经济风向行事"。

财政政策的效果是指政府收支变化(包括变动税收、政府购买和转移支付等)使 IS 曲线变动对国民收入变动产生的影响。

货币政策是由中央银行代表政府通过银行体系来实施的。中央银行以及它所控制的商业银行是一个国家中最重要的金融机构。

客户在商业银行的存款为原始存款,通过商业银行派生出来的存款为派生存款或派生货币,两者相加为商业银行的存款总量。商业银行一般在按法定准备金率扣除法定准备金后会尽可能地将存款全部贷出,以增加银行利润。

货币政策是指中央银行根据既定的目标,通过对货币供给(主要是活期存款)的管理,调节信贷供给和利率,以影响宏观经济活动总水平的经济政策,主要政策工具有公开市场业务、再贴现率、法定存款准备金率等。

货币政策的效果是指变动货币供给量的政策对总需求的影响。增加货币供给能使国民收入有较大增加,则货币政策效果显著;反之,货币政策效果微弱。货币政策效果同样取决于 IS 曲线和 LM 曲线的斜率。

一般来说,财政政策见效较快,但伴随产生的"挤出效应",有可能使政策的显著性降低,并使利率上升从而恶化投资环境和出口环境。货币政策虽不会产生上述副作用,但其政策效果往往需要一段时间才会显现。因此,经济政策尽管可以用来维持经济的平稳运行,抵消各种干扰对经济运行的冲击,但它们也都有不足之处,运用不当时,又会给经济带来新的波动。

财政政策和货币政策在原则上都能起到稳定经济的作用，在不同的经济形势下要选择如何配合使用。两种政策的配合包括"一松一紧""双紧"政策"一紧一松"和"双松"政策。

◇问◇题◇讨◇论◇

中国宏观经济政策搭配实践

第一阶段(1988 年 9 月至 1990 年 9 月)，"紧财政、紧货币"的"双紧"政策。从 1988 年年初开始，中国经济进入过热状态，表现为经济高速增长(工业产值增幅超过 20%)、投资迅速扩张(1988 年固定资产投资额比 1987 年增长 18.5%)、物价上涨迅速(1988 年 10 月物价比上年同期上升 27.1%)、货币回笼缓慢(流通中的货币增加了 46.7%)和经济秩序混乱。在这种形势下，中国于 1988 年 9 月开始实行"双紧"政策，具体措施有收缩基本建设规模、压缩财政支出、压缩信贷规模、严格控制现金投放和物价上涨、严格税收管理等。

"双紧政策"很快见效，经济增长速度从 20%左右跌至 5%左右，社会消费需求大幅下降，通货膨胀得到遏制，1990 年第三季度物价涨幅降到最低水平，不到 1%。

第二阶段(1990 年 9 月至 1991 年 2 月)，"紧财政、松货币"的"一紧一松"政策。在"双紧"政策之后，中国经济又出现了新的失衡，表现为市场销售疲软，企业开工不足，企业资金严重不足，"三角债"问题突出，生产大幅下降。针对上述情况，从 1991 年年初开始实行了"松"的货币政策，中央银行连续多次调低存贷款利率，以刺激消费、鼓励投资。这些政策在实施之初效果并不显著，直到 1991 年下半年，市场销售才转向正常。

第三阶段(1992 年 1 月至 1993 年 6 月)，"松财政、松货币"的"双松"政策。1992 年，财政支出 4 426 亿元，其中，财政投资 1 670 亿元，分别比年初预算增长 107%和 108%；信贷规模也大幅度增长，货币净投放额创历史最高水平。

"双松"政策的成效是实现了经济的高速增长，1992 年 GDP 增长 12.8%，城市居民人均收入增长8.8%，农村居民人均收入增长 5.9%。但是，"双松"政策又带来了老问题，即通货膨胀加剧、物价指数再次超过两位数，短线资源再度紧张。

第四阶段(1993 年 7 月至 1996 年年底)，"适度从紧的财政政策与货币政策"，具体措施有控制预算外投资规模、控制社会集资搞建设、控制银行间同业拆借、提高存贷利率等。与 1988 年的紧缩相比，财政没有大动作，但货币紧缩力度较缓。

适度的"双紧"政策使我国的宏观经济终于成功实现了"软着陆"。各项宏观经济指标表现出明显的改善：1996 年 GDP 的增长率为 9.7%，通货膨胀率降为 6.1%，外汇储备达到1 000多亿美元。这次政策配合实施被认为是中国治理宏观经济成效较好的一次，为中国以后实施经济政策积累了正面的经验。

第五阶段(1997 年至 2002 年年底)，适度的货币政策和积极的财政政策。1997～1998 年，中国经济发展经受了亚洲金融危机和国内自然灾害等多方面的冲击。经济问题表现为通货紧缩式的宏观失衡，经济增长的力度减弱，物价水平持续下降，失业增加，有效需求不足，出口不振等。面临新形势，中国政府实施了较有力度的财政扩张政策，其措施是大量发行国债，投资于基础设施方面的建设；实施适当的货币政策，连续下调人民币存贷款利率，改革商业银行体系；等等。这些政策使中国经济成功地应对了亚洲金融危机的挑战，保持国民经济的持续增长。

第六阶段(2003 年至今)。从 2003 年开始，中国经济形势再次发生变化，出现了通货膨胀压力加大、信贷和投资增长过快、外资流入偏多等问题。在这一背景下，政府从 2004 年起逐步调整财政政策的作用方向和力度，适当调整长期建设国债规模和优化国债项目资金使用结构，向社会传递出政府合理控制投资的政策信号，并在 2005 年宣布财政政策再次转型，实施以"控制赤字、调整结构、推进改革、增收节支"为特征的稳健财政政策。与之相配合，从 2003 年起，稳健货币政策的内涵也发生了变化，主要是适当回收流动性，最终确定"稳中适度从紧"的政策思路。进入 2007 年，经济过热和通货膨胀成为中国经济面临的最大问题，而中央政府也把2008年的宏观调控思路定为“从紧货币政策”与“稳健财政政策的协调”,这也体现了政府对较大通货膨胀压力的担忧。应该说,在此阶段,财政政策与货币政策的协调开始出现向“双紧”政策过渡的趋势。两大政策协调的一个新特点是除了共同作用于传统的经济总量目标外,在更多领域有了配合的实践,如以应对流动性问题、推进外汇储备管理改革为目的而发行特别国债的行为,以及调低利息税以引导储蓄资金流向等政策。

问题:

(1) 结合案例及所学内容,分析货币政策和财政政策各自的特点。

(2) 结合案例,在什么样的宏观经济环境下,货币政策和财政政策采取“双紧”“双松”“一松一紧”“一紧一松”的搭配?分别是为达到什么样的目标?

◇基◇本◇训◇练◇

一、判断题

1. 中央银行购买政府债券将引起货币供给量的减少。 ( )
2. 假如政府支出和政府税收同时增加同样的数量,均衡国民收入不发生变化。 ( )
3. 减税对国民收入的影响一般小于投资。 ( )
4. 扩张性财政政策对经济的影响是缓和了经济萧条但增加了政府债务。 ( )
5. 在中央银行降低贴现率的时候,商业银行之所以向中央银行借款,是因为它们的储备不足。 ( )
6. 在物价水平不变时,中央银行在公开市场上购买政府债券使LM曲线向右移动。 ( )
7. 根据“自动稳定器”的原理,边际税率越高,国民收入就越稳定。 ( )
8. 假如中央银行要增加货币供给量,它可以命令成员银行增加贴现。 ( )
9. 凯恩斯主义认为,货币政策的作用是扩张性货币政策使股票和长期债券价格上升,人们会消费更多,使总需求增加。 ( )
10. 在中央银行降低法定储备率时,商业银行之所以能增加贷款,是因为它们的实际储备超过了法定储备。 ( )

二、单选题

1. 下述各项中,不是经济的“内在稳定器”的是( )。
   A. 累进税率制　B. 与国民收入同方向变动的政府开支
   C. 社会保障支出　D. 农业支持方案
2. 中央银行变动货币供给可通过( )。
   A. 变动法定准备金率以改变货币乘数　B. 变动再贴现率以变动基础货币
   C. 通过公开市场业务以变动基础货币　D. 以上都是
3. 当法定准备金率为20%时,商业银行最初所吸收的存款额为3 000亿美元,则银行所能创造的货币总量为( )亿美元。
   A. 20 000　B. 80 000　C. 15 000　D. 60 000
4. 现代货币的本质特征在于( )。
   A. 支付手段　B. 价值储藏手段
   C. 商品计价单位　D. 延期支付手段
5. 货币乘数的大小与( )有关。
   A. 法定准备金率　B. 现金-存款比率　C. 超额准备金率　D. 以上都是
6. 如果银行想把存款中的10%作为准备金,居民户和企业想把存款中的20%作为现金持有,则货币乘数是(　　)。

A. 2.5　　B. 3.3　　C. 4　　D. 10

7. 财政部向(　　)出售政府债券时,基础货币会增加。

A. 居民　　B. 企业　　C. 商业银行　　D. 中央银行

8. 政府的财政收入政策通过(　　)对国民收入产生影响。

A. 政府转移支付　　B. 政府购买　　C. 消费支出　　D. 出口

9. 财政部向(　　)出售政府债券时,基础货币会增加。

A. 居民　　B. 企业　　C. 商业银行　　D. 中央银行

三、简答题

1. 货币层次的 M_1、M_2、M_3 是怎么划分的?影响货币供给量 M_1 的因素有哪些?为什么宏观经济学把精力集中在 M_1 上?
2. 简述银行进行存款创造的条件及其过程。
3. 政府若想刺激经济却不改变预算赤字规模,可能吗?
4. 哪些财政政策具有"自动稳定器"的功能?它们为何能缓和经济波动?
5. 简述宏观经济政策的目标。
6. 相机抉择财政政策的实施效果如何?

四、计算题

1. 假设货币需求 $L = 0.20Y - 10r$,货币供给为 200 亿元,$c = 60 + 0.8Yd$,$t = 100$ 亿元,$i = 150$ 亿元,$g = 100$ 亿元。

试求:

(1) IS 和 LM 的方程。

(2) 均衡收入、利率和投资。

(3) 当政府支出从 100 亿元增加到 120 亿元时,均衡收入、利率和投资有何变化?是否存在"挤出效应"?

(4) 用草图表示上述情况。

2. 若法定准备金率是 0.16,没有超额准备,对现金的需求是 1 000 亿美元。

试求:

(1) 假定总准备金是 400 亿美元,货币供给是多少?

(2) 若中央银行把准备金率下调至 0.12,货币供给变动多少(假定总准备金仍是 400 亿美元)?

3. 中央银行想使流通中的货币量增加 1 200 万元,如果现金-存款率是 0.2,法定准备金率是 0.1,中央银行需要在金融市场上购买多少政府债券?

4. 假定现金-存款比率 $r_c = \dfrac{C_u}{D} = 0.2$,准备金率(包括法定的和超额的) $r = 0.1$。

试求:

(1) 货币创造乘数为多少?

(2) 若增加基础货币 100 亿美元,货币供给变动多少?

第十章

宏观经济理论发展

【名言名句】

即使你将所有的经济学家手足相抵地连成一条长龙，他们也绝对不会达成一致的意见。

——乔治·伯纳德·萧伯纳（George Bernard Shaw）

【引导案例】

经济学家真有那么多的分歧吗？

最近50年内，我们看到了西方经济学中的若干争论。仅就造成经济波动的原因而言，凯恩斯主义和货币主义从理论分析到实证分析都进行了广泛的论证。争论似乎远没有结束，因为争论既没有证明谁是谁非，也没有使得那些坚定的人士改变自己的立场。倒是有一个方面值得注意，那就是争论之后更倾向于"综合"。

事实上，两大对立的阵营在试图维护其"核心"的同时，发展出了更多理论观点。凯恩斯主义与货币主义的大论战再次表明，当面临经济问题与理论的矛盾时，经济学家会通过调整围绕基本信念"核心"的辅助性假设，本能地护卫其基本信念的"核心"。只要有可能，他们将一直这样做；只有没有任何理由再维护这一"核心"时，他们才会反思其信念。

(1) 概括货币主义与凯恩斯主义的理论分歧。

(2) 概括货币主义与凯恩斯主义分歧日益缩小的表现。

【学习目标】

本章讲述了当今西方主要经济学流派在宏观经济基本问题上的争论。通过本章的学习，可以使读者对西方宏观经济理论的发展动态有初步的了解，并通过了解西方经济学家的分歧和争议，更好地理解宏观经济学的理论含义和现实意义，为今后的学习和研究打下基础。

【要点提示】

1. 了解不同经济学流派的理论渊源、主要观点和政策主张。
2. 把握不同经济理论的基本假设条件。
3. 通过比较，认识经济学家们的分歧及产生分歧的原因。

在经济学说史上，有两本划时代的名著：一本是亚当·斯密的《国富论》，另一本是凯恩斯的《就业、利息和货币通论》(简称《通论》)。1776年《国富论》的出版宣告了经济学这一学科的诞生。1936年《通论》的问世则标志着宏观经济学的创立。第二次世界大战后，凯恩斯主义理论风靡西方世界，不仅为绝大多数经济学者所信奉，而且西方主要国家的政府把它作为制定宏观经济政策的指南。凯恩斯主义理论在西方经济学界的统治地位一直维持到20世纪60年代中期。从20世纪70年代开始，西方经济从战后的繁荣阶段步入"滞胀"阶段，凯恩斯主义理论不能对此做出解释，也开不出对症的"药方"。为研究解决"滞胀"问题，西方不少经济学派应运而生，对凯恩斯主义理论进行修改和补充，这些学派的理论观点在很大程度上丰富和发展了宏观经济学。

第一节 货币主义

【引导案例】

死不悔改的货币主义

尽管货币主义思想的"幽灵"在全球泛滥，但主流舆论依然把世界经济面临的困境一股脑地归咎于凯恩斯主义，认为雷曼危机后美国带头搞的宽松政策不仅效果不佳，而且直接造成了美债危机。然而纵观主要经济体的经济政策，无一例外地体现出货币主义在现实中屡战屡败，特别是在货币主义思想的大本营——美国，这一点更是表现得淋漓尽致。

时任美联储主席伯南克在2002年11月初为庆祝弗里德曼90岁生日的祝词中表示："在结束演讲之前，我想小小地滥用一下自己作为联储代表的立场对米尔顿和安娜说几句话。关于大恐慌，你们是正确的！我们非常遗憾地引发了大恐慌，但因为你们，我们将不会再次犯错。"

众所周知，弗里德曼等人把"大恐慌"的发生归咎于联储的紧缩政策，作为联储代表的伯南克公开对其主张表示了最大的敬意。而弗里德曼是凯恩斯主义的死对头，也是货币主义的总帅、极端自由放任经济思想的"泰山"。

一度被舆论赞誉为"神"，现在又被认定为金融危机罪魁祸首的格林斯潘不仅是弗里德曼自由经济思想的信徒，而且是其货币主义思想的信奉者。在其声誉全盛时期被问到如果遭遇日本型通货紧缩如何应对时，以含糊其辞而闻名的格林斯潘清楚地回答："印钞票。"可见，美联储里连续两任掌门人的基本思想受货币主义影响至深。为了不重蹈"大恐慌"的覆辙，美联储从流动性救市到两次量化宽松(QE)直至扭曲操作都在身体力行当年伯南克为货币主义大师庆生时的祝词。

但2008年发生的那场被称作百年不遇的危机,当时身为美联储主席的伯南克实际上已经食言。如果非要把责任归咎于格林斯潘,那么放任自由、缺乏监管的责任依然来自弗里德曼推动的巨大思潮而不是凯恩斯。战后世界金融监管体系的框架反而有着很强的凯恩斯思想背景,这个框架不断地在美国自由化浪潮中被弱化,直到美联储成为现在的超级监管者。

虽然凯恩斯本人主张通过积极的财政政策和货币政策唤起有效需求从而刺激经济复苏,但他对于货币政策的局限性是有很清醒的认识的,"流动性陷阱"所指的情形正是由当年凯恩斯在《通论》中的一个推论而来的。如果再看看美国的金融数据,美国经济目前的困境实在很难让货币主义独善其身。

就美国的现实而言,由于危机后对商业银行过度的制度约束,加上经济形势不好,好企业不愿负债,差企业又难以借款。巨额的超额准备金和储户不断存入银行的资金带给银行巨大的经营压力,不仅ROA以及杠杆率等指标恶化,而且增加了不少存款保险费负担。

伯南克即便从直升机上撒钱,也只是给美国商业银行添麻烦。有些银行甚至开始对大额存款增收手续费,这不仅是一种负利率现象,而且有可能进一步压迫银行减少证券投资和贷款。这种情形在过去10年的日本已经得到印证,而现在最该反省的应该是"死不悔改"的货币主义。

资料来源:苏安. 21世纪经济报道[N]. 2011-9-30.

一、什么是货币主义

第一个对凯恩斯理论提出根本性批评的是20世纪60年代的货币主义学派。从20世纪50年代中期一直到80年代,在货币主义发展历程中很难精确地对货币主义下定义,甚至很难描述其特征,因为"货币主义"一词对不同的人(它的赞成者和反对者)意味着不同的含义。

美国罗切斯特大学管理研究院的经济学教授、"货币主义"(Monetarism)一词的首创者卡尔·布鲁纳(Karl Brunner)认为,货币主义的中心命题有以下三点:(1) 货币最要紧,货币的推力是说明产量、就业和物价变化的最主要因素;(2) 货币存量(或货币供应量)的变动是货币推力最可靠的测量标准;(3) 货币当局的行为支配着经济周期中货币存量的变动,因此,通货膨胀、经济萧条或经济增长都可以而且应当唯一地通过货币当局对货币供应的管理来加以调节。美国芝加哥大学教授米尔顿·弗里德曼(Milton Friedman,1912—2006)用更简单的语言解释货币主义这个问题:"货币是与名义收入的变化和实际收入的短期变化有重大关系的事情。"托马斯·迈耶(Thomas Mayer)和威廉姆·E. 米切尔(William E. Mitchell)提出了鉴别一个经济学家是不是货币主义者的基本标准,有以下四条:(1) 强调货币对名义收入变动的决定因素,即货币供应的变化是货币收入变化的主要因素。根据这一标准,为了保持经济的稳定增长,就必须保持货币供应量的稳定增长,货币当局应当而且能够担当起稳定货币供应增长率的职责。(2) 提出关于传递机制的货币主义模式,认为货币是通过相对价格机制对经济产生直接影响的。(3) 相信市场经济具有内在的自动稳定性,根据这一标准,经济波动的主要原因是政府干预的失误造成的。(4) 认为由私人经济行为决定的资源配置与货币收入的短期变化无关,因而无须对私人经济行为进行详尽分析就可得出高度准确的总体经济分析。根据这一标准，货币主义者喜欢小的、简单的经济模型，而不喜欢大的、复杂的、多变量的经济模型。

美国凯恩斯主义者詹姆斯·托宾(James Tobin)在货币主义处于鼎盛时期时对货币经济学产生了极大兴趣，并且在这一领域做出了重大的贡献。托宾指出，货币主义因其追随者所强调的论点不同而有如下几种含义：(1)“财政主义”的替换者。20世纪60年代，“货币主义”一词最初是作为“财政主义”的反义词而提出来的。但托宾认为，主流的美国凯恩斯主义者并未对弗里德曼的“货币最重要”的论点表示怀疑。他们讨厌流行的货币主义与凯恩斯财政主义两分法。他们相信，一般来说，财政政策和货币政策都行得通。(2)货币目标。20世纪70年代期间，货币主义者说服最主要的中央银行，使他们的业务活动适应一个或多个中间货币总量目标。“中间货币总量”是指货币当局只能通过对银行行为和一般公众的市场干涉而间接地和不完全控制的一个变量。中间货币目标的采用降低了中央银行对利率、信贷条件、国际储备、汇率以及其他各种财政经济信息的注意力。(3)反通货膨胀目标优先。伴随着1979～1980年第二次石油冲击而产生的价格高涨，各主要资本主义国家的政府和中央银行一致开展一心一意的反通货膨胀斗争。(4)结束反经济周期的需求管理。因20世纪70年代的灾难，“微调”的经济政策受到谴责。货币主义的那种保持经济稳定的手段替换了反经济周期的需求管理。托宾承认，不管怎样，在以上几种含义上，货币主义已大大影响了过去20年间(截至1985年)的经济思想和政府政策，大部分影响是持久的。

二、货币主义理论的起源及背景

早期货币数量论的兴盛时期是19世纪末20世纪初，主要代表人物是美国经济学家费雪、劳夫林，以及英国剑桥学派的马歇尔、庇古等人。其中，费雪和庇古分别以“现金交易说”和“现金余额说”为基础，提出了著名的交易方程式($mv=PY$)和剑桥方程式($m=KY$)。按照他们的设想，货币流通速度(V)或人们手中保存的货币量对国民收入的比例(K)在一定时期内基本稳定，即常数，在充分就业的前提下，商品和劳务的总量或国民收入(Y)也是不变的。他们据此通过周密的数理分析，认为物价水平与货币数量是同比例变化的，物价水平的高低取决于货币数量的大小，货币供给如有增长，必定引起国民收入的增长，或引起物价水平(P)的增长，或者使两者都增长。

现代货币主义是从反对凯恩斯主义起家的，是从古典学派和新古典综合派那里移植而来的，如萨伊定律、自由市场均衡论、货币数量论等，并非纯属首创。美国希伯来大学的帕廷金以周密的方式重新阐述了货币数量论，芝加哥大学的弗里德曼和许多他以前的学生提供了货币数量分析的框架，使人们能够对货币数量的变化制约收入变化这个命题进行实证检验。曼彻斯特大学的卡尔·布伦纳和卡内基-梅隆大学的艾伦·梅尔泽又共同提出了货币需求是稳定的这一命题的实证根据。此外，还有美国的哈里·约翰逊，英国的艾伦·沃尔特斯、戴维·莱德勒等，他们对于货币理论分析的侧重点虽然不同，但基本观点是一致的。

从20世纪50年代到现在，货币主义的形成与发展经历了三个阶段。第一阶段是现代货币主义的理论准备阶段(20世纪50年代)，主要标志是弗里德曼在1956年发表的《货币数量论——一种全新表述》。弗里德曼在这篇文章中提出了现代货币数量论，从而确定了货币主义的理论基础。弗里德曼对早期货币数量论的重新解释引起了理论上的争论。但当时正是凯恩斯主义的全盛时期,弗里德曼的理论在学术界仍没有地位。第二阶段是现代货币主义的形成阶段(20 世纪 60 年代)。在这一时期弗里德曼发表了《价格理论:一个假定题目》《1867—1960 年美国货币史》《通货膨胀原因与后果》《货币最优数量和其他论文》《美国的货币统计》(与希沃茨女士合作)和《货币分析的理论结构》等著作,使货币主义在理论和政策主张方面都发展成为一个完整的体系。第三阶段是现代货币主义成为“第一个意义重大的对抗革命的革命”(20 世纪 70 年代),作为一个重要的经济学流派与凯恩斯主义分庭对抗的时期。这一阶段的重要标志是:第一,1976 年弗里德曼获得了诺贝尔经济学奖,瑞典皇家科学院高度评价了他的成就;第二,英国撒切尔夫人于 1979 年 5 月上台后全面实施货币主义的政策主张,使现代货币主义由理论变为实践;第三,在 20 世纪 80 年代,货币主义理论有了新的发展,形成了合理预期学派。

【延伸阅读】

米尔顿·弗里德曼

米尔顿·弗里德曼是货币主义的代表人物,1976 年诺贝尔经济学奖获得者,生于纽约市一个工人阶级的犹太人家庭,16 岁前完成高中,凭奖学金入读罗格斯大学,1932 年取得文学士,翌年到芝加哥大学修读硕士;1935 年到全国资源委员会工作;1937 年去 NBER,协助西蒙·库兹涅兹研究专门职业的收入。1941～1943 年,他出任美国财政部顾问,研究战时税务政策,曾支持凯恩斯主义的税赋政策。1946 年,他获得哥伦比亚大学颁发的博士学位,随后回到芝加哥大学教授经济理论,其间为国家经济研究局研究货币在商业周期中的作用,这是他学术上的重大“分水岭”。他任芝加哥大学经济系教授逾 30 年,力倡自由主义经济,打造出著名的“芝加哥学派”。

三、货币主义的基本理论

(一) 自由市场经济理论

现代货币主义的基本理论倾向就是经济的自由放任。弗里德曼在 1962 年出版的《资本主义和自由》以及在 1979 年出版的《自由选择》(与其夫人合作)中比较系统地表述了他的经济自由的思想。

现代货币主义认为,资本主义商品经济是高度稳定的、最适应于自我调节的制度,它处于有节奏的、均衡增长的自然状态中,资本主义存在无危机发展和增长的内在潜力,无须国家进行干预或调节。现代货币主义认为,生产过剩的经济危机、通货膨胀、结构比例失调等都是不合乎规律的偶然现象,与资本主义生产的内在规律并没有联系。弗里德曼虽然反对政府干预,但认为政府并非不应起任何作用,只是这些作用要尽可能的小。弗里德曼把政府作用概括为四点:第一,保护社会,使它不受外部敌人的侵犯;第二,建立司法机关,制定自由社会的公民在进行经济和社会活动时应遵守的规则,以保护社会上的个人不受其他人的侵害或压迫;第三,建设并维持某些私人无力进行或不愿进行的公共事业和公共设施,目的在于维护和加强自由社会,而不是破坏它;第四,保护那些被认为不能保护自己的社会成员。

弗里德曼认为，应该建立这样一种社会，“它主要依靠自愿的合作来组织经济活动和其他活动，它维护并扩大人类的自由，把政府活动限制在应有的范围内，使政府成为我们的仆人而不让它变成我们的主人”。

（二）现代货币数量论

在吸收和修正凯恩斯灵活偏好论的基础上，弗里德曼推演出了新货币数量论。弗里德曼提出的货币需求函数为：

$$M = f\left(P, r_b, r_e, \frac{1}{P} \cdot \frac{dP}{dt}, \omega, Y, u\right) \tag{10-1}$$

式中，M 为财富持有者手中保存的名义货币量，P 为一般价格水平，r_b 为市场债券利息率，r_e 为预期的股票收益率，$\frac{1}{P} \cdot \frac{dP}{dt}$ 为预期物质资产的收益率即价格的预期变动率$\left(\text{为了说明方便，现令 } r_p = \frac{1}{P} \cdot \frac{dP}{dt}\right)$，$\omega$ 为非人力财富与人力财富的比例，Y 为名义收入，u 为其他影响货币需求的变量。

弗里德曼认为，如果表示价格及货币收入的单位发生了变化，那么，所需要的货币数量应同比例变动。例如，用美元表示（10－1）式中的 P 与 Y 时，M 的大小为某一数量；当改用美分来表示 P 与 Y 时，M 的大小必然为该数量的 100 倍；或者说，应将（10－1）式看作 P 与 Y 的一次齐次式，即：

$$f(\lambda P, r_b, r_e, r_p, \omega, \lambda Y, u) = \lambda f(P, r_b, r_e, r_p, \omega, Y, u) \tag{10-2}$$

尤其是当 $\lambda = \frac{1}{P}$ 时，则（10－1）式变化为：

$$\frac{M}{P} = f(r_b, r_e, r_p, \omega, y, u) \tag{10-3}$$

式中，$y = \frac{Y}{P}$ 为实际国民收入，这是新货币数量论常见的表达形式，由于 $\frac{M}{P}$ 表示财富持有者手中的实际货币量，因此，这一方程代表了对实际货币的需求。

从（10－3）式可以看出，货币需求量主要取决于以下四个方面的因素：

第一，总财富。弗里德曼认为，总财富是决定货币需求的一个重要因素。总财富包括收入或“消费性服务”的一切源泉，其中之一是个人生产或挣钱的能力，也就是弗里德曼早先在消费函数理论中发展的“永久性收入”的概念。由于很难得到总财富的估算值，因此，只能用收入来代替，y 就代表永久性收入。

第二，非人力财富在总财富中的比例。弗里德曼把总财富分为非人力财富和人力财富两部分。非人力财富是指有形财富，包括货币持有量、债券、股票、资本品、不动产、耐用消费品等；人力财富是指个人挣钱的能力，又称无形财富。非人力财富与人力财富的形式可以互相转换，但由于受制度的限制，这种转换有一定的困难，主要是人力财富转为非人力财富比较困难。例如，萧条时期存在大量失业，工人的人力财富就不容易转变为货币收入，而在转变为收入之前,人们又需要有货币来维持生存。因此,非人力财富在总财富中所占的比例对货币需求量产生影响。人力财富在总财富中所占比例越大,或非人力财富在总财富中所占比例越小,则对货币的需求也就越大;反之则反是。因此,ω 就成为影响实际货币需求的一个变量。

第三,各种非人力财富的预期报酬率。弗里德曼认为,人们选择保存资产的形式除了各种有价证券外,还包括资本品、不动产、耐用消费品等有形资产。在各种资产中,货币与其他有形资产之间的分割比例取决于各种资产的预期报酬率。一般情况下,各种有形资产的预期报酬率越高,愿意持有的货币就越少。因为这时人们用其他有形资产的形式来替代货币的形式保存在手中对自己更有利。所以,债券的预期报酬率(r_b)、股票的预期报酬率(r_e)和物资资产的预期报酬率(r_p)便成为影响货币需求的因素。

第四,其他影响货币需求的因素,如资本品的转手量、个人偏好等,均以变量 u 概括。

如果在方程 $M=\lambda f(P, r_b, r_e, r_p, \omega, Y, u)$ 中,令 $\lambda=\dfrac{1}{Y}$,则该方程可转化为:

$$\boldsymbol{\frac{M}{Y}=f\left(r_b, r_e, r_p, \omega, \frac{P}{Y}, u\right)}$$

式中,$\dfrac{M}{Y}$为货币收入的流通速度。

利用货币流通速度的定义,$\dfrac{M}{Y}=f\left(r_b, r_e, r_p, \omega, \dfrac{P}{Y}, u\right)$ 可改写为:

$$\boldsymbol{Y=Py=V(r_b, r_e, r_p, \omega, y, u)\cdot M}$$

式中,$V(r_b, r_e, r_p, \omega, y, u)=\dfrac{1}{f(r_b, r_e, r_p, \omega, y, u)}$ 为货币流通速度。

同时,弗里德曼强调,新货币数量论与传统货币数量论的差别在于,传统货币数量论把货币流通速度 V 或$\dfrac{1}{k}$当作由制度决定了的一个常数,而新货币数量论则认为货币流通速度不是常数,而是决定它的其他几个数目有限的变量的稳定函数。也就是说,货币主义在维持传统货币数量论关于 V 在长期是一个不变数量的观点的同时,又认为 V 在短期内可以做出轻微的波动。

【知识链接】

费雪方程

美国经济学家欧文·费雪于1911年在《货币购买力》中注重研究货币数量与物价之间的因果关系,认为货币数量增加必然导致物价水平上升,货币价值下跌;反之则反是。

$$\boldsymbol{MV=PY}$$

式中,M 为货币量,V 为货币流通速度,P 为价格水平,Y 为交易总量(或国内生产总值)。

货币流通速度是指每一单位货币存量在一定时期内平均交易的次数,也就是每一单位货币每年用来购买最终产品和劳务总量的平均次数。

费雪认为：第一，决定V的“如公众的支付习惯、使用信用范围的大小、交通和通信的方便与否等制度上的因素”等在短期内不会有大的变化，因而V在短期内不会迅速变化，在短期内V可视为一个常量；第二，实际国民收入决定于资源和技术条件，在充分就业的状态下不可能发生太大的变化，Y在短期内是固定不变的，因此，M的变化将导致P和名义国民收入以同一比例变化，即如果M翻倍，P同样翻倍；第三，货币需求仅为收入的函数，利率对货币需求没有影响。

由于费雪强调的是货币作为交易媒介即作为流通手段的作用，费雪方程因此被称为“交易方程”。

剑桥方程

庇古根据费雪的“交易方程”，在1917年发表的《货币的价值》一文中提出了“剑桥方程”，表示如下：

$$\boldsymbol{M = kY = kPy}$$

式中，P为价格总水平或价格指数；Y为名义国民生产总值；y为实际国民生产总值；k为经常持有的货币量，即货币需求总量和名义国民生产总值的比例，是货币收入流通速度的倒数。这里的M与费雪方程中的M在意义上略有不同，代表人们对货币的需求量，从而强调货币作为储藏手段的职能，这样，剑桥方程也就是剑桥学派的货币需求方程，表明人们对货币的需求量取决于货币流通速度和名义国民收入两个因素，与货币流通速度成反比，与收入成正比。k的大小取决于社会的商业习惯和制度等因素，在短期内固定不变，可视为常数，y在达到充分就业均衡时也是一个已知常数。因此，价格水平与货币数量成正比例变化，价格水平的高低取决于货币数量。由于剑桥方程强调货币作为储藏手段的职能，也就是把货币作为财产的保存形式，侧重于货币的持有，因此，剑桥方程暗含着利息率对货币需求的影响。

凯恩斯的货币需求方程

凯恩斯提出的以灵活偏好为基础的货币需求方程为：

$$\boldsymbol{\frac{M}{P} = L(Y,\ r) = L_1(Y) + L_2(r) = kY - hr}$$

式中，L为对货币的总需求，L_1为对货币的交易需求，L_2为对货币的投机需求，r为利息率，P为价格水平。

（三）通货膨胀理论

在现代货币数量论中，弗里德曼特别强调了货币供应量的变动是物价水平和经济活动发生变动的最根本的决定因素，主要原因：产量的增长要受物质与人力资本的限制，其增长一般较慢；但是货币（纸币）的增长不受任何限制，当货币的增长速度超过产量的增长速度时，通货膨胀就发生了。通货膨胀在任何时候任何地方都是一种纯粹的货币现象。

货币供应量的增加对物价水平的影响在于：(1) 如果货币数量突然增加，使现有的货币增加了一倍，由于每个人都企图保留有代表性的实际财产，而支出必然增加一倍，假定产量不变时，物价必然随货币供应量的变动而变动。(2) 假定人们的预期和不确定性完全预定不变，物价就将按货币供应速度呈同比例上升。弗里德曼指出："特定的物价和总的物价水平的短期变动可能有多种多样的原因，但是，长期、持续的通货膨胀随时随地都是一种货币现象，是由于货币数量的增长超过了总产量的增长所引起的。""如果货币量的增长不快于产量的增长，那就不可能发生通货膨胀。""管住货币水龙头，就可以制止在活动里流溢满地的通货膨胀。"

(四) 自然失业率理论

弗里德曼针对凯恩斯主义认为资本主义国家存在着非自愿失业，提出了所谓的"自然失业率"。"自然失业率"是指在没有货币因素干扰的情况下，让劳工(劳动力)市场和商品市场的自发供求力量发挥作用时所应有的、处于均衡状态的失业率，是指那种可以与通货膨胀相适应的失业率。只要市场是完全竞争的，工资实际上具有完全的伸缩性，劳工具有流动性，那么，一些有技能而愿意工作的人迟早会得到就业机会，而一些缺乏技能而不被雇主需要的人，无论产量如何变化也得不到就业。正因为存在自然失业，所以凯恩斯的以充分就业为目的的经济政策就无法完全消灭失业，扩张性货币政策的实施只能是增加了货币供应量，引起了通货膨胀，而无法消灭失业。这样就使资本主义国家出现了目前所存在的严重的滞胀局面。现代货币主义者从"自然失业率"理论出发，反对政府增加就业的政策，反对凯恩斯主义的"充分就业"理论。在他们看来，就业水平并不取决于政府采取的措施，而是决定于劳动力市场的一般条件。他们认为，如果消除了工会的"垄断"，让工人"自由竞争"，自然失业率就会降低。只要政府按照与经济增长率相适应的速度长期、稳定地增加货币供应量，就可以保证资本主义国家的经济繁荣和物价稳定，使失业率保持在自然失业率水平。

四、货币主义的政策主张

(一) 实行"单一规则"的货币政策

弗里德曼反对凯恩斯主义用财政政策来干预经济，特别强调了货币政策的极端重要性，认为财政政策必须通过货币政策才能发挥作用。他指出，政府支出总是反应迟缓，且对经济的刺激作用时滞较长，而税收政策等受政治因素的限制，无法按预测的要求做出迅速调整，因此，财政政策在"实际上"和"政治上"的可行性值得怀疑。正是"对财政政策的幻灭的不断增长加强了对货币政策的效力恢复信任"。但是，这种货币政策不同于凯恩斯主义通过影响利息率来调节总需求的货币政策，而是要调节货币供应量，即排除利息率、信贷流量、自由准备金率等因素，而以货币存量作为唯一支配因素的货币政策，并公开宣布让货币总额保持一个稳定的增长率。货币政策的目标应该是"货币政策能够防止货币本身成为经济失调的主要源泉"，以便"给经济提供一个稳定的背景，使机器运转良好"，并"能够有助于抵消经济体系中其他原因引起的比较重大的干扰"。为此，弗里德曼提出了两项要求：第一，要求货币金融当局把它所能控制的数量作为指导自己行为的准则，在汇率、物价水平和货币存量三个指标中,把货币存量作为指示器;第二,金融当局要避免政策的剧烈摆动。

(二) 收入指数化方案

收入指数化是指使各种名义收入,如工资、利息等,部分或全部地与物价指数相联系,自动随物价指数的升降而升降。通常,这种联系及调整被以法律或合同的形式加以制度化和自动化。例如,政府规定,工人工资的增长率等于通货膨胀率加上经济增长率。收入指数化可以是百分之百指数化,即工资按物价上升的比例增长;也可以是部分指数化,即工资上涨的比例仅为物价上升的一部分。

20 世纪 80 年代末和 90 年代初,我国所实施的对居民储蓄予以保值补贴的措施就是一种特殊的收入指数化政策。典型的收入指数化政策是实施工资指数化,即将货币工资与价格水平挂钩,实现物价与工资联动,货币工资随价格上升而增加,从而使货币工资的增长全部或部分地弥补因价格上涨而引起的购买力损失。自 20 世纪 70 年代以来,美国等发达国家以及巴西、智利等发展中国家都相继实施过工资指数化政策,使得工资合同中的"生活费用调整"规定得以贯彻,减弱因通货膨胀引起的收入分配扭曲,避免基于通货膨胀预期引起的不确定性,客观上起到了维持长期工资合同的优势与平衡劳资双方利益的作用。

(三) 浮动汇率制度

第二次世界大战后,国际金融体系执行的是布雷顿森林会议所规定的固定汇率制,即美元与黄金直接挂钩,每盎司黄金为 35 美元,各国货币与美元挂钩,直接以美元为基础来确定各国货币的汇率。弗里德曼早在 20 世纪 50 年代后期就反对这一制度,曾大声疾呼"在一个各国不能按照自动调节的金本位制降低或提高汇率的世界中,布雷顿森林会议所规定的固定汇率是极其错误的",并且断言,固定汇率必将破产,代之以浮动汇率。

1963 年,弗里德曼进一步指出,只有实行浮动汇率制度才能既保证国际贸易的平衡发展,又不妨碍国内重要目标的实现,因为浮动汇率是一种自动机制,能保护国内经济使之不受国际收支严重失衡的影响。

20 世纪 70 年代后,当美国和其他主要资本主义国家发生战后最严重的经济危机和通货膨胀时,弗里德曼再次强调西方各国之所以普遍发生通货膨胀,原因之一就是"企图维持固定汇率,这就导致一些国家,特别是西德和日本,从美国转入了通货膨胀"。

(四) 负所得税方案

弗里德曼反对凯恩斯主义者所主张的对低收入者发放差额补助的福利制度。他认为,高效率来自自由竞争,没有竞争就没有效率,给低收入者发放固定的差额补助不利于激发其进取心,有损于效率,但又不能坐视不管,因此,弗里德曼主张采用负所得税的办法。

$$负所得税 = 最低收入指标 - 实际收入 \times 负所得税税率$$

假设最低收入指标为 1 500 美元,负所得税税率为 50%,则实际收入在 3 000 美元以下的人可以用新的负所得税,最后的个人可支配收入(实际收入+负所得税)如表 10-1 所示。

表 10-1 个人可支配收入 单位：美元

个人实际收入	负所得税	个人可支配收入
0	1 500－0＝1 500	1 500
1 000	1 500－(1 000×50%)＝1 000	2 000
1 500	1 500－(1 500×50%)＝750	2 250
2 000	1 500－(2 000×50%)＝500	2 500
3 000	1 500－(3 000×50%)＝0	3 000

这样，收入不同的人可以获得不同的补贴，个人实际收入越高，个人可支配收入就越高，以鼓动人们就业。

【延伸阅读】

学者趣闻

1976 年，弗里德曼获得诺贝尔经济学奖。在颁奖典礼上，当他从座位上起立以便从瑞典国王手中接过获奖证书时，一位观众突然举起"自由归于智利人民"的横幅站起来抗议，大喊"资本主义下台，弗里德曼下台"，会场一阵骚乱。事情的起因还要从智利的军事政变说起。20 世纪 70 年代，智利军人皮诺切特发动军事政变推翻阿连德政府。阿连德是社会党人，上台后推行国有化和计划经济。这些政策引起智利国内经济倒退与混乱。皮诺切特上台后开始用强力手段推行市场经济改革，改革方案是由萨克斯等一批美国青年经济学家策划的，这些人中不少曾受教于弗里德曼。这种经济转型造成智利国内失业与贫穷现象严重，遭到左翼人士反对，皮诺切特对他们实施镇压，激化了国内矛盾。于是，一些人指责弗里德曼与智利问题有牵连，设在瑞典的智利委员会则把弗里德曼称为"要对当前智利的失业饥饿政策负有罪责的经济学家"。在这样的背景下，颁奖典礼上发生抗议事件也就不足为奇了。颁奖典礼上的尴尬从另一个侧面表明了弗里德曼经济政策在 20 世纪 70～80 年代的影响力。无论是发达国家还是发展中国家，其经济运行无处不渗透着弗里德曼的思想与主张。事情的两面性再一次出现：英国的通货膨胀率从 1980 年的 22%降到 1984 年的 4%，同时失业人数从 100 万上升到 300 万；如出一辙，1979 年美国的通货膨胀率和失业率分别为 12.7%和 5.9%，4 年后这两个数据变为 3.2%和 7.6%。物价降下来了，但人们却承受着失业的痛苦。"坚持"是弗里德曼始终如一的信条。于是，奇迹出现了：1993～2000 年，美国经济出现了持续 8 年的低通货膨胀、低失业率的经济增长。

第二节 新古典宏观经济学

新古典宏观经济学是在货币主义的基础上加入了理性预期的概念，建立在理性预期、市场连续出清和自然失业率的假设上，从货币和实际因素中探寻经济波动的原因，并提出独到的理论以解释当时出现的滞涨状况，得出“货币政策无效”的命题，因而主张市场机制的自我调节。其主要代表人物是罗伯特·卢卡斯(Robert Lucas)、托马斯·萨金特(Thomas Sargent)、尼尔·华莱士(Neil Wallace)以及罗伯特·巴罗(Robert Barro)等。该学派作为货币主义的延续与发展，采用并发展了西方学者约翰·弗雷泽穆斯(John Fraser Muth)于1961年提出的理性预期观点，形成了一系列与传统凯恩斯主义相反的说法。由于理性预期学派的一系列说法大体与凯恩斯出现之前的传统经济学相一致，从而使西方经济学恢复到传统的被认为是“古典学派”的状态，于是，西方学者称其为“新古典宏观经济学”(New Classical Macroeconomics)。目前，新古典宏观经济学和新凯恩斯主义并列为西方主流经济学派中的两大流派。

【延伸阅读】

罗伯特·卢卡斯

罗伯特·卢卡斯是新古典宏观经济学的创始人。其于1937年9月15日出生于华盛顿州的亚基马市，父亲是船厂的装配工，母亲是时装设计师；1959年获芝加哥大学历史学学士学位，1964年获芝加哥大学经济学博士学位，1970年在卡内基-梅隆大学得到教授职位，1975年任芝加哥大学经济学教授。1995年10月10日，由于“他发展并应用了理性预期假说，因此改变了宏观经济分析和加深了人们对经济政策的理解，并对经济周期理论提出了独到的见解”而获得诺贝尔经济学奖。其曾担任美国科学院院士、美国经济计量学会会长、美国经济学联合会会长等职务。卢卡斯的主要著作有《经济周期理论研究》《理性预期与经济计量学实践》(1981年与托马斯·萨金特合著)等。

一、新古典宏观经济学的产生

(一) 新古典宏观经济学产生的理论背景

新古典宏观经济学之所以从货币主义中分离出来成为一个独立的流派，是由于正统货币主义存在一定的缺陷：

1. 适应性预期假说与理性人假定相矛盾

在适应性预期中，人们仅仅根据过去的信息来进行预期，完全不考虑现在可能获得的其他信息。此外，当预期的变量值与实际变量值不一致时，经济主体只能缓慢、部分地修正预期。在适应性预期假说下，人们的预期会犯系统性的错误，而不能“吃一堑长一智”，从错误中吸取教训，不再犯同样的错误。显然，适应性预期假说与理性人假定相矛盾。根据适应性预期导出的短期菲利普斯曲线与正统凯恩斯主义的菲利普斯曲线都向右下方倾斜，意味着只要中央银行不断地增加货币供给量，菲利普斯曲线就会不断地右移，通货膨胀率与失业率就有持续的交替关系。另外，正统凯恩斯主义也吸收了垂直的长期的菲利普斯曲线，使得凯恩斯主义与货币主义逐渐“综合”，模糊了两者的界限，大大减弱了货币主义对正统凯恩斯主义的攻击力。

2. 固定货币增长率的单一规则的货币政策不一定能够稳定经济

弗里德曼坚持货币需求函数的稳定性，要求用固定货币增长率的单一货币规则来稳定经济。然而20世纪80年代，美国与其他发达资本主义国家的货币流通速度明显下降，在一定程度上加剧了经济衰退。1980 年美国的通货膨胀率上升到 13.4%,失业率达到 8%。1982 年,通货膨胀率虽然有所下降,但失业率达到 10%,形成了严重的滞胀局面(部分原因是第二次石油危机,1979 年的国际石油价格由 1978 年的每桶 14 美元上升到每桶 34 美元)。如果货币需求函数本身不稳定,那么,单一规则的货币政策就不一定能够稳定经济。

(二) 新古典宏观经济学的发展

1. 第一阶段(20 世纪 70 年代)

这是新古典宏观经济学的产生阶段,当时被称作理性预期学派。这个学派发端于 20 世纪 60 年代初,形成于 20 世纪 70 年代中期,是作为凯恩斯主义的对立面而出现的资产阶级自由主义经济学派之一。"理性预期假说"最早由约翰·穆斯在 1961 年提出,但仅应用于微观水平的商品市场分析。当时,凯恩斯主义主宰了整个西方经济学,相机抉择的财政政策与货币政策在需求管理上游刃有余,所以穆斯的这一假定并未引起人们的注意。进入 20 世纪 70 年代后,美国和一些西方国家相继出现"滞胀"的局面,凯恩斯主义在失业与通货膨胀之间处于顾此失彼的两难境地,受到越来越大的挑战。以弗里德曼为代表的货币主义经济学家掀起了"反凯恩斯革命"。这时,卢卡斯、萨金特、华莱士等人把穆斯的理性预期概念运用到宏观经济分析中,对凯恩斯主义的经济理论和政策主张进行了猛烈抨击,从而很快形成了一个新兴的理性预期学派。该阶段的主要贡献是:提出理性预期、持续市场出清的假说,并在此基础上强调了货币冲击对经济周期的作用,提出了货币与产出的相互作用中货币作为诱因的理论,并认为政府的货币政策是无效的,它并不能影响总产量的变化,而只有未被预见到的货币供给变化才能真正影响实际总产量。

2. 第二阶段(20 世纪 80 年代后期至今)

这是新古典宏观经济学的发展阶段,对卢卡斯的货币经济周期理论提出了反对意见,从实际因素方面寻找经济波动的根源,提出了完全信息下真实均衡的变动,强调了技术冲击和货币的内在性等理论,并提出了相应的政策主张,主要代表人物有芬·基德兰德、爱德华·普雷斯科特、约翰·泰勒和罗伯特·巴罗等。他们在该阶段的主要贡献是:创立了实际经济周期理论,提出政策无效性命题,创立了应用宏观经济学。具体来说,新古典宏观经济学一般接受以下四个命题:(1) 私人经济是可以自身稳定的;(2) 货币在长期是中性的;(3) 货币在短期也是中性的;(4) 凯恩斯主义积极干预的经济政策是有害的。

二、新古典宏观经济学的基本理论

(一) 参与经济活动的主体是具有理性的人

理性预期学派之前的经济学家非常重视预期的作用,但他们一般把经济活动的主体即消费者和企业看作被动的,只能随着客观经济形势的变化来调整自己对经济前景的看法,这样形成的预期是所谓"适应性预期"。而理性预期学派认为,消费者和企业管理者并非经济舞台的被动观察者,他们是积极、明智而有理性的,并且善于思考。在进行经济决策时,人们不仅考虑现实的、客观的经济情况,而且考虑社会经济行为及政府政策的未来方向,以获取最大的利益或力求最小的损失。也就是说，人们不仅利用现在和过去形成预期，而且用最大可能获得的信息对政府的未来行为进行预测，这样形成的预期一般较符合实际上即将发生的事实，即“理性的预期”。人们偶尔会犯认识上的错误，但绝不会犯系统性的、持续性的错误。如果政府企图增加10%的货币供给量来促进经济增长和就业，人们就会有10%的通货膨胀预期。

（二）市场均衡是常态，市场失衡是缺乏理性预期的结果

理性预期学派的理论基础之一是“自然率假说”，它是从现代货币主义中分离出来的一个新兴学派。按照该假说，资本主义的市场基本处于完全竞争的状态，在包括劳动力在内的商品市场上，竞争的力量会使每种商品的供求都处于或趋向于均衡状态，即供给量等于需求量。劳动力市场也总是处于或趋于均衡状态，一切愿意按市场价格出卖劳动力的人都能就业，没有就业的人都是嫌工资太低而自愿失业的。理性预期学者都认为，只要社会上仅有自愿失业和少量的摩擦性失业，就达到了充分就业状态。他们把充分就业状态下的失业率称为自然失业率或自然率。完全竞争的资本主义制度的“常态”即充分就业下的市场均衡。他们反对凯恩斯主义的所谓市场“失衡”是常态的观点，认为市场的失衡是由于实际情况与预期之间的差距造成的，即缺乏理性预期的结果，但人们不会犯长期的、持续性的错误。失衡是偶然的、意外的。

例如，卢卡斯对20世纪30年代“大萧条”的解释是：发生这次危机的原因是信息的传递发生了困难，是一个“错误”；否则，很难解释一个人一方面追求自己的利益，另一方面伤害自己的利益。

（三）政府干预经济的政策是无效的

凯恩斯主义者认为市场的失衡是常态，而政府可以凭借两项“利器”介入市场：一是财政政策，二是货币政策。只要实行“反周期”的经济政策，就可以在经济衰退时增加就业，在过分繁荣时降低通货膨胀的压力。然而，理性预期学派认为，由于人们能够进行理性的预期，在进入市场之前和之后都有足够的思想准备，为保护自己的利益会采取预防性的措施，从而完全抵消政府政策的作用。

例如，第一次减税时，人们可能增加消费和投资，但再次减税时，人们就会预期政府将更多地举债，为支付更多的利息将会加重税赋，因此不会像第一次那样增加消费和投资，纳税人很可能削减消费、增加储蓄以对付将来增加的税负。预期会抵消财政政策在需求方面的效应，从而使之无效。

货币政策也是无效的。如果政府企图凭借增加货币供给量来促进经济，人们就会预期物价会与货币供给量的增长率保持同步，因而工人会要求工资增长同样的比率，而资本所有者会要求名义利率上升相同的幅度，结果社会投资不会增加。增加的货币供给量只能导致更大的物价上涨，实际产出不会有丝毫变动。

当然，政府的政策有时也会有一些效果，那就是政府推行出其不意的政策，使人们没法在事先拥有完全的信息对自己的行为进行调整，从而造成实际情况与预期的差距。例如，当一项扩张性货币政策突然出台时，人们看到手里持有的货币量在增加而没有看到物价的上涨会很快抵消实际的收益,因而实际花费会增加;增加的货币供给开始使利率下降,而储户或资本提供者由于没有预测到未来的通货膨胀,因此没要求提高利率。利率的下降使实际投资增加,这样,社会总需求增加。总需求的上升使货币工资增加,由于工人没有预测到未来的通货膨胀最终会抵消货币工资增加的好处,因此劳动力的供给增加,整个社会的产出和就业就处于充分就业水平。但是,人们是不会长时间受骗的,他们会充分利用一切信息来改正错误认识,最终他们会认识到,所有物价都上涨了相同的幅度,实际工资并未增加,劳动力的供给量会回到以前的水平,资本所有者也会要求提高名义利率以避免实际利息收入的下降,经营者会意识到过去把价格的上涨作为需求量增加的信号是一种错误,于是把生产恢复到以前的水平。所以,货币政策最终是无效的。

三、新古典宏观经济学的政策主张

凯恩斯主义认为,一国经济的兴衰取决于"有效需求"是否充分,认为"有效需求"不足的最终原因在于"心理因素",经济机制既与之无关,也无能为力,那么,调节经济的责任自然得由政府来承担,即由国家来管理"有效需求"。

与此相对立,新古典宏观经济学的政策主张是:预期是理性的,货币政策和财政政策与就业和价格决策过程无关,经济周期是超出政策制定者能力之外的均衡现象,反对国家干预经济。新古典宏观经济学的一个主要原则是:"经济如果不反复遭受政府的冲击,就会基本稳定。"所以他们认为,凯恩斯主义所主张的干预经济生活的财政政策和货币政策能够生效的隐含前提是:利用人们所掌握信息的不对称性,政府可以出其不意地实行某种政策以影响经济生活,但是政府要取得社会的支持,就不能在经济政策上对社会搞突然袭击,而要按既定的规则和程序办事。这样,在理性预期的条件下,政府的经济政策就是无效的。因此,该学派的政策主张主要表现在以下两个方面:

(一)政府的政策目标只能是一定的物价水平

新古典宏观经济学否认凯恩斯主义者所推崇的菲利普斯曲线,他们认为通货膨胀和失业即使在短期也没有此消彼长的替代关系,货币供给量的变动只影响物价水平,而就业量和产出则不会受影响。由于理性预期的作用,提高货币供给量的增长率只能加剧通货膨胀,就业和产出水平不会相应增长;而降低货币供给量的增长率能缓解通货膨胀,但却不一定能降低就业和产出,因而货币是中性的。此外,在他们看来,所有失业都是"自愿的",因而是"自然的",所以政府完全没有必要把失业作为政策目标之一。政府政策的唯一目标是确定理想的一般物价水平。卢卡斯认为,政府为了制止通货膨胀,应该制定并公布一些长久不变的政策,并一直坚持下去而不轻易变动,经济主体就会逐渐信赖这些政策,不会因为政策的频繁变动而产生持续性的通货膨胀预期,一般物价水平就会趋于稳定,失业不会增加,生产不会下降,经济就不会出现急剧的变动。

(二)避免政策的多变性

"反周期"的财政政策和货币政策是具有规律性的,如果出现衰退,人们就会预期政府将实行扩张性政策；如果过分繁荣引发了通货膨胀，人们就会预期政府将实行紧缩性政策。这种规律性很容易被经济主体所掌握，理性的经济主体会做出相应的反应来守护自己的经济利益，从而抵消政策预定的作用。突然出台的政策除了对经济产生冲击外，也只在短期有效，还会加强人们的防范心理。因此，政府一方面应放弃对经济的干预，另一方面应制定取信于民的长期稳定的政策，放弃政策的多变性，以消除人们的防范心理，不再采取预防措施。就财政而言，政府应平衡预算以稳定经济；就货币而言，政府应明确地规定一个货币供给量的年增长率，即货币供给量的增长与经济增长保持一致，这样就会消除由于政府频繁干预经济而产生的持续性的通货膨胀预期，物价就会趋于稳定，失业也不会增加，经济就不会有大的波动。反之，如果政策多变，由于公众有能力掌握一切信息，能够做出理性的预期，因此，政府的干预政策不仅达不到目的，还会干扰经济的正常运行。政府的作用只是为私人经济活动提供一个稳定的可以使人们充分了解的良好环境。所以，“我们需要的是稳定的政策，而不是积极行动主义政策”。卢卡斯认为，政府干预得越少，经济效率就越高。

【延伸阅读】

学者趣闻

罗伯特·卢卡斯虽然因发展和应用了理性预期假说方面的成就而于1995年获得诺贝尔经济学奖，但他本人却未能“理性预期”到自己能够获得这一荣誉，而他的前妻——芝加哥大学本科时的同学丽塔·莉莉·科恩(Rita Lilli Cohen)却预期到了这一点。他们俩于1959年结婚，1982年分居。在1989年办理离婚手续时，丽塔提出，若是卢卡斯在1995年年底之前获得诺贝尔奖，她应该分得全部奖金的一半。当时卢卡斯认为自己获得诺贝尔奖的可能性极小，就漫不经心地答应了。后来，当丽塔按离婚合同拿走他的一半奖金时，卢卡斯后悔莫及，认为丽塔简直是个女巫。

第三节 供给学派经济学

【引导案例】

供给学派的中国经济“药方”

在保持了30年的高速增长后，中国经济似乎走进了一个“怪圈”：每当经济增速有所下滑时，决策部门往往会加大投资、放松信贷“踩油门”；每当通货膨胀有所抬头，决策部门又往往会减少投资、紧缩信贷“踩刹车”。在“踩油门”与“踩刹车”的颠簸行进中，投资猛增、货币超发、产能过剩、垄断加剧、高利贷泛滥、中小企业倒闭潮轮番上演。

就在当时中国政府换届前后，数十名知名学者、政府官员和金融高管举起新供给主义的“大旗”，希冀新一届政府的宏观政策从需求式管理适当转向“供给侧”调控，“解除供给抑制”是这一学派开出的“药方”。他们认为，20世纪80年代美国里根政府和中国邓小平政府的经济政策异曲同工，两者都是从激发产品提供的“供给侧”入手，美国避免了滞涨，中国则迎来了黄金发展期,此学派的具体政策包括减税、打破垄断、减少管制、产权多元化、市场自由化、公平分配、加快城镇化等。

与里根和撒切尔更大程度上的自由化不同,新供给学派强调结合中国制度的现实;与凯恩斯主义关注投资、消费等更加关注"需求侧"管理不同,新供给学派认为经济干预的重点在于供给方面,其出发点可以笼统地概括为"新供给可以自动创造新需求"。例如,在乔布斯创造出苹果手机之前,世界对它的需求原本是不存在的,而一旦该手机问世,新的需求就被源源不断地激发出来。而目前中国经济中存在的高税收、高社会成本、高垄断、高管制对"供给侧"产生了严重束缚。打破上述限制,中国经济即可在保持增长的同时避免通货膨胀。

由此,新供给经济学为中国经济开出的"药方"是从结构性减税到大规模减税、放松政府管制、减少行政审批、打破垄断、鼓励创新和创业、加快城镇化步伐、实施新一轮金融改革等。

李克强总理在谈到当前经济发展问题时曾指出,靠刺激政策、政府直接投资实现预期目标的空间已经不大。中央政府已决定不再实施大规模财政刺激政策,并控制经济中的流动性,转向更加稳健的货币政策。

普遍的观点认为,新政府的宏观调控手段发生了转变,甚至有人称,"新政"带有强烈的供给学派色彩。供给学派的人士发现,即使是"需求侧"的管理,新政也不同于以往。以饱受争议的太阳能产业为例,初始投资补贴以扩大国内市场的方式将被发电量补贴替代,政策从直接支持装机规模转向支持装机质量。新的执政思路或许不能简单地划归为某一学派,但百日新政已显露宏观经济政策开始调整的端倪,而这势必深刻影响中国的未来十年。

资料来源:陆宇. 21世纪经济报道[N]. 2013-7-1.

供给学派是在20世纪70年代美国经济"滞涨"期间诞生的,它在里根总统任职期间部分地取得成功。总体来讲,该学说是与正统的凯恩斯"需求管理"思想相对立的,即否定政府对经济的干预。其思想渊源来自萨伊"供给创造自身需求"的理论命题。

一、什么是供给学派经济学

供给学派是20世纪70年代主要在美国兴起的一个经济学流派。这个学派关心增加生产和生产能力的增加,所以,供给学派就是强调供给、主张减税、刺激生产的理论。这种理论认为,在不受干预的市场经济中,供给创造自身需求。

这一学派认为,在经济的供给(生产)和需求(消费)两大方面,供给是主要的。可是,美国的经济政策长时期以凯恩斯主义为指导,人为地刺激需求,使美国经济出现了种种问题。所以,要解决这些问题不能再用凯恩斯主义刺激需求的办法,而应采取措施增加商品和劳务的供给(生产)。

供应学派的主要特征:一是强调供给而不是需求;二是强调重视萨伊定律,相信市场经济的自动调节机制;三是反对国家干预经济,反对凯恩斯刺激总需求的政策;四是主张"健全财政",强调减税的"生产性",主张恢复"崇尚节俭、鄙视奢侈"的传统美德。

这一学派的最基本命题是,削减税收可以激发人们更加勤奋地工作和刺激人们多投资,从而可以增加总就业量,最终导致国民收入的增加。

二、供给学派的形成

供给学派继承了古典的宏观经济分析。实际上,供给学派的分析是在重复传统的宏观公共财政分析。这种宏观公共财政分析首先是重农主义者,以后是大卫·休谟、亚当·斯密和其他重商主义经济学家所研究的,在认识到如平等、公正和再分配这些有关税收问题的同时,古典经济学家主要强调的是税收对总供给和经济增长的效果。后来的萨伊和穆勒则进一步发挥了供给第一的观点,提出有名的"萨伊定律"。供给学派经济学集中研究的是税率对相对价格、总供给和经济增长的影响,税率变动与相对价格、总供给和经济增长的关系。这种研究是以传统的经济思想,特别是以萨伊定律为其理论基础的,因此,传统的公共财政分析和萨伊定律是供给学派的理论根源和基础。

该学派的先驱是欧元之父罗伯特·蒙代尔(Robert A. Mundell,1932—)。20 世纪 70 年代初,蒙代尔多次批评美国政府的经济政策,提出与凯恩斯主义相反的论点和主张。1974 年,他反对福特政府征收附加所得税控制物价的计划,主张降低税率、鼓励生产,同时通过恢复金本位、稳定美元价值来抑制通货膨胀。蒙代尔的论点引起阿瑟·拉弗(Arthur Betz Laffer)和 J. 万尼斯基的注意和赞赏。拉弗进一步研究并发展了蒙代尔的论点。当时的美国国会众议员 J. F. 肯普也很重视蒙代尔的主张。他任用 P. C. 罗伯茨为其拟订减税提案,聘请 N. B. 图尔进行减税效果的计量研究。20 世纪 70 年代后半期,拉弗、万尼斯基、罗伯茨等利用《华尔街日报》广泛宣传他们的论点。肯普也在国会内外竭力鼓吹减税能够促进经济增长。1977 年,肯普与参议员 W. V. 罗斯联名提出 3 年内降低个人所得税 30%的提案。这个提案虽然未经国会通过,但在社会上产生了很大影响。罗伯茨的论文《凯恩斯模型的破产》(1978)和图尔的文章《税制变动的经济效果:新古典学派的分析》(1980)提出在税制的经济效果问题上与凯恩斯主义对立的论点。万尼斯基所著《世界运转方式》(1978)被认为是供给学派的第一部理论著作。G. 吉尔德的《财富与贫困》(1981)阐述供给学派的资本和分配理论,被誉为是供给经济学的第一流分析。20 世纪 70 年代末,供给学派在美国经济学界成为独树一帜的学派。

在供给学派的形成过程中,有些倡导者如 M.费尔德斯坦、M. K. 埃文斯等在一些论点和政策上与拉弗、万尼斯基、肯普等人的意见差异很大。因为费尔德斯坦、埃文斯的观点比较温和,持论折中,西方经济学界称他们为温和派,而称拉弗、万尼斯基、肯普等为激进派。但后者则自称是供给学派正统派,西方各界通常也把后者作为供给学派的代表,下文所称的供给学派也是指激进派。

三、供给学派的基本理论

减少税收、刺激生产是供给学派全部理论的精髓,主要体现为拉弗曲线。拉弗曲线分析了税率与收入之间的关系(如图 10-1 所示)。

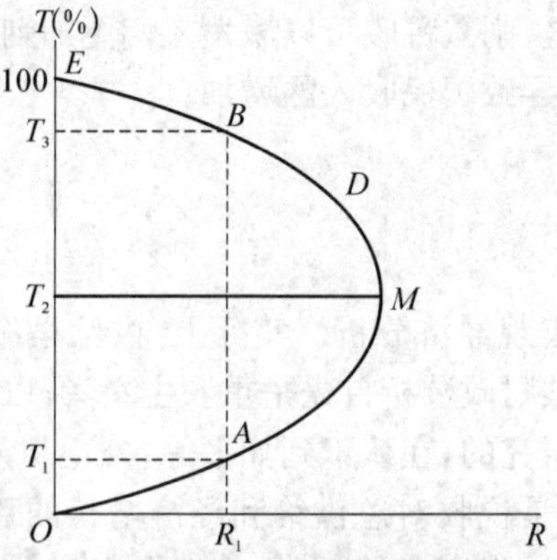

图 10-1 拉弗曲线

图 10-1 中,R 代表政府收入,T 代表税率。拉弗认为,政府收入的多少取决于税率和税基这两个经济变量,两者相乘为税收。其基本式为:

$$税收 = 税率 \times 税基$$

拉弗并没有详细地解释税基的确切含义,其一般概念是指经济的活动能力。从微观上看,它泛指厂商和私人的经济活动收益。例如,政府通过企业所得税所获得的收入等于企业利润税税率乘以企业所获利润,企业利润就是纳税的税基。再如,销售税税收额等于销售税税率乘以销售额,销售额就是税基。

拉弗认为,当税率变化后,税收会有两种变化的可能:一是假如税基不变,政府的收入会随着税率的上升而增加;反之则反是。因此,政府收入与税率之间呈正比例关系,这是一种会计效应。二是假如税基变动,政府税收收入也变动。政府收入与税基之间也呈正比例关系,即当税率不变时,税基越大,政府收入越大;反之则反是。这是一种经济效应。但是,税率与税基之间呈负相关关系。当税率上升时,私人和厂商的积极性受到压抑,经济活动减少,税基下降;反之,当税率下降时,私人和厂商的积极性受到刺激,经济活动增加,税基上升。因此,当政府变动税率时,会同时有两种相反的效应发生作用,而政府收入的增减则要看是哪一种效应占主导地位。

假如税率为零,政府收入当然也为零,这时税基可能最大,因为经济活动单位没有任何税收负担。当税率由零开始增加时,政府也开始有收入。从会计效应看,税率越高,政府收入也越高,但从经济效应的角度考虑,经济活动能力将随着税率的不断上升而越来越小,政府收入也会被抵消。只要会计效应大于经济效应,政府的总收入就会增加。在图10-1中,拉弗曲线的 OM 线段表示会计效应大于经济效应,即因税率上升而增加的税收大于因经济活动能力下降而减少的税收,因此,在这一区域,政府的收入将随着税率的上升而增加。当税率上升到 T_2 时,政府收入最大。

T_2 的税率并不一定是 50%,可为任意数,具体要视人们对纳税的态度和反应而定。例如,在战争时期,T_2 可能会接近 100%。当税率超过 T_2 时,经济效应则大于会计效应,从而再继续提高税率,政府收入将会减少,图 10-1 中的 ME 线段就是这种情况。如果税率上升到 100%,这时的情况与税率为零时一样,政府不再有任何收入,因为这时虽然税率最高,但税基为零,私人和企业的全部收入均需纳税,人们也就不会从事任何生产活动了。

拉弗根据该曲线指出,任何数量的政府收入都可以由两种税率获得,既可以通过 T_2 点以上的高税率获得，也可以通过 T_2 点以下的低税率获得。从图 10－1 可以看出，当税率为高税率的 T_3 或低税率的 T_1 时，政府收入都是 R_1。拉弗还把 T_2 和 100%税率之间的区域（T_2M 线以上部分）称为"禁区"。他指出，在"禁区"里，当政府提高税率时，私人和企业的生产活动都会下降，政府的收入也会下降。拉弗在提出"拉弗曲线"时认为，当时美国是处在"禁区"中（如 D 点），拉弗及供给学派正是据此而提出其减税主张的。他们认为，增税只会起到相反的作用。假如采取减税政策，将会鼓励人们从事生产，促进投资和储蓄，从而使国家的经济增长，政府的实际收入增加。

供给学派承认，减税后的确会出现政府收入减少的现象，政府的支出会大于税收，但这种情况仅仅是短期现象。从长期看，减税一定会产生增加经济活动能力的效果，促进经济增长，从而最终使政府收入增加。

许多西方经济学家，特别是凯恩斯主义者认为，减税的唯一结果是增加消费需求，因为税率降低，个人收入增加，支出和投资也将增加，继而国民收入水平随之增加。对个人来说如此，对企业来说也是如此。因此，当里根政府上台后，曾取得经济上的重大进展。在减税究竟是因为刺激了供给而推动了经济，还是因为刺激了需求而推动了经济的问题上，供给学派和凯恩斯主义争论不休。

四、供给学派的政策主张

（一）从需求管理转向供给管理

第一，从调节需求转向调节供给。所谓对供给的调节，不是像凯恩斯主义所说的调节产量和就业，而是调节关系到人们切身利益的价格、收入、利润，并通过这种经济利益刺激的改变来调节企业和个人的经济行为，即私人工作的积极性、储蓄行为、投资率。所以，这是一种微观调节或是对生产者、投资者、劳动者的单个经济行为的调节。

第二，从"收入效应"转向"价格效应"。凯恩斯主义收入效应调节的目标是国民收入，调节的手段是宏观经济政策。这是一种一般的、政府直接干预经济的调节方式，它妨碍了市场价格机制的作用，无刺激经济的效果。供给学派的价格效应即市场机制的效应。供给学派认为，直接影响和调节人们的经济行为的是工资、利润、利息、地租、汇率等价格机制以及边际成本与边际收益等边际调节原则，因此，可以通过商品价格、要素价格以及竞争、供求关系等机制的作用，引导资源合理配置并实现要素的最佳组合。

第三，从短期政策目标转向长期政策目标。供给学派认为，通过刺激总需求来实现单纯的产值增长的凯恩斯主义经济政策是一种短期政策，它只能解决一时的问题，但会伤害长期的目标，即生产率的增长。所以，应以长期政策目标代替凯恩斯主义的短期政策目标。这样，一是要改变衡量经济增长的指标，以生产率的增长代替产值的增长；二是以提高积极性、增加储蓄、扩大投资、促进资本形成作为经济增长的长期目标；三是从需求管理转向供给管理，以调节需求转向调节供给，用市场调节取代政府调节。

（二）以刺激供给为核心的财政政策

供给学派采取了与凯恩斯主义完全相反的财政政策，这种政策不是刺激需求的提高，而是刺激供给的增加，其中包括两项政策措施：

第一,大量减税的财政收入政策。减税的核心是削减边际税率,主要是削减企业和个人所得税,还包括对某些商品和劳务免征税收。减税的目的在于刺激生产和投资的积极性,扩大供给,促进经济增长。

第二,削减政府开支的财政支出政策。实行削减政府开支从而刺激总供给的财政支出政策,主要是削减政府的福利开支。

(三) 以稳定币值为目标的货币政策

第一,货币问题的关键在于货币的"质量",即表现在商品和劳务或黄金的价值上,而不是货币的数量,即货币当局的货币供给量增长率。

第二,货币数量公式的内含是:由于生产决定需求,生产的商品越多,则对货币的需求越多,即创造了对货币的需求,这也体现着"供给可以创造自身需求"的原理。

第三,产生通货膨胀的原因与政府扩大货币供给量的政策有关,但主要原因在于政府开支过大、巨额财政赤字和高税率。

第四,政府的货币政策应建立在两个基点上:一是根据生产和供给所产生的需求来安排货币供给量,或根据经济增长率来规定货币供给量的增长率;二是货币政策的核心是控制货币的质量,即稳定币值。

第五,货币质量的控制有赖于用黄金作保证,因此,要稳定币值,为经济提供高质量的货币供给,并从根本上消除通货膨胀,必须恢复金本位制。

第六,货币政策不是为了调节总需求,而是为了调节总供给,即通过稳定币值,消除通货膨胀,为经济增长提供适度的货币数量来促进生产发展。

第七,货币政策不应当成为国家全面干预经济的手段,而应当是政府对经济进行适当调节的工具;货币政策的运用也不是为了增强政府干预经济的力量和作用,而是要促进货币内在机制作用充分发挥,减少政府对货币经济的过多干预和扰乱。

(四) 以小政府实现无为而治的行政管理方式

政府过多的行政管理机构和一系列法令、法规限制了企业生产经营的自由,也造成官僚主义和政府开支的浪费。因此,供给学派主张取消过多的、不必要的限制性规章条例、法令与法规,减少政府的行政管理机构,尽量缩小政府规模。政府除了制定好适宜的政策、模范地执行法律、当好日常经济制度的"保护人"外,最好什么也不再干,实行无为而治。这样充分发挥市场调节的作用,使企业自由经营,即可克服经济中的供给不足,促进经济的长期增长。

总之,供给学派的政策主张就是:(1) 降低边际税率,减少政府税收;(2) 减少政府开支,削减福利费用;(3) 稳定币值,恢复金本位制;(4) 减少政府限制,取消规章条例。

第四节 新凯恩斯主义经济学

在经过 20 世纪 70 年代西方经济"滞胀"局面的现实挑战和经济学内部对以美国"新古

典综合派”为代表的凯恩斯主义经济学的激烈争论后，20 世纪 80 年代出现了一个主张政府干预经济的新学派——新凯恩斯主义学派。这个学派的出现及其迅速发展似乎使人们在经济自由主义思潮席卷西方宏观经济学领域之时看到了已经失势的凯恩斯主义经济学重振其雄风的希望。新凯恩斯主义坚持凯恩斯的基本经济信条，以其独辟蹊径的研究方法和新颖的理论观点来复兴凯恩斯主义。新凯恩斯主义学派的主要成员为格里高利·曼昆(N. Gregory Mankiw)、劳伦斯·萨墨斯(Lawrence Summers)、奥利维尔·布兰查德(Olivier Blanchard)、朱利奥·罗泰姆伯格(Julio Rotemberg)、爱德蒙·费尔普斯(Edmund Phelps)、乔治·阿克洛夫(George Akerlof)、珍妮特·耶伦(Janet Yellen)、约瑟夫·斯蒂格利茨(Joseph Stiglitz)、马克·格特勒(Mark L. Gertler)、本·伯南克(Ben Shalom Bernanke)等人。格里高利·曼昆和戴维·罗默(David Romer)主编的《新凯恩斯主义经济学》两卷本是新凯恩斯主义经济学的代表性论文集。

一、新凯恩斯主义的由来和发展

(一) 原凯恩斯主义与新凯恩斯主义

原凯恩斯主义认为，在经济体系中，价格和工资是刚性的，市场是非出清的，产品市场存在过剩产品，劳动市场存在过剩劳动供给，所以，失业和生产过剩是资本主义经济的常态。他们认为，失业和生产过剩的原因是有效需求不足。但是，市场机制本身并不能自行解决这个问题，只有政府干预才能消除生产过剩和失业。另外，由于根据传统的新古典经济学制定的自由放任政策在 20 世纪 30 年代的大萧条中对解决实际问题束手无策，因此导致了凯恩斯经济学的出现。根据凯恩斯经济学制定的政府干预经济的政策在实践中似乎收到了明显的效果。这使凯恩斯的经济理论受到了西方各国政府的欢迎。凯恩斯主义的政府干预主义新思潮也由此兴盛起来，并逐步取代了经济自由主义的传统统治地位。

第二次世界大战后，新古典综合派把凯恩斯的国民收入决定理论与马歇尔的新古典经济学理论“综合”在一起，试图弥补西方经济理论体系的“漏洞”，也使凯恩斯主义经济学能够适用于战后非萧条的经济情况，并且研究资本主义如何在长期稳定发展和治理通货膨胀。萨缪尔森《经济学》一书在 1948 年的出版标志着新古典综合派正统地位的形成。新古典综合派的特点是，企图撇开凯恩斯与古典经济学的分歧，把两者“焊接”为一个整体。在第二次世界大战后 25 年的时间里，新古典综合派理论的传播和西方大多数国家经济的顺利发展使西方大多数经济学家似乎成了新古典综合派的信徒。新古典综合派的理论体系成了官方经济学的正统，成为官方长期中制定经济战略和经济政策的主要依据和工具。当然，从实际上看，新古典综合派的理论和政策主张对于缓和经济危机、减少失业、促进经济增长也的确起过重要的作用。

20 世纪 60 年代中期以后，原凯恩斯主义开始衰落，经济学“共识”的时代归于结束。在经济发生“滞胀”的局面下，被新古典综合派在综合时所忽视的方面导致了该学派的衰落。一般来说，使新古典综合派出现衰落的原因可以归结为三个：(1) 新古典综合派的理论不能解释滞胀现象，陷入尴尬境地；其对策也不能解决滞胀问题，陷入两难局面。(2) 由于理论的缺陷，新古典综合派的理论(包括像索洛的新古典增长理论)不能解释和解决劳动生产率低下的问题。(3) 受凯恩斯主义理论倡导的鼓励消费、不鼓励储蓄和节俭的风气的影响,社会积累迟缓,资本形成缓慢,这也使新古典综合派的理论受到怀疑。

新凯恩斯主义经济学正是在新古典综合派逐渐失势、反对派林立的形势下逐渐产生的。这也是经济自由主义和政府干预主义两大思潮进行激烈争论的过程中,在两大思潮内部形成的。在风行一时的主张经济自由主义的思潮内部,有现代货币主义学派、供给学派、新古典宏观经济学派等。而在新古典宏观经济学派内部又有货币经济周期学派和实际经济周期学派之分。在遭受冷落的原凯恩斯主义的阵营中,一些被帕金(M. Parkin)称为"新凯恩斯主义者"的中青年经济学家反对经济自由主义思潮,继续坚持原凯恩斯主义的基本信条。他们采用了许多新的分析和研究方法,对各种有用的经济理论观点,甚至包括论敌的理论观点兼收并蓄,提出了一些新的理论见解,推动了凯恩斯主义的研究。正是在他们的努力下,新凯恩斯主义经济学派破土而出了。

新凯恩斯主义不是对原凯恩斯主义的简单继承,而是对其进行了批评、继承和发展。原凯恩斯主义的理论模型在统计检验上是失败的。特别是20世纪70年代的统计数据未能证明IS-LM模型和菲利普斯曲线结合所说明的通货膨胀与失业之间的替代关系。这给了原凯恩斯主义以沉重的打击。另外,新古典宏观经济学对原凯恩斯主义理论缺乏微观经济学基础、违反了微观经济学关于经济人是理性的假定的指责,从理论上动摇了原凯恩斯主义。新凯恩斯主义学派的经济学家对此进行了深刻的反省,同时吸收并融合了各派经济学家的理论精华及有用的概念、论点,批判地继承、发展了原凯恩斯主义。格林沃德和斯蒂格利茨认为,新凯恩斯主义和原凯恩斯主义在三个方面是一致的:(1) 劳动市场上经常存在过剩劳动供给;(2) 经济中存在显著的周期性波动;(3) 经济政策在绝大多数年份中是重要的。新凯恩斯主义与原凯恩斯主义的重要差别是,新凯恩斯主义在分析中引入了原凯恩斯主义所忽视的厂商利润最大化和家庭效用最大化的假定,吸收了理性预期学派所强调的理性预期假设,试图给凯恩斯主义宏观经济学奠定微观基础。新凯恩斯主义经济学认为,当经济中出现需求或供给冲击后,工资和价格的黏性使市场不能出清,使经济处于非均衡状态。这时即便有理性预期存在,国家的经济政策也有积极作用,还是会影响产量和就业。

(二) 新凯恩斯主义形成的理论背景

新凯恩斯主义产生的客观条件是原凯恩斯主义的理论缺陷和新古典宏观经济学在解释现实问题时的软弱无力。

原凯恩斯主义的理论缺陷是宏观经济理论缺乏微观基础。原凯恩斯主义用需求不足和名义工资刚性来解释失业的存在和持续,但没有很好地说明名义工资刚性。新凯恩斯主义者批评原凯恩斯主义时认为,"原凯恩斯主义的一个微妙之处是当它在考虑失业时,几乎不讨论劳动市场"。原凯恩斯主义既没有很好地说明名义工资刚性的原因,也没有说明价格刚性的原因。新古典综合派在"综合"时也忽视了微观经济基础。尽管萨缪尔森等人把"古典的"微观理论与凯恩斯主义的宏观理论综合在一起,但其"综合"是机械的,缺乏有机的联系。莫迪利安尼、乔根森和托宾等人虽然从微观经济学角度分析了消费函数、投资需求和货币需求,但他们的分析都只是局部均衡分析,未能真正解决宏观经济学的微观基础问题。

新古典宏观经济学明确地将微观经济理论作为宏观经济理论分析的基础。保持微观经济学和宏观经济学的一致性与相容性是新古典宏观经济学的优点。也正是在这一点上，它动摇了原凯恩斯主义的统治地位，开辟了西方经济学家研究宏观经济问题的新思路。但是，新古典宏观经济学过分追求理论结构和分析方法的完美性，忽略经验检验，以致其市场出清(Market Clearing)的微观分析和政策无效性结论完全脱离了资本主义经济的现实。

新古典宏观经济学的进展和不足与原凯恩斯主义的缺陷给了新凯恩斯主义者有益的启发。新凯恩斯主义者运用新的方法和思路对劳动市场、产品市场和信贷市场进行了分析，试图找出宏观经济波动和失业的原因。新凯恩斯主义者用工资与价格的黏性代替了原凯恩斯主义的工资和价格刚性假定；以工资和价格的黏性与非市场出清假定代替了新古典宏观经济学的工资和价格弹性与市场出清假设，并将其与宏观层次上的产量和就业量问题相结合，建立起有微观基础的新凯恩斯主义宏观经济学。

【延伸阅读】

格里高利·曼昆

格里高利·曼昆是于1958年2月3日出生的美国经济学家。其29岁即成为哈佛大学历史上最年轻的终身教授之一。其曾就读于麻省理工学院、普林斯顿大学，现任哈佛大学经济学教授，同时担任马萨诸塞州剑桥的一个非营利性智囊团——国家经济研究局所属的货币经济计划部主任，还被聘为国会预算办公室及波士顿联邦储备银行的顾问。另外，他还供职于ETS考试研发委员会下的经济学高阶水平考试委员会和NBER商业周期委员会。

二、新凯恩斯主义的假设条件和特点

新凯恩斯主义最重要的假设是非市场出清。这个假设使新凯恩斯主义与原凯恩斯主义有了相同的基础。非市场出清的基本含义是，在发生供给冲击或者需求冲击后，工资和价格不能迅速地调整到使市场出清的状态，而需要很长的时间才能达到市场出清。在重新达到市场出清之前，市场就处在非出清的非均衡状态。

新凯恩斯主义与原凯恩斯主义在非市场出清假设上的重要区别是：(1) 原凯恩斯主义非市场出清模型假定名义工资刚性，而新凯恩斯主义非市场出清模型假定名义工资和价格有黏性，也就是说，工资和价格是可以调整的，但调整十分缓慢，需耗费相当长的时间。(2) 新凯恩斯主义模型增加了原凯恩斯主义模型忽略的两个假设：一是经济当事人最大化原则，即厂商追逐利润最大化和家庭追逐效用最大化。这一假设源于传统的微观经济学。二是理性预期假设。该假设来自新古典宏观经济学，但与新古典宏观经济学不同，新凯恩斯主义者大多认为，短期内形成的预期是适应性预期而不是理性预期，并且由于市场不完全和信息不对称，经济当事人的理性预期通常受到约束，即这种预期是“近似理性预期”。经济当事人最大化原则和理性预期的假设使新凯恩斯主义突破了原凯恩斯主义的理论框架。

新凯恩斯主义经济学的特征是：否认新古典经济学的“二分法”，认为经济是非瓦尔拉斯均衡，实际上的不完全性是重要的。新古典经济学的“二分法”把经济理论分为两个部分：分析价值和分配问题的价值论，以及分析货币和价格问题的货币论。凡认为古典“二分法”有效、经济有瓦尔拉斯均衡特征的学派都属于新古典宏观经济学派。该学派坚持古典“二分法”,认为名义变量的变化不影响实际变量,市场能够出清,经济中存在着瓦尔拉斯均衡。新凯恩斯主义学派恰恰与此观点相反。他们认为,货币等名义变量的变化会导致产量和就业量等实际变量的波动,所以,古典“二分法”失效;工资和价格有黏性,黏性的原因是由市场的不完全竞争、经济人信息的有限和相对价格刚性等因素引起的,所以,市场是非出清的,有明显的非瓦尔拉斯均衡特征。凡是否认古典“二分法”,认为市场是不完全竞争、有非瓦尔拉斯均衡特征的经济理论都属于新凯恩斯主义学派。

三、新凯恩斯主义的基本理论

(一)新凯恩斯主义的价格黏性论

价格黏性是凯恩斯主义的基本信条之一,新凯恩斯主义坚持和发展了这一信条。价格黏性是指价格不随总需求的变动而迅速变化。

价格黏性问题的重要性在于,它可以转换为市场是否出清的问题,即市场机制是否有效的问题。价格有弹性,则市场出清,市场机制有效;而价格有黏性,则市场不能出清,市场机制失灵,只有政府干预才能纠正市场失灵。凯恩斯主义仅仅是指出经济中存在价格刚性或黏性及由此产生的后果,但是没有从理论上论证价格刚性或者黏性的原因,所以,他们遭到了新古典宏观经济学家的批评,说他们缺乏微观基础。这一批评击中了凯恩斯主义的要害,成为导致原凯恩斯主义衰弱的重要原因之一。

新凯恩斯主义为了复兴凯恩斯主义,对价格黏性提出了形形色色的理论说明,试图从当事人追求利益最大化和理性预期的假定出发,刻意在分析技术上下功夫,建立起复杂的数学模型,以一套形式上比较严谨的说法给价格黏性提供微观经济学基础。新凯恩斯主义价格理论较多使用价格黏性的概念,而较少使用价格刚性的概念;凯恩斯主义则恰好相反。在深入剖析价格黏性的过程中,新凯恩斯主义区分了名义价格黏性和实际价格黏性。名义价格黏性是指名义价格不能按照名义需求的变化而相应地变化,实际价格黏性是指各类产品之间的相对价格比有黏性。

1. 名义价格黏性论

新凯恩斯主义认为,厂商在调整价格时要遵循“状态依存法则”或“时间依存法则”才能在调整价格后使厂商利润最大化。但是,这两个法则直接阻碍着厂商调整名义价格。所谓“状态依存法则”,是指价格为状态的函数,随着经济状态的变化而变化。与之相关的名义价格黏性理论是“菜单成本论”。“时间依存法则”是指价格为时间的函数,要经过一段时间才能改变。与该法则相联系的名义价格黏性论是“交错调整价格论”。

菜单成本论又称成本的价格调整论。该理论认为,经济中有一定垄断力的厂商是价格的决定者,能够选择价格。菜单成本的存在阻碍了厂商调整价格。菜单成本是指调整价格时所花费的成本,包括研究和确定新价格的成本、重新编印价目表的成本、通知销售点更换价格标签的成本等。有些机会成本也称为菜单成本。菜单成本的存在使得名义价格水平有了黏性。在价格黏性的条件下,厂商对需求变动的反应是改变产量。这样,总产量随总需求的变化而变动,经济中就会出现大波动。

交错调整价格论以理性预期为假定前提,建立价格调整模型,阐述名义价格黏性和经济波动。该理论认为,在不完全竞争的市场中,厂商实现利润最大化时通常采用交错方式而不是同步方式来调整价格。同步调整价格是指各厂商在某一时点同时调整价格。交错调整价格是指各厂商都想看到其他厂商的价格决策后再改变自己的价格,但是,没有一个厂商能够坚持做到这一点,所以,市场上厂商调整价格的时间有先后,形成了一个交错调整价格的时间序列。信息的不完备和信息成本使得厂商必须选择一种以最小成本获得最大信息量的方式做出价格决策。这种方式就是交错调整价格。经济中如果盛行交错调整价格的方式,就会导致物价总水平有黏性。其结果是,价格水平不能随着总需求的变化而变化,恶化了总需求的波动,从而产生经济的周期性波动。

这种理论提出的政策建议是,制定能够诱导厂商实行同步调整价格的政策,减少经济中的交错调整价格行为,克服物价水平的黏性和价格惯性。

2. 实际价格黏性论

新凯恩斯主义者鲍尔和罗默认为,实际价格黏性在解释名义价格黏性和名义冲击的非中性时有重要作用。实证分析也表明,没有实际黏性,菜单成本论等名义价格黏性模型只有在非常不合理的参数下才能成立。所以,分析实际价格黏性是必要的。

新凯恩斯主义的实际价格黏性论包括厂商信誉论、需求非对称论和投入产出表理论等。

(1) 厂商信誉论。该理论认为,在不完全竞争的市场上,价格的选择效应和激励效应引诱厂商实行优质、高价的定价策略,从而导致实际价格有黏性。优质、高价的信念使价格具有选择效应,同时也产生一种对厂商维护自己信誉的激励效应。在这种情况下,厂商采取优质、高价的定价策略是适当的。当经济发生衰退时,厂商也不会降价而是调整产量。这时由于产量减少、成本上升,实际成本也是较高的,因此,这时的价格黏性是实际的。

(2) 需求非对称论。价格变动时,消费者对降价和提价的反应不同,导致需求有非对称性:价格提高时需求减少的幅度大于价格下降时需求增加的幅度。需求的非对称性与搜索成本有关。价格能够提高到弯折点的原因就是搜索成本。当搜索成本高于消费者购买较低价格商品所节省的费用时,他们就会继续在原来他们乐于去的商店以较高的价格购买商品。另外,对于价格变动的信息,消费者和厂商的反应也是不对称的。厂商提价肯定会减少一部分需求,而厂商降价却不一定会扩大销路。在这种情况下,出于利润最大化的考虑,理性的厂商将会把价格提高到弯折点,而不是采取降价策略。价格处于弯折点上,消费者会觉得搜索低价商品的代价过大而不愿意离开原厂商。所以,只要经济环境不变,弯折点不变,产品价格比也相对稳定,实际价格就有了黏性。当经济环境改变时,弯折点可能移动,厂商价格也会移动,但是,产品相对价格之比大体不变。价格仍有实际黏性。

(3) 投入产出表理论。该理论从厂商之间的相互关系来说明实际价格黏性。由于投入产出关系的复杂性,厂商难以承担巨大的工作量去计算和预测供求变化,从而独立制定适当的价格。这时,厂商最佳的行事方式就是依据直接供给要素的厂商所提供的信息来调整价格。由于需求变化对单个产品价格的影响在错综复杂的投入产出关系中传递得十分缓慢,因此,需求波动对要素价格变动的影响也非常缓慢。当上游厂商不能迅速调整价格时,下游厂商的成本变化也会缓慢。成本与总需求表现出相对的独立性。依据成本加成原则定价的厂商不愿意经常变动价格。所以,各厂商之间的相对价格比较稳定,价格就有了实际黏性。

（二）新凯恩斯主义的劳动市场论

凯恩斯主义理论有一个特点，这也是其致命弱点：考察工资黏性和失业等问题时几乎不讨论劳动市场。这就使得凯恩斯主义宏观经济理论缺乏微观基础。为了弥补这一缺陷，新凯恩斯主义提出了劳动市场理论，不仅在微观经济学基础上阐明了劳动市场失灵、高通货膨胀和高失业率并存等问题，而且在经济人追求自身利益最大化和理性预期假设的基础上解释了劳动市场失灵的原因，较好地说明了经济停滞与通货膨胀并发现象，从而丰富和发展了微观经济学的劳动理论。

新凯恩斯主义劳动市场理论的关键性假设是工资黏性。工资黏性是指工资不能随着需求的变动而迅速地调整，工资上升容易、下降难。新凯恩斯主义区分了名义工资黏性和实际工资黏性。名义工资黏性是指名义工资不随名义总需求的变化而变化。实际工资黏性是指实际工资与需求的变化几乎没有相关性。

（三）新凯恩斯主义的信贷配给论

传统经济学认为，信贷市场上仅是利率机制在起作用。当信贷市场上对贷款的需求大于供给时，利率会上升；反之，利率会下降。市场供求相等时的利率是均衡利率，均衡利率是唯一的。均衡利率使市场出清，贷款实行优化分配。信贷市场是有效的，政府干预是多余的、不必要的。新凯恩斯主义信贷配给论认为，仅考察利率机制过于片面和简单化，在信贷市场中，利率机制和配给机制同时起作用，市场存在多重均衡。有均衡利率的市场常处于无效率的均衡状态，只有政府干预才能有效地修正信贷市场失灵。

新凯恩斯主义信贷配给论从信贷市场中的信息非对称性出发，论述了利率和贷款抵押的选择效应会导致信贷市场出现信贷配给，信贷市场会失灵，政府干预有积极作用。

1. 利率的选择效应和信贷配给

信贷市场是信息不完全的市场，贷方和借方的信息是不对称的。作为借方的厂商比作为贷方的银行在还款概率方面有更多信息。厂商在向银行申请贷款时，知道所贷的款项将投资在哪些项目上，投资的风险和期望的收益有多高，拖欠贷款的可能性有多大。但是，银行在这几个方面的信息都比厂商少，银行只能根据项目的平均收益来判断厂商的投资收益，对厂商投资的风险性知之甚少，更无法从众多申请贷款的厂商中分辨出哪些厂商有较高的还款率、哪些厂商想拖延贷款。银行只能通过利率的正向选择效应和反向选择效应确定厂商的还款概率，推测贷款的风险性。

在信贷市场中，由于信息的非对称性，银行对于厂商的控制能力是有限的，还款的可靠性也成问题。由于利率反向选择效应的存在，利率与银行收益不是线性关系而是非线性关系，银行收益可能随利率的提高而递增，也可能递减。当银行利率低于最优利率时，提高利率能够增加银行收益；当银行利率高于最优利率时，提高利率会减少银行收益。因此，银行不能仅仅依靠利率去制约厂商，在市场利率高于最优利率时，银行必须运用数量限制的办法，即信贷配给来约束厂商。当利率机制和配给机制都在信贷市场起作用时，市场会出现多重均衡，只有在极偶然的情况下，市场出清的利率才会与银行最优利率相吻合，市场处于唯一均衡状态。

2. 贷款抵押的选择效应和信贷配给

贷款抵押也像利率一样有选择效应。贷款抵押的选择效应与还款的可靠性密切相关。

银行一般不采取增加贷款抵押品的办法来满足信贷市场对贷款的超额需求，而是通过信贷配给分配贷款。

倡导信贷配给论的新凯恩斯主义者认为，传统的信贷市场论是一种理论的抽象，不能反映经济现实。他们指出："供求定律实际上不是一个定律，不应视为分析经济的必要假设。"利率能使信贷市场出清仅是经济学家们的理想。使市场出清的利率既没有辨识效应，也没有激励效应，既不能作为检测机制，也不能对厂商产生激励作用；而存在信贷配给的利率既有辨识效应，又有激励作用。利率与配给方式相结合，银行才能实现利润最大化。这是发达市场经济国家的现实而非幻象。

新凯恩斯主义的信贷配给论指出，由于信贷市场中利率机制和配给机制同时起作用，信贷市场会出现多重均衡状态，市场机制失灵，通过政府干预才能纠正市场失灵。政府推行信贷补贴政策或提供贷款担保可以降低市场利率，提高借款者的还款利率，改善资源配置，增进社会福利。在自由信贷最没有效率时，政府干预最能增进效率。以还款概率来表示借款者差异时，借款者差别越大，市场失灵越严重，政府对市场的干预越有效。

四、新凯恩斯主义的政策主张

新凯恩斯主义与原凯恩斯主义的政策主张大致相同，都认为市场是失灵的，稳定经济的政策对经济具有积极作用。但是，新凯恩斯主义并不强调对经济的"微调"。他们认为，"微调"并不能有效地防止和医治失业和通货膨胀。他们倾向于一种更为温和的说法，即没有紧缩政策，通货膨胀会更加严重；没有扩张政策，失业会更加严重。这种方法容易为人们所接受。新凯恩斯主义并没有在经济政策方面提出多少具体的新见解，只是通过数学模型推导出许多公式化的经济对策，但缺乏进一步的具体化、可操作的政策主张。

（一）价格政策

新凯恩斯主义者在论述价格黏性成因的基础上，提出了一些价格政策建议，主旨是抑制价格黏性，使价格具有弹性，以修复失灵的市场机制，稳定总产量。新凯恩斯主义者在交错调整价格论和菜单成本论中提出了大体相似的政策建议。

他们根据交错调整价格论提出的政策建议是：制定能诱导厂商实行同步调整价格的政策，减少经济中的交错调整价格，以克服物价总水平的惯性。新凯恩斯主义者还根据菜单成本论提出：为了稳定经济、增进社会福利，国家应该推行抑制价格黏性、使价格较有弹性的政策，以纠正市场失灵，稳定总产量。这两个政策建议都主张通过政策干预去协调经济人的行为，纠正市场失灵，两者基本上是正确的，只是缺乏可操作性。价格有弹性，市场能出清，市场机制才是有效的。当价格有弹性时，价格会随需求的减少而下降，价格下降刺激了需求的增加，在价格下降到一定水平时，市场供求相等，市场出清。价格弹性吸纳了需求的冲击，使总产量比较稳定。这时，市场需求能调节供给，社会资源得到了充分利用。而当价格有黏性时，市场机制失灵，价格不会随着需求的减少而迅速下降，这样，价格变动调节需求的作用无从发挥，市场上出现过剩产品，市场不能出清。市场不能出清时，产品大量积压，最终迫使厂商削减产量，以适应需求的变动。厂商不改变价格而变动产量，导致总产量出现大幅度波动,社会资源不能得到充分利用,社会生产处于无效率状态。因此,交错调整价格论和菜单成本论提出通过政府的经济政策来恢复价格弹性、修复失灵的市场机制的建议的确抓住了问题的关键。这些政策建议是比较合理的。然而,遗憾的是,两者都过于原则化,没有提出具体的政策措施。这些原则性建议给凯恩斯主义者留下了相当大的回旋余地,却不便于政策执行者实际运作。

(二)就业政策

新凯恩斯主义的局内人-局外人理论根据局外人在劳动市场上长期处于不利地位的情况,提出政策建议:政府的就业政策应该更多地考虑长期失业者的利益,为他们多提供就业机会。交错合同理论则认为,国家应该干预劳动工资合同,货币政策应该使工资较有弹性,以提高就业率。不过,总的来说,上述政策尽管比较合理,但是仍然带有较强的理想色彩,具体实施起来有一定难度。

(三)货币政策和信贷政策

1. 货币政策

货币政策能稳定总产出和就业率,提高社会资源利用率。在市场机制失灵时,价格对总需求变化的反应过于迟钝,仅凭市场机制不能逆转总需求的冲击,经济处于无效率状态。这时,只有政府干预,推行与需求变动相适应的货币政策、工资政策和价格政策,才能改变经济中的无效状态,推动经济向产出的均衡状态运动。即使厂商对价格和工资变动的信息做出了反应,只要有关总需求外生性的信息对货币当局仍然有效,那么,政府推行有对称性的货币政策就能稳定产出和就业。在政府的货币政策已为公众所知的情况下,货币政策虽然对产出和就业的影响大为减弱,但仍然能在稳定物价方面发挥积极的作用。

为了实现稳定产出的目标,政府最优的货币政策是,货币量的调整与影响价格的实际扰动相适应,与引起价格变动的名义扰动反向行事。然而,这两种政策对雇员的影响是不同的,前者意味着产出稳定时雇员工资不太稳定,而后者意味着产出稳定时雇员工资比较稳定。

2. 信贷政策

新凯恩斯主义的信贷配给论认为,在信贷市场中,利率机制和配给机制都在起作用。银行通常不是采取提高利率的办法,而是运用配给的方式使信贷市场达到均衡。银行为了自身利益最大化,不愿意将款贷给那些愿意以高利率借款并将贷款投资于高风险项目的厂商。因为这些厂商的投资风险大,还款概率低。但是,从社会角度看,这些项目是有效的。当市场利率比较高时,风险厌恶的厂商不愿意借款,他们退出信贷市场;而愿意冒风险的厂商又得不到贷款。这就使那些社会效益高、风险大的项目因得不到贷款而无法投产,社会福利受损。所以,信贷配给论的政策建议是:政府从社会福利最大化角度出发,应该干预信贷市场,利用贷款补贴或提供贷款担保等手段降低市场利率,使那些有社会效益的项目能够获得贷款。

【延伸阅读】

学 者 趣 闻

2011年11月2日中午,哈佛大学经济学教授格里高利·曼昆遭遇了人生中最尴尬的事。

这位经济学界的大牌明星，未满30岁已是哈佛大学终身教授的学者、小布什政府总统经济委员的主席，在他的"初级经济学入门"的课堂上，约70名学生起身离开，以"罢课"表达他们"对于这门引导性经济学课程中根深蒂固的偏见的不满"。他们发出了一封《致格里高利·曼昆的公开信》，信中说："如果哈佛不能使学生们具备关于经济学之更广博、更具批判性的思考，他们(哈佛毕业生)的行为将危及全球金融体系，近五年的经济动乱已经充分证明了这一点。"

【知识链接】

宏观经济理论的分歧

在当代，经济学家们对于宏观经济政策要实现的目标是一致的，但对于如何实现这种目标则分歧很大。美国经济学家米尔顿·费里德曼指出："关于经济政策的主要目标存在着广泛一致的意见，那就是——就业水平高、物价稳定和增长迅速。至于这些目标是不是和谐共存的，或者(在那些认为它们不能和谐共存的人当中)在什么条件下这些目标能够并且应该相互代替，意见则不太一致。至于不同的政策工具在实现这些目标时能够和应该起什么作用，分歧就更大了。"(费里德曼：《货币政策的作用》)。

事实上，各派经济学家的分歧集中在以下两个主要问题：

第一，市场机制的有效性。市场机制是否有效的核心是价格、工资是否具备充分的伸缩性。如果价格、工资具有完全伸缩性，市场就会通过自我调节达到出清状态；如果工资和价格缺乏伸缩性，情况就会相反。新古典学派从理性预期出发，对价格、工资的伸缩性做了新的解释。新凯恩斯学派则认为，即使理性预期存在，价格、工资的刚性仍然是一种普遍的现象，从而导致市场不能出清。例如，工资合同的期限一般是2～3年，在这期间不论外界有什么变化，工资合同的工资率都是不能变更的，因此，工资实际上并不具备充分的伸缩性。价格也在不同程度上存在着这种情况。商店里的商品牌价具有相对稳定性，不可能时时刻刻发生变动，因为变动商品牌价是有成本的。单个商品的价格相对稳定现象虽然对个别决策行为没有太大的影响，但反映在宏观层面上就会积少成多，导致价格刚性。

第二，政府干预的必要性。有什么样的经济理论就有什么样的政策主张。古典学派认为，价格、工资具备充分的伸缩性，市场能够自动出清，因此，政府干预经济是没有必要的。具体来讲，货币主义的基本观点是，在长期，实际总产量和就业水平是由实际变量决定的，与货币因素无关，而在短期，货币决定着总产量与就业水平的波动。因此，稳定货币是稳定经济的关键，政府的财政政策是无效的。而理性预期学派相信，由于理性预期的存在，政府的政策有可能事先被人们预料到，人们会采取相应的对策使政策失效，这也就是我们通常所说的"上有政策，下有对策"。因此，货币主义和理性预期学派都不主张政府对经济进行干预。而新凯恩斯学派则认为，由于市场机制本身存在着缺陷，市场出清只是一种理想状态，因此，政府要担起市场出清的任务，政府对经济进行干预是必要的。

◇关◇键◇术◇语◇

理性预期　效率工资　菜单成本　政策无效论　适应性预期　黏性工资　价格黏性　自然率假说　拉弗曲线　长期劳动合同论　经济政策的时滞　市场出清　货币主义　现代货币数量论　货币中性和非

中性　供给学派

◇主◇要◇观◇点◇

货币主义认为,货币供给对名义收入变动具有决定性作用,其对实际变量的影响只有在短期才有可能;货币需求是稳定的,经济的不稳定性来自货币当局控制的货币供给的变动,因此,市场机制仍然是资源配置的有效工具,国家政策反倒可能破坏私人经济自身的稳定性。所以,货币主义反对凯恩斯主义的财政政策,同时反对"斟酌使用"的货币政策,而力主单一的政策规则。稳定经济的关键是保持固定的货币供给增长,从而实现物价稳定,为市场机制正常调节经济创造条件。

新古典经济学建立在三个假设之上——理性预期假说、市场出清假说以及总供给假说。由这三个假设出发,新古典经济学说明了市场经济的内在稳定性、资本主义经济波动的唯一原因在于意料之外的因素,并得出两个重要结论:货币政策在短期可以发生作用是由于随机冲击破坏了人们的理性预期,但长期这种政策无效是因为厂商与家庭的理性预期会对政策采取对策,从而使政策失效。

减少税收以刺激生产是供给学派全部理论的精髓,主要体现为拉弗曲线。产量的增长决定于生产要素的投入和生产率的增长。生产要素的变动取决于对各种要素的激励机制。降低税率能刺激供给。其政策主张是减税、削减社会福利支出和减少政府对经济的干预。

在工资和价格黏性、不出清的市场、"斟酌使用"的经济政策的必要性等方面,新凯恩斯主义者仍然坚持了凯恩斯主义的原有观点。新凯恩斯主义提出的政策主张是抑制价格黏性,修复市场机制;国家干预劳工合同,增加工资弹性,减少失业;国家干预信贷市场,利用贷款补贴或贷款担保降低市场利率。

◇问◇题◇讨◇论◇

1. 通过对宏观经济学的学习,概括地叙述宏观经济学的基本内容。
2. 论述宏观经济学的基本共识。

◇基◇本◇训◇练◇

一、判断题

1. 新凯恩斯主义者认为,在存在理性预期时,货币政策无效。 (　　)
2. 长期雇用合同被新凯恩斯主义者看作工资黏性的一个原因。 (　　)
3. 理性预期学派认为,在任何情况下,货币政策都是无效的。 (　　)
4. 新凯恩斯主义者是反对理性预期的理论假定的。 (　　)
5. 新古典综合派的典型代表人物是英国经济学家马歇尔。 (　　)
6. 马克思的资本论属于宏观经济学的重要理论之一。 (　　)
7. 凯恩斯主义的理论内容都是由凯恩斯创立的。 (　　)
8. 自然律假说是货币主义学派的主要观点之一。 (　　)
9. 里根政府对美国提出的政策是降税政策,这是对资本家有利的。 (　　)
10. 供给学派主张政府应从供给角度干预经济。 (　　)

二、单选题

1. 下列关于现代货币数量论的叙述中,错误的是(　　)。

A. 流通速度是由几个变量决定的

B. 流通速度是某些不变数值的常数

C. 流通速度在长期是一个不变的数值，在短期可以有轻微波动

D. 稳定的是决定流通速度的函数，而不是流通速度值本身

2. 新古典宏观经济学（　　）。

A. 坚持市场出清假设，认为工资和价格具有充分的可伸缩性

B. 坚持非市场出清假设，认为工资和价格不具有充分的可伸缩性

C. 认为政府干预经济是有效的

D. 认为财政政策无效，而货币政策是有效的

3. 在新古典模型中，预料中的扩张性政策致使短期价格水平上升和总产出不变，因为（　　）。

A. 总供给曲线向右上方移动，总需求曲线不移动

B. 总需求曲线向左上方移动，总供给曲线不移动

C. 总供给曲线和总需求曲线都向左上方移动

D. 总供给曲线向左上方移动，总需求曲线向右上方移动

4. 在新凯恩斯主义模型中，预料外的扩张性政策致使短期（　　）。

A. 价格水平下降，总产出增加　　B. 价格水平上升，总产出减少

C. 价格水平上升，总产出增加　　D. 价格水平下降，总产出减少

5. 货币主义者认为（　　）。

A. 短期内，货币供给决定名义 GDP 的规模　　B. 长期中，货币供给决定价格水平

C. 财政政策基本无效　　D. 上述答案都正确

6. 理性预期宏观经济学的基本假设包括（　　）。

A. 假定人们对于将来的预期是理性的和有效的　　B. 假定价格的变动是绝对灵活的

C. 假定工资的变动是灵活的　　D. 上述答案都正确

7. 新凯恩斯主义认为，劳动供过于求时，（　　）。

A. 一方面会产生非自愿失业，另一方面工资会下降

B. 工资会下降

C. 会产生非自愿失业

D. 工资不会下降，也不会产生非自愿失业

8. 削减税收以及减少政府管制的政策是与（　　）相联系的。

A. 凯恩斯主义经济学　　B. 卢卡斯供给函数

C. 供给经济学　　D. 实际经济周期理论

9. （　　）认为，由于时滞的存在，政府有意识地试图刺激或紧缩经济将会使经济变得更加不稳定。

A. 凯恩斯主义学派　　B. 货币主义学派

C. 新古典宏观经济学派　　D. 供给学派

10. 假设人们知道经济的真实模型并且以此作为行动的基础，我们称之为（　　）。

A. 货币数量论　　B. 实际经济周期论　　C. 卢卡斯供给函数　　D. 理性预期假设

三、简答题

1. 简述货币主义的基本观点和政策主张。

2. 简述新古典宏观经济学的假设条件。

3. 理性预期与适应性预期有何区别？

4. 价格黏性假定有什么重要性？

5. 效率工资理论与工资黏性有什么关系？

6. 说明新凯恩斯主义对经济波动的解释。

四、案例分析题

里根总统有一批经济顾问,他们由于强调经济中的供给面而被称为“供给学派”,与强调总需求的凯恩斯经济学派形成对照。供给学派认为,有效抵御通货膨胀的方法是移动总供给曲线,因此,他们促成了1981年的减税,他们相信这样做能刺激经济中的供给,从而降低通货膨胀水平。他们认为,当时的税务制度削弱了经济发展动力。工人们工作得越来越不努力是因为他们劳动的边际所得中被政府拿走的部分越来越多。与此相似,因为税收的消极作用,企业投资越来越少,居民存的钱也越来越少。在减税的同时,里根政府大幅度削减民用支出特别是社会福利支出。里根政府的另一项政策措施就是精简规章制度。里根执政的前几年,通货膨胀得到了控制,但是总体来说,通货膨胀的抑制应归功于需求的变动,而不能将其归功于产出的增加,实际上,产出的增加很少,并且这种抑制是以巨大的经济衰退为代价的。即使企业由于税收的减少而增加投资,在此之前,为投资增加的支出也对需求方造成了正面的影响,这就加剧了通货膨胀。增加产出的实现可能要好几年,但到那时,通货膨胀恐怕已经不可收拾了。

要求:

(1) 说明供给学派关于税率与税收量之间关系的理论。

(2) 结合资料,列举供给学派的主要政策建议。

(3) 分析供给学派的政策会使经济出现哪些问题。

参考文献

［1］ N.格里高利·曼昆.宏观经济学[M].7 版.北京：中国人民大学出版社，2011.

［2］ 保罗·萨缪尔森，威廉·诺德豪斯.宏观经济学[M].19 版.北京：人民邮电出版社，2012.

［3］ 袁志刚，欧阳明.宏观经济学[M].上海：上海人民出版社，2003.

［4］ 韩秀云.宏观经济学教程[M].北京：中国发展出版社，2004.

［5］ 武拉平，张广胜，郑风田.宏观经济学[M].北京：中国农业出版社，2004.

［6］ 俞宪忠，张守凤.宏观经济学[M].北京：中国人民大学出版社，2010.

［7］ 刘天祥.西方经济学(宏观部分)[M].长沙：中南大学出版社，2009.

［8］ 黄亚钧，袁志刚.宏观经济学[M].北京：高等教育出版社，2000.

［9］ 祁华清.宏观经济学[M].北京：清华大学出版社，2007.

［10］ 吕荣华.宏观经济学[M].3 版.上海：上海交通大学出版社，2008.

［11］ 吴伟.宏观经济学[M].江西：江西科学技术出版社，2007.

［12］ 鲁迪格·多恩布什，斯坦利·费希尔，理查德·斯塔兹.宏观经济学[M].10 版.北京：中国人民大学出版社，2010.

［13］ 高鸿业.西方经济学(宏观部分)[M].5 版.北京：中国人民大学出版社，2011.

［14］ 托宾.十年来的新经济学[M].北京：商务印书馆，1980.

［15］ 哈伯勒.繁荣与萧条[M].北京：商务印书馆，1963.

［16］ 经济学教材编写组.宏观经济学[M].北京：科学出版社，2005.

［17］ 于善波.宏观经济学[M].北京：中国商务出版社，2008.

［18］ 李海东.经济学基础[M].北京：机械工业出版社，2012.

［19］ 李宝伟，张云.宏观经济学[M].北京：机械工业出版社，2011.

［20］ 李晓明.宏观经济学[M].北京：中国农业出版社，2008.

［21］ 张广胜，王新利.宏观经济学[M].北京：中国农业出版社，2007.

［22］ 张玉明，聂艳华.宏观经济学[M].北京：清华大学出版社，2011.

[23] 张淑云.经济学——从理论到实践[M].北京：化学工业出版社,2004.
[24] 张云峰.宏观经济学导教·导学·导考[M].西安：西北工业大学出版社,2004.
[25] 王厚俊,咸春龙.宏观经济学[M].北京：中国农业出版社,2008.
[26] 王森.经济学简明教程[M].大连：东北财经大学出版社,2011.
[27] 王旗,罗军,杨学琴.宏观经济学[M].北京：北京师范大学出版社,2011.
[28] 周纪昌.宏观经济学[M].上海：立信会计出版社,2008.
[29] 蹇令香,李东兵.宏观经济学[M].北京：北京大学出版社,2013.
[30] 何伟军,曾宇平.宏观经济学[M].武汉：武汉大学出版社,2011.
[31] 孙宇晖,刘静暖.西方经济学基础[M].北京：中国经济出版社,2012.
[32] 侯高岚,马明.宏观经济学[M].北京：清华大学出版社,2012.
[33] 吴文盛.宏观经济学[M].北京：清华大学出版社,2007.
[34] 任保平,宋宇.宏观经济学[M].北京：科学出版社,2009.
[35] 周清杰,高扬,徐振宇.宏观经济学[M].北京：机械工业出版社,2007.
[36] 余升国,朱连心,张玉英.宏观经济学[M].武汉：华中科技大学出版社,2012.
[37] 刘红艳,杨易,何慧爽.宏观经济学[M].武汉：华中科技大学出版社,2012.
[38] 汪秋菊.宏观经济学[M].北京：科学出版社,2009.
[39] 侯锡林,王宏波,钱坤.宏观经济学原理[M].北京：中国经济出版社,2012.
[40] 尹伯成.宏观经济学简明教程[M].上海：格致出版社,2011.
[41] 郭树华,陈炳生,禄晓龙.宏观经济学[M].云南：云南大学出版社,2007.
[42] 凯恩斯.就业、利息和货币通论(中译本)[M].北京：商务印书馆,1981.